THE
WRITERS'
TAVERN

作家酒馆

伟大的灵魂
如何面对人生的困惑

云也退 著

GUANGXI NORMAL UNIVERSITY PRESS
广西师范大学出版社
·桂林·

作家酒馆：伟大的灵魂如何面对人生的困惑
ZUOJIA JIUGUAN: WEIDA DE LINGHUN RUHE MIANDUI RENSHENG DE KUNHUO

出版统筹：罗财勇　　　　　　　　责任技编：余吐艳
编辑总监：余慧敏　　　　　　　　营销编辑：方俪颖　花　昀
责任编辑：梁文春　　　　　　　　装帧设计：郑元柏
责任校对：朱筱婷

图书在版编目（CIP）数据

作家酒馆：伟大的灵魂如何面对人生的困惑 / 云也退
著. -- 桂林：广西师范大学出版社，2024.7
ISBN 978-7-5598-7008-7

Ⅰ. ①作… Ⅱ. ①云… Ⅲ. ①作家－人物研究－世界
Ⅳ. ①K815.6

中国国家版本馆 CIP 数据核字（2024）第 104888 号

广西师范大学出版社出版发行

（广西桂林市五里店路 9 号　邮政编码：541004）

网址：http://www.bbtpress.com

出版人：黄轩庄

全国新华书店经销

广西民族印刷包装集团有限公司印刷

（南宁市高新区高新三路 1 号　邮政编码：530007）

开本：889 mm × 1 092 mm　1/32

印张：16.75　　　字数：330 千

2024 年 7 月第 1 版　　　2024 年 7 月第 1 次印刷

定价：65.00 元

如发现印装质量问题，影响阅读，请与出版社发行部门联系调换。

目录

许知远

带你真正认识
那些伟大的作家

你好，我是许知远。

云也退是一位敏锐的观察者与批评家，这本《作家酒馆》不是要教你怎么写作，也不是为你解读小说，而是要带你认识那些伟大的作家。更重要的是带你一起看那些作家面临的困境，以及他们做出的回应，让我们一起在文学里得到慰藉。

欢迎你和我一起走进《作家酒馆》。

和同是天涯沦落的
作家聊聊天

李敬泽

你好，我是李敬泽。

云也退是我认识的，对世界文学有最为广博、最为精湛理解的书评家。我们的时代正在经历大变，我们周围的世界正变得陌生。在这样的时刻，坐在云也退的这家酒馆里，正如风雪客栈、深夜食堂，我们可以和同是天涯沦落的作家聊聊天。

欢迎你和我一起走进《作家酒馆》。

梁文道

什么是文学的慰藉？

你好，我是梁文道。

我猜这大概是一本很容易被人误会的图书。

你可能以为在这里会看到一些文学作品的解读，又或者以为这是一个利用文学去做心灵鸡汤的图书。这样的图书我们今天不是见得很多吗？

畅谈一些 20 世纪世界各地的伟大作家，分析一下他们的作品，这种事儿我好像也干得不少，要不然从这些作品里面拿一些只言片语出来，变成一种可以提供给你的一个短暂的慰藉，让你在不堪的世界、难受的生活当中，短暂地舒缓一些加注在你身上的苦痛枷锁，这种东西我们一般就叫文学心灵鸡汤。

假如你是期望这样的东西的话，很可惜云也退的这本《作家酒馆》，并不是这样的作品。

　　它是什么？它当然有故事，也当然有伟大作家的生平描述，以及重要作品的简介，它能不能安慰人呢？当然也可以。

　　但是文学带给我们的，这种所谓的慰藉，并不是一种短暂地让你止疼的药片，它是一种应该深入到我们存在处境，向我们揭示出命运之残酷，以及世界之荒凉真相的手电筒。也就是说，它的慰藉如果你要得到的话，必须先经过更痛苦的发掘。只有对这个世界，对你的生命，对你未来将要面对的种种不测有更清醒的认知，你才有可能得到一分寒彻骨之后的领悟。

　　所谓的文学的慰藉，是一种非常深沉的，跟世界或许和解，或许不用和解的坦荡。我想，这就是我在云也退这部作品里看到的东西，也是我对这个节目的渴盼。

　　欢迎你和我一起走进《作家酒馆》。

　　　　　　　　　　　　　　　　　　　　　　　熟客推荐

不论遭遇了什么，你都可以在文学里找到慰藉

你好，欢迎来到《作家酒馆》，我是云也退。

跟随我，我将带你去见一见，最近一百多年间的很多位文人，他们是小说家或是诗人，他们都在史上留名，他们有大名鼎鼎的作品，也有不是很知名但依然有趣的种种文字；我也会告诉你，在这些文字的背后，是怎样一些对生活、对他人、对世界充满疑惑，甚至为此而挣扎的人，他们不是凭天才写作，而是以自己的血肉生命炼出灵感。在这间酒馆里，作家们离开了殿堂，成为一些坐在我身边，小酌几杯，徐徐倾诉衷肠的老朋友。

在我们酒馆节目一开始，我想问大家：你经常感到自由吗？

我自己来回答。是，我经常感到自由。因为，我是一个写作者，更是一个读者，写作和读书，主要都是内心活动，这是外界无法主宰和干预的行为。当然，我也经常行走，我在以色列待过一段时间，后来据此写成的一本书，就叫《自由与爱之地》。行走和读写一样，都是为了感受自由，像我这样的普通人，不可能有很多钱，五湖四海地随便飞、到处走，但即使是跟随一个旅行团，我也会设法找到小半天甚至半小时的时间，离开众人，自行走动一下，去体会这片刻的自由。

我经常觉得，那些文人作家，他们一生一定很自由。为什么呢？

因为他们都是内心活动的大师。他们的照片，被做成了大大小小的肖像，挂在书店里，或者放在一些文化气息十足的空间里。当我读过他们的作品，再看到这些人的样子，总是十分地仰慕，觉得那种名声，那种人格的感染力，都是一段段自由人生的回报。他们就像造物主一样，可以随心所欲地创造、搭配、组合、拆解这个世界，安排众生的命运，等完成作品后，他们在物质上和精神上都是心满意足的。

我相信这一点。所以我去读那些书，梦想成为他们那样在文字和想象的世界里长袖善舞的人。

但是我渐渐明白，事情并没有这么简单。

有一句话我很认同，叫作"不管你遭遇了什么，你永远可以在文学中找到慰藉"。但是创作了文学的人，他们自己往往深受生活的创痛，却找不到安慰。他可能被黑暗的童年记忆所创痛，被疾病所创痛，被贫穷所创痛，被一些无法挽回的厄运所创痛，即便他是大器早成的人，不愁吃穿，家庭稳定，他也会因为年纪增大，亲人的故去，而越来越感到生活的悲凉。

这些痛苦，总有一款会落到你我的身上。而作家们，他们所做的，只是在伤心之余，把自己沉浸到写作之中，来暂时避开现实的重压，挽留一些自由的感觉。在那些事关人生的重大问题上，他们并不是什么超乎众人的智者，而是和你我一样，都在苦苦地求解之中。

唯有这样的经历才能孕育最好的文学。今天，我想邀请你去看看那些人和那些书，不是以崇拜者或普通读者的身份，而是以一个充满同情的朋友的身份。让我们像读书信、读日记一样地读他们写的东西，看看能不能产生共鸣，能不能看到这些作家曾经和我们一样困惑，一样逃脱不了生活的桎梏。

很多作家让我崇拜，但现在，更多的是同情。

我喜欢的一位瑞典诗人，特朗斯特罗姆，他漫长的一生只发表了大概两百首诗歌，可是他却那么出名，那么受人敬重，我觉得他像一位大师级的工匠，被供养在一个精美的工作室，将各种金银、象牙、翡翠、钻石雕琢成价值连城的工艺品。

我喜欢的加西亚·马尔克斯，他写的《百年孤独》，几乎可以说，其影响早就超出了文学的范围，它拓宽了我们的世界，将离奇的幻想糅合进现实，让我们感到生活不再庸常和简单。他不单获得了诺贝尔文学奖，而且世界上有无数的作品向他——这个写出《百年孤独》的人致敬。

我喜欢的奥地利小说家斯蒂芬·茨威格，他年少成名，十几岁就写诗，二十多岁就成了维也纳家喻户晓的文坛新星，作品畅销欧洲各国，家家户户的书架上都少不了他的作品。即使他遭受政治迫害，别的国家也向他展开接纳的怀抱，他的流亡仿佛是一场海外旅行。

还有很多人……

他们的书，看起来，每一行的每一个字都滴淌着荣耀和伟大感，让它们的作者获得了自由和幸福。然而，随着我对他们认识更多，对他们的内心感受了解，我不再只是崇拜他们。我意识到，他们不仅与普通人一样遭受各种苦痛煎熬，他们还比一般人更敏感，更能感受痛苦和焦虑，倾诉的欲望更为强烈。他们可能并不希望，读者仅仅把他们编的故事看作故事；他们渴望一些更深刻的精神呼应。

你一定知道加缪。1957 年的 12 月 10 日，加缪在瑞典的斯德哥尔摩，在一个高朋满座的大厅里领取诺贝尔文学奖。你会觉得，这是一个作家一生的巅峰时刻，他被万众瞩目，登上最高的荣誉殿堂。况且他才四十多岁，早早修成名利双收的正果，应该志得意满才对。

可是实际上呢？在整个 50 年代，加缪都深陷于痛苦纠结之中。他的故乡阿尔及利亚在闹独立，激进的独立人士在制造恐怖袭击，毁掉他所出生的家园，而他所归属的法国为了如何应对现状争得不可开交。加缪对两边都持有忠诚，结果他被两边的人怀疑、指责，更不用说他还被昔日的朋友冷落，在情人和妻子之间分身乏术。

在这样的日子里，一个光辉的奖项不仅不能给他多少补偿，反而让他紧张不安；他担心自己给不出合适的回答，给出的回答也会遭到曲解和利用。果然，在斯德哥尔摩，媒体围着他，大学生向他发出了各种挑战，他们要听加缪谈最紧迫的国际问题，要他表态。很多提问者都是真诚的，但越是如此，加缪越是感到无力应付。

因此，获奖后的他，比之前更加消沉，他希望隐居起来，退出世事纷扰。就在这个时期，他写下了几篇小说：《约拿》《来客》《生长的石头》。他把无处安放的身份，把无法沉默的痛苦，把与人共处的幻想，都表达在其中，因为寄托了自己最刻骨的感受，这些小说读来犹如金子一样赤诚。

你可不要觉得，折磨加缪的只是成功人士的烦恼。

事实上，当一个人沉浸在生活的裂缝深处的时候，他是不知道什么叫成功，什么叫失败的。他一直在一个个难以名状的瞬间里捕捉一桩桩独特的感受，他的灵感往往因焦虑而来；灵感使他兴奋，促使他书写，而在书写后又回归新一轮的焦虑。

我的另一位文学偶像，是和加缪齐名的萨特，他更是一位名满天下的大作家、哲学家、社会活动家。在四十多年前，我们中国甚至兴起了很长一段时间的"萨特热"。

但是，萨特对社会、对人生下的那些犀利的诊断，并不是书房里玄想的产物，而常常是基于他个人的切肤之痛。

这同样是因为他比常人更敏感，甚至更容易感到沮丧。我举一个例子：萨特在二战期间曾经被德国人俘虏过，事后，有人问他战俘营里是什么样子的。

萨特突然感到，他无力回答。他说，我无论怎么讲，都无法将我的个人经验准确地告诉别人。有人听了我说的话，会觉得那里十分黑暗，因为他们一听说囚禁这件事就会感到十分压抑，而另一些人却会觉得那里轻松愉快，因为我告诉他们，我活了下来，并且没有受到多少折磨。我的语气只要稍微有所变化，对方就会误解我了。但是，我还是想表达，我想表达我的这种失望，想告诉大家，人们为什么无法准确地传递经验和理解他人。为什么所谓的真相是一件那么不可靠的事情。出于这样的体验，萨特开始写他的戏剧，写他的哲学巨作《存在与虚无》。

所以你看，哪怕是那些看起来一直很自信，一直春风得意的人，他们的灵魂经常都是焦虑不安的、困惑的。但是，他们拿出了两种东西来对待内心的这些负能量，一个是专注，一个是热情。你会发现，我将要说到的这些人，他们绝大多数都属于 20 世纪，因此他们拥有和我们最为接近的现实体验。他们所生活的——被战争、科学、经济、文化、民族、政治等外界因素所构筑的——现代社会，同样是我们所处的环境；他们也像我们一样，不仅会为贫穷、忙碌、失恋、衰老所苦，更是经常感到无聊和空虚，明明感到生活食之无味，自己却还要身处其中，就像皮肤上包裹着一层黏糊糊的汗水。

好在，他们所处的世界还有很多的空白；全球化的力量，无所不在的消费主义，还没有让他们失去对生活说"不"的兴趣；他们仍然有热情去描述和吐露各种情感，他们的专注力还没有被屏幕和社交媒体所打散。所以，我们才有幸看到他们的文字和灵魂，看到赤裸裸的人生经验，同文学创作之间的动人关系。

那么，我会怎么来讲这档节目呢？

我的叙述无关心理学，或哲学，所以请尽可能放松，你大可以倒一杯酒或者别的饮料，找一个最舒服的姿势，比如埋进沙发里，再看。

我希望用 39 集的时间来开一家无形的酒馆，这里有些烟熏，有贝斯在低沉地弹奏，在这里，我让作家从作品走进现实，小酌几杯，聊聊人生，讲讲故事，让他成为你邻桌的朋友。你也可以随时坐到这桌来，如果你对我们的谈话产生了兴趣。

比如，我会聊聊特朗斯特罗姆，会告诉你，他那些看起来自由、缥缈、空灵的诗句，同他在监狱里跟那些囚徒打交道，有着怎样的关联。

我会说到意大利的诗人帕韦泽，当他漂泊在风景如画的地中海边，并写下诗歌时，他是如何在等待着被抑郁症打败。

我还会说到美国的菲茨杰拉德，他在深深体会到人生的幻灭之后，为了活下去，如何把自己一步步走向毁灭的故事变成了小说。

我也会说到那些似乎一辈子都顺利的作家，比如之前讲的茨威格。他不缺钱，不缺朋友，更不缺名声，然而他在晚年，却通过一则中篇小说和一本回忆录暗暗地表达了忏悔。他责备自己，一生都软弱而苟且偷安，没能尽到知识分子对家国的义务。

由于个人偏好的缘故，我读的，我谈起的，基本上都是世界文学史上赫赫有名的作家；他们是我心目中的大师巨匠，他们留下的文字为他们的姓名加冕，他们的故居在一些山清水秀的地方，远近的文学爱好者都去那里朝拜。

他们都已经是作古的人了，但我仍然让他们重新聚在一起，拿出自己的作品，回顾一下当年，自己如何在现实的拖累下，一个字一个字地埋头书写。

我们每个人的人生，都是少年在彷徨，中年在忙碌，老年在恐慌。有生理缺陷的人在同自己战斗；婚姻不幸的人，或原生家庭残缺的人，在用书写来寻求报复，或者与生活和解。

当我们已经不可避免地成年，我们就会懂得，头发变白了就不太可能复原；肌肉的酸痛将无法通过休息来排除；而家庭和事业的重负，一旦背上就几乎是一生。这时，我们所能期待的自由，就不再是无牵无挂地撒欢了；它应该来自一种确认，确认自己和他人的平等，它应该来自和他人之间的有力共鸣。

结　语

说了这么多，最后我想引用毛姆的一段话。

你应该知道英国这位著名作家，毛姆，他在22岁那年，一个人来到意大利的卡普里岛，有一个晚上，他在自己的笔记本里写下了这样几句话：

生活的意义是什么？生活有目的结果吗？有道德这种东西吗？一个人在生活中应该如何立身？有什么样的领路人？有没有一条道路比另一条更好？诸如此类的问题，不计其数。……我什么都弄不清，只觉得那是一团乱麻。绝望中，我喊出声来。我不明白。我不知道。我不知道。

毛姆后来也成了一个飞黄腾达的人，他是20世纪最有钱的作家之一。可是，每当我打开他的书，就会想到他当年在小岛上，对着夜空，用咆哮的声音喊出的问题。我想，他是在替自己未来的人生提问，也是在替所有人提问，不管你处在怎样的时代，怎样的国家，只要你感受到生活的摧折，命运的羁绊，毛姆就替你来提问。

　　我是云也退，我们酒馆里见。

　　　　　　　　　　　　　　　　　　　发刊词

Antoine de Saint-Exupéry

圣 - 埃克苏佩里

安东尼·圣 - 埃克苏佩里（1900—1944），法国
小说家、散文家，他以一颗执拗的男孩之心进入
飞行员生涯，以救世主的视角傲视苍生的平庸和
自己的牺牲，他写出了《夜航》《人的大地》、哲
理随笔集《要塞》，以及无与伦比的《小王子》。

要么行动起来，去做一个俯仰天地的人，
要么坐守平庸，被俯仰天地的人悲悯。

平庸需要被怜悯吗？

你好，欢迎来到作家酒馆。

今天，我想和你聊聊关于怜悯的故事。作为一个普通人，我们有资格怜悯平庸吗？是否只有经历过壮烈的人，才有资格俯下身来呢？

眼下你在休息，也许在睡觉。凌晨三点，或许窗外的雨声把你惊醒，你来到窗边看一眼，然后对自己说一句：幸亏是凌晨下雨。然后，又回去睡下了。

不过，有人已经出发。他是我们酒馆的第一位宾客。他已经有些发胖了，肚子弹了出来；他在窗前看到淅淅沥沥的雨，他一言不发，穿好了衣服，半个小时后，他已经坐在自己的行李箱上面，在被雨水打得晶莹闪亮的人行道旁等着。他没有任

　　　　　　　　　　　　　　圣 - 埃克苏佩里

何引人注目之处，他在等待的也是我们最熟悉不过的东西：公司的班车。

这是一辆破旧、老式的车子，一路上发出丁零当啷的声响，里面甚至充满了霉臭味，那是灰扑扑的机关和陈旧的办公室的气味。我们的这位主角，坐了进去，旁边是一个海关职员，还有几个公务人员。他们挤在车里的一条长板凳上。车子开了一会儿，又有一个海关职员上车，还有一个督察员。车里昏昏欲睡的人嘟哝了一声算是跟新上来的人打个招呼。然而，就是在这样一个琐碎卑微的环境里，我们这位主角却圆睁着眼睛，丝毫没有睡意。他说，这是一个被授予圣职的时刻；我像是坐在一个颠簸在路上的茧子中一样，我即将从中羽化而出——起飞。

没错，他是一个飞行员。他就是安东尼·圣 - 埃克苏佩里。这个名字有点长，但是你大概听说过《小王子》这篇童话故事。他就是《小王子》的作者。

他起飞的地方，是法国的图卢兹。图卢兹在法国的外省，远离巴黎。机场很简陋，到达机场的班车也很简陋。可是他却说，我跟所有在这个环境下生活的人都不一样，因为我是要起飞的。他怜悯别人，怜悯那些还在呼呼大睡的人。

他总是对地面上的人有很多消极的看法，他觉得他们多多少少都失去了成为杰出人物的机会。而机场所在地的这些外省人，生活在三四线城市里，又比在大城市里的机会更少。在他看来，只能蜷缩在地面上的人都是小资产阶级，安分守己，小富则安，在刻板的工作里度过一生。他说，外省生活中，那些令人窒息的繁文缛节，人们都不以为意；他们筑起一道谦卑的高墙，挡风挡雨，也挡住了星星。

相反，他是骄傲的人，是在六千米的高空看过白雪皑皑的安第斯山的人，是扑向风雨，也扑向星星的人。

这就是圣－埃克苏佩里的状态。他选了这个行当，21岁他自学了飞机驾驶，然后，他为起飞的一刻送上了多少赞美，他就对安分守己、循规蹈矩的生活报以多少遗憾，甚至责难。他有一个说法，叫"有灵性的人"，它有点像是中国古人的那个提法，叫"俯仰天地之间"。他说，"最奇妙的事情，莫过于在这个星球的拱背上，在这块有磁性的布和星星之间，站着一个有灵性的人"，当天空下星雨的时候，这场雨，可以像反映在镜子里一样反映在他的内心。

他有一张有名的照片，就是以飞机做背景墙，支起一块木板，在上面写字。他在39岁那一年写下了一部长篇散文，叫《人的大地》，借此他稳固了一个视角，一个俯瞰众生的视角，他说：我从驾驶舱看大地，看到寥落的火光，就想到每一点火光都是人的心灵在闪烁——有人在阅读，有人在思索，有人在娓娓谈心，有人在探索宇宙，有人在计算仙女座的星云；诗人在写诗，教师在教书，木工师傅在做木工。——这些人当然都是好样的。但是，更多的地方是黑沉沉的，这都是沉睡的心灵。

　　他总是在众人之间做这样的甄别。抬高一些人，看低另一些人，大部分人。他可以不这样吗？不能，因为他不能降低起飞的意义。他说，我也睡觉，但我睡觉是在起飞之前，或者在降落之后。他有没有想过，正是因为身边有着那些甘于平庸的海关职员，或者航空督察员的存在，他才得以成为一个飞行员？想过，但是他不谈这一点，因为在他的体验中，飞行就是一种个人英雄主义的事业，任何地面上的辅助都是有限的，可以忽略不计。

　　他这样想，有他的道理。你如果问他，我能不能上你的飞机？他会用他那双似乎永远在凝视星星的眼睛看着你，说：你们坐的飞机，是铁包肉，而当年我驾驶的飞机，那是肉包铁。你有没有做好准备，在一个注定要壮烈牺牲的群体中，给自己预约一个位置呢？

　　然后你就会看到，这个人用夹杂着悲悯的藐视，或者说，用夹杂着藐视的悲悯，看着你。他挑战你：你只有两个选择。要么行动起来，去做一个俯仰天地的人；要么沦落为平庸之徒，两点一线、三点一线地过日子。你要么悲悯别人，要么就被人悲悯。

　　他不害怕死，可他害怕一件事，那就是被人悲悯。

　　他告诉我们一件事情。

　　有一次他坐火车。铁路在海边向前延伸，海水一阵阵拍打着铁轨下的卵石，就像那辆班车一样，火车车厢里也充满了人挤来挤去的难闻的味道——反正，地面上的交通工具带有的人的味道，他总是不太喜欢的。半夜一点来钟的时候，他在火车各个车厢里走了一遍。他发现卧铺车厢和头等车厢都是空的。人都在哪里呢？都在三等车厢里。

那里横七竖八躺着有二三百号人，都是来自波兰的工人。因为法国遭受经济危机，他们被解雇了，回到波兰去。他们的身体都横到了过道上面，他不得不跨过他们的身体走过去。他们都在睡觉。凌晨一点钟，在睡觉。他觉得，这些人都在做噩梦，梦见了自己的贫穷。他们的脑袋随着火车的颠簸而晃动，鼾声在颤抖。他们是一些毫无尊严可言的人，背井离乡去打工，后来又被雇主赶回去。他们只带了一些锅碗瓢盆、基本的被褥，打包成一个包裹随身携带着，他们曾经抚摸过喜爱过的宠物和花卉都不得不割爱。他们的身体就这样折叠着，扭曲着，暴露在他的面前，任凭他观看。

像这样的一些人，圣·埃克苏佩里并没有去思考，是什么样的苦难导致了这些人的颠沛流离，他想到的是：这些人怎么这么丑，就连年老的野兽也能保持端庄的体态，可这些人怎么就一个个未老先衰。

忽然，他看到一个沉睡的孩子，脸很粉嫩、漂亮，前额的轮廓完美。他感慨说，他的父母那么丑，却生出了那样一个完美的孩子，他就是王子，就是花朵，莫扎特儿时也就是如此了。可是，这个孩子被那样一对父母养着，他的未来看起来已经注定了要重复他父母的版本。他会像习惯懒惰一样习惯贫困的。

他说，我不讨论贫困的原因，我只想感慨，有多少莫扎特就这样被扼杀了。

所以不要沦为那样一种人，无论如何，人要主宰自己的命运，哪怕这个命运是死——这就成了他的信条。死是一个客观事实，但什么是壮烈，什么是光荣，这是由我说了算的。关键是，人不能人事不省，即使睡着了也要有意识地睡着；人要醒着，醒着就有可能起飞。

他告诉我们另外一件事情。

在1937年4月，当时，他没有做飞行员，他已经离开了他效力近十年的那家航空公司，他本来在那里飞邮航的，在大西洋两岸开辟航线，来回送邮件。现在呢，他接受《巴黎晚报》的委托，到西班牙，去当一个西班牙内战的特派记者。他接触到共和军的士兵，其中有一个，原先在巴塞罗那的家乡当会计员，根本不关心政治，但当内战爆发，他的朋友一个个都去参军了，有的还阵亡了，于是他也参军了，当上了中士。

这个选择好像只是为了行动而行动，没有别的理由，顶多就是一个笼统的"不甘人后"吧。

有一天，在前线的驻地，这名中士跟几个战友正在吃饭、下棋、聊天，突然电话铃响了，指挥部下达命令，要求凌晨出击，去攻下几个据点。这个决策是荒谬的，相当于把人派去送死，但是，上级接到电话后，只是耸了耸肩，然后跟中士说，你去睡觉吧，凌晨的时候你第一个跟我去。

这个中士去睡了，其他人喝完了酒，聊完了天，也一个个去睡觉了。到了凌晨，有人来唤醒这个中士，用手托着他的头颅，轻轻地喊他起来。起先，他翻了个身又睡着了，看样子，好像是拒绝从梦中回到这个动乱的、寒冷的、黑暗的世界；但是当他最终醒来，整装待发，他的表情是轻松的，正在微笑。

之前那些波兰工人痛苦地、卑微地睡着了。而现在，这个西班牙士兵微笑着准备去执行任务了。圣‐埃克苏佩里说，这个人终于意识到了这个疲惫的躯体，这个他乐于舍弃的躯体。他不久之后就在寒气之中感受到了关节的疼痛，然后是他身背的装备的沉重。但是他笑了。你想一想，这种微笑到底是什么样的画风？对这个微笑，你要在不寒而栗和肃然起敬之间选择一个。

在你看到社会不公、人间苦难的地方，圣‐埃克苏佩里看到的是活着的耻辱。在你看到战争的荒谬和摧残人命的地方，他看到的却是人的伟大。他说，不要思考，思考意味着犹豫不决，要行动起来。只有行动才有资格去悲悯别人。而他就是那个悲天悯人的人。他加入那个有资格悲悯别人的行列里。

谁也不想被人怜悯，只不过，大部分人为了不被人怜悯，一心一意地要出人头地；而只有极少数人，看不起"出人头

　　　　　　　　　　　　　　　　圣‐埃克苏佩里

地"这种想法的境界，而去追求一种更高境界的活出自我，追求以一种无懈可击的优越感来俯瞰众生。圣·埃克苏佩里是一个脚步并不轻松的人，可以说，很迟滞；他经常是很累的。但就像海龟或者企鹅一样，它们在岸上所有的步履维艰，都是为了进入水中的潇洒一刻，哪怕一下去就被虎鲸和鲨鱼给吃了。

他很少流露出他的那种恐惧，绝大多数时候，他在叙说自己的人生的戏剧性。他的文笔惊人的优美而且刚劲。他曾经在沙漠迫降，度过了五天五夜才被救出来。沙漠是何其艰苦的考验，可是他的《小王子》的故事，正发生在沙漠里；在《人的大地》里面，他把惊险和优美募集到了一起。他说：

有一次我降落在茫茫的沙地上，等待着黎明。金色丘陵有一边的山坡迎着月光，另一边的山坡隐在黑暗中，黑白分明。在这块荒芜的光与影的工地上，一派停工后的和平景象，也是一片凶险莫测的静默，我就在这样的环境中睡着了。

当我醒来时，只看到夜空如水，因为我躺在一座山峰上，胸前两臂交叉，脸对着一池星星。上无屋宇，旁无扶靠的树根，在深谷和我之间也没有一根遮挡的树枝，我也不知道峡谷的深度，感到一阵头晕目眩——我已无拘无束，像一个潜水员一样，准备投入深渊。

这里面有多种地貌的汇聚，沙漠、丘陵和山峰；有和平和危险的彼此毗邻；还有沙漠、深渊和星空的面面相觑。他躺在两者之间，醒来，之前的沉睡秒杀了三百个波兰工人在海边列车里的一夜。他就这样位于生与死的边缘，站在那个让你望而生畏的道德制高点上。整个舞台是他一个人的。在舞台的上方飘扬着尼采的一句话："你要超脱于自身之外，并且要走得更远，登得更高，直到看见群星已在你的脚下。"尼采只是纸上宣泄；而圣‐埃克苏佩里，他去做了。

尼采是 1900 年死的。圣‐埃克苏佩里是 1900 年生的。

一个人如果决意要升华自我，而且获得了机会，他总免不了会露出优越的感觉。他告诉我们，自己在第一次独力飞行前做了些什么：那一次，他要独力飞去西班牙。他有点担心，因为西班牙的备降机场很少——当时以他们的飞机的质量以及信息收发的技术，他们是动不动就要迫降的。于是他去问公司的老前辈亨利·吉约梅。这位前辈说，你当然要搞清楚备降机场的信息，但是你还要在你的地图上标出一些别的东西。你要标出一条小溪的位置；你要提防一种蛇，它们有剧毒，它们总是在机场的草丛眯缝着眼睛睡觉，就等着你降落；还有在洛尔卡附近有一个农庄，你降落的时候要小心，因为农庄主人总是赶着三十头绵羊在山坡上吃草，你的飞机轮子可不要把它们给卷进去。

这位前辈是认真的吗？他没有讲。他只是讲，听完前辈所说的这些冷知识，他告辞出门，走进夜晚的街上凛冽的空气里，他说，我又有了一个俯视苍生的理由了：我知道了一些他们一无所知的秘密。

他最喜欢的一种动物，经常挂在嘴边的，就是绵羊。法文叫 mouton，实在是太萌太萌的一个词了。《小王子》的故事里，小王子说，我想要一只绵羊。小王子完全是个孩子，好像分不清楚画出来的动物和真实的动物是完全不一样的。但是，飞行员没有说破这个真相，而是给他画了出来。

Mouton 的特点是：它是弱的，需要被指引、被带领的，而且安静地待在地面，成群结队。同时，它又是纯真的，可以本着一种孩子气的执拗去想望一些小小的目标，如果能够实现，它会露出肉眼可见的笑脸。在那些喜欢睥睨众生的人眼里，它们很适合成为美的象征。总之，对一个准备起飞，并且一去不返的人来说，大地上的众生之所以还值得他眷恋，是因为他可以摸着他们的脑袋，像一个先知一样叮咛并说出告别的言语。圣 - 埃克苏佩里是 1944 年的 7 月 31 日消失在空中的。当他回到我的百年酒馆的时候，刚好 120 岁。

Francis Scott Key Fitzgerald

菲茨杰拉德

斯科特·菲茨杰拉德（1896—1940），美国小说
家，美国"爵士时代"美学最优秀的探索者。《了
不起的盖茨比》《美与孽》《夜色温柔》等小说，
将菲茨杰拉德耽美的炽情扩延为一场孤注一掷的
生命冒险。

人一旦诚挚地追求过美，
即便那美只是一个时代的病态的、极端的华丽，
他这番诚挚也会给他以回报。

浮华背后
还有真爱吗？

你好，这里是作家酒馆。

多年前的一部电影，由莱昂纳多主演的《了不起的盖茨比》，你要是看过，就一定不会忘记盖茨比在海边的豪宅外，举办盛大派对的场景。那里人头攒动，当灯光融进了蓝黑色的夜幕，笑声和说话声就盖过了海浪的声音，叮当的碰杯声不绝于耳。那里还有一个游泳池，池中有一座塔，那些疯狂的客人随时可以跳进水里，引起一阵欢呼。不用说，来这里的所有人都是上流人士，有着成功者体面的衣冠，谈笑风生伴着轻歌曼舞。

你看着这一幕场景，脑海中却会跳出两个字，那就是——浮华。

是的，如果有一次机会，让我们去参加这样的派对，我们想必都很难拒绝。但是当我们在影院里旁观这样一场盛宴，我们却看到了浮华的真相。这当然是电影刻意制造的效果，这也源于故事的原作者——斯科特·菲茨杰拉德的真实的生命感受。今天我邀请的客人就是他——菲茨杰拉德，这位代表美国一代优质的偶像，告诉我们浮华是一种什么样的体验。

我们现在流行的一句话是："颜值即正义。"菲茨杰拉德，就是高颜值的人。当时，欧洲的雅利安人被认为是长相最完美的人种，但菲茨杰拉德却有着截然不同的另一种英俊。他的照片都是黑白的，可是你一看就想到，他的眼睛是湛蓝色的，就像游泳池的池水一样；他总是抿着嘴，但嘴角一扬或者一耷拉，就会像个大男孩一样，让人心生怜爱。

他赶上了一个特殊年代，那是在一战结束后不久的 1920年，欧洲的旧世界被战争摧毁，由美国代表的新世界刚刚崛起。那年，菲茨杰拉德 24 岁，当大西洋两岸的人们开始注意到他的时候，他们从他身上认出了他们眼中美国的样子。在他标致的相貌里，透出一种极度的干净，如洗的洁净。他习惯把自己捯饬得一丝不苟，从来就没人看到他那中分的头发有凌乱的时候。他的干净，显示出他和他的国家都没有被战争、杀戮和仇恨污染心灵，他的干净，来自一种年轻人对纯粹的美的向往。

确实啊，菲茨杰拉德是一个耽美之人，他之前在普林斯顿大学就读的时候，就一直在追寻和体验美。他有过两段非常理想化的恋情。他喜欢埋头写情书，感到文字能够传达最高级的美。他被女孩的美所吸引，而不考虑别的，所以他在有过恋爱之后并没有变得老成起来，而依然是面容清新。他也不考虑那些现实的因素，因此，他热恋的一位富家女最后拒绝了他的求婚，这才让他意识到，自己出身不足，终究是高攀不上人家的。

菲茨杰拉德将他大学期间的甜蜜和伤感都写进了他的第一部长篇小说——《人间天堂》。不过一开始，书稿都被出版商拒绝了。他那个时候也还没有大学毕业，因为欧洲的战争还没打完，他被征召入伍，在各地驻防，他只能抽空修改书稿。然而，他却把其中的一章寄给一个女孩，这是他新的目标，这个女孩就是泽尔达，她出身于美国南方蒙哥马利的一个名门望族。当时，泽尔达还只有 18 岁。菲茨杰拉德在小说里写了一个穷小子追求富家女而不成的故事，而在现实中，他却渴望追到一个真正的富家女。

他是在夏天的一次晚会上认识泽尔达的。他那根热爱美的神经再一次被打动。那天，泽尔达跳了一支芭蕾舞。芭蕾舞，源自俄罗斯，经由巴黎来到美国，成为一门新兴的艺术，无数美国女孩就像渴望成为电影明星一样，渴望去做舞者。泽尔达相信自己也能成为明星舞者，而菲茨杰拉德从她的舞姿中，看到了他对一个未来伴侣的全部想象：完美的身材比例，苗条又性感；尤其是，泽尔达有着自由不羁的气质，那时大部分美国女性，参加社交还要穿紧身胸衣，而泽尔达不仅不穿，还总是把裙子撩到了膝盖以上。她的面容堪称冷艳，神情倨傲。让菲茨杰拉德一见倾心。

菲茨杰拉德相信自己追求泽尔达，是在追求一种美。"我和她在一起，就是完成一件理想的艺术作品。"这就是一种唯美主义的心态，它很纯粹，没有虚荣。然而，美是一种感觉，能欣赏，能赞叹，能享受，可是同你相处的，却还是具体的人。

他们两人，在 1918 年 7 月到 10 月间，是真正相爱的。菲茨杰拉德给泽尔达送过几件礼物，看起来有点奇怪，他送过一把颜色很华丽的羽毛扇——当时的时尚，已经开始推崇那些艳丽夸张的东西；然后还送过一件长睡衣，好像有点性方面的暗示，但其实，菲茨杰拉德是发自内心地爱看穿睡衣的女性，他觉得女性，不管什么样的年龄和外表，穿睡衣的样子往往都很美。

菲茨杰拉德想象着一种美国式的美的生活。他总在勾画这样一种场景：在大城市一幢高档的公寓楼里租一个房间。上午，在洒了阳光的浴室里一边泡澡，一边抽烟。泡完之后，跨出浴缸，脚下就踩到了厚厚的、温暖的地毯。然后擦干身体，两只手不紧不慢地系上衬衣纽扣，对着镜子来回端详，看看自己距离广告里的男模还有多远。后来，人们管这叫"美国梦"。但是，你不能仅仅在其中看到物欲横流，奢侈享受，你要理解的是，菲茨杰拉德沉溺在他眼里的美之中，而并不是为了奢侈本身或者炫耀。

所以，他也没有过多地考虑，他能从泽尔达身上得到什么现实利益。但是，他对泽尔达有一种控制欲，1918 年 10 月他要回部队了，在分别的时候，他要求泽尔达每天给他写信，这是为了把他们之间的关系的美感维持在一定的水平线上；当然，他曾经失恋过，他也需要泽尔达持续地保证说，自己就只爱他。只要泽尔达有一点轻慢冷漠的反应，菲茨杰拉德就陷入焦虑。他虽然才貌双全，家境也还算不错，但是在内心深处他仍是自卑的，因为他有爱尔兰血统，在美国，爱尔兰人是被看不起的。

他想成为一个高于他本身的样子的人。这也是一种审美家的性格。但是，他对泽尔达的反应太敏感了。他们两人的关系并不稳定。1919 年初，战争结束了，菲茨杰拉德也顺利退伍，他回到纽约，正在考虑工作的时候，泽尔达跟他断交了。她解除了婚约，还把他送的订婚戒指都退了回去。两人足有五个月的时间没有通信。在这期间，菲茨杰拉德放弃了工作，埋头修改他的《人间天堂》。

他把全部希望都寄托在这部小说的出版上面。一直到 10 月，他终于打破沉默，写信告诉泽尔达说，《人间天堂》已经被一家出版社接纳了。

半年后，小说出版。没有个人包装、广告轰炸、病毒式营销，没有我们这个流量时代的种种勾当，小说就一炮而红。在之后的两年里，小说卖出了五万册，菲茨杰拉德每个月可以收到数千美元的版税。

　　他做的第一件事，就是迎娶泽尔达。泽尔达不仅会跳舞，会画画，还会写小说。他们两个迅速成为大西洋两岸一对最为闪耀的年轻伉俪。

　　他马上为他俩租下了一栋别墅，位置在康涅狄格州的西港。这栋别墅是属于一位神秘富豪弗雷德里克·刘易斯的。刘易斯的豪宅就在港口，刘易斯在那里举办狂热的派对。他请来了百老汇的明星驻场，请来了当红的马戏团来做动物表演，还请来了像哈利·胡迪尼这样的魔术师，在那里表演他最拿手的惊险魔术——从一个密封的水柜里逃生。

　　菲茨杰拉德夫妇当然也被邀请参加派对。好像一切都圆满了：之前日日夜夜的奋斗，写作和修改小说，谋求出版，不正是为了能够进入这样的一个圈层吗？不就是为了与美人相伴，在别人艳羡的目光之下出双入对吗？他们两个看起来很般配：泽尔达跟他一样精心打扮，梳着一个高耸而紧致的发型，戴着精美的发饰，有着紧绷的唇线，还有一副清高的眼神。她代表着美国最前卫的一批年轻女性，也就是被叫作 flapper girls 的那一群人。她们即使进入婚姻，也在随性地寻找情人，她们在派对上进餐的时候，永远是一道菜吃完，第二道菜还没有上来时，就点起了香烟。

可是他没有停下来，享受他的成功。他继续向着成为一位优质偶像的方向努力。这一点是我最佩服他的。他一直在写，而且越写越好。

1922年他写出了第二部长篇小说，《美与孽》。书中的主人公，是一个和他同样俊美和有才的年轻人，他同一位美丽的女孩格洛丽亚结婚，似乎早早成为人生赢家；但之后，他的祖父却看他不务正业，剥夺了他的继承权，他一下子变成了穷光蛋；再后来，他又打赢了遗产继承权官司，重新成为有钱人。这十年他身边的人来了又走，走了又来，他不情不愿地去工作，干了没多久又放弃。当回首这些，他感慨道："我向别人证明了自己，这是一场艰苦的战斗，可我没有放弃，我熬过来了！"

他那个时候，对生活中的一切起落胜败，都能审美地来看待。因为他相信生活不会亏待自己，相信勤奋的人终究会有好的结果，所以他写出来的人，即便性情放荡，却始终有着年轻人旺盛的活力，有一种纯粹的感觉。他写到激动的时候，会放下笔，握起拳头，给自己聚集能量和信心。

但是，他也已经意识到，保持审美的心态是一件很不容易的事情。在《美与孽》这本书中，有一个人，在一次闲谈中感叹说自己老了。他说，我马上就成了大学毕业生眼里的那些老家伙了；我发现，我已经越来越习惯于去注意街上姑娘们的大腿了。说这个话的人，其实只有 27 岁，可他的心，好像已经暗淡无光。

这正是菲茨杰拉德自己的焦虑。在 1920 年代，西方人的预期寿命是很低的。《美与孽》的主人公，11 岁时父母就都故去了，他靠着祖父的资助在纽约过着体面的生活。时尚正在兴起，跳舞，游泳，电影，派对，爵士乐，华丽的服饰和宴会灯光，它们把 1920 年代的美国装点成一片乐土……可是时尚能让人感觉良好，却不让人在其中久留，你稍微上了几岁年纪，它就要赶你走了，然后，你就会快速地倒向世故、平庸、衰老。所以，那时的时尚，就是让你在还没有进入衰老的快车道之前，狂欢，狂欢，像一只旋转不休的鸡蛋。

如果我是菲茨杰拉德的一个小"迷妹"，我会想，他只要保持这个样子就很好呀，他有钱有名，想要保持到四五十岁依然貌美还不容易吗？

但其实，如果生命的热情减退，人是无法保持他的颜值的。那时的人，真的就像鸡蛋一样，无法指望被生命温柔相待。泽尔达想做明星，她逃学，抽烟喝酒，追求关注，她能纵情地舞蹈，能穿戴整齐地跳进游泳池，这些都不只是为了搏出位、求关注。她只是不敢停下来。菲茨杰拉德也一样，他不敢走出他那个审美的理想；他保持着高昂的姿态，一旦他开始注意和想象睡衣底下的女人大腿，他就感到自己已经老去，不再是理想中的状态了。他并不是厌恶肉体，他是厌恶那些赤裸裸

　　　　　　　　　　　　　　　　　菲茨杰拉德

的真实的事物。生活的每一种真实，都是发给一个人的死亡邀请。

因此，当菲茨杰拉德携泽尔达一起参加富豪派对的时候，他原本期待的，是扩大自己所活动的审美的空间。毕竟那也是一种人间天堂，灯光闪耀，琴声悠扬，酒杯的叮当，人们在舞蹈和交谈。可是，他失望了。他发现，他们遭到了冷落。他的干净，泽尔达的美貌，他们两个呼风唤雨的时尚气质，那些工业家、银行家、金融家似乎并不感兴趣，相反，他们还觉得泽尔达的轻佻是一种冒犯。他们坐拥财富，掌握着国家的经济政治命脉，对文艺青年折腾出的水花无动于衷。

这时，菲茨杰拉德开始体会到什么叫"浮华"。那就是日后将会被他写入《了不起的盖茨比》的那种气氛。浮华——这个词，好像真的是为海边的盛大派对准备的。因为一切都发生在陆地和大海的交界处，像是固定的，又像浮在水面上；像实景，又像海市蜃楼。浮华，好像是他作为一个艺术家发出的诅咒，因为他住在这些人的地盘上，却不被他们接受。

然而，浮华的仅仅是富豪们的名利场和宴会席吗？难道菲茨杰拉德他们所栖身的时尚，那个属于美的理想国度，就是坚实而无懈可击的吗？时尚青年们的狂笑，和资本家道貌岸然的微笑之间又有多大的区别？在海边，不是也有人在跳舞，也有一个水波荡漾的游泳池吗？

他们所念想的美到底是不是一个幻象？在这个尘世里，有没有一个人，是完全等同于美的本身？这意味着，你不会因为和这个人日常相处，而看到她的真相。在《了不起的盖茨比》中，盖茨比腰缠万贯，却只求用物质财富来换取黛西的欢心，因为他认为黛西就是美的化身，这和当初菲茨杰拉德用他的成功换取泽尔达的芳心是一样的。他们都很理想化，也很干净，他们都是两眼看着高处的人，为了摘取一顶心目中的王冠，而无视一切风险。

黛西是个自私冷酷的人，她最后间接地让盖茨比付出了生命的代价。而泽尔达呢？她骄傲，她叛逆，她放荡，她公开地和别的男人调情，她大口大口地喝酒，她抽着烟放肆大笑，她从来就没有小鸟依人地，站在菲茨杰拉德身边，相反，她总是一副冷艳而犀利的目光，让她的丈夫略感尴尬。

这并不是她的过错。她的各种举动，都可以理解为是在蔑视资本家控制的社会对女人的压迫，蔑视那个要求她放弃个人自由，冒着死在产床上的风险，去安心生儿育女的道德风俗。可是，她在引起丈夫的嫉妒。菲茨杰拉德也去找过情人。很多年以后，他在自己的第四部长篇小说《夜色温柔》里，描写一位风度翩翩的上流社会男士迪克，他同一个初涉人世的女孩罗丝玛丽有染，但是，罗丝玛丽通过迪克迷人的忧伤气质，一点点了解到他那破碎的内心世界。迪克的太太，妮可，美貌而气质高贵，但她因为幼年受过性侵而精神状态不稳。在婚后，妮可的精神分裂困扰着迪克，成为他人生理想破灭的象征。

菲茨杰拉德的《了不起的盖茨比》，是在 1925 年出版的，这是他人生转衰的时刻，也是 1920 年代美国式狂欢的转折点。在拥抱自由和恐惧衰老之间，那根持续绷紧的神经终于要断裂了，1927 年，寻欢作乐的风尚出现了退潮，无数的美国年轻人疲态尽显，意志消沉，精神疾病缠身。菲茨杰拉德夫妇这时横渡大西洋，旅居法国，他们觉得欧洲有着比较稳定的、不那么浮华的美。泽尔达在那里跟着一个芭蕾舞教练苦练芭蕾，她那么极端地渴望保住那个儿时的明星梦想，那意味着保住青春。

然而，精神分裂症追上了她。她在 1930 年崩溃了。四年之后，当菲茨杰拉德出版《夜色温柔》这部小说时，泽尔达是在精神疗养院中读到它的。尽管这个悲剧故事写的就是他们自己，泽尔达却很高兴，还鼓励丈夫振奋一些。菲茨杰拉德也在笔记本上写下这样一句话："我把重抱希望的力量，留在了通往泽尔达的疗养院的小路上。"

他真的太喜欢喝酒了。他和《夜色温柔》里的迪克一模一样，一旦意气消沉，面前就摆开一排酒瓶。可他又不是一般的酒鬼，酒，并没有将他加深的嘴纹和下垂的眼皮冲刷成一片浑浊。他的视线没有降低到肉欲的层次上，从而打扰原先的干净。于是我明白，一个人一旦诚挚地追求过美，即便它只是一种虚幻，只是一个时代的病态的、极端的华丽，他这番诚挚也会给他以回报。

他愿意给请他喝酒的人读诗。那天，他读的是一首早年写给泽尔达的诗：

你头发的黄金依然照亮地面

让盲人都目眩，直到他们古老的幽灵显现；

既然，你已找到你关心的一切，

你是否依然善待他们饥饿的两眼？

一首歌的一部分，一段被铭记的荣耀——

或者，有一朵玫瑰还活着，也许

低声说着我们的故事的碎片：

一个个亲吻，一条懒懒的街道——和夜晚。

菲茨杰拉德相信他与泽尔达的爱是独一无二的，那是一段被铭记的荣耀。他永远不会忘记，在泽尔达的家乡蒙哥马利，他们是如何亲吻的。他还有一首诗叫《我们的四月信》，其中写道：

又是四月，

旱冰鞋在街上缓缓地下雨。

四月的夜晚铺满了一切，

一个孩子用完了整套颜料盒后留下的紫色的一团。

菲茨杰拉德

这是在描写泽尔达的童年，她怎样踩着旱冰鞋在街上溜达，她怎样用颜料在纸上涂抹。各种颜色混在一起，成了一团紫黑，正如同我们的生活。但四月的蒙哥马利那么的生机盎然，一派异国情调。

　　我的酒馆今天要关门了，我们下次见。

Stefan Zweig

斯蒂芬·茨威格

斯蒂芬·茨威格〔1881—1942〕，生于奥地利的
犹太裔小说家，曾是名满欧洲的畅销书作者，在
纳粹上台后遭禁书，并被迫流亡，最后在安居巴
西时，毫无征兆地与妻子双双自杀。茨威格的人
生颇具表演性，他最后的作品《象棋的故事》《昨
日的世界》痛苦地反思了他的文人式的自欺。

只有我自己知道，我不但不是个英雄，还是个懦夫。

要怎么面对
自己的遗憾？

你好，这里是作家酒馆。今天，我们的这位来宾，估计是大家的老熟人了。

他写过一篇小说，讲的是一个关于渴望爱的故事，一个女子，偶然见到一个男人，立刻坠入情网，始终不渝地爱着，即便男人始终浑然不知。女子陷入了单相思之中，茶饭不宁，她深知自己正在被相思病苦苦折磨，但她又那么珍惜这个正在受苦的自己，因而始终无法自拔。她在临死前给男人写去了一封长信，吐露了这段没有向任何人倾吐过的秘密心事。

说到这里你一定猜到了，这篇小说就是《一个陌生女人的来信》。这位作家，就是茨威格。你想知道什么叫爱的萌动，什么叫为爱而心碎，你就去读他。不过，我所见到的他，自己也是一个心碎之人。《一个陌生女人的来信》，这是在写别人，而他的另一篇小说，也是他平生完成的最后一篇小说《象棋的故事》，是在写他自己。

让我们来设想这样的场景：一个房间里关着一个人，这个人是被抓起来的，他失去了自由。房间里只有一张床，待在里面也看不到户外。不过，除了不能出门外，他有正常的一日三餐，也没有人用严刑拷打的方法来强迫他吐露什么机密。他只是隔几天被提审一次，审完了就放回来了。

这个人，没有名字，只有一个代号，叫 B 博士。他和他父亲本来在维也纳开着一家律所，他们跟奥地利的王室有着一些密切的联系，说穿了就是帮王室管钱。1938 年，纳粹德国将奥地利吞并了，王室成员都被逮捕或者流放，而 B 博士也被抓了起来，德国人想知道王室把钱藏在哪里。

这里边具体的是非我们不用关心，我们只需要看到 B 博士的处境。他什么都干不了，连一本书、一张报纸都看不到，也听不到消息，没有人跟他讲话。这种无聊让他焦躁起来。于是，他在大脑中回忆所有他能回忆起来的事情，他把他记住的诗句、歌词、儿歌甚至法律条款来回地念，还把各种数字加加减减，反正就是填满漫长的无所事事的时光，但不久以后，他就没有东西可以想了。正当他精神濒临崩溃的时候，有一天，他意外地注意到，一个看守挂在墙上的大衣里面，好像有本书。他喜出望外，就利用被提审的机会，悄悄把那本书偷了出

　　　　　　　　　　　　　　　　斯蒂芬·茨威格

来，带回自己的房间，他看到，那是一本象棋棋谱。

他从来没有接触过象棋。可是只有这一本书可以读，他就反复地投入进去。他把三餐中的面包留下来，掰碎了捏成棋子，把床单折出了六十四个格子，充当棋盘，然后埋头在房间里反反复复地打谱、研究。他记熟了棋谱中所有的棋局，他开始让左右手互博，后来又能在大脑中展开棋盘，让两个对手一盘棋接一盘棋地下。

他就这样让大脑一直忙个不停。的确，他是不再无聊了，可是，他总是用一个大脑扮演两个对手，时间一长，就有了人格分裂的迹象。他开始走火入魔，整天神志恍惚，在被提审的时候都开始语无伦次了。有一天他突然爆发，在房间里大吼大叫，还打破了窗玻璃，把手割伤了。外边进来了人，把他送进了医院，他在那里休养了好几个星期。出来后，他坐上了一条前往阿根廷的船，离开了欧洲。

如果你是 B 博士，你经历了这样一场遭遇，该是怎样的心情呢？你会仇恨那些关你禁闭的人吗？你会为自己的成功自救而骄傲吗？还是，你会为自己虽然被抓，却没有受到任何的肉体折磨而感到十分之侥幸？

B 博士的故事，是茨威格写的。茨威格，在 1942 年初，就像 B 博士一样坐在那条从欧洲前往南美的船上，他的面前，就摆着一张棋盘。下棋，是茨威格自幼的爱好，他在学校里很少搞体育锻炼，唯独喜欢下棋。他在奥地利维也纳长大，维也纳周围风景秀丽，可他直到成年都没怎么看过一眼，他就喜欢读书、看报、写作，以及下棋。他把家安在了奥地利的另一座大城市萨尔茨堡，他喜欢坐在家中温暖的书房里，被藏书所环抱。他人生的最大乐趣就在于让大脑沉浸在文学和知识里面，一刻都不得闲。

可是现在，他的心境完全不一样了。下棋对他来说不是乐趣，而是一种解忧。国际象棋里的王是可以满棋盘走的，现在，茨威格看着那个王，就想到自己浪迹天涯的处境。

他的流亡是从 1934 年开始的，那时，他早已是一位名满欧洲的当红作家，他的大名不仅在中欧的德语国家尽人皆知，而且他的书在法国、英国、西班牙、意大利等都是洛阳纸贵，可是，希特勒的纳粹党掌握了德国政权，开始在国内外推行迫害犹太人的政策的时候，他作为一个犹太裔作家，就不得不离开奥地利了。他旅居英国，获得了英国国籍，四年以后，他得知纳粹德国吞并了他的家乡奥地利，又过了一年，第二次世界大战打响了，英国也感受到了战火的威胁。茨威格再度考虑避难。他申请了美国签证，然后从美国纽约，又登上了一条前往巴西的船。

他为什么会这么惊慌、这么着急呢？

要知道，他曾经是那么一个镇定自若的人。就在 1932 年，纳粹党在德国的议会大选中大获全胜，希特勒咄咄逼人地要当德意志总统。这时，茨威格却给他的好朋友——法国作家罗曼·罗兰写信，说："就算希特勒分子掌了权，我都不担心，要不了两个月，他们就会自相残杀的。"

后来，他所预测的自相残杀不但没有发生，而且纳粹分子很有凝聚力，他们按照希特勒的命令开始公开焚书，把包括茨威格在内的许多知名作家的书都给烧了，这个举动让欧洲文化界十分震惊，但茨威格却忍下了，他拒绝公开谴责纳粹的暴行，而且说"我永远不会发表反对德国的言论"。他在纽约访问的时候发表声明，说他不会发出针对任何国家的表态。不仅如此，直到他的书被烧的时候，他还在和纳粹德国的音乐协会主席理查·施特劳斯合作，为他撰写歌剧剧本。

他在潜意识里相信，我镇定，我的欧洲就不会惊慌；我安全，我的维也纳和萨尔茨堡就没有危险。奥地利是欧洲的心脏，他对奥地利，特别是维也纳，那真是一往情深。别的城市只能用沥青铺路，而维也纳的道路是用文化铺成的。正是在这里，茨威格，身为一个热爱文学艺术的富家子弟，十分顺利地成长为欧洲红极一时的大作家，他写的小说、传记、散文、戏剧，尽人皆知，而且他还能一步登天地认识当时西方文学艺术界的顶级大师。

我就说一件事情：茨威格在他的回忆录说，他还很年轻的时候，就有机会去巴黎拜访罗丹，这位享誉四海的雕塑家。程序很简单，他被另一位前辈诗人维尔哈伦带着，就来到了罗丹的工作室。他观摩了罗丹做一件雕塑的经过，然后罗丹请他吃了个便餐，还同他握手。他写道：我甚至想亲吻罗丹的手，从他身上，我看到了一切伟大艺术的永恒的秘密，每一个艺术家在创作时都必须把自己置之度外，忘却周围的整个世界。

他的财富、名誉、安全，还有人脉，这些都是因为身处奥地利才获得的。维也纳，就像他的初恋一样。不是单相思的陌生女人，而是真正如胶似漆的情人。

那么，当这个情人有危险了，他该怎么做？

1933 年的时候，情况已经急转直下了，纳粹党徒在到处焚书。希特勒在下一盘大棋，他要远交近攻，步步为营，把欧洲各国都纳入自己的控制之下，为此，他首先就考虑兼并奥地利，他的手下人就设法发动那些低层次的、无知的群众去攻击文化精英，茨威格感觉到在奥地利待不下去了，就移居去了英国。离开自己的安乐窝，这当然是痛苦的决定，可是他告诉自己说：没事，德国人就闹腾一小会儿，等事情过去了，那些暴徒达到自己发泄的目的了，我还能回去。

他的这些判断，是大错特错。

之后这几年，他眼看着自己的情人落入了恶人的掌握。1938 年的春天，纳粹军队兵不血刃地开进了维也纳。茨威格，他却什么都干不了。他无法出手相救，他最擅长的事情，还是写书。就在那几年里，他写成了自己唯一的一部长篇小说，《心灵的焦灼》。这里面写到一个年轻的奥地利军官，他遇上了一位女子，这位女子门第高贵、气度不凡，但是下肢瘫痪。军官对她充满了同情，于是去陪伴她，让女子感到自己得到了爱情。他觉得他做了一件富有英雄气概的事情，可是当女子提出要结婚的请求时，这位军官却慌了，他退却了。他的情人在绝望之下自杀。

正当奥地利沦陷的时候，《心灵的焦灼》出版了，这个故事是茨威格为自己而写的。

他问自己，你是真的爱你的维也纳吗？可为什么当她眼看要毁灭的时候，你却一再地远离她呢？你是不是不忍心看到她被摧残的样子？那么，你还有没有这个底气，继续自欺欺人地说，维也纳仍然在你的心中呢？

茨威格和他所写过的男男女女一样，处在暴风骤雨一般的内心煎熬之下。他不断地自责，觉得自己身为奥地利最著名的作家，欧洲的一位知名人士，本来应该做一些什么，来阻止欧洲的沦陷，可事实上，他不但什么都没做，还一再地传达出那样一种信息，说恶势力只是暂时嚣张，岁月很快就将恢复静好。他不住地自责，同时，他又设法远离欧洲大陆，那位美丽的情人，生怕自己陷在回忆里边，可他越是如此越是难以摆脱回忆，就越是责备自己的过失。

他渐渐地有了一个灵感，可以安抚他的内心。他想写一个人，一个深受纳粹迫害之苦的高级知识分子。为此，他开始调取自己离开维也纳之后的种种体验。他想从中找到一些痛不欲生的感觉，这样，或许能够让自己感到身上的罪孽减轻了一些，仿佛自己依然在与情人共度时艰。

可是，我们要问了：他的痛苦又能有多深呢？

他们夫妇两个，是在 1934 年 2 月来到伦敦的，很快租了一个公寓房间，把自己的书摆在壁橱里，打开写字桌，他一提笔写作，就感到一切是那么安宁，安全感重新回到了他的身上。他五十多岁了，当他在萨尔茨堡和维也纳悠哉游哉的时候，他曾经想过改换一下生活的节奏，体验一下浪迹天涯的感觉，但当他真的来到英国，他又操心故国。当他看到自己头上的灰发，他就黯然地想到，自己这一把年纪，还不知道余生会在哪里着落。

　　这些，就是他所能想到的最深的痛苦了。

　　当他打开棋盘，同太太对弈的时候，他想到，是不是可以写一个棋手的故事。这个棋手受到了和他一样的创伤：他有家难回，他被迫离开了他所珍爱的城市，告别了他熟悉的街道、剧院、音乐厅、大学和图书馆，而独自活在一种被禁闭的状态之中。他只有靠着下棋来缓解禁闭带来的空虚。是啊，空虚，空虚是他面临的最大的痛苦；他的大脑一刻都不能离开那些他赖以滋养长大、赖以成名成家的灿烂的文化。

　　但是写着写着，他露出了苦笑。他笑自己又一次陷入了脑力劳动者的自恋之中，因为自恋，所以他陷入了一种强行的受迫害想象之中。多少人正在丧失生命，正在流离失所，多少犹太人正在被囚禁和杀害，而 B 博士在一间房间里白吃白住，这样的迫害，跟其他人所受的迫害相比，那简直就是优待啊！迫害他的人，有一种特别清奇的脑回路，他们让他无事可做，以至于精神崩溃，从而吐出什么机密的事情。这样的迫害是不

　　　　　　　　　　　　　　　　　　斯蒂芬·茨威格

是太高级了一些，难道是专门为这位高级脑力劳动者度身定做的吗？

茨威格知道，他的空虚根本不算什么。他受的迫害，根本不能抵消他的内疚。

他继续构思下去：B博士在快要崩溃的时候得到了一副棋谱，他就此日夜与象棋为伴，直到他因为长久的人格分裂而住进了医院。他活了下来，但是，他的狂躁症只是被暂时地压抑下去了。

他从欧洲到美国，又从美国坐船前往南美。在船上，他遇到了一个国际象棋世界冠军，他叫岑托维奇，这个人十分的傲慢，自以为天下无敌，没想到在这里遇到了B博士，两个人是棋逢对手。B博士凭着他对纳粹的满腔仇恨，振作精神赢下了一局，但是他在心理上的弱点也暴露了。岑托维奇约B博士再战一局，这一次，岑托维奇故意把行棋速度拉得很慢，走每一步都想半天。B博士果然中招了，他的耐心渐渐被消耗了，他狂躁起来，最后瘫倒在了椅子上，认输，并且说，我这辈子再也不下棋了。

这篇《象棋的故事》，是茨威格人生最后完成的小说。B博士，他曾经是我心目中的英雄，即便不是英雄，也是个榜样，他凭着头脑和坚韧的意志为自己赢得了自由。可是，我对这个结尾大失所望。为什么不能让B博士打败岑托维奇，大家一起庆祝胜利呢？或者干脆相反，比如说，让B博士突然发病倒地，哪怕是猝死也可以，这样，我们读了小说，就会恨透岑托维奇，恨透那些迫害知识分子的纳粹党徒。

但是，现在我明白了，茨威格写不了一个英雄或者烈士或者悲惨的受害者，他只想写一个可怜的人，像他自己一样可怜。他可怜，因为他在政治大事上无所作为，而在个人层面上，又毫无成长。

如果他真的坚强，B博士就应该抵抗住禁闭带来的空虚感，而不至于非要靠象棋活下来了；如果他曾经为防止战争做过一些力所能及的事，B博士就不用在流亡途中，通过下棋来发泄内心的郁闷，寻找战胜对手的感觉了。他最后没有让B博士成功复仇，也没有让他含恨而死，而是让他瘫在椅子上，认输了。这个姿态，相当于承认我无法走出之前的遭遇所带来的心理阴影，承认我是个软弱的人。

我的酒馆里放了好几本茨威格的书，其中就有《人类群星闪耀时》。我把书放在他的面前，他看了看，轻轻地摇了摇头。他早就不把这本书当回事了。他在书中宣称，一位精神巨匠就可以照亮一个时代，而巨匠层出不穷，人类文明当然大有希望。然而，这样的乐观是出于一种幻觉，往往是那些不敢面对现实的人，才喜欢制造幻觉。

他说，自己写的大部分书都没什么价值，为了写这些能畅销的书，我这些年来一直沉浸在幻觉之中，不再成长了。只有在我意识到自己的软弱和自欺欺人的时候，我才写出了有一点价值的作品，一个是《心灵的焦灼》，这是我唯一的长篇小说；另一个就是《象棋的故事》。

斯蒂芬·茨威格

在《心灵的焦灼》里，那位奥地利军官一出场，就做了这样一番表白：

那些陌生人，傻愣愣地看着我，看着我胸前佩戴的勋章，脸上露出了崇敬之色；可是只有我自己知道，我不但不是个英雄，我还是个懦夫。自从我不用戴着勋章招摇过市，我觉得如释重负了。要是有人还要把我往日的光辉业绩抖搂出来，被我听到了，我还会火冒三丈，说：你给我住口，你这个无知的蠢货。

读完这番话，我知道，我不能像个粉丝一样傻愣愣地看着他，看着他胸前那些光闪闪的勋章，也就是他写的那些畅销书。它们大部分都是好书，可是，茨威格要求我看到他的本性，看到一个脑力劳动者的软弱无能。《象棋的故事》里的B博士，才是他最真实的样子，而他在写完这篇小说后不久，1942 年 2 月，就同妻子在巴西双双自杀，这正是一个自知软弱的人所决心选择的勇敢。

于是，我用一杯酒，向他送去最诚挚的敬意。我的酒馆今天营业结束，我们下次见。

Cesare Pavese

切萨雷·帕韦泽

切萨雷·帕韦泽（1908—1950），意大利诗人、
小说家，在墨索里尼时期曾被流放，他的诗作用
无言的伤感观察人间，写尽了处世待人的种种艰
难与含混，二战结束后，他在获得国内最高荣誉
的文学奖后自杀身亡。

走进人世的你，依然是那个发呆的自己。

内向的人，如何与自己相处？

你好，欢迎光临作家酒馆。

今天我们的酒馆，迎来了意大利的诗人，Cesare Pavese。切萨雷·帕韦泽，我们一起聊聊，一个内向的人，要如何面对孤独。

我要先和你从他当老师的故事讲起。

在意大利北方大城市都灵东北 70 公里远，有一座小城，叫韦尔切利。在那里的第二中学，一位年轻的教师，正面对 20 多位学生讲课。今天，他讲的是切利尼的自传。切利尼，是 16 世纪意大利的一位金匠，他的自传里有很多人物的八卦，有贵妇的苟且，骑士的出丑，教皇的临终，写得生龙活虎，学生们听着老师念，经常爆发出一阵大笑。

可是他们的老师没有笑，甚至连微笑都没有。在学生的印象里，这位老师，从来没有笑过。

老师教三个班的学生，每个班都是 21 人左右。除了讲课，他没有说过别的什么事情。他住在都灵，有时候放学了，他会拎着包，和某个同路的学生一起前往韦尔切利的火车站，搭火车回都灵。但即便如此，他也是一路无话。他和别的上班族一模一样，只是个子特别高，戴着一副大圆眼镜。他的学生说：老师从来没有主动跟我说过话，我也看不出，他希望我找他说话。

老师非常内向，羞涩，他讲课时会紧张，于是就在教室里来回走。有时候，他忽然意识到自己来回走得多了，就坐到旁边学生的课桌上，只有在这时，他才局促地微笑一下。学生并不介意，他们都挺喜欢这个羞答答的大高个老师，认为他善良而宽厚。他讲文学课讲得很好，就连校长也慕名进教室旁听。在考试的时候，他从来不要求学生记住人名和出生年月，而是让学生自己准备一个论题，他想听学生谈对文学作品的具体感受。

虽然羞涩，内向，可是有一点，他却在全校的教职工里独树一帜。所有教职工外衣的扣子上都别着一枚勋章，一枚法西斯勋章，只有他没有戴。在 1933 年，不戴勋章，就意味着你不是墨索里尼的法西斯党员，你就无权担任公职。可是，我们的这位老师，他没有戴。

他有特权吗？没有。谋生是他的第一需要。1931 年，他姐姐和姐夫说服他，勉强提交了申请，加入了法西斯党，因为只有如此他才能进入体制，到公立学校教书，才可以自食其力地活着。他心里很不痛快。一个人的爱与恨，往往是偶然而来的。帕韦泽读中学时有一位老师，叫蒙蒂，是一个反法西斯人士，后来还因此进过监狱，受了蒙蒂的影响，帕韦泽一直很厌恶法西斯政党。

但他也说不出什么理由。他拒绝佩戴党徽，也不觉得这有什么勇敢，他只是不想让任何一个组织给自己贴上标签。不过，既然立场已经明确，他就必然要和那些同样立场的人混在一起。在教书之余，他做翻译，写诗，他跟一群反法西斯的知识分子走到了一起。这其中有一位年轻的女士，她叫蒂娜·皮扎多，Tina Pizzardo。他们两个人恋爱了。但是蒂娜说，我是个被当局监视的人，我不能用我自己的地址接收信件，我能用你的地址吗？

帕韦泽同意了。他住在都灵的一所公寓里，就用了那个公寓来收信。过了一些日子，1935 年 5 月的一天，他正在家里备课的时候，一群法西斯宪兵闯了进来，把他带走了。

帕韦泽有没有想过，要去做一个烈士呢？或者，他会不会抱怨与他相爱的蒂娜？

得知弟弟被捕，帕韦泽的姐姐给他写信说，你啊，去跟墨索里尼求个情吧，你没干什么坏事，你就是不明真相，被牵连进去的，元首会放了你的。1935 年 7 月 29 日，帕韦泽给姐姐写了一封回信，在信中，他没有埋怨蒂娜，他只是埋怨姐姐。他说：

姐姐，当年我入党，已经装了一次傻了，我受够了。都是因为听从你的建议，你说要为了未来，为了事业，为了个人的平安，等等，我才违心地入党的。这是我做的第一件违心的事，我的各种麻烦都是因此而来的。

他还说：我不会去跟元首求情的。我平生从没求过人，除了求过几次女人。

帕韦泽的刑期是十个月，他被流放到了意大利南方的一个地方，叫卡拉布里亚。一说流放，你会想到西伯利亚，也会想到清朝每个官员都谈虎色变的宁古塔，会想到寒冷、荒凉的边疆地区，一旦被流放到那里，你就有去无回，从人间缓慢蒸发。也许你还会联想起杜甫的《兵车行》：君不见，青海头，古来白骨无人收。

可是，这是意大利的南方，这里再穷困、偏僻，起码也有大海和和煦的阳光。对一个犯人来说，如此的流放可算求之不得。何况帕韦泽还是一个诗人。他也并没有被关在监狱里，而是可以四处走动。他后来写了一首诗，题目就叫《流放地》，其中有这样几句：

我们很早就去海鲜市场

切萨雷·帕韦泽

为了换个心情：银色的鱼，

鲜红色的鱼，绿色的鱼和海蓝色的鱼。

海面上闪着粼粼的波浪，

鱼儿也很鲜活，而我们只想着早日回家。

就是这样的流放，每天都"想着早日回家"。这个家，可能是他在监狱里的住处，也可能是帕韦泽早年生活过的北方乡村。那里并不富裕，帕韦泽的父亲早逝，母亲对他也很冷淡，可是，那里毕竟适合发呆，他坐在小房子后边的梁上，或是在桥栏杆上，看着被河岸分成小块的贫瘠的葡萄园、树林，看着小路、分散的农场；他靠在栅栏边，倚着铁铲，听着大路上经过的游手好闲的乡民在那里闲谈。他就这样，一天又一天，一年又一年地度过童年。这些小村镇是他进入世界的大门，可当他真的走进世界之后，他又能做什么？

他发现自己还是最适合一天天坐在那里，发呆。

当然他的心里面想着蒂娜。就像他说的，我从不求人，除了求过几次女人，为了女人他愿意放下身段。流放时期适合发呆，适合写诗、写小说、写日记，唯一不好的地方就是他很难去追求女人，因为他不能许诺任何东西。于是他就回忆往事，联想，观看别人。当他终于结束了十个月的流放，回到都灵的时候，发现蒂娜已经移情别恋了。

一个有文学才华的年轻人，最指望自己有个好的生活基础，不用为生计发愁，可以潜心地投入自己喜欢的事情。但要是没有，只能揣着个文学梦去工作，去谋生，那么，这个人也希望能有位佳人，倾慕自己的才华，愿意相伴左右。

但这两个条件，想要满足其一都不容易。关键是，如果前一个条件，也就是富裕的出身背景你不具备，那么当你去寻觅爱情的时候，也会特别惧怕被欺骗，担心失去，因为你总会怀疑你的才华是否足以拴住人家的芳心。

出身平凡的帕韦泽，非常在乎爱情。当他在高中做老师，留给学生们一个沉默内向的印象的时候，他正和蒂娜处在热恋之中。他在工作和恋情之外也依然勤奋。1933 年，他翻译出版了麦尔维尔的《白鲸》，这是意大利人第一次读到《白鲸》这样一部 19 世纪的美国文学名著，一年后，他又把乔伊斯的名著《一个青年艺术家的肖像》翻译成了意大利文。

他被流放的时候，仍继续写作和翻译。他写了一系列短篇小说和诗歌。他对自己的倒霉很是懊恼，于是更加投入地在纸上挥洒才华，借此来自我消解，驱散消极情绪。可是，支撑他的其实是爱情，而不是才华，以及在文学事业上的什么使命感。当他发现连爱情都离他远去了，他还能继续坚持吗？他能继续专注于他的文学爱好，以此来填补失恋造成的空缺吗？

帕韦泽有一个好朋友，叫莱奥内·金兹伯格，他失恋之后就去找他，他没完没了地说自己的苦闷，一遍又一遍地抽烟斗，说到自己有多倒霉的时候，他用两只手捂着脑袋。他讲到

　　　　　　　　　　　　　　　　　　切萨雷·帕韦泽

半夜，从衣架上拿下围巾把脖子一兜，披上大衣，沿着都灵的法兰西大街快步走了，肩膀缩得很紧，脸色苍白。

在莱奥内的帮助下，帕韦泽又有了工作，他加入了莱奥内开的一家小出版社，在那里，他出版了自己的第一部诗集《艰难之活》。他还很年轻，还不到三十岁，可是在墨索里尼统治的时代，他和莱奥内都是被流放过的反法西斯人士，因此而得到了名气。一些比他更年轻的人来找他，给他看自己新写的诗和小说，可是面对外人，帕韦泽重新变成了在学校里的样子，他不太爱说话，也不爱笑。他跷着脚，漠然地听那些人读自己的作品，听得不耐烦了，他就在桌子上敲敲烟斗，把小文青吓得一哆嗦，手里的稿子差点掉地下。

除了爱情，似乎没有什么事情还能点燃这位诗人的热情。有些人可以在人生重挫之后，通过写作尽情地释放和发泄，甚至留下震撼人心的作品，可是帕韦泽不是这样的人。他在他的诗里，一直是一个发呆的旁观者，一个局外的聆听者。他曾经写一个醉汉，说这个人"不知道怎么开口叫住一个女人"，就跟在女人后边晃来晃去，女人在说话，在笑，让他很困扰："为什么她们要这样大声地笑，为什么啊 / 她们哭时，也会这样大声吗？"结果，醉汉看到另一个喝醉了的人，他一把抱住了他，说，我好像抱住我的儿子，儿啊，你不是那些女人生的，"那些只会骂他、只会哭泣的小女人，怎么可能 / 给我生一个这么贴心的儿子呢？"

这听起来不像是诗句，像是一个街头特写。你说对了，帕韦泽的诗往往是一些特写，写的往往是一些潦倒的男人，他们遇到了女人，能说上话，能调情，可是无法期待更多。他有一次写到，孕育了我的是我的祖先，他们都是一些成熟稳重的男人，是他们自己的上帝；因为成熟稳重，所以没有一个人能够从容应对感情的事情，所以一切都会慢慢归于沉寂。

他也会描写那些看起来正如鱼得水的男女，然后，他会带着几分妒意地回想自己曾经的"艳遇"。这时，他努力把自己恢复到一个孩子的躯壳里面，不知道爱情的后果，只知道沉浸，再沉浸。可是孩子是要长大的。他写了一篇故事《山中恶魔》，讲了这么一个故事：一对年轻夫妇拥有一座山庄，正来到播种季节，迎来了三个来度假的小青年。这对男女各有魅力，男的是个哲学家，女的是个善于挑逗的社交高手。在三个年轻人里，有一个迷恋上了那座山，另一个小青年则迷上了那位山庄女主人。当美好的画卷正在展开时，突然，男主人就得了肺结核，这段假期戛然中止，三个年轻人匆匆地走了，各自回到了自己所来的地方。他们还是孩子，没有能力，也没有勇气介入到稍许复杂一点的事情之中，他们只想着早点回家。

如果一切都不发生，就好了；可是，人活着不正是希望发生一些什么吗？那个寂寞地走向车站、走向马路、走向咖啡馆的诗人，一直在这个两难处境之中等待，发呆。他又去寻找新的伴侣，他也找到了，然而每一次他都满腹怀疑，不知道同上一段感情相比，这一段能否更长，还是会更短，是长一些好，还是更快结束的好。在这种怀疑中，他好像有所收获，他在1938年的一篇日记里写：如果一个人确认自己是孤独的，那么他就应该卷入人世的重重纠葛，在其中迷失，因为所有的事情他都不感兴趣了。他的常规状态是坐在一个小咖啡馆里，设法用远处的电车声来填补他的沉默，然后，当一个陌生人在他的对面坐下的时候，注意到那个人的指关节。

他在另一篇日记里承认了两件事：第一，我喜欢女人但也讨厌她们；第二，每当我陷入爱河的时候，我就想要自杀。

在生活和写作之间，有一条危险的界线，一个心灵健全的人必须把两者分开，他可以把生活中无法实现或不能实现的可能性写下来，而生活在这之外延续它自己的节奏。可是，总有极少数的人，长时间地站在那条界线之上，你不知道他下一步会做什么。帕韦泽写道：我知道，我必须永远想到自杀……当我面对任何困难或悲伤的时候……自杀是我的基本原则，一想到我可以自杀，我就会倍感抚慰。

后来二战爆发了。墨索里尼的法西斯党要征兵，因为哮喘病的缘故，帕韦泽被免了兵役。他到北方的乡下躲了两年，又见到了儿时的风景，那里是皮埃蒙特。今天我们听到皮埃蒙特这个地名，会想到美酒，想到一些时尚产业，可是在帕韦泽眼里，那里和童年的时候一样，单调、枯燥，有时候无法辨认，而且还因为战争的缘故，增加了很多死人的气息。

战争结束后，帕韦泽回到了都灵，都灵是意大利战后经济转型的一个主要窗口，他看到乡下人纷纷进城来找工作。这位一向沉迷在某种情调里面的诗人，忽然觉得，他对普通人的困境和尊严是有天然的敏感的：那些流浪汉，那些采摘葡萄的人，那些加油站服务员，咖啡馆侍者，教堂牧师……他又遇到了女人，这次是在街上遇到的无名女孩。她从乡下来，到都灵当妓女。帕韦泽写了一首诗就叫《乡下妓女》，诗中的女孩，总是沉睡在童年时期遭受性虐待的记忆之中，但有一天她从中醒来，回想起远方的田野、谷仓、太阳和那未尽的芳香。在无人知晓的地方，那苦涩的记忆正在微妙地安抚她。

　　帕韦泽用他的这段体验写成了一本很有诗意的小说，叫《月亮与篝火》，小说中的主人公，像他一样回到故里，在葡萄园里，在苹果树下发呆，他心里祝愿每一座葡萄园都能精心打理，修建良好，每一颗果实都能得以成熟。可是就像爱情一样，结了果就意味着终结。所以成熟的人，是不是应该一次又一次地悬崖勒马呢？

　　在小说里，主人公有一个童年伙伴，一直没有离开家乡，靠演奏单簧管赚钱，说，只有他最清楚，人间的果实是多么的参差不齐，充满遗憾："这山丘上住着多少不幸的人，当我带着我的音乐到处转时，几乎所有的地方，我都能在厨房前发现白痴、弱智和呆子，能看到一些醉鬼，还有那些文盲女佣生下的孩子，他们没有地方可去，邻居给他们吃点卷心菜菜帮子，就算活下来了。"

这本书，《月亮与篝火》在 1950 年为帕韦泽赢得了一个荣誉。那就是意大利最重要的文学奖——斯特雷加文学奖。这个时候，他自己也成了出版社的副社长。他已经很有名了。后来，卡尔维诺也说，他文学上的重要导师之一，就是帕韦泽。

可是就在获奖两周之后，1950 年 8 月，人们在都灵的一所旅馆里发现了帕韦泽的尸体。

他是上吊自杀的。自杀的原因，似乎还是失恋导致的崩溃。因为一年前，他跟一位来到意大利拍戏的美国女明星 Constance Dawling 交往了一段，最终依然是分手。但这又是一场奇妙的抑郁之旅的终点。他是抑郁的，生活推着他去面对他不敢面对的东西，他始终无法像成年人那样去行动，然后为此负责。他在犹疑不决和自我解剖中完成了各种作品，又在等待和旁观之中一点点消耗掉活着的兴趣。

我眼前的这位诗人，高大，深沉，羞涩，看不出有什么自我了断的勇气。他倒掉了烟斗里的烟灰，他心不在焉的样子就像头顶上方的云。

Elias Canetti

埃利亚斯·卡内蒂

埃利亚斯·卡内蒂（1905—1989），保加利亚出生的犹太裔德语作家，早年居于奥地利，后入籍英国。卡内蒂产出不多，但长篇小说《迷惘》和后期的自传三部曲以及他的笔记系列，都具有相当高的文体价值和思想深度。1981年他获得诺贝尔文学奖，可以看作对一战前后维也纳文人圈取得的成就的总体嘉奖。

我对生命越是充满激情，对恶就越发敏感。

恶如此丑陋，正是因为它不能被任意撕碎。

怎样从童年的阴影里得到解放？

你好，欢迎来到作家酒馆。

我们的第五位客人已经来了。他可不是个善茬，我们来听他讲他的故事。

大约 113 年前，在捷克的一个温泉小城，在一座公寓里住着一对夫妇，带着一个两岁男孩。男孩每天被小保姆抱着外出，他记得，每一次，对面的楼里都会打开一扇门，有个男人走出来。他笑容可掬，十分友好。他走近男孩，然后说："伸出舌头来！"男孩就乖乖地伸出了舌头，那个男人就从口袋里掏出一把折刀，打开，把刀刃朝那条舌头伸过去，他说："现在我们来割这条舌头。"

刀刃越来越近，男孩虽然害怕，却不敢缩回舌头。就在最后一瞬间，男人把小刀收了回去，说："今天算了，等明天吧。"

明天，同样的事再一次上演，然后又是一个明天。男孩每天都知道会发生什么，他一次比一次害怕，一直延续到他们离开那座小城，回到保加利亚的家乡。男孩好像是被吓到了，他一直不敢说出这件事。直到十年以后，他才跟母亲提起。这时他才明白，原来，当时抱他的小保姆是个年仅15岁的保加利亚女孩，而那个拿刀的男人是她的情夫。

成年人的世界何其诡异，一个小孩儿得很晚才能明白过来，可是当初被吓唬的记忆却长留在他的心里。

有了这样的体验，这个小男孩就对人间的恶意格外敏锐，早早地在自身周围筑起一道自我保护的墙垣。他来到我的酒馆的时候，已经是一个臃肿不堪的老头了，有一头厚厚的灰发和一个肥大的下巴，可他那双眼睛，虽然被一副眼镜片挡住，却依然闪烁出警惕的光芒。

他就是埃利亚斯·卡内蒂，一个挑剔人间的大师，一个侦察恶意的行家里手。他从不相信人性本善，相反，他认为普通人，芸芸众生，都是一些潜在的坏人，只是因为缺少机会或者害怕惩罚，才没有将恶意付诸行动。可是，他却并没有因为这样的想法，而变成一个哀伤的、消极的人，反倒是兴致高昂，对人可以做出怎样的恶行做充分的探究和想象。他在一篇笔记里写道：

埃利亚斯·卡内蒂

"我无法解释，为什么我对生命越是充满激情，我对恶就越发敏感。可能是因为我总觉得，恶之所以如此丑陋，正是因为它不能被任意地撕碎。"

你听明白了吗？他从对恶的感悟之中焕发出生命的激情，因为他坚信，自己可以从恶的威胁中存活下来，甚至找到乐趣。那个男人的恶意并没有兑现为恶的行动，埃利亚斯的舌头获救了。凭着这一条获救之舌，他对恶有了最初的体验，并且展开了想象的翅膀。

我们都有过对恶意的初次体验。你听了一个有点恐怖的童话，长辈给你开个小玩笑，总有同龄人想要戏耍你，欺负一下你，在你的枕头下面藏一只毛绒蜘蛛，也总会有那么一刻，你感到自己被侮辱，被伤害了。埃利亚斯的家乡，是保加利亚的一个小城，那里混居着各种民族，文化杂多，其中有流亡的亚美尼亚人，犹太人，以及吉卜赛人，这些人都随身携带着一些暗黑的传说。特别是吉卜赛人，都传说他们会在夜里偷孩子。埃利亚斯被种种怪诞暗黑的说法所包围，大人给他讲关于狼人的可怕传说，他也亲眼看到那些吉卜赛人奇怪的长相和打扮。他害怕过，不过也都走了出来，毕竟这些都是虚构的。

而那些能够刺伤他的恶意，则来自身边的人。

埃利亚斯说过一件事：他四岁的时候，有了个弟弟，弟弟出生那天，家里来了很多人，脸上都焦虑不安。他通常白天都会到母亲的房间里去，可那天，他被拦在了外边。母亲的房门关着。他听到母亲在大声痛哭，可是大人们不让他过去，他们家有一位熟悉的老大夫，平时对他很和蔼，可是那天却很不耐烦，而且恶狠狠的，他想打听是怎么回事，老大夫就骂他：你给我滚开！埃利亚斯只有四岁，他又害怕又迷茫。

直到弟弟安然降生，所有人都恢复了笑容，他才觉得：现在大家又喜欢我了。

事情本身只有短短一小会儿，可记忆却会不断地放大它。孩子无法理解大人的喜怒变化，却会养成敏感的习惯。他不想再受伤，他想保护自己，可是他该怎么做？为了不被别人瞪眼，他是否应该主动出击，首先朝别人瞪眼呢？

他学着做一个尖锐的孩子，一个带刺的人。一个人想不受伤害，就会首先伤害到别人，可是，这就是人的世界里的现实，人往往为了保护自己而对别人用力过猛。那个对门的偷情男人，因为心虚，也因为逞强，就对一个两岁的孩子伸出小刀。这个孩子无论怎样，都不会把它理解成一个单纯的玩笑。

在埃利亚斯的记忆里，还有这样一件事。在他家里，爷爷比外公性格更亲和，也更有魅力，于是，他的外公有时笑嘻嘻地过来问他，埃利亚斯，你更喜欢爷爷还是更喜欢外公？外公似乎也在开玩笑，然而，埃利亚斯心里知道外公想听他说什么，也知道爷爷比外公更受人喜欢，这是有目共睹的事实。他尴尬了半天，最后说："两个都喜欢！"外公放声大笑，他说："哈，你这更虚伪。"

这些记忆很生动却并不美好。埃利亚斯敏锐地感知到，爷爷的魅力伤害到了外公，外公就用嫉妒来保护自己，可这嫉妒又殃及了他的外孙。人的恶意，给他上了一课又一课。

他学会了警惕，学会了用犀利的目光看待人间百态。他发现了人日常行为中种种不自然的表现，而之所以不自然，是因为内心中存在着嫉妒、嫌弃、贪婪、恐惧等属于恶意的东西，他们想要掩盖或者转移这类恶意，或者说消极的情绪。外公的大笑非但没有活跃气氛，反而让他更紧张了。可是一个人如果对这些恶意洞若观火，他自己又会变成什么样子呢？

埃利亚斯从小有个爱好，就是读书，他的母亲酷爱文艺，埃利亚斯跟她一起读莎士比亚和席勒的戏剧，长大以后，他继续博览群书，还涉猎科学和哲学。有一位哲学家赢得了他的无限尊敬，这个人就是孔子。埃利亚斯曾经写过这样一段话评论孔子和中国：

"孔子的谈话录是最早和最完整的人类精神画像；五百段谈话就能囊括这么多内容；通过他们，人可以变得多么完整，多么圆满；它们清晰易懂，可又很难懂，这其中的空隙就像是人为折出来的衣服的褶皱。"

他说，他探索思想二十年之久，觉得中国是他的精神故乡，他因此希望自己长寿甚至永生不死。他说："世上没有哪个地方可以比中国与文明的关系更紧密的了。中国让我明白，人之所以为人，什么是我们不可或缺的最美好的东西，而人也可以坏到这样的地步，以至于之前的所得都功亏一篑。"

这段话，可以说是"话里有话"。他赞美孔子的智慧，却又念念不忘他一直关心的主题，就是人之恶。

在 1929 年，埃利亚斯·卡内蒂从维也纳大学毕业，就着手写一篇长篇小说。那时的他，坐在一间气氛诡异的公寓里，书房的窗户对面是一座山，山上有一座名叫施泰因霍夫的疯人院，他每次远望那里都会灵感勃发。他处在生命中最美好的年华，24 岁，感觉自己已经积累了太多的人生体验，足以用来写作。他构思出一系列奇怪的疯狂的人，有挥霍无度的人，有痴迷于真理的人，有狂热的宗教信徒，有相信技术至上的人，而他最终敲定的主人公，是一个坐拥书城的学者，一个无限崇拜孔子的汉学家。

这个学者整天足不出户，坐在他那有着 25000 本藏书的图书室里读书、写论文，与外边的世界从不往来；他有特异功能，他能把书装进脑袋，再拿出来，他几乎不跟活人打交道，只能跟书中的那些古今东西的大思想家，像什么苏格拉底、孔子、柏拉图、释迦牟尼对话。然而，这个用藏书构建的堡垒并没能保护他。一个意料之外的入侵者出现了，那就是他身边接触的唯一活人：他雇的一个女管家。女管家勤勤恳恳地为他工作了十多年；有一天，这位学者心血来潮，他听到了孔夫子的建议，说他不该再单身下去，可以跟女管家结婚了。他也就照办了。没想到，他的太平日子就此告终。他这位新婚妻子渐渐露出了贪婪的真面目，她用各种办法把丈夫赶出家门，自己独占了他的公寓和图书室。

真的，文学世界里，像这样又丑又蠢又坏的女性人物，是难得一见的，她为大学者工作了那么久，却对知识完全不感兴趣，而是耐心等待一个机会，好鸠占鹊巢。我读过这部小说后，越想越不寒而栗：一个人心中的邪念可以隐藏得这么深，这么久。而且，这个女管家还有一个十分邪恶的情人，就是那幢公寓的看门人，他们勾搭成奸，一起侵占主人的住宅。

但这个故事来自埃利亚斯的精心策划。凭着它，他对两岁时候经历的事情做了一次回应：他相信，当年那个拿刀对着他舌头的男人，并不只是吓唬而已，他还嫉妒他，嫉妒他的年幼单纯，而他自己却要应付和盘算成人世界的各种事情；埃利亚斯甚至想象，他的保姆都曾想要害死他，因为保姆要跟她情夫幽会，怀里却抱着他这个孩子，很不方便。

于是就有了书中的这对奸夫淫妇。恶意，在现实中仅仅露出冰山一角，在小说中却成了最为极端的现实。

在小说中，大学者被赶出家门后，流落在一个看不见半个好人的社会里，他遇到的不是骗子无赖就是流氓和嫖客，他们敲诈他，骗走了他脑袋里的书，把他盘剥得一干二净。最后他靠了弟弟的帮助才回到了自己家，赶走了奸夫淫妇。可是他已经精神失常了，他点起一把火，把图书室，连同自己一起都给烧了。

这部小说的标题叫《迷惘》，发表于 1935 年，它也让很多人读了之后感到迷惘。为什么要让一个完全无辜的汉学家遭到这样的命运？为什么人会这么坏？用一句很俗的话来说：作者是不是受过什么刺激？

埃利亚斯有一位前辈的作家朋友，赫尔曼·布洛赫，他写信质问埃利亚斯，问得很尖锐。他说：

"你相信，一个故事应该让人恐慌，让人手足无措，你是残忍无情的，最后以毁灭结束整个故事。这是不是意味着你自己还没有找到出路，或者，你干脆就怀疑出路根本不存在？"

布洛赫说得很对。埃利亚斯的确是无心去寻找出路的。他在潜意识里相信人心是败坏的，之所以世界还在运转，只是因为恶意都被压抑着，没有释放出来。那么，这个彻底释放的状态就要通过小说来呈现了。他回复布洛赫说：我描绘的是一个崩溃了的世界，这个世界里，个体是无足轻重的，占据统治地位的是群氓，群氓才是我们这个时代的真相。

但是，他对这个世界并没有恐惧感。他不是出于恐惧而写作的。小说中的学者自焚而死，埃利亚斯说，这个结局是我早就设计好的。

他为什么这么残忍呢？他自己不正是一个爱书如命的人吗？

因为在他心目中，早就没有什么人是崇高的，需要捍卫的了。唯一让他珍惜的，只有他自己独立的洞察和冷酷的灵感。他洞察了所有人的卑微，并拒绝宽容他们，这种彻底而无情的

埃利亚斯·卡内蒂

清醒，却让他自己十分满意。

在他回忆过的很多往事里，我看到，他的犀利无情是通过母子关系操练的。我说过，埃利亚斯深受母亲的影响，他有很高的审美情趣，掌握了多种语言，可是，他并不感恩。当他的父亲英年早逝，他母亲想再婚的时候，他百般阻挠。他把上门求婚的一个个男人都贬得一钱不值，有一次他还威胁说：你要敢再婚，我就去跳楼。他还真的成功了。他母亲果真到死都保持独身。

埃利亚斯当然很清楚自己心里存有怎样的恶意：他不想再让任何男人夺走他的母亲。他嫉妒那些求婚者。可是，恶意存在，却不意味着它应该被消灭。恶意是一种能量，它在人与人之间来回传递。他的母亲也没有真正屈服，她后来也报复儿子，干涉他的择偶。当埃利亚斯最终娶妻的时候，他母亲写信说：我再也不要看到你了。

他们的互相折磨还在继续。挑剔、嫉妒、干涉与折磨，证明了这对母子的生命力多么顽强。在断绝关系之后很久，母亲病重了，埃利亚斯给她带去了一束玫瑰花，母亲接受了，表示了原谅。

但是，她还坚持活着，她每一天都在给儿子提出要求。有一次埃利亚斯去看望她，她就要儿子把椅子搬开一些，说"你离我的床远一点"，她一再地要他搬得远一些，最后干脆就退到了房间的另一个角落里。她又要儿子离开房间，到外边去待着，随后，又通过护士把儿子叫进来。埃利亚斯知道，母亲是在努力地酝酿情绪，母亲就是要让他感觉难受。他说，母亲看着我，也要我看着她，她看着我，看着我，直到她恨我。她就这样坚持着，直到最后一刻，她都希望能惩罚到我。

这的确是折磨，但每一种折磨，都有一个正当的理由，那就是保护自己。埃利亚斯从来没有写过那种温情的、真挚的爱的关系，他从来都把人拉低到一种本能的偏执的状态下面，所以能长久地保持恶意，而很难注意到对别人的伤害。他自己也是偏执的，他偏执地认为，所有人都是盲目的偏执者。

人到晚年总会变得脾气温和一些。然而埃利亚斯·卡内蒂却没有。

他所成长的 1920 年代，以及他着手撰写《迷惘》的年代，对于他来说，已经成了一个永恒世界的缩影。那时他先后住在法兰克福、柏林和维也纳。那是一战之后的十年，德国和奥地利是一片混乱，各个城市几乎都处于无政府状态。大城市里有各种社会名流往来，中产阶级继续保持着体面的生活，而那些穷人、失业者、流亡者、无家可归的人、醉鬼和吸毒者，还有一个为肮脏的夜生活服务的庞大群体，则游弋在街头巷尾。很多人白天愤世嫉俗，夜晚醉生梦死。文学艺术中弥漫着颓废的美学。

由于政局动荡，越来越多的人上街游行，他们举起旗帜，喊出各种口号，有人说要恢复旧日帝国的荣光，有人要求民主，有人主张加强民族的凝聚力，有人高呼工人阶级团结起来。对所有这些主张，埃利亚斯并没有耐心去厘清是非对错，他只是看到了盲目的暴力，每一次人群聚集的时候，都会以打砸抢、纵火和军警镇压结束。街上警笛长鸣，人们在咆哮，人们在流血。

亲历过这些岁月后，埃利亚斯是不相信有任何的出路的。他认为西方世界在没落，而这些失控的人群，这些纯粹破坏性的力量，既是没落的证明也是原因，躲在人群里，一个人可以无所顾忌地肆意行事，所以人群将把以往深藏不露的恶意彻底释放出来。它将席卷一切，就连一个躲进小楼的书生，都会被它摧毁。

埃利亚斯·卡内蒂在 1981 年获得了诺贝尔文学奖，那时，他被称赞为一个警世作家，他的作品揭示了世界面临的巨大危机。可是，我的酒馆是一面照妖镜，让我看到了他那自我陶醉的样子。他因为自己的清醒而陶醉，当一个人，从他独特的经历中抽取出一些放之四海而皆准的真理时，他就必然会是陶醉的，他也会变得极为固执，会把一切现象都按照自己的理论来解释，并因为时刻比别人看得更深而扬扬得意。

我会远离这样的人。我要拯救自己的舌头。这世上已有太多清醒的声音，我不希望张开自己的嘴时，说出的都是别人说的话。

我提前关门，以便把他送走。我们下集再见。

Joseph Conrad

约瑟夫·康拉德

约瑟夫·康拉德（1857—1924），波兰出生的英
国小说家，前半生主要在船上度过，从 1900 到
1904 年，他发表了《黑暗之心》和《诺斯托洛
莫》这两部名垂文学史的小说。康拉德以无比稠
密、精美的文笔描绘景物，勾勒出最真实、最细
致的内心体验，他是以印象派绘画之笔写小说的
第一人，也是资本主义全球扩张初期最犀利的预
见者。

如果海是一片土地，它怎么经受人无数次的犁耕。

人能摆脱悲观的宿命感吗？

你好，这里是作家酒馆。

今天，让我们来到 1874 年的法国马赛。在夜晚的马赛港口，一位 17 岁的波兰少年，两手握住了一个舵轮。海港静悄悄，水波荡漾，让船和明亮的月光一起摇摆。这是一艘机帆船，船帆降了下来，船长坐在帆上，一只手正在黑暗中摸索他的烟斗。船长是这位少年的朋友，他说：你试试看开船吧，约瑟夫，就让船跟着月亮走吧。

让船跟着月亮走——这句话好像让约瑟夫·康拉德明白了一些什么。

我今天请到的，就是约瑟夫·康拉德。

他是一个失去了祖国的人。他有一位深爱他的父亲，但是，当时波兰被俄国所占领，父亲是一位波兰志士，因为反抗俄国人而被流放到了寒冷的北方；他也有一位抚养他的舅父，但舅父却告诫他说，你要离开波兰，在这里你无法出头，你去法国、去英国，在那些国家你可以谋生。现在，在月光下，17岁的约瑟夫忽然有了方向。他觉得可以依靠船，让船带他去往遥远的地方。

十年以后，他圆了梦：他在英国通过了船员资格考试，到商船上当了大副。不过他没有忘记波兰，因为他心里记着父辈的爱，记得同父亲一起读过的小说《基督山伯爵》。

那时的船，一趟任务，一出海就是两个月起算，最长的旅程，甚至要在海上漂一年。在启碇之时，大部分船员都是情绪烦躁的，他们都要长期看不见陆地了，只有熬过最初的几天，才能慢慢平静下来。约瑟夫看到，很多船长，当船刚刚驶出狭窄的英吉利海峡时，人就不见了，连续三天，四天，五天，他们都潜伏在自己的房舱里，从不出面，直到将近一周后才神情安详地出现在船员面前。这样做，是为了表达对全体船员的完全信任。

开始海上生涯之后，他就离波兰越来越远——他离一切地方都遥远，因为，他和一切地方的联络都只是通过港口，在一个港口靠岸，上了陆地，吃点东西，稍微放松放松，听听码头上、酒馆里的人闲聊那些海外的奇闻逸事，然后，他就回船上去了。有很多次，在回航的途中，他跟船长站在一起，他穿着

约瑟夫·康拉德

高筒橡皮靴，身上披着总是湿淋淋的油布，他和船长一起注视着前方灰色的海面，想着，如果那是一片土地的话，它早就被无数次地犁耕过了，而船长也好像听懂了他的心声，发出一声叹息。

没有一个人能够深入大海内部。人，只能在海上捕捉它的脾气。约瑟夫不是潜水员，他不能绘声绘色地跟人说起海底的神奇景象，而他可以说的景象，是黑暗。他见识过海上的黑暗，那是从港口就开始的，当太阳下山，灯塔放出光束，水面上冒出一大片熙熙攘攘、往来闪耀的灯光，往远处的海平面看去，则只有星星投下的一片朦胧。在海上航行时，黑夜就是黑夜，浓得像墨，结结实实，人什么都看不见，只能摸索各种船上的用具，连星光都无法给人以安慰，一个新上船的水手甚至会被惊吓到。一位大副，他却要在黑暗中监督船的全体部位，尤其是，他要在船尾甲板上担任唯一的执勤者。如果说，船长拥有一个专制王国，那么大副就是这个王国的总管。

对于水手这个职业，他从中找到了至关重要的安全感。它不单单是个饭碗，为他换来工钱，他还说，海上的生活是严格的，要求一种绝对的简朴，因此比陆地生活更为优越。大海的单调性是崇高的，让人能够从中借来某种尊严感。他在做完一轮工作后获得极大的满足；每一天，他都觉得，自己在海天交接的辽阔范围内画了一个圆，岁月被格外轻松地留在了船后，犹如尾流漩涡中的那些轻轻的气泡，魔法般地消失在了无边的沉寂里，而船，就在这沉寂中继续前进。

在船长的叹息中，他听出了那种不能简单地用"沧桑"二字概括的岁月体验。单调的感觉是井然有序的，无法动摇的，只有在即将有机会靠岸的时候，它的魔法才会被打破。如果船员能够开动大脑，他从那白天黑夜的切换中，从那波诡云谲又一成不变的大海中，能够想象一些什么？水底下是永远封闭的神秘的空间，对此，人所能够发出的想象，是那些埋藏在时间中的神秘，也就是说，那些没有任何记载的远古的神秘。

船上的铁锚，是由大副全职负责的。我们平时都用"抛锚"这个词，一辆汽车在公路上出了故障熄火，我们都不说它出故障了，而说"它抛锚了"。然而约瑟夫特别严肃地告诉我说，他作为一个资深的船员，最腻味看到人们随意地使用"抛锚"这样的词：锚，是可以抛的吗？险恶的风涛，会把任何没有用绳子系牢的东西，比如一只小艇、一个木桶、一根备用的圆木，抛入大海之中，但锚是永远不会被惊慌地抛出去的。哪怕是黑暗聚拢过来，困住了所有人，锚也只是简单地、轰隆一声从锚架上落下去。大副或者水手，在下锚的时候要抡起大锤，或者拉动杠杆，嘴里坚定地喊道："放！"

约瑟夫说，锚看起来既老实又粗糙，外表上那么简单，可它的部件比人的肢体还要多：它有环，有柄，有爪，有冠，有掌，有杆。它被人所锻造，完全契合于人的使用目的，给它一块土地，它就死死地咬住不放，即便船沉了，锚链都断了，它

　　　　　　　　　　　　　　　　　　　约瑟夫·康拉德

还是在那里。下锚的时候，船员必须全神贯注于锚链在海水中的下坠，它不能缠在一起，当铁锚落地的时候，还得确保锚链必须能够在锚环上灵活地拉动。一切都要在控制之下。约瑟夫说，谁随意使用"抛锚"这样的词，谁就是在杀害精确、完美的语言。

约瑟夫经常抱着铁锚，等候任务到来——不只是船长发布的任务，变幻莫测的海，统治着浪潮的风，甲板上一根用旧了的绳索，随时都会给他派任务。他才 30 岁时，就已经被锻造成了一个铁锚的样子：眼圈周围，都是海风雕刻的皱纹，他的皮肤特别黑，下巴上的胡子修得很尖，这是很多船长的标准造型。

是的，他已经可以当船长了。他第一次指挥一艘船，是在东南亚的曼谷，当时，这艘三桅帆船在海湾中的大小岛屿之间穿行而过，船上有个资深的水手，被吓得惊叫起来。他比约瑟夫还大 5 岁。但后来，经历了许多事情之后，在一个漆黑一片、狂风大作的海上之夜里，他却悠然来到约瑟夫跟前说：先生，你是个走运的人，我相信我们无论如何都能摆脱困境。

没有什么团队能比水手们更加有力了。你看到约瑟夫这个人，会觉得他是有很多恐惧的。那不是胆怯，那是一种充满阳刚之气的恐惧，一种因为太多次正面对视黑暗，才拥有的恐惧。那是浪漫冒险的一部分，而随着时间的推移，他的冒险也在逼近终点。

每当黑暗降临，他就把视线从远方收回到自己身上。他就想着：我身在何处？虽然我对大海和陆地，对船和风向，都了如指掌，可我仍然不知道，我在哪里。我在世界、在海洋的哪一个位置，在人生的哪一个位置？他在一篇小说《阴影线》里，写了这样的话："人走下去，时间也走下去，直到人看见前方有一条阴影线，它警告说，人青春的地带也必然是留在后边了。"

约瑟夫不可能在海上浪荡一生，他必须有一个能安身立命的后半生的事业。他相信，那就是写作；他写小说，不仅是因为写作可以将他的冒险从海上转化到纸上，更是因为他需要钱。他太穷了，他逐渐有家有口，哪怕做到船长，都不足以养活家庭，更不用说航海事业本身还有那么多危险。

他的脑袋里积存了太多流传在港口之间和海上的故事。不是什么荒岛求生的桥段，也不是什么与海盗厮杀的英雄传奇，那些主人公都是冒险家，不管来自什么国家，都会抱有类似这样的幻想：在海中的某个不知名的岛屿上发现一处宝藏，或者，跟着一个土著人来到一个不为人知的世外桃源，那里有着取之不尽的黄金白银。

他在工作间隙，把故事记在本子上。他已经加入了英国国籍，有一种操练英语的巨大热情，而他对待语言，就像大副对待下锚一样，都追求绝对完美。

不过，他会不会仅仅满足于去书写那些奇闻逸事，兜售给读者呢?

在历史和时代中滚动着人类的能量,这能量的最常见的形式,就是贪婪。一直以来,约瑟夫·康拉德都是看着月亮在航行,他是个理想主义者,有一种自由自在的冒险精神。但当他的船驶过那道阴影线时,他在青春之后看到了历史。青春是海洋,而历史,是一条河流,它狭窄,而且喧嚣。那些散在各个港口和甲板上的人和故事,在历史中聚集到了一起,这些人不再企望机缘降临,遇到一个小岛,在那里找到财富和幸福,就能够轻易地上岸,手里还举着枪炮。

那是在 1890 年,约瑟夫为了给自己之后的陆地生活做准备,也为了能让自己的探险人生抵达一个高潮,他开船进入了一条河流。这条船,叫比利时国王号,是一家比利时船公司给他的。这条河叫刚果河,从大西洋的河口,一直延伸到比利时的殖民地——刚果的腹地。约瑟夫把那里叫作非洲的黑暗之心,在地图上,他断定那是世界上最为神秘、最为黑暗的地方。

这一次,各种条件都和海上不一样了。他一来到刚果,就明白相比于陆地,凶险莫测的大海简直是一片净土。在非洲的沿岸,来自欧洲各国的殖民者,到处掘地三尺寻找矿产和能源,他们用带来的武器,到处轰击岸边的原生植被,他们把黑人土著抓到一起,任意差使。做这些事情都用不着什么头脑,只要有武器就可以了,约瑟夫遇到的当地的地接人员,一个个都是蠢头蠢脑。当他来到船上，他也看不到那些吃苦耐劳的水手和船员，只有一些白人游客，或是殖民者的家属，就为了看看所谓的异域风情。还有一个两百多磅重的大胖子，身体虚弱，每次出行，都得被一群土著脚夫像抬轿子一样抬在身上，那些脚夫一有机会，就逃个精光。

约瑟夫看到暴力时，他都想了些什么？

他第一次看到被射杀的黑人的尸体时，就在日记里说：那尸体好臭，我觉得恶心。他看到一群黑人被锁链拴去干活，他觉得，他们的眼睛里"带有一种不幸的野蛮人所具有的十足的、死一般的冷漠"。有的黑人，被白人抓来充当警卫，他笨手笨脚指挥别的黑人干活，约瑟夫说，我仿佛看到一个马戏团。他经常看到一群黑人都快要死去了，倒卧在树林里时，他说这不是人，这只是一些"具有人的形状的东西"。

这个一向铁骨铮铮的人，现在感到身上有些酥软。汗毛从毛孔中挺立了起来。19世纪末，欧洲本土的奴隶贸易已经废除了，然而贪婪的能量需要有释放的地方，白人利用航运技术的提高，转向非洲、亚洲和美洲去掠夺财富。刚果，这是一个所谓的"自由邦"，是一个由欧洲列强各自插手制造出来的国家，在那里，所有行政管理的基础，都在于对土著黑人执行系统化的暴力。约瑟夫看到了这些，可是他并没有为此震怒，义愤填膺，不，他只是被震撼了，震得目瞪口呆，他厌恶那些施虐的白人，也嫌弃被虐待致死、散发出恶臭的黑人。

在惊诧之中，他唯一还能做的，就是书写。他写他眼中的河流，同样是水体，却和大海完全不同。大海的风浪将人推向未来，而危机四伏的河流，却把人带入蛮荒的过去，他说：

我听着岸边土著人的鼓声，跳舞的叫声，看着那些影影绰绰的火光，感到自己好像漫游在一片史前时期的大地上，这里土地的外貌好似未知的星球。我的小小的汽船，满身污泥，紧贴着河岸逆流而上，仿佛一只小甲虫，在高大门廊之下的地板上蠢蠢蠕动……大地上丛林密布，巨大的树木俨若人间君王，一条空荡荡一无所有的河流，一种硕大无边的寂静，一座无法穿透的森林。空气是温热的，浓密的，重浊的，呆滞的。光天化日之下却了无一点儿欢乐气息。一段接一段的漫长的水路向前流去，荒无人迹，直流进那浓荫覆盖的远方的郁郁葱葱之中。当船陷入淤泥，我船上的人，就会手持棍棒，逼着那些黑人，那些食人生番，一起推船前进，这些人背上还背着腐烂的河马肉，气味直冲我的鼻子。有时，一个瞬间，过往的事会纷纷回到我的心头，我觉得自己跟相识的一切永远隔绝了，它们远在天边，如同另一个人间。

那个时候，有一些开明人士，注意到了非洲殖民地遭受的掠夺，他们写信，希望约瑟夫能够和他们一起，为非洲人做点什么。然而，约瑟夫拒绝了。他说，我去刚果的这一趟，并没有看到什么暴行，我看到的是一片迷雾。在海上我见识过黑暗，而在刚果，在河流两岸，我懂得了，自己处在历史的浓密的阴影之中。我做不了什么，现在，我只是一个可怜的小说家。

是的，他没有看到暴行，他看到的是宿命。他看到，殖民是一场无可遏止的洪流，刚果土著的不幸，和波兰人的不幸一样，是一种必然。一小部分人类，靠着对财富的贪婪，对统治的欲望，让其他人类持续付出代价。这里面的罪恶是系统化的，个体无法抵抗，只能跟着它，在其中漂浮。他明白，他手中掌握的舵轮太微不足道了，无法修正历史的航向。

在 1900 年，约瑟夫·康拉德，完成了他对这一切所能做的事情。那是一篇小说，名叫《黑暗之心》。为了写这篇小说，他从刚果河回来之后，就告别船上生涯了。他觉得，足够了，这最后一次航程，从大海进入河流和内陆，也让他从船长变成了作家。而成为作家，又是一种什么样的宿命呢？

他认识了很多英国的作家和出版人，他告诉他们：自己一天工作 18 个小时，以至于思想昏沉，患上了厌钢笔症和恐墨水瓶症。此外，他还得忍受着海员生涯落下的各种后遗症，什么风湿病和痛风。可为了摆脱贫困，他不得不写作，他说："孤独正将我接管，把我吞噬。我什么也看不见，什么都读不进去。我好像待在一个既是坟墓又是地狱的地方，只能写啊，写啊，写啊。"他说："当年在我的航海生活中，困难会激发我迎难而上的勇气——现在的我却觉得一切俱往矣。不管怎样，我并没有放弃，只是，我有一种跌倒在一大片深水里的感觉；

对我而言，写作——唯一可能的写作——就是把不安的力量变成词句。"

现在他 50 岁了，他终于成了文坛巨匠，再也不用担心生计问题；可是，他再也找不回昔日的青春热血了。

我看到，他的眼神里有一种悲观的宿命感。他在一篇随笔中写道：世上不再有欧洲了，欧洲"只是一块举着枪炮、做着买卖的大陆。在这里，关系着生死存亡的是商业竞赛，这里是大声宣告世界霸权的策源地"。海上的冒险家，在空中搜寻月亮，而陆地上，那些衣冠楚楚、整天算账的利己主义者，以自由贸易的名义，支使着船只带着枪炮四面出击，自己在谈判桌上瓜分世界："工业主义和商业主义……摩拳擦掌，几乎是热切地渴望付诸武力。""从今往后，再也没有为了理想而发起的战争了。"

虽然他说，他现在只是一个担惊受怕的小说家，可是我告诉他，你用你的悲观和恐惧，在两个世纪的交界处，在那道阴影线上，写下了对人类历史之残忍的认识和对贪婪的厌恶。你没有呼吁正义，只能发出孤独的呻吟，可是，你真的用你的悲观和恐惧，为"阳刚"这两个字保住本来的意义。

约瑟夫·康拉德在 6 岁的时候，曾经寄了一张自己的照片给奶奶，并给奶奶留言，请她送一份礼物给父亲。那时父亲刚刚被捕入狱。波兰人反抗俄国人的斗争，是不堪一击的，可是在约瑟夫的印象里，这斗争正因为失败，才是纯粹的，才可以被称为"理想"。而来到列强争霸的 19 世纪末，理想完全变成了散落在海上的传说了。在照片的背面，约瑟夫写道："给我的爸爸，他是一个波兰人，一个旧教徒，一位绅士。"

子夜钟声已经敲响，这里是作家酒馆，我们下次见。

Tomas Tranströmer

托马斯·特朗斯特罗姆

托马斯·特朗斯特罗姆（1931—2015），瑞典诗
人，2011年诺贝尔文学奖得主，他的每一部诗集
都是名作，现代诗凝练的境界在他的笔下达到了
极致，他使词语真正凝聚成为思维和感受的钻石。

一切都是为了消除孤独，
为了猜一猜谜语上长出的蘑菇。

抵抗孤独的最好的方式是什么？

你好，这里是作家酒馆。

我的酒馆的第七位客人，他已经到了。他像一块冰一样安静，每当他露出笑容，他就融化自己。确切地说，是融化自己的左半身，因为他的右半身没有知觉，那是他 59 岁那年一场中风的结果，从此，他的右半身就被封印在了 59 岁。他用左半身带着右半身行动，也用右半身作为左半身的镜子。一开始，他觉得自己能够慢慢恢复，但后来，他开始适应了只使用半边身体的生活。他有一句诗是这么写的：

我把所有旧面孔都装进自己的身体
就像一棵树是它所有年轮的总和

　　　　　　　　　　　　　　托马斯·特朗斯特罗姆

他就是托马斯·特朗斯特罗姆，一位幸运的诗人。自从 1954 年发表第一部诗集《十七首诗》开始，他在瑞典家喻户晓，然后名声传到了国外。即便中风，他也是幸运的，他还能思考诗句，关键是，他还能用左手弹钢琴。他说，世界上大约有五百首专门为左手弹奏而写的钢琴曲，但为右手写的只有五十首。这是因为，右手比左手更容易丧失，在战争中手部负伤甚至截肢的人，大多数都伤了右手。

音乐对他非常重要。音乐随时可以上手，而诗的发生，却需要难得的因缘际会。托马斯说，诗的灵感是外部压力和内心的驱力突然相遇的结果，这种时刻非常罕见，所以他一年也写不了十几首诗。就是这少而又少的作品为他赢得了国际声誉，然而他也像任何一个正常的诗人那样，无法靠写诗来致富。他几乎终生都属于清贫的人，住在祖辈的房子里，尽量让空间里持续地萦绕着音乐。

瑞典对于瑞典人的意味，必须是瑞典人自己最清楚。远在数千公里之外的你，可能理解不了真正的瑞典，除非你在瑞典过完一整个冬天，吸饱了那种比黑夜还要黑的黑夜的味道，再也不会对那些来自北极的光线发出旅游者的尖叫。在瑞典长大，孤独感就像是一个守在门口的幽灵，你开一条缝，它就挤了进来。托马斯是独生子，而且从小父母离异，他跟着母亲长大。幸好他有一对待他很好的外祖父母，外祖父是个船长，尽量多给他讲一些远方的故事，同时，他们还告诉托马斯，你一定要有爱好，爱好是抵抗孤独的最好的方法。

托马斯有了爱好：收集昆虫标本。他也有了梦想，就是去远方探险。即便如此，当他 15 岁的时候，二战刚刚打完，他还是陷入了一场精神危机。精神危机，这个词对我们很多人来说非常遥远，非常抽象；但在托马斯这里却十分具体。因为那时，他刚刚产生了政治方面的意识，他极其憎恶纳粹德国，经常跟同学争论战争方面的是非，但 1945 年，德国战败了，投降了，这使得他内心最强烈的情感失去了针对的对象。生活中最大的主题，消失了。

于是，他把剩下的热情用到了探险梦上面。但是，他的母亲不会带他走多远，母亲是最典型的传统的瑞典女性，一辈子都没有出过国，越是上年纪，越是习惯于停留在洋流带来的温和的空气里。不过，托马斯非常珍惜的一些时刻，就是母亲带他去森林里摘蘑菇。北欧特产的一种蘑菇，学名叫鸡油菌，一般是金黄色的，也有红色和白色，从外观到口感都很是鲜美。它从地下长出，不经意间就能遇到，托马斯觉得，它们连接着世界的一种巨大的神秘。

他在一句诗里说：蘑菇"是黑暗的地底下／一个抽泣已久的求救者的手指"——这片土地，从风景到人都习惯于沉默不语，而他的诗却要为之增加声音和画面。

托马斯的成长过程，见证了理想是如何逐渐萎缩成现实的。我想你也有这样的体验：你可能是一个曾发愿要登上月球的孩子，可是长大以后，在一个海拔一千米高的景点拍照留念，你就满足了；你在童年时想要四海为家，可长大以后，你的出行选择，仅仅取决于那些你能买到廉价机票的地方。你的偶像一个个缩水了，他们变瘦或发胖，上了年纪，脸上都是晒斑，你寄托在他们身上的那些想象一一消退了，就像蒸发了的水带走了热量。

托马斯的探险梦也缩水了。他在 20 岁时做了一次冰岛之行，就花光了大部分积蓄。三年后，他因为出版诗集获得了一笔奖金，并且建立了一些国外关系，才得以继续游历。他去土耳其，去远东，去南斯拉夫，去摩洛哥，去西班牙。这些地方比如土耳其，当时还不是什么众所周知的旅游地，可托马斯知道，这旅行，相比于外祖父的船长生涯而言，充其量只是一种模拟体验。

好在他还能写诗。写诗，用一句英语来说就是 to do small things in a big way——把微小的事情，以大的方式来做。诗是一根纽带，当生活变得越来越平平无奇时，托马斯用它来保持与神秘和未知的联系。

诗人托马斯有一份正规职业。他是个心理学家，也是瑞典社会服务体系中的一分子。1960 年，他 30 岁的时候，曾在一所监狱里做心理辅导员，他接触的，大多数是接受劳动改造的少年犯。

瑞典的监狱，以及挪威、芬兰、丹麦这些波罗的海周边的北欧国家的监狱，都有三星级以上宾馆的条件；囚犯得到十分人道的待遇。之所以如此，有着多方面原因，比如现代北欧国家拥有世界上最好的社会服务网络，最好的公共教育，较为单一的民族构成，以及专家治国的理念十分普及，等等。但是，托马斯却在那些少年犯身上看到一种根本性的消极。他们受着十分温和的强制监管，却因为长期与社会隔绝而感到厌烦。

厌烦带来了麻木和逃避，托马斯问孩子：你是因为什么而被送到这里的？

孩子说，哦，某一天晚上，我撞了一下窗户，窗户碎了，然后，我就来到这里面了。就这样。或者，有一天我站在一个房子里，面前有一大堆钱。然后，然后事儿就发生了呗。

他们总是在用一些被动的措辞描述发生的事情，仿佛事情在他们身上发生，他们只是做出反应。他们就是不情愿说，是自己主动干了什么。托马斯说，对这些少年犯来说，能够说出"我打碎了窗户，爬进了房间"是很重要的，这会成为他们人生中的一个关键的道德时刻，意味着他们能够承认自己对外界有着主动的作为。

没有一个正常人会喜欢这样的孩子。

这段经历之后，托马斯总想以此为题材，写一首长诗。他雄心勃勃地写了很久，好不容易完成了，却怎么看都不满意。后来，这首监狱诗只留下了短短 5 个小节，总共 20 行，在

　　　　　　　　　　　　　托马斯·特朗斯特罗姆

1966 年出版的一本诗集里发表。诗中这样写道：

在劳动的过程中
我们渴望野蛮的绿荫
渴望只有电话线单薄的文明
才能穿过的荒野
空闲的月亮携带石块和重量
围着行星劳动旋转——它要的就是这种生活
回家路上大地支起耳朵
深渊用草茎聆听我们

这些话，是以男孩的口吻和心声来写的。监狱是人道主义的，并没有阴森森的铁丝网，可是男孩依然渴望奔向野蛮而自由的地方。但托马斯看到的，或者说他用一双富有想象力的眼睛看到的，是地里埋设的电话线。他好像在说：虽然这些人因为犯了罪错而被隔离，可是那个遵纪守法的秩序世界里，大地也已经布下了现代化的网络。那些为了通讯的便利而设的电话线，渗透进了曾经的荒野。

诗中有月亮和行星在缠绕，大地支起耳朵，深渊通过野草聆听我们。托马斯的诗作从来就杜绝简单的思维，他把日常的场景变得完全陌生，又让陌生爆发出新奇的力量。在那些场景中，看不见，或者觉察不到的事物会出现，并且施展它们的力量或发出声响。

听见这些诗句的人，会有生理反应：腿会颤抖，脖子会痒，脸颊会发烫，仿佛是你心中的模糊的怀疑和直觉被他以清晰准确的形式给证实了。不过，托马斯很难遇到读者会心的反应。瑞典的观众有多么不愿意流露感情。他们习惯于克制，安静地坐着，认为不叹气、不笑也不喊不叫是一种上好的风度。托马斯时常感到沮丧，因为他不知道人们的真实想法：是内心翻滚，还是无聊？

即使在《在劳动的边缘》这首诗发表后，狱中的见闻仍然缠绕着托马斯。他是个分成两半的人：一半是本职工作——一个心理学工作者，在已知的世界里工作，让社会更加稳定；另一半则是业余爱好——做诗人，关心那些未知地方的音响与动作。做本职工作的托马斯十分强硬，因为在问题男孩面前展现柔软、敏感、共情的能力是完全无效的。那些男孩后来一个个回归了社会，其中有一个男孩，在时隔36年之后找到了托马斯，说当年的你真是强硬啊。但是托马斯笑笑，回答说：不，我是分心的。

他说的是真话。作为诗人的那一半，总在提醒他说，现象之间有不为人所察的关联，看不见的地方正在发生什么。在分心的时刻，他忽然想到，假如监狱如同宾馆，那么宾馆也会如同监狱。我们这个秩序井然、彬彬有礼的社会，莫非正是一个让人陷入厌烦的地方？他打开平时的笔记，重新审视当年记下的一个个瞬间，他一向是这么写诗的：像蚂蚁一样衔着各种各

托马斯·特朗斯特罗姆

样的碎片互相爬向对方，然后走向蚁穴。诗把一些碎片吸收进来，把另一些剔除在外，繁忙的蚂蚁就是他经常分心劳碌的脑细胞。

他开始写俳句，他很少写俳句，但这一次，他写了一组。俳句是三句一组的，他能注目一些时刻，将它们擦亮，聚焦。他写到，有一次一群男孩在踢足球：

每边十一人
突然就沮丧了——球不见了
飞出了墙外

球飞出了监狱的墙外，他们的游戏戛然而止。但墙外的自由人，会如何看待这个飞过来的球，他能不能想象到，球的消失，意味着那些孩子重新回到监禁的现实之中呢？他自己又经历过多少类似的时刻，那时，沉浸的童趣突然转化为失落呢？

在第二首俳句中，托马斯写的是男孩的故意吵闹，他说，那些超出必需的噪音惊醒了时间，催它爬起来快走。在监狱里，时间仿佛变成了一条打瞌睡的狗，拖拖沓沓止步不前。但当冬天来了，全世界最暗的黑夜降临，一切依然那么井然有序，这懒惰的时间，又何尝不也属于监狱外的世界呢？

至少狱中的人还有未来，他们催动时间快走，盼着释放的一天，但自由的人却难免只剩下厌烦和无聊与自己相伴。这一点，当36年后的托马斯，只有左半边可以活动的时候，他就

抵抗孤独的最好的方式是什么？

体会得更深了。他身上所具有的创造力全都集中到了左半身，那里变得拥挤，不适合呼吸。

还有一首俳句，托马斯写到，一个人越狱了。你或许期待看到一场追捕，甚至一场对峙。然而托马斯却说：

当这个出逃的人
被抓住的时候，他已在口袋里
塞满了蘑菇

这个越狱犯没有偷没有抢，没有慌不择路，他只是在口袋里装满了蘑菇。蘑菇，不是市场上买来的，而是那些从地下伸出的哭泣的手指。他为什么要收集蘑菇呢？是因为饿了几天需要营养吗，是因为厌倦了监狱里的伙食，无可忍耐之下破墙而出，去森林里搜刮吗？

不管什么情况，托马斯只把他的灵感用来书写孩子一般的人性了。蘑菇有多么重要，蘑菇是孤独的岁月里开出的野花。在托马斯的早年时代，在无数人节奏单调的青葱时光，岁月太轻易地就大块大块地断裂下去，就像初春的冰面咔嚓嚓地融化进河流。即使处在一个安全而和谐的时间胶囊里，人们也是需要蘑菇的，他们犯越狱之险，只为了看看蘑菇，为了蘑菇所带有的色彩和气味，为了野蛮的绿荫，为了那些从神秘中破土而出的意外的生命。一切都是为了消除孤独。

1974 年，托马斯·特朗斯特罗姆发表了他唯一的长诗《波

　　　　　　　　　　　　　　托马斯·特朗斯特罗姆

罗的海》，在诗中他遐想了外祖父，那位老船长，当年的工作状态，他是怎样记录每天的航海日志，写下风的变化，对人的印象，写下海蜇的突然增多，他又是怎样把暗礁和岛屿的史诗倒背如流。瑞典有很多岛，过去每到夏天，托马斯就要去岛上，他在一座岛上发现一种昆虫，还以他的名字来命名了。但是人终将发现，自己会抢在岛屿前面，抵挡不住时间的摧折。

在某一天，航海日志上只有日期，什么都没写。托马斯就此写下这样几句诗：

八月二日。某些东西想得以表达，但词不答应。
某些东西无法表达
失语症
没有词，但也许存在着风格……

有时你夜里醒来，向邻近的纸上，报纸的一角
迅速扔下一些词语
意义使词发光！
但早晨：同样的词空洞无物，涂鸦，错说
或许那巨大的夜之风格的残片已飘然而逝？

托马斯这是把航海日志和自己写诗的切身体验融合在了一起。有时是有话想说，但找不到词——词不答应。于是失语。有时半夜里醒来，赶紧记下一些什么，到了早晨再看，感到那

是一派空言，毫无价值，这时，诗人会希望回到夜间，趁着夜的风格，像观看昙花一样观看这些词。

我觉得，他是把生命的热情都寄托给这些神秘体验了。瑞典人典型的晚年，历来就以无边无尽的沉寂为标志：在冬日转瞬即逝的阳光下，在被雪封锁的屋里，两幅壁画，一个火炉，外带一本《圣经》，人就这样一年复一年地缩小。所以他们需要神秘，用看不见的东西打破那寂静和厌烦。托马斯实践了大诗人马拉美的那句话：诗应该包含一个谜语。在托马斯这里，世界上存在一个巨大的谜语，它像万能的神一样，只把一些小小的迹象露给人们看：比如草，比如水下的礁石，比如蘑菇，和写完之后被取消的长诗。

还有，托马斯特意说到，那些问题少年胳膊和肩膀上的文身，他说，这里面或许存放着他们人生中的快乐时光。这时光屈指可数，在若干年之后就萎缩成了别人眼里的斑斑污渍，再过若干年，连它们的主人都转化成了照片上的陌生人。需要有人来解读这陈年的形象，需要下一个像托马斯·特朗斯特罗姆那样充满灵性的人，充满灵性，而且懂得对待神秘的规则，从不大肆声张地叫起来说：来吧，让我们猜个谜语。

今天酒馆的营业时间已结束，我们下次见。

Виктор Петрович Астафьев

维克托·阿斯塔菲耶夫

维克托·彼得洛维奇·阿斯塔菲耶夫（1924—
2001），苏联小说家，在东西伯利亚的村庄里、
河流边、森林深处，在讨生活的平民中度过了许
多岁月。《鱼王》是他漫长的写作生涯里的最高
成就，西伯利亚的大自然是他永远的主人公。

人一旦像挣脱了锚链的船一样随波逐流而去了，
又何必再为陆地上的事牵肠挂肚呢？

生命的真相是什么？

你好，这里是作家酒馆。

今天我们要迎接的这位顾客，来自遥远的北方。他带着一身寒带森林的气息，他的毡靴踏遍了稀疏冷寂的苔原，他要讲一件往事，那里面有他的灵感来源和他生活所凭靠的支柱。

大约在 70 年前，苏联要在北方兴建一条大铁路，因此，调遣了一大批技术专家和工人过去，并且运过去各种物资。其中有两口用铁铸的大缸，是给工人们烧热水洗澡用的。它们被放在木筏上，沿着叶尼塞河溯流而下。但是，它们在途经一个村子时，被村民截留了，村民不知道这是洗澡用的，他们要用来熬汤。

这个村子名叫鲍加尼达（Baganida），是个极简的居民点，

维克托·阿斯塔菲耶夫

全部住宅就是十几座风吹日晒的破房子，每座房子只有一扇窗。还有几个谷仓，一个工棚和一个紧靠河岸的浴室。墙壁是烟熏火燎的黑色，门上千疮百孔。村里最重要的地方，是一个堆物房，门上写着几个粉笔字："鲜鱼收购站"。

这里住着很多捕鱼人，他们浪游到此，就定居下来，靠捕鱼卖鱼为生。村里女人很少，但孩子很多，一大群孩子都是一个妈妈生的，却没有爸爸，因为捕鱼人有各种突发状况：有人出了船难，葬身水底；有人在丛林里迷路，或遭遇了猛兽，再也没有回来；还有的人因为不愿意负家庭责任就突然消失。留在这里的女人，一开始还是生气勃勃，但很快变成了一个繁殖机器，糊里糊涂地接受了一个又一个男人，并且生下孩子，到后来，每多一个孩子，对她来说，就像多了一块砌墙的砖块一样。

孩子们要活下来。于是，在捕鱼的季节里，他们来到岸边帮渔民卸下鲜鱼，帮大人分拣和处理，把鱼肉切成小块，他们帮着拿葱、盐、花椒、月桂片，拿各种调料，帮着清洗锅子和拿厨具，当汤刚刚开锅时，还帮着尝味道咸淡。火苗从劈柴中熊熊跃起，鱼汤的颜色由清变浊，蕴蓄着炽热的力量，最后在鱼汤表面形成了一层熔金般的鱼油。在分鱼的时候，孩子们由小到大，挨个得到自己的一碗，听着大人们的吆喝，幸福地享用。

这段故事，出自《鲍加尼达村的鱼汤》，讲故事的人，就是我眼前这位苏联作家，维克托·阿斯塔菲耶夫，他有一副被严霜打过的容颜，告诉我们，这个村子已经彻底消失了。

消失，是因为人，不分男女，都会老去，干不动活了；是因为疟疾、瘟疫夺人性命；是因为孩子们会长大，会被大人带去别处；更是因为国家实行计划经济，任何一个居民点随时可能被取消，人会被转移。

作家告诉我们，村子带走了一些再也无法重现的感觉。捕鱼人一般都没文化，性情粗野而狠心，但那个时候，当他坐在两口大锅周围，看到锅里鱼肉翻腾、飘着油花，孩子在旁边那种盼望的样子，看到一些孩子干劲十足，帮着大人给捕来的鱼分门别类，装进木箱或铁丝箩筐的时候，他会忽然觉得挺开心的，他觉得自己做了件好事，自己居然仍然有能力做好事。

阿斯塔菲耶夫跟这些捕鱼人混得很熟。这些人都是非法捕捞，因为河流是国有的，他们并没有捕捞许可证，他们总是在夜里偷偷摸摸地驾船出航，船最好得装两个引擎，一旦碰上河流督察员，他们就可以加大马力，逃之夭夭。这些人把河流看作自己的食品柜，缺少吃食了，就打开柜门去取。

他们从小就熟悉河流，觉得自己同河流亲如兄弟，是一家子。他们很少考虑到，大自然和其中各种生灵自身，也有生存的需要。他们用的一种捕鱼方法，十分残酷，仅次于用鱼叉和炸药，那就是，在好几个河段同时下一排排钩，过一段时间之后再去收排钩。很多鱼撞上排钩之后，没有被人及时取走，就死去了，尸体腐烂了，滋生虫蛆也污染了河水，有时，饥饿的人和狗把有毒的鱼内脏捡走吃掉，送了性命。

但是这些人，他们的残忍无知似乎又情有可原。他们的目光中永远笼罩着一层忧郁色彩，那是一种北方人的宁静的忧郁，像冬天的雾气一样无法驱散。当冬日降临，这些人日常是安静、阴沉的，嘴里除了诅咒北方冬季的气候，就只是互相许诺说，我已经订好了计划，天一暖和我就离开这个天杀的鬼地方。可是，春天到来，他们却又忘了这茬儿，像鱼一样摇摇尾巴活泛起来，继续过他们依河而生的日子。

阿斯塔菲耶夫从不偷猎，他只是钓鱼；可是，他的眼睛里，也有那种一眼就能辨认出来的北方的忧郁。于是，那些人会请他一起，围坐在夜间的篝火边，喝酒抽烟。异常艰苦的生活体验，让这些人动不动就开始吹牛，说自己曾一次抓了多少条鱼，曾经如何逃脱追捕，曾经多少次在跟黑熊的生死对决中捡回一条性命。

他们略带嘲笑地问阿斯塔菲耶夫：你这个文人，你有我们的这种经历吗？

阿斯塔菲耶夫缓缓地说：我吗，我到过很多教堂，去过清真寺；我曾经在尸体陈列房里擦死尸，我在妇产医院里看过女人生产；我访问过警察局和监狱，我去过那些安顿移民的地方；我曾经穿越沙漠，在高加索山区我看过那里的花圃。我打过交道的人，有城里的摩登青年也有虔诚的教派分子，有小偷也有人民演员，有妓女也有劳动模范。

他说完这些，那些村民都惊讶地张大嘴巴，说不出一句话了。

阿斯塔菲耶夫，要夸耀个人的传奇经历，他能说上一整夜。他能夸耀他是如何早早成名的：1951 年他在 27 岁就写出了 20 多个短篇小说，不到 30 岁他就出版了两部小说集。他加入了作家协会。1961 年，他 37 岁，就有机会留在莫斯科工作，可能进入作协的秘书处，或者在核心文学刊物里当一个部门主任。在苏联，作家想要顺利扬名立万，扎根在莫斯科或圣彼得堡几乎是必由之路。

可是他没有留下，他说，因为不想总写吹捧作协官员的书，我也不想当了官之后天天喝酒。他说，每天会有来自各个地方的作家给我敬酒，一喝喝个半升一升，我会天天烂醉，因为我这个人特别可靠，一定会帮他们名扬全国。最后，我也会埋葬在莫斯科郊外的墓地里边，那里有一块地方，是专门埋我们这些来自外省的莫斯科人的。

他毅然离去，这也没什么可得意的。他最想夸耀的，就是他不会轻易地撇下叶尼塞河，撇下他在西伯利亚的那些粗野的乡亲和捕鱼人。这是他内心中必须时刻确认问心无愧的一点。那么，是什么样的美好的乡土记忆，让他如此眷恋家乡？

他曾有三个姐姐，全都夭折；他 1 岁的时候，家产都被抄了，父亲被判了一个叫作"蓄意破坏国家财产"的罪，送进

　　　　　　　　　　　维克托·阿斯塔菲耶夫

了劳改营。到了 1931 年，他 7 岁，他的母亲去劳改营看丈夫，在路上搭乘了囚犯坐的船，结果船翻了，她的头发被卡在了木栏杆里，没办法爬出来，就这么淹死了。阿斯塔菲耶夫被外公外婆接走，度过了一段安稳的日子。然后他的父亲被释放回来，并且再婚，他带着儿子去了一家鱼类加工厂工作。可惜父亲很快就病了。继母把阿斯塔菲耶夫扔到了街上，他流浪过，然后进了孤儿院，然后又流浪。

这就是他童年的梗概。可阿斯塔菲耶夫日后却说，我记得我孤儿生涯中每一件真正快乐的事儿。我不能忘记它们，上帝最难以容忍的罪行就是忘恩负义，而我，从幼年起，一种感恩的心情就卡在了我的身上。

他故乡的村子名叫奥夫斯扬卡，叶尼塞河从村边流过。他在那里成为孤儿，也是在那里学会感恩。也许鲍加尼达村围绕在一大锅鱼汤周围的孩子们之中，有一个就曾经是阿斯塔菲耶夫本人。

在小说中，两个在鲍加尼达村长大后离开的孩子，后来坐船回到村子的旧址，他们看到河水已经像舌头一样，把河岸一带完全舔平，灌木丛、茅草和针苔将河岸与冻土带完全连在了一起，村舍彻底坍塌，没有传递出任何有人生活过的气息。这时他们发现，自己只能回忆起那些美好的时刻了，而不好的事情一件都想不起来，就仿佛他们要用某种咒语召唤出那些不知所终的故人，一起来复活他们曾经落脚过的地方。

生命的真相是什么？

这并不是一个所谓的"此心安处"。这里当初就是风雨飘摇，人们身不由己，朝不保夕。如今白色的炉台依然倔强地挺立在蒿草丛中，那两口大铁锅的碎片，已经长满了锈迹，倒卧在覆盖了浓霜的草丛里面。故事中的另一个人物，在船上多次眺望过鲍加尼达后，决心不再怀念。他自言自语地说了这样一番话：

　　"生活就是这样。时间把人们从静止中唤醒，于是人们便随着生活的浪花漂流。人被抛到哪里，就在哪里生根。而人一旦像挣脱了锚链的船一样随波逐流去了，又何必再为陆地上的事牵肠挂肚呢？"

　　阿斯塔菲耶夫书写鲍加尼达村的故事，并为它送上挽歌，但那个时候，他自己的故乡奥夫斯扬卡，依然是存在的。也许，是他对家乡的感恩之心保住了它；也或许是鲍加尼达代替了它去消失。他只有留在西伯利亚的故土，只有在推窗能看见一望无际的北方针叶林，能听到冻土苔原里野草在悄然生长的时候，才能写出像《鲍加尼达村的鱼汤》这样的故事。

　　这篇故事收入他的一部小说集《鱼王》里面。书中的所有故事，都献给了叶尼塞河和它养育过的人们，献给了那些无法自救的村庄，它们遗留的痕迹，就像河流的伤口。

　　但是，《鱼王》这本书也是献给那些鱼的。阿斯塔菲耶夫不单把自己看作鲍加尼达村喝鱼汤的孩子，他还是叶尼塞河里的一条鱼。

你可曾知道，鱼吃一只虫子的时候，它嘴里是什么样的口感？我知道，因为阿斯塔菲耶夫告诉我了。他说，在秋天的时候，那些鱼——

用光滑的尖嘴巴伸进沙里，挑选吃食：小虾啦，蜉蝣的幼虫啦，硬壳的龙虱啦，沉入水底的蚊子啦，蚜虫啊，粉蝶啊，一切虫子都有，有爬的，跳的，走的，飞的，大都是被风刮进或冻僵后掉进水里的。现在鱼儿拼命大嚼，而到了冬季，它们就将进入半眠状态。尽管有些跳虫、瓢虫、蠕虫不愿葬身鱼腹，尽往沙堆里、淤积的泥层里钻，但这些鱼却把河底搅得昏天黑地，有的用背鳍、有的用尾鳍、有的用鱼唇的下部像铲子似的兜底翻铲……这些虫子只得乖乖地让卷紧的鱼舌带进感觉灵敏而贪得无厌的鱼嘴巴里。

鱼吃虫子，就像人吃鱼一样，鱼的肚子就像人的锅那样把食物煮熟。滚烫的水里翻腾着鱼，而人也是被生活翻来滚去，反复煎熬的。虫子被鱼吃掉，被消化，鱼的肉身又被人吃掉，成了人身体的基本物质，让人能在生命的河流里畅游。在吃鱼的时候，在捕鱼的时候，村民是不是也想到，这生命的河流也会结冰，也会拒绝养育自己，进而碾碎自己呢？

当自己生活的河流已经悄然变成了锅中之水，鱼，往往并不觉察。

生命的真相是什么？

在阿斯塔菲耶夫写《鱼王》的时候，他已经经历过多次破产的危机。1960年代后半期，苏联的经济持续下滑，这位大作家要负担全家五口人的生活，他多次搬家，而他太太对他放弃定居莫斯科的机会始终耿耿于怀。同时，经过了战后20多年的工业化、机械化建设，叶尼塞河水系遭到了巨大污染，加上过量捕捞和偷猎，在1970年，可捕捞的鱼量比当年锐减了四成。自然环境的恶化，与阿斯塔菲耶夫的生活境况发生着共振。

他在一篇小说中写：

鱼会哭吗？谁知道呢？它们生活在水里，它们就是要哭也无法让我们看到眼泪，但有一点是肯定的，那就是它们不会抽泣。它们要是能抽泣的话，叶尼塞河上上下下，甚至所有的大河大海，都会发出回响。

如果鱼的哭泣能唤起大河的响应，那么，一个被国家规划赶来赶去的乡村居民，他的哭泣能震撼莫斯科吗？也许他们的眼泪还没流出，就被冻在蒙了雾气的眼眶里了吧。

无论处在什么情况下，阿斯塔菲耶夫能做的就是坚持写作和发表。他从1973年起就把《鱼王》中的各篇小说在杂志上发表，最终在1976年出版了《鱼王》这本书。可当时他却住院了。因为他发现，杂志编辑擅自篡改了他的小说。他失望透顶，这是他从心窝里掏给家乡的文字，竟被如此糟蹋。他再也不想看那本书了，当书再版时，他也无心提出要求去修补。直到1990年，他才找回了当年遭到涂改的原稿，纸张早就泛黄了。

我经常回到儿时的一个场景里，那时我在世界地图上辨认一个又一个的地名。我发现，俄罗斯有几条很长的河流，像叶尼塞河，鄂毕河，还有勒拿河，它们特别长，我总觉得，把它们抻直了以后，可能比长江还要长。

我告诉阿斯塔菲耶夫，我曾想象这些河流两岸的样子，大概水土丰美，草长莺飞。因为我很难从行政区划地图上想到气候，就算想到了，我也难以相信，河边上会飞舞着那么庞大的蚊群和苍蝇群，它们是鱼的美食，却是捕鱼人的噩梦。河流养育了人、鱼和虫子，河流既是拯救者，又是毁灭者，它养活了捕鱼人，又随时准备惩罚他们。它是生命之河，也是死神之水。

阿斯塔菲耶夫没有笑容。他刻在脸上的伤感，沉重得如同一根冰封住的鸟羽。

他用手在地图上，指出了叶尼塞河流域，指向了一个点，那就是奥夫斯扬卡，他把自己最后十多年的时光都留在了那里。他的生日是5月1日，每年生日时，都赶上气候最好的季节，他就喜欢来到针叶林里一些无人知晓的地方，或者坐在家中的火炉边。到了晚上，他来到叶尼塞河边，坐到一根圆木上，觉得自己又强壮了。

邮件依然可以找到他。他的房间里堆满了书刊和稿件，那都是各地的作者给他寄来的，请他写序写评论。他的名气太大，深受爱戴；他也尽量帮助那些人。可是这无法给他带来多少满足感。他告诉我，因为有文化、有才华的人在这里越来越不被人需要了，所以他们才指望我来推荐他们的作品。我认识这样的人，他们很不容易。我当年觉得，通过写作，我可以和所有人同在，可他们却真有与世隔绝之感，只能与自己为伴。

不过，好在还有河流。在离开我的酒馆后，他又要回去河流那边。河流从来不是人类的对立面，而是一个永远的陪伴者，无论它是好是坏，你必须接受他所有的优点，也忍受所有的缺陷。

奥夫斯扬卡属于克拉斯诺亚尔斯克市，在那里的剧院广场上有一组喷泉雕像，名叫"西伯利亚河流"，这是一组人物群雕，与鲍加尼达村的居民结构相反，这些雕像大部分是女性，她们分别站在一道台阶的两侧，象征着众多的河流；在台阶中间却是一个男性，他须发茂密，右手平举，手掌上托着一艘捕鱼船。

今天的作家酒馆要关门了，我就说到这里，下集再见。

　　　　　　　　　维克托·阿斯塔菲耶夫

François Mauriac

弗朗索瓦·莫里亚克

弗朗索瓦·莫里亚克（1885—1970），法国小说家，1952 年诺贝尔文学奖获得者。在外省天主教环境里成长起来的莫里亚克，就宗教教义和物质财富对人的扭曲，以及人当如何获得救赎做出了最出色的解析，在长篇小说《蛇结》《爱的沙漠》《黛莱丝·戴克茹》等作品中，他创作了令人难忘的家庭悲剧。

爱那些丑恶的人，像一个母亲爱她最不幸的孩子一样。

亲情的绑架可以被斩断吗？

今天我们的酒馆迎来了一位客人，他是一个富家子弟，但他要和我们聊一聊，他儿时最大的恐惧是什么。他要讲一讲，他是如何被家庭亲情的纽带羁绊，被那些变态的爱所折磨的。

他带我们来到他 15 岁时所住的屋子。那屋子是松林旁边的一座古老的大宅，屋外，一条小河潺潺地流过，当我们听到水声清晰起来，我们知道是夜晚到了。

那个 15 岁的孩子，默不作声地躺在床上。松树林现出了一副危机四伏的面貌。这里有三千公顷的松树林，里面藏着猎手抓不完的野兔，这里有成群的牛羊和放牧牛羊的佃户，有伐木和割松脂的工人，还有机器人一样的管家，有各种唯命是从的佣人和他们的孩子。

他听见敲门声响起，听见有人在低声呼唤他。可他不想去

　　　　　　　　　　　　弗朗索瓦·莫里亚克

开门。他假装睡着了。

也许你青少年时期也有过这样的时刻：当父母叫你的时候，假装睡着。然后，他们的抱怨一丝一缕钻进你的耳朵：这孩子，谁知道他在真睡还是装睡；这孩子越来越倔了，不听大人话了。你在心里发笑，但又有些烦恼，有些犹豫，你不知道自己是否应该发笑，不知道如何对付这种牢骚，这种困扰你的父母的爱。你更不知道日后，你和父母会发生什么。

躺在大宅中的少年，他到 80 多岁，成为德高望重的文坛耆宿的时候，依然是个少年，依然是一个在爱的荒漠中孤独的呼告者。

他就是 François Mauriac，法国作家弗朗索瓦·莫里亚克。

那片松树林是他最真实的记忆。他的大部分小说里，都有松树林的影子。他是一个法国外省的地主的后代，那片地区的首府是波尔多。松树林是他们家的产业，他可以在其中任意行走，在外边的荒地和草场上，农民放牧牛羊，看到少爷来了，就会用手在贝雷帽上戳一下，敬个礼。这里最大的松树把周围的游客都吸引过来了，树下的蕨草长得跟孩子一样高，他总是用拳头打倒草的顶部，可是那草总是弹回来，他又一头扑进茂密的草丛里，呼吸那种气味，觉得自己好像中了毒一样在流血。

你看到，这位弗朗索瓦少爷，他总在跟自己身边，以及自己身上的一些东西搏斗。

这搏斗非常困难。一个人无法摆脱那些他赖以长大的东西。他生在哪里，在哪里被抚养，他就带有那个地方的气息，他的血液里就留下了那个地方的基因；他跟什么人的关系最密切，哪怕他恨那个人，害怕他，也无法挤出那个人植入他头脑和心灵的东西。他感到那草木在包围他，淹没他；他一点都没有因为自己是这片土地和森林的继承人而骄傲。他的妈妈总在向孩子们灌输这样的观念：这片地方是我们家的，将来也会归你们所有；但弗朗索瓦的内心很矛盾，他喜欢大自然里的草木，却不喜欢占有它们的感觉。

松树林是他们家经过三代人的努力而置下的庞大产业。它有很大的经济价值。比如外省的那些矿山，开挖出来的坑道需要用松树树干来做撑木，把坑道撑起来；比如松脂可以用来照明；比如铁路铺枕木，也要出钱才能来砍伐。但是弗朗索瓦却觉得这一切应该结束了。他看到电线铺到乡下来，就希望电灯可以尽快普及；他希望矿坑能有别的方法来加固，不再依赖松树。

他之所以如此，是因为他希望把松树和人的占有分离开来；希望人能热爱松树本身，而不是热爱从它们身上换来的钱。他不想因为自己是产业的继承人而受到黎民百姓的尊敬。他说，我只想跟那些能够通过我而欣赏大自然的人在一起。否则的话，我只想一个人待着，只有这样我才能被大自然打动。我宁愿呆呆地站在那里，一言不发，看湿润的草场，聆听轻轻的

弗朗索瓦·莫里亚克

溪水声连续不断。

可是他分不开，因为他无法选择出生在怎样一个家庭，无法选择自己的母亲。

让我们深入到弗朗索瓦跟他母亲的关系里面。我们知道法国一直是一个天主教国家。虽然1789年的法国大革命打出了自由、平等、博爱的口号，扫荡了宗教势力，可是直到一百年以后，像波尔多所在的这种外省乡村，仍然在天主教的统治之下。像弗朗索瓦的母亲这样的大乡绅，都跟乡间的天主教神父有着十分紧密的关系，天主教堂靠乡绅来供养，而乡绅对他们的子女也是执行最严格的天主教教育。

在莫里亚克的家里，他作为最小的孩子受着母亲的特殊照顾。他的确是被宠爱的，但每天的祷告、念经必不可少，到了某些特别的纪念日，年纪很小的孩子，都要去神父那边做忏悔。按照宗教的要求，他必须虔诚地信仰天主，并且做个拥有美德的好人。这个好人，这种美德，是拘谨的，甚至是战战兢兢的，它意味着等级、服从和无限的谦卑——在长辈面前，在神父面前，最终是在天主面前，都要低下头颅。

低下头颅的人，据说未来会得到永生。弗朗索瓦相信他有这种特权，可他为了沐浴在天主的恩宠之下，就必须全盘接受宗教伦理的灌输。渐渐地，他发现自己成了一个自卑的人。他习惯性地多愁善感；他长到十四五岁，还是不太敢正眼看女孩子。他听说过几年就要服兵役，到时要跟别人住一个寝室，他立刻焦虑不安起来。他长这么大，没怎么离开过家庭的保护；当他到波尔多读高中的时候，来往的也都是一些跟他一样的、郁郁寡欢的天主教徒少年。

宗教让人远离邪恶，越虔诚的人应该越接近完美的善。可是，弗朗索瓦的所见所闻却充满了让他困惑的东西。他的母亲不仅严令佃农按时交租金，而且把佃农的女儿都送到修道院去做修女；她要求地区的小学教员都得信教，否则就要丢饭碗；对自家和别家的年轻人，她密切监视，有谁犯了道德品行的错误，说了不该说的话，就要罚他们待在教堂的角落里，甚至把他当瘟疫病人那样关禁闭。

母亲千方百计地要保一方的平安。她平生都害怕听见"邪恶"两个字。

在那寂寥空旷的乡间，弗朗索瓦平时只能看见零星走过的乡下女孩，性格畏怯，面带惊恐，这些人就是他所了解的异性世界了。她们的人生，对标的是 15 世纪法国的民族英雄圣女贞德，可事实上，这些女孩却常常成为暴徒的牺牲品。那些禽兽躲藏在密林的旁边，在溪流的深处，趁着夜幕降临袭击她们，而被强暴的女孩往往是不敢吭声的。

母亲知道这些事情，可她能做的只是祈祷，让邪恶远离自己的家庭和土地。孩子的成长让她紧张。她总是用嘲弄的，或者训斥的口吻去回答孩子的一些不良的提问。有一次，弗朗索瓦说起，附近某个寡妇喜欢上了一位少年，母亲就惊恐地说：

　　　　　　　　　　　　　弗朗索瓦·莫里亚克

你这么点年纪，说这些不害臊吗？弗朗索瓦喜欢读小说和写作，可是母亲看到那些书，就摇摇头说"你这可怜的人"，说他写的全是一堆废纸。看着家里的男孩子一个个长大，一个个进入危险的年龄，母亲如临大敌：他们会从男孩变成怎样的男人？他们能抵抗得了自身的欲望，不犯罪吗？

于是，她千方百计地想用家里的地产捆绑住孩子，想用包办婚姻捆绑他们，更希望能用信仰让他们一辈子安分守己。

弗朗索瓦把他的这些记忆都写到了他的小说里。他在 1920 年代发表了一系列的小说，他的故事里的典型人物，就是一个经常在夜幕降临时静悄悄地上楼，下楼，手里端着蜡烛，偷听儿女们对话的母亲。这个女人未必完全取自弗朗索瓦自己的妈妈，却融入了他对外省童年生活的最阴暗的记忆。这样的母亲，用弗朗索瓦的话说，就是"她爱孩子，却对孩子不感兴趣。她感兴趣的是产业，以及那些她从来不讲出口的顾虑"。她一直在暗暗地为孩子们计算所犯罪孽的轻与重，同时，她也一直在盘算，自己家的这份产业如何保存完整和安全地延续给后代。

但她的目的却是自相矛盾的。在乡间，弗朗索瓦看到那些七老八十的男男女女，觉得他们性格古怪，面目狰狞，他们都是土地的囚徒。他们一心保住家产，让后代顺利接班，另一方面，随着年华老去，他们又会愈来愈担心子女是不是在暗暗地盼着自己早死，好分他们的财产。一个不折不扣的守财奴就是这样炼成的，他们身上燃烧着占有欲和控制欲，并被其吞噬。弗朗索瓦·莫里亚克写了一个又一个这样的人物。在他 1932 年发表的小说《蛇结》里，他让一个行将就木的老地主吐露出内心的所有恐慌和记忆，他说，在我们这里，每一个躺在病床上的有产者，周围都会徘徊着一群窃窃私语的家人近亲，包括儿子儿媳妇，女儿女婿，还有他自己的配偶。亲情是不存在的，存在的只是围绕着遗嘱、遗产的钩心斗角。

那么，他有可能离开这个家吗？这片土地最丰饶的城市，波尔多，在我们的印象里是个美酒的产地，一个被田园风光包围的地方。可是在弗朗索瓦的笔下，1900 年初的波尔多，又是怎样的一番光景呢？

他写过一番见闻。那时，波尔多在春秋两季会举办一个大型的游园活动。弗朗索瓦都会去，那里的空气里，飘着水果糖和炸土豆的气味。但他记得，那里有一个木头房子，上面写着一个女人的小名，明显是一个不干不净的名字。木头房子上面有五个洞，突然之间，就会有个女人把胳膊或大腿从洞里伸出来，很吓人也很下流。

他还看到一些画，画上的先生太太们正在畅饮香槟酒，在他们之间来往的侍者身穿制服，却长着一副骷髅一样的脸孔。这意思就是，贪图世俗享乐的人是要下地狱的。

有一次在游园会上，他走进了一个博物馆，那里立着一些人体解剖的蜡像，还有蜡像展示女人分娩的——这些展品并不

弗朗索瓦·莫里亚克

是知识性的，而是带有警告性的，它用成人世界的隐秘来吸引青春期少年，但又恐吓他们，就犹如色与戒的关系。弗朗索瓦看到一个让他终生难忘的模型，它旁边的说明牌子上写：男人染上花柳病，它就溃烂发黑。

这个游园会，就是 120 年前一个保守的天主教社会的文化缩影。天主教说有德行的人、虔诚的人死后才能上天堂，但用这一点来引人向善是不够的，因为人很难做到为了久远未来的利益而放弃眼前的享受，何况在人的一生中，他也难免要怀疑这个天堂的许诺是否能够成真。因此，就要用上吓唬、恐吓的手段。十五六岁的男孩弗朗索瓦被吓到了，但他更厌恶这种压迫性的信息传达，这种粗暴生硬的道德教育。

他逐渐明白，财产、宗教以及社会上通行的道德风俗，都和他的母亲站在同一条阵线上，目的是控制住他；母亲希望他视男女关系为罪恶，从而守身如玉，然后给他安排一个门当户对的配偶，从此死心塌地地住在家乡。读过巴尔扎克的小说后，他发现，距离巴尔扎克去世已经半个世纪，可法国却没有任何变化，母亲身上反映的，仍然是守财奴葛朗台的价值观。

当夜幕降临的时候，松树林里处处都有生物在幽会，可在人类活动的空间里，却是念经，是忏悔，是各种冷言冷语，和对即将到来的第二天的忧心忡忡。16 岁，17 岁，18 岁，19 岁，弗朗索瓦说：一年又一年，我没有力量去死，我没有力量去生活。

到了 21 岁那年的一天，他对母亲交了底，他说：我和你的价值观并不一致。首先，我没有发誓要守身如玉；其次，我也不想因为多拥有一些土地而纳税。这几句话出口，他的妈妈脸色大变，她觉得她遭到背叛了，之前苦苦栽培儿子的心血即将付之东流。她慌张地问："有人在煽动你，是谁？"弗朗索瓦回答："我 21 岁了，我不需要被人问这样的问题。"妈妈回到自己的卧室，推上门闩。

　　要是在过去，弗朗索瓦会自己去敲门，在门边哀求说："妈妈，给我开门吧。"可是这次没有，他也不会再这么做了。

　　他是这样一个人，日后，他刻画一个个扭曲的外省人物，一桩桩真实的家庭悲剧，可他永远对哺育自己长大的那个世界，包括桎梏人心灵的天主教，抱有同情。他决心离开母亲，他也知道，他的离开就是对母亲的审判，为此他心怀歉疚。他明白，这里有一种爱，本该温暖人心，却转化成了干预和控制他人的力量；这里有一种道德，本该给予人以安宁，却扭曲成了让人自我压抑的力量。

　　外省乡村的格局只能如此，人无法超脱其外；这是一件不幸的事情，自己和亲人，要想互爱，就会互害。

　　现在该结束了。1907 年，刚满 22 岁的弗朗索瓦·莫里亚克来到了巴黎读大学。他说，我这个口袋里没有介绍信的小小的外省人，开始征服首都了。母亲并没有强行挽留他，但对他做了最后一次努力，她说：到巴黎后，你必须只跟天主教徒住

　　　　　　　　　　　　　　　　　　　　　弗朗索瓦·莫里亚克

在一起。

年轻人摇摇头。说他会勤奋学习，也不会放弃任何机会，我会遇见某些人的。妈妈问他：那么，你会为了善还是为了恶？

他该怎么回答呢？面对这个虔诚而焦虑的母亲，他是该无情地出言伤害，还是应该嘴上敷衍一番，抚慰她呢？

弗朗索瓦没有告诉我们。他只知道，自己在一条漫长的隧道里走得太久了。他去大学报到后，做的第一件事，不是来到教堂参加礼拜仪式，而是到拉斯帕伊大街去找到一份工作：卖报纸。他卖的是《民主报》，叫卖的地点，是在大教堂的门口。当人们做完弥撒之后散场出来，就能听到他的叫卖声。

大城市，都是所谓的"花花世界"。年轻人解放了，不再有人监视他，他可以随意地花钱而不必心生罪恶感。他可以坐到那些咖啡馆里，观察来来往往的人。有多少法国的小说家都是在这里起步的，可是面对同样的街头景观，不同的人却能看出完全不同的东西。弗朗索瓦觉得，那些能够吸引他注意的女人，一个一个，依然都像是圣女贞德的模样。

家乡是无法摆脱的，家乡不仅是他的写作素材，而且是他道德的底色。当一些穷酸的妓女沿街走来，勾引他的时候，他说，我看到了邪恶。以前，我只是在精神上知道邪恶，听到人们惊恐地谈论邪恶，却看不见它，而现在我放眼看去，到处都有邪恶。在外省，邪恶是一些躲在暗处的畜生，会袭击那些没有抵抗力的孤身少女。在巴黎，这样的畜生不仅有，而且太多，以至于互相都能看到对方，于是每个畜生只能让凶相露在外边，同时设法掩住贪婪的嘴巴。

当巴黎圣母院的钟声敲响，弗朗索瓦的耳边却响起了外省乡间的鸡鸣。处在两个世界之间的我，究竟属于哪里？女孩子一个个向我走来了，但是，女孩在跟我说过话之后，夸我说："你真是个天使。"我不要听这句话，那是在赞美我的怯懦、拘谨，赞美我在那条幽暗的人生隧道里漫长的煎熬。那隧道据说通往神圣的终点，我虽然已经逃了出来，可依然保持着天使的容貌，连翅膀都没有弄皱。

情欲的增长和理智的发展，两种力量联合起来把他推到了家乡和天主的对立面。可是，弗朗索瓦说，如果越过了这道关口，还能相信天主是万能的、仁慈的，天主就是爱，这样的信仰才是虔诚的。

1952年冬天，当弗朗索瓦·莫里亚克在斯德哥尔摩接受诺贝尔文学奖的时候，他说了这样一些话：

"人有善恶之分，我对善了解极少，对恶却深有体会，因为我熟悉世上的人。心地善良的人，襟怀坦白的人，是没有故事可写的。但那些草率的读者和批评家，却不曾注意过儿童在我的故事里的地位。我念念不忘罪恶，也就是念念不忘纯洁和童年。有个儿童在我所有的作品中间梦想。它们含有儿童的爱，含有最初的亲吻和最初的孤独。在我的作品中有毒蛇，也有鸽子在不止一章中筑窝。童年是我的作品中失去的乐园，它介绍了罪恶的秘密。"

他还说："我爱那些阴险的人物，爱他们，正是因为他们丑恶，丑恶是一种不幸，我像一个母亲爱她最不幸的孩子一样，爱那些人。"

我的酒馆要关门了，我们下集见。

Albert Camus

阿尔贝·加缪

阿尔贝·加缪（1913—1960），法国作家，1957
年诺贝尔文学奖得主。在战争期间的法国文坛，
加缪以《局外人》横空出世，展现了存在主义式
写作的"酷"的魅力，而在阿尔及利亚骚乱开始
后，恪守诚实的他，又首当其冲地承受无解的道
德难题的折磨。

要做一个演员，
让各种灵魂在我的肉身中搏斗，
我但求活得最多。

怎样从
绝境中走出来？

你好，这里是作家酒馆。

我挑了一个晴朗的夜晚，邀请来了今天的酒客。我知道，即使在阴云嚣张的日子里，他的两眼，他的心智，也能把云层撕开一个缺口，露出星星。他相信有一颗星星是属于他的。他并没有说，星相牵动我个人的命运，他只是说，每当陷入绝境，精疲力竭的时候，我都是靠着相信有那颗星星的存在，而从中走出来的。

所有拥有这种信仰的人，都让我喜欢。我尤其喜欢的是，我今天的这位客人，他身上所聚集的信仰的能量，像一颗心脏那样，能给千万条血管泵血。我翻开他的小说《鼠疫》，里边立刻跳出了这样的画面：

一座城里，两个成年人，在一场可怕的鼠疫期间负责巡逻。城里人迹寥落，鸡犬无声。死去的人不再言语，而将死的人在连夜呻吟。这两个人，他们结束巡逻后坐到了一个高处的平台上，这里原本可以在灯火中俯瞰全城，但现在城中宵禁，包括港口和悬崖都是一片漆黑。于是，他们只能看到天空中的星星，用他们想象出来的灯光努力驱散黑暗，其中一个人对另一个人说：现在，我们来谈谈友情吧。

《鼠疫》是阿尔贝·加缪（Albert Camus）的小说。不出我所料，他身上的气质是"独处"，可是却吸引我同他交谈，或者说——跟他叙旧。一个总是需要热闹扎堆的人，只能浮在人际关系的表层，他只有深入地独处过，才能明白，友情就是无论何时何地，一开口就仿佛久别重逢的感觉。沉默的加缪，随时准备被触发，去倾吐，而他一开口，就别无选择地要倾吐那些堆积在青少年时光里的景象和感受，那是他的开端，他从那时起，相信自己是被一颗星星照耀的。

那些景象是关于贫穷的，也是关于富有的；是关于沉默的，也是关于喧嚣的。贫穷的是他的家和所处的社区，富有的则是无边的自然风光和古代希腊人留在这里的陈年古迹。沉默的是祖母和妈妈，喧嚣的是热气腾腾的城市，那里，人在宣泄爱欲，感受身体的生机。

加缪说，只要你像他一样，常年生活在北非的阿尔及尔，你就会知道，自然的恩赐多么丰盛，简直到了让人瘫痪的地

　　　　　　　　　　　　　阿尔贝·加缪

步，而且，这种海滩和海水，并不是像现在的度假胜地一样，被少数有钱人圈起来独享，而是一视同仁地既滋养荣华，也滋养穷困。在这里，管你是高官子弟还是一文不名，管你是白人黑人还是黑白混血，只要是小伙子，都会脱得赤条条的，去领取免费的日光和空气。海滩上，还有舞厅，在加缪的记忆里，那是标准的海景舞厅，穷人家的街坊儿女可以在那里半日尽欢，直到华灯初上。

加缪所生长的地方，主要是北非的阿尔及尔和奥兰这两个城市。在阿尔及尔，他家所在的社区名叫贝勒库（Belcourt），这里的人很穷，而且人种很杂。虽然白天，他可以欣赏海边的喧闹和迷人的自然风光，但到了晚上，他不愿回到自家的公寓，而是去到一家阿拉伯人开的咖啡馆，那里空无一人，任他长久地静坐。当他回家睡觉时，他不用开灯就能摸着黑上楼，他把每一步都抬得很高，避免绊倒，他的手从来不敢碰栏杆，以免摸到路过的蟑螂。

对贫穷的直接体验，总是会与自然景观和那些赤裸的肉体呈现的美同在。还有一种组合，让加缪心神不宁：那就是，有一座面对阿尔及尔最美丽风景的墓园。加缪觉得，那墓园里升起了一股浓重的忧郁，那里栖息的群鸟，如同死一般的茂密。在那里的墓碑上，加缪曾读到这样一行墓志铭：您坟上的鲜花将永不匮乏。可是，在这墓碑周围生长的，却是一种名叫"山鼠曲草"的植物，这种植物，在法文里叫 immorteues，这个词是不朽的意思。这种草即使枯萎，也像它活着的时候那样色泽新鲜，十分之诡异。

　　加缪，在这些无处不在的对立统一面前陷入了沉思。他思考什么？不是思考自己为何家境贫寒，或者，思考如何脱离这块穷乡僻壤；他想的是，自己置身这样一个处境，难道不是一种天意的安排？

　　天意在这片残破的法国殖民地上，安放了这样一群富于野性的少年，他是其中的一分子；不仅如此，他还仿佛受到天意的垂青，被它点化，从而意识到，在匮乏与丰富的神奇并存之中，存在着一种东西，是意味深长的。城市里到处能看到灵光，有时，他看到从殡仪馆开出的灵车，司机看到漂亮女孩就喊："小姐，搭车吗？"加缪从不觉得这司机无礼、搞怪，他想到的是，死亡和生命活力的关联，不正是被这样一幅画面所象征吗？

　　他必须相信自己是负有使命的人。

　　夜晚，在他的身后，公寓走廊里，各种垃圾和食物残渣在高温中腐烂，那臭气经过他的身边，飘出窗外，飘向了他正出神凝望的、那默不作声的漫天的星斗。对地上的一切，他都那么敏感，可又独处于一切之外。

　　后来加缪长大了，作为一个生在法属北非殖民地的法国人，他去到了巴黎，这如同一种"归位"，因为法国最优秀的知识分子都应该在巴黎，巴黎是欧洲的枢纽，它最起码是个扩音器，能把麻雀的啁啾扩大成凤凰的啼鸣。在那里，加缪也收获了友情，有人赏识他，有人深爱他。他17岁患上了难以治愈的肺结核，经常会感到疲劳、需要静养，可是他的长相太符合那个年代对美男的认识了，人们看到他，就会想起那时的大牌演员、硬汉巨星亨弗莱·鲍嘉。更不用说他是真的有才，他落笔成文，言辞慷慨。

加缪在1942年发表了他的小说成名作《局外人》，他写的是他最熟悉的景象：北非。那里有炽热的阳光，海水，有沙漠和阿拉伯人。不过，他可不是在向巴黎读者兜售家乡的异域风情。在那篇小说里，北非见证了一场莫名其妙的杀人事件，在阳光的照射下，小说的主角默尔索，一枪打死了一个与他无冤无仇的阿拉伯人，随后遭到逮捕和审判。在法庭上，默尔索孤身一人，听着检察官对他的各种分析，指控他是个日常冷血的人。他被推入死囚牢，独自在长夜里等待枪决时刻的来到。

不管他风华正茂，收获了多少爱慕，也不管《局外人》在出版后迎来多少掌声和赞美，加缪用默尔索这个近似孤家寡人一般的人物，来确立自己的形象。这当然是很酷的，简直太酷了。然而，他最酷的地方在于，那些被他反复咀嚼过的家乡景象，那种美和肮脏，那种充盈和匮乏，那种死和生，在默尔索的故事里都退得远远的了，成了一片模糊的、与人无关的背景板。

这是因为加缪对家乡失去兴趣了吗？还是因为成功的诱惑

在前，促使他把故乡写成一个光怪陆离的所在，从而引起巴黎人的好奇？

都不是。加缪随时可以回到他写《局外人》的时刻，而在写《局外人》时，他又随时可以回到北非的阳光下。他在另一本书《西西弗的神话》中暗示说，要做一个演员，让各种灵魂在自己的肉身中搏斗，因为他不求活得最好，但求活得最多。而一个好的演员，真是一低头一抬首，就能切换进另一个时空。每一桩个人的体验，在他这里都是相邻的舞台，任他来回进出，就算是职业演员，又有谁能比得过他的专注力呢？

他始终在专心求解那个早早就埋在心间的谜题：我被抛在这里，是出于怎样的天意？在《局外人》中，他开始探索风景环境和个人之间的一种极端的关系。他称之为荒谬。风景或许是美的，但它因为对人的呼唤、人的挣扎毫无反应而变得单调、冷漠；人或许是热爱风景的，但他因为无法与环境沟通而逐渐沉默寡言。于是，人会关闭感官，退回惯性之中，循着人类社会的日常节奏，周而复始地度日。但假如他始终拒绝这样做，他就会努力地深入他的存在之中，企图让那个一向从不回应的世界给自己一个回应。默尔索的持续努力就这样来到了一个临界时刻。他爆发了，开枪是一种个人宣泄，更是对于人的存在本身发出的咆哮。

这些隐秘的追寻，是没有人懂的。反过来，世人能够理解的，是欠债还钱，杀人偿命，国家公诉行为，就是根据人的外

　　　　　　　　　　　　阿尔贝·加缪

在行为来判断他的人性善恶。社会需要检察官，但在加缪的刻画中，公诉行为，为已经存在的荒谬添火加柴。人们只在乎法律，而加缪的思考涉及哲学。加缪常说，只有一个严肃的哲学问题，那就是自杀；但是我们都明白，只有一个认真的法律问题，那就是他杀。

加缪相信，自己既然领悟到了这些，就有义务采用最理想的形式去表达它，让它灼痛人心。于是，就在《局外人》发表后的第五年，他拿出了一本更长的小说：《鼠疫》。小说里有一个人物：塔鲁，他跟他的朋友里厄医生说，我的父亲就是一个检察官。

塔鲁说，他一直很崇拜他父亲，直到 17 岁那一年，父亲带他去旁听一次刑事审判。父亲滔滔不绝地描绘被告人是个怎样的恶魔，要求法庭砍掉他的脑袋，但塔鲁却看到一个有血有肉的人，站在被告席上，像一只被强光照射的猫头鹰，魂不附体，他的领结歪在了一边，机械地啃着一只手的手指甲。

就是从那一天开始，塔鲁无法再面对父亲。他觉得父亲一直在参与谋杀；他也知晓了母亲和父亲之间没有任何感情，贫穷使得母亲早就习惯了逆来顺受。塔鲁离家出走了，孤身流浪四方。他明白，自己这一番执念，世上是无人能懂的，直到他遇到了同样孤独的里厄医生。他们两个人，在一场可怕的鼠疫期间负起了拯救城市的责任。那天，他们结束了巡逻之后，并肩坐在一个高处的平台上，俯瞰着漆黑死寂、连银河都无法照亮的城市，然后，他们谈起了友情。

在《局外人》中，加缪已经妖魔化过一次北非了——这个妖魔化当然是加引号的；来到《鼠疫》里，他对他心爱的故土，又执行了一次恐怖想象。加缪在童年时代就熟悉瘟疫，就像熟悉贫穷一样，而他自身的肺结核病，也让他不仅关注那些健康的身体，而且对畸形、病痛和厄运有着极大的共情能力。活力和生机一向注视着死灭，正如北非的海从来就注视着太阳。在对立统一中苦寻意义的加缪，这时狠下心来，将《局外人》中，人与自然的冷漠对立，升级为《鼠疫》之中鼠疫对人的无情碾压，这碾压不仅意味着夺走人的生命，更剥掉了生活丰富的外在色彩，暴露出活着的真相，不过就是一成不变地度过一天又一天。在鼠疫之中，城市被隔绝于外界，政府濒临瘫痪，普通人什么也做不了，顶多收集消息，估计前景，计算和末日之间的距离。

我不会忘记，故事里那个患有哮喘病的西班牙老头。他面前有两口锅，他把鹰嘴豆从一只锅里拿出来，放进另一只，放到不能再放了，再从那只锅里把豆子一个个拿回来，堆满第一只锅。就这样循环往复。不管什么时候，他都以此为乐，倒是显得置生死于度外。他从不与他人的生死共情，他的口头禅就是：生活嘛，总会有人死掉的。

鼠疫的从天而降，是毫无道理的，经历了鼠疫的人，大多数学会的是虚无、悲观和及时行乐，他们的生活都成了浮在表面的一个个泡沫，随时都会碎掉。但是这一次，我们看到了不同。主人公并不是默尔索那样的独行者，而是两个人：塔鲁和里厄医生。塔鲁是个道德理想主义者，他认为，即便恶是无法对抗的，对抗恶的这种行为本身也具有价值；里厄医生则是沉默的行动者，做该做的事，尽己所能。

他们各自沉入了关于人之存在的追问，当别人顶多只是同病相怜的时候，这两个人的痛苦追问却促发了高级的友谊。他们互相说一说自己从何而来，从鼠疫中学到了什么。塔鲁说，他一直感到自己因为跟了一位检察官父亲而失去了道德清白，所以他将在余生中避免再犯下过失。他说，我们大家都是鼠疫患者，而所谓好人，只是比别人更加小心，不会传染病毒。但这需要人有极强的意志力，需要永远处于紧张的状态。

这思想简直太高贵了。但加缪就是这样做的，他一直是绷紧的，努力让说出和写下的每一句话都精炼而不流俗。他没有止步于指出荒谬，他还要设法表现一个人对抗荒谬的决心。所以《鼠疫》显得比《局外人》更酷，因为与孤独的杀人犯默尔索不同，塔鲁明明是个勇士和义人，也是鼠疫的受害者之一，却慷慨地承认，自己是犯有罪错的，如同鼠疫病毒携带者。

我觉得，加缪的书是能让人死心塌地地奔着一种高贵去生活的，会让人相信高贵的人格真的存在，而且并不难企及。可是，追求高贵和完美，也有一个不太好看的意味，那就是文艺腔。当加缪以他精准的用词、诗意的表述和高出一般人的道德修养吸引读者的时候，他也感到一种真正的孤独。

在很多事情上，崇高的道德境界是没有用武之地的。加缪在 1940 年代这个正确的时间段写出了正确的作品，法国人和其他欧洲人一样对二战记忆犹新，而冷战的格局还尚未问世，但过了十年，情况就变了。名气给加缪带来了他无法预估的后果：他必须从道德的云端下降，去谈论政治，去当好一个意见领袖。特别是，他不得不越来越多地谈论他家乡的事。

他的北非故乡，阿尔及利亚，本来只是为他的小说担任背景，为他对荒谬世界的思想添加证据；然而现在，阿尔及利亚想要独立了，它要脱离法国。加缪在那里有亲属和朋友，可是他自己又是法国人，他无法完全效忠于两边的任何一边，他所能做的，只是在殖民地发生骚乱的时候，及时地去谴责暴力。

在两边之间的竭力奔走、促进和解，真正把他锤炼成了一个接地气的人道主义者。1957 年，诺贝尔文学奖的授奖词，可能是一百二十年来所有授奖词中最令人心潮澎湃的。词中说，这个奖授予加缪，是因为"他那严肃而又严厉的沉思试图重建已被摧毁的东西，使正义在这个没有正义的世界上成为可能"。但是，前往瑞典领奖的加缪，心里却是极度恐惧的，因为他知道，领奖不是一个文学时刻，而是一个政治时刻，多少媒体和观众，都会过来听他表明政治上的立场。

他的恐惧，并不是矫情。《鼠疫》之后，他已经整整十年没有发表过长篇小说了，然而他一直是人们口中的道德上的表

　　　　　　　　　　　　　阿尔贝·加缪

率人物，是可以信赖的时代良心。他们在他身上寄予了太多与文学艺术无关的期待。在 1957 年 12 月的斯德哥尔摩，一家报纸送上了加缪最不愿回答的问题：大家都知道你是时代的良心，可你在阿尔及利亚问题上，为什么一直不表态呢？在加缪演讲的时候，一个穆斯林学生站起来说：你经常谴责在苏联和东欧发生的暴行，可你为什么不谴责一下阿尔及利亚的事情，那里的阿拉伯人正在被杀，你难道不知道吗？

我们不必去关心加缪的回答。无论他答什么，只要他力图做到公平，强调阿尔及利亚人和法国人的利益同样重要，他都会同时被两头的人所憎恨，而那些久经沙场的政治观察家，则会嘲笑说，加缪的这股子文艺腔真是太蠢了。说到底，对荒谬的思考，对人的存在的困境的思考，难道是大多数人的心智都能担负的工作吗？难道说，它们真的不是一个雄心勃勃的年轻人，为了刻意从生活中榨取出意义，而发起的头脑风暴吗？

加缪最后的选择，是脱离所有这些纷扰，彻底在公众舆论中销声匿迹。他为此付出了名声一落千丈的代价。他被遗忘了很久，早年的硬汉气质，渐渐掺入了一种过气的苍凉。我告诉他，每当我在脑中调出塔鲁和里厄在海边谈心的画面，我就觉得，你就是塔鲁，你只需要一个人来听你说话，和你交流。你很难遇到这样的人，因为，你不是为了打破沉默而需要交流，而是用交流来表达沉默；也因为，人除非像你一样，将紧张和专注保持在形影相吊的地步，否则，他根本无缘与你相识。

在这晴朗的深秋之夜，我发现加缪不是很喜欢喝酒，他更爱抽烟，因为放下酒杯时总该说两句，而抽烟，则尽在不言中。和众多热爱他的人一样，我也说不清，我是迷恋他的酷呢，还是真的想要和他一样，去信仰一颗名叫高贵的星星，不过，倘若人人都觉得自己被某种天意所指定，哪怕是连银河系都要被认领一空了吧。

今天的作家酒馆就要关门了，我们下次见。

阿尔贝·加缪

Андрей Платонович Платонов

安德烈·普拉东诺夫

安德烈·普拉东诺夫〔1899—1951〕，苏联小说家，铁路工人之子，在 20 世纪 20 年代一度雄心勃勃地参与新社会建设，却被天灾人祸的苦厄所震撼。在《切文古尔》《基坑》中，他让自己心中的乌托邦社会持续生长，不管它长成了何等古怪可笑的模样，而在《美好而狂暴的世界》等作品中，他试图以人间的同情心对抗无法抗拒的自然界暴力。

如果我是最后的人类

你好，这里是作家酒馆。

各位一定都看过那部经典的科幻电影《侏罗纪公园》。我很小的时候看过，就记得，当故事进入最后的高潮时，主人公被恐龙包围、夹击，眼看就要被碎尸万段了，然而刹那间，一头恐龙突然扑过来，把另一头恐龙的脖子给咬住了，于是，主人公死里逃生。

看到这里我是长出一口气，电影给人一种代入感，在那一刻，我觉得我就在银幕里，仿佛自己是地球上最后的人类。

今天来我这里做客的作家，他经常觉得自己就是最后的人类。

因为，他看见过很多很多的死人，他们饿得形销骨立，走

安德烈·普拉东诺夫

着走着，一头就倒下了。他见识过干旱的恐怖，赤裸的河床，一道道裂缝在干涸的土地上伸展，别说人，就连一根树枝都在化成灰烬。还没有死的人，挣扎着到别处去寻找食物和工作，他们原来的居住地很快就被杂草覆盖了。我的这位客人，他不言不语，好像在默默地记下自然界亏欠人类的又一笔血债。

他的名字叫安德烈·普拉东诺夫。我们就叫他安德烈吧。他有一个特别宽大的脑门，有一对蓝眼睛，和一副俄罗斯人典型的薄嘴唇。我很少遇到像他这样使命感爆棚的人，他有一支强大的笔，一两年间，他就在报纸上、杂志上发表了上百篇文章。他说，我就是人类的一个火种，生而有责任来复苏这一片满目疮痍、百废待兴的土地。

他的国家经历了一个艰难的时期。一时间，四面在发生战火，而天灾又不期而至。

当时有很多人在饥荒中死去。那时，安德烈22岁。他回到自己的家乡沃罗涅日，那年几乎颗粒无收。农民处境艰难。他们只得长途跋涉涌入城市，一路上随处可见倒毙的人。

很多土地虽然干硬，可是安德烈看到，它居然还被人刨了开来。有的人实在饿坏了，为了填饱肚子做出了匪夷所思的事情。安德烈深受刺激，他愤然地说：我不能满足于文学写作了，文学是沉思型的活动，而我是一个技术专家，真正改变世界，要靠我这样的人。

强调读书写作，那是普拉东诺夫家的家风，不过，安德烈对科技的兴趣同样浓厚。他的父亲就是个很聪明的技术人员，拥有许多发明专利，而安德烈自己在十月革命前夕还在埋头研究制作一台永动机。永动机，无须外力就能永远在运动，我们都知道这是违反物理学原理的，世上不可能有这样的东西，然而安德烈认为，科学和奇迹之间只有一步之遥，而且国家和人民都太需要奇迹了。

在沃罗涅日，他家住在城乡接合部，十月革命前，那里其实已经看到了新的事物。安德烈告诉我，1911年他12岁的时候，村里还没有砖石房子，人们还用荆棘编成篱笆圈出一块块菜地，还住着简陋的茅草屋。村里除了农民就只有鞋匠了，唯一能听到的音乐就是教堂的钟声。不过，有一样东西掀起了他的心潮：铁路。铁轨穿过了广袤的稀树草原，铺设到这里，奔腾的机车带来了工人，沃罗涅日开辟了工业区，开设了工厂，带来了新的音响，他每天可以听到工人干活的吆喝声和集合上工的哨声。

也许就在明天，他那些可怜巴巴的泥腿子乡亲，就能登上一辆五轴蒸汽机车，他们将从土地的奴隶翻身变成主人。到那时，别说庄稼作物种植，就连地里长出一棵草，都要受到人的控制。

如果你说，这是乌托邦幻想，那么安德烈会告诉你，事在人为。1918年，作为出身良好的工人阶级儿女，他被送进综合技术学院进修，这里培养出的都是德才兼备的人才。不过，安德烈一向把苏联的面貌看作是全人类状况的写照。他说，我选择科技，那是人类成为自然的主人的最强大的武器。当我们是土地的奴隶的时候，大自然是狂暴而邪恶的，而当我们能够控制土地，大自然就会变得像绵羊一样乖顺而美好。

1918 年，他的父亲也正式成为一个机车司机，他驾驶机车去前线给作战的红军运送物资。有时，安德烈会协助父亲，在 1 月寒冷彻骨的早晨，他舞着铁铲铲掉铁轨上的积雪。他干得汗流浃背，积雪下面露出了锃亮的铁轨，他俯身去听，似乎能听见前线的炮火声，还有一个如同战场一般火热的未来。他盼着投入这个战场，在那里，人与土地交战，跟自然力量交战。

但是，历史还有另一个进程也在发生。苏维埃政府调动了全部国力去支援军队，在沃罗涅日，铁路经过的地方，那些村落里的人都被要求上缴粮食。面对上边派下来的工作人员，农民不得不缴出可能是来年救命用的口粮。对这些，安德烈也许只是假装不知道。也许他是这么想的：应该在乎长远利益，一个国家，只有稳定和安全了，才能推进改造土地、改造自然的事业。为了一个衣食无忧的未来，人民有义务忍耐眼前的损失。

作为技术专家，安德烈要参加两件大事，一是土地拓荒，将荒地改作良田；二是在农村推进电气化，提高生产效率。但是，1921 年，大饥荒突如其来。一个如此辽阔的国家，被干旱折磨得死去活来。这时，作家的敏锐又在安德烈身上觉醒了。对他人的表情、感受以及外貌，他是无论如何都不能无视的。他觉得，那些土地的裂缝，就像是饥民的一根根肋骨之间那肉眼可见的凹陷。他说，大自然太险恶了，它有那么多的手段可以为难人类，让他们走投无路：它有毒气弥漫的沼泽，有从南方沙漠吹来的干热风，还有各种山谷，肥沃的土地都藏在谷中，根本无法耕种。

说实话，他心里很嫌弃那些饥民，他觉得他们就像是历史倒车上的乘客。在新政权下，在新的社会体制里，人也是新的，可是眼前这些人却只在乎肉体，他们因为饥饿而失去了理性和灵魂，他们在大自然面前屈服，而让那些雄心勃勃的社会主义新人类感到失望。在国家的各条战线上，文艺工作者争相颂扬人民的力量和意志品质，可是安德烈却写下了这样一个画面：

一个村子，完全荒废了，泥土好像在日光下蒸发，就连灰尘都散发着一股腐烂的气味。一座座废弃的小屋已经朽烂的地基都裸露出来，而这地基的木结构正在被土地所腐蚀。道路上，远远地走来了一支队伍——不是农学家、地质勘测者，也不是建筑师或者战士，而是一些朝圣的人。走在最前面的是一位牧师，他手里拿着个香炉，沿途朝着那些沉闷不语的野生植物挥舞，口中吟唱着一首圣歌，好像是在寻求土地的回响。

说是朝圣，其实就是向苍天祈求一碗饭吃。他们都饿坏了。就连这个牧师的样子都十分吓人，他浑身长出了灰色的毛，就像发霉了一样。朝圣的人捧着一幅圣母像，但那不是基督教的圣母玛利亚，而是一个疲惫的工人阶级妇女的肖像，她的两手爆出了网状的血管，她嘴边的皱纹说出了她所遭遇的一切。有一个老太太走在队伍里，她说，虽然我在祈祷，但我知道，要是祈祷有用的话，我的家人就不会死了。我全家现在就剩我一个活人，而我活着也纯粹是因为"惯性"而已。

故事的主人公是个青年，他听完这话后，提高了声调说："您说得没错，大自然根本不害怕祈祷，它不理睬我们，它害怕的是人的理性，理性是不会死的。"然而老太太看了他一眼，说："理性？我知道理性不会死。我现在全身除了理性，就还剩一把骨头了。我已经这么大岁数，我的血肉早就被浇筑成了工作和各种操心。我身上没剩什么东西可以去死了。我的一切都一点一点地死掉了。"

新人类和饥民的这种对比，在安德烈这里凝聚成一个心结。他追随父亲去搞发明创造，他在报纸上发表鼓舞人心的社论；可是他一提笔写小说，就忍不住要去描绘那些被大自然打败的人，被饥饿折磨的人。饥荒把人打回原形，他想起，家乡有一个老头，经常在椅子上坐着坐着就睡着了，然后嘴里渗出唾沫，一点一点湿润了胡子。他还写过另一个老头，做了个梦，梦见自己来到顿河边，拉开裤子撒尿，他撒个没完，最后顿河的水上涨，他自己就被淹死了。家乡留给他的记忆是，每个人都在变老，他们被肉体捆绑得越来越紧，连梦想都是关于生理需要的。

他确信，科技要改变这些，但是，他又为人类的局限性而担忧：人类就是那么受制于自己的皮囊。人类要吃，要睡，要性爱，要生殖，为此，人类无一例外地要依赖于物质环境，从大自然中获取食物和水分，然后再被大自然所折磨。他说，你知道大自然有多么险恶吗？在我的家乡沃罗涅日，那里连降水都是没有规律的，同一个月份，今年雨量充沛，下一年却又干旱无雨，所以人没有办法执行一个稳定的农业政策。那些农民就这样疲于奔命，被活活拖死在了土地上，他们种地，种着种着就挖起了坟墓，把自家兄弟埋进去，把姐妹埋进去，把新娘埋进去。你们平时说什么"一切都是最好的安排"，可是在我看来，宇宙的安排从来就毫无人性。

然而，我们的建设是为了什么？难道不就是为了让身体获得一些更舒适的感受？难道一个俄国人能不渴望身体的温暖？再说，生灵难道不是靠着身体的欢愉，来克服对衰老和死亡的恐惧？

安德烈写过一些小故事，来表达内心的疑虑。有一次，他化身为一个名叫米夏的小男孩，米夏养了一条狗，这是一条高尚而有格调的狗，它从不像其他公狗一样去追逐母狗，而是和主人一样喜欢思考，有一些精神追求。但这条狗在一个冬天死去了，它的尸体被扔进沟里，米夏想到，它变成了一些没有生命的皮肉和骨头，在沟里慢慢地烂掉。米夏不敢想了，他的眼前出现一个幻景：自己和狗一起来到天上，那里已经有很多朝圣者，他们欢迎米夏和狗的到来，一起围着太阳坐下，暖融融的，欢笑不断。

立志创造一个新世界的人，也会眷恋他的爱犬的体温。那些靠天吃饭的农民，天生都是朝圣者，在大地上日夜地操劳，就指望着太阳的安慰。这也是一种出自灵魂的欲求。安德烈身上，除了人定胜天的信念，莫非真的没有朝圣者的本色了？

安德烈的想法在改变，他开始探讨人的局限。他又写了一个幻想故事：在 18 世纪早期，一位来自英国的水文工程师，贝特兰·佩里，接受当时沙皇的邀请，到俄罗斯来打造一个巨大的水利工程，目的是在顿河和奥卡河流域之间开凿运河，修建一系列船闸。佩里想把他在纽卡斯尔的经验搬到俄罗斯来使用，他也做过充分的可行性论证，可是一开工，他就感到自己陷入了一场毫无希望的征服自然的运动之中。无数的民工付出了劳动力、鲜血甚至生命，然而，运河一旦开凿，水就消失在了狂暴的稀树草原里。

佩里越来越害怕，按照理性论证，这一切都是可行的，可一旦干起来，桀骜不驯的大自然界拒绝被他征服和操作。他觉得俄罗斯的天太高了，在地域狭窄的英国，他从来没有想到过天会如此之高。他怀疑，自己踌躇满志的计划，是否只是一个疯狂的沙皇一时心血来潮的产物。然后，春汛到来了，热病爆发了，很多被派来辅助工程进行的工程师和技术人员都死去了，而民工却疯狂地逃逸。最后，运河里的水量甚至漂不起一个小木筏。河岸的泥土拒绝交出它的肥沃。

安德烈的家国情怀，渐渐地脱离乌托邦的想象，转移到对现实的关怀中。然而土地是吝啬的，它藏起了资源，漠然地看着地上的生物衰弱、枯萎，走向腐败。革命消灭了地主，但土地本身随时能杀害生命，连尸骨都赶尽杀绝。在饥荒年间，就连废弃房屋的地基都在瓦解。苏联的新人类都是无神论者，但安德烈却反复想起基督教那句广为人知的名言：你本是尘土，终归于尘土。

夜晚，建筑工地的脚手架灯火通明，寂静的田野向远方伸展，冷漠的空气保住了慵懒的睡眠气息。靠着国际社会的支援，苏联熬过了大饥荒，人们重新投入建设之中，在明亮的灯光下自觉自愿地干活，砌墙的砌墙，挑担的挑担，推车的推车。一座座大厦，在每一块垒起来的砖头中浮现出了雏形。可是，安德烈已经在想象中多次颠覆这桩事业了。他已经不是十八九岁时那个意气风发的人了。他对黑夜的迅速降临越来越敏感，他更切近地理解大自然里的元素了。他说：我们是大地上的人，尘土的命运始终在召唤我们。唯独飞鸟，这些轻松飞翔的生灵，才能歌颂这伟大的物质的悲哀。

这种想法，让他的处境变得不如以往。他从文坛新星的宝座跌落下来，在那些掌握权力的人看来，安德烈·普拉东诺夫，是一个思想出了问题的作家，他在背叛这整个宏伟壮丽的事业。只有安德烈自己知道，他的血液依然是炽热的，只是他不再唱出改天换地的高调。

他依然相信，自己是没有被饥荒所征服的人类，但是，活下来并不意味着要向大地发动复仇，这不切实，也不聪明，活下来的人，不能靠着控制和战胜自然来求得安全。能够给人以安全的，是手中的工作，是脚下的岗位。

安德烈回到了他父亲曾经奋战过的岗位上：铁路，和轰响的机车。为什么俄国人对铁路那么痴迷？对这个问题，我在看到安德烈的时候，便若有所悟了：铁路上的人一面紧贴着土地，一面又能快速移动，不受土地的捆绑。只要火车头总在前进，狂暴的大自然就无法捕获人类。这里有一种主宰的感觉，不是主宰大自然，而是主宰眼下那一刻的自己。

在一个夏天，一位老资格的机车司机要站他的最后一班岗。当他最后一次操作火车驶入草原，就看到一团巨大的乌云从天边升起。他看到，乌云被阳光照耀着，但在乌云里面，它却被一道道凶狠而愤怒的闪电所撕扯。在远处，闪电像一把把利剑一样直插大地，而火车正疯狂地奔向那远方，仿佛是赶去救援。

如果人类处在这样一个状态下，该有多好。当一头恐龙扑向了另一头恐龙，当雷电撕扯乌云又打击土地，自然的破坏力都被引向它自己。人仿佛被忽略了，他们成为旁观者，甚至可以欣赏大自然的奇观了。这位司机把身体探出窗外，他那被烟熏火燎的眼睛望向前方，闪烁着兴奋的光芒。机车运行的功率可以和闪电相媲美，这让他自豪，但自然力很快就过来了，犹如恐龙发现了一些新的食物。

有一股雷雨云遮蔽了阳光，旋风混合着沙尘朝火车袭来，草原上飞沙走石，猛烈拍打着机车钢铁的车身。机车打开了探照灯，沙尘暴灌入了驾驶室。下雨了，车里的人感到呼吸有些困难，一道蓝色的光在人的睫毛边一闪。这是一道闪电。然而司机若无其事，继续开车。铁路上亮起了好几个警告信号灯，他都视而不见。

这个故事，就是《美好而狂暴的世界》，它是安德烈·普拉东诺夫最了不起的短篇小说之一。自然的力量无可避免地要伤害到人类，闪电，暂时破坏了司机的视觉神经，他看不见了。但他并不知道自己看不见，因为他的心是明亮的，在他的眼前展开了一幅想象中的画面：世界咆哮着，想要毁灭他和他的机车，而他并没有畏惧，更没有憎恨，他爱这风暴，如同爱他的铁路所通往的每一个地方。

今天的酒馆营业时间已到，我们下次见。

　　　　　　　　　　　安德烈·普拉东诺夫

Doris Lessing

多丽丝·莱辛

多丽丝·莱辛（1919—2013），成长于非洲南部
的英国作家，2007 年诺贝尔文学奖得主。莱辛
以固执的天真处事和写作，在人生的各个时期都
产出了大量的小说和散文等。1962 年，她的长
篇小说《金色笔记》踩在了时代的节拍之上，被
誉为女性主义文学的里程碑之作。

不承认我们的失败，这简直就是一种狂妄。

怎样活出女性的自我？

你好，这里是作家酒馆。

在一架从巴黎飞往南非的飞机上，一位将近而立之年的女士，跟一个男乘客并排坐在一起。飞机要飞很久，到了夜里，两个人聊着聊着，男人就说了，哎，告诉你个秘密，我是个南非的犹太人，我刚刚帮着干了一件大事，我把耶路撒冷的大卫王酒店给炸了。现在，我要回南非，我的良心很清白。

到了南非着陆后，这位女士就把这件事告诉了警察。警察根本不信：你在做梦吧？那个男人你认识吗？不认识。——啊，天哪，一个乘客根本不认识你，他会告诉你他犯了这么大的罪过？算了吧女士，赶紧回去休息吧。

这位女士心情轻松地去休息了。日后，她把这件事写进了

多丽丝·莱辛

一本回忆录里。她说，我知道这个男人说的是真的，就算他是从报纸上看到了爆炸消息，然后想象自己亲手谋杀警察，引爆炸弹——我也相信他说的是真的。为什么呢？因为男人就喜欢跟女人说真心话，特别是跟我这样有吸引力的年轻女人，他们就更愿意忏悔了。

这位女士，我的酒馆怎么能少得了她呢？她就是 Doris Lessing，多丽丝·莱辛。

你可以和她讲述一切，她对一切都感兴趣，她特别喜欢聆听，到最后，让你不得不编个故事来满足她的好奇。而且，你尽可以说一些自相矛盾的事情，因为她从来就不害怕矛盾：她身处英国这个资本主义的老巢，却长期信仰共产主义；她在一个典型的男权社会里，却设法活出一个女性的自我；她明明两次遭遇婚姻失败，可她却自诩有很多智慧来保持亲密关系。

多丽丝的脸富有工人阶级特色，特别宽大；她有一双深邃清澈的眼睛，眼神专注，即使她厌恶地看着一个人，她清澈的眼神中也有孩童一般的天真。所以，当她年轻的时候，这张脸让不分年龄段的各种男人，都想入非非。它发出这样的信号：我这个人很开明，你想做什么，不用遮遮掩掩——我不害怕你身上澎湃的荷尔蒙；而且就算我拒绝你，我也绝不会让你难堪。

多丽丝有好几本小说，主角都是一个名叫玛莎的英国女孩。她生长在非洲南部，有一天，有一个邻居，一个苏格兰老头，开车带她出去，在路上，他捏了一下玛莎的膝盖，并且，

怎样活出女性的自我？ 153

试探着把手伸进她的裙子里。这个老头是一点一点看着玛莎从小丫头长成少女的，玛莎第一次遇到这样的情况，她心里很害怕，也很困惑，可是她并没有惊慌尖叫，而是把裙子一遮，冷冷地朝车子的另一边移过去，就好像没有注意到老头的举动。

这个反应，显然奏效了，老头自讨没趣，也没有再去骚扰她，他把肾上腺素投入全神贯注地开车中，车开得越来越快，在每一个弯道他都炫耀一下车技，车子后边一路灰尘滚滚。抵达目的地的时候，老头从钱包里拿出一张钞票给她。玛莎差点就把钱退回去，但是她想到，第一我还是个学生，我别跟钱过不去；第二呢，如果我拒绝了，老头一定觉得这是因为他先前企图摸我的缘故，因此他会记恨我。

《玛莎·奎斯特》这本书，是多丽丝众多的自传体小说之一。在玛莎涉足人世之际，她时常受到各种男人不怀好意的诱惑，她的天真被经验一点点赶走了。该发生的事情，一件件都发生了。可是，在故事里，她不论如何应对，总能得到一个有利于个人成长的结果。她发现，在她和男人的亲密接触中，总是既有恶心的一面，又有令人感动的一面。说恶心，是因为男人的出发点总是好色，他们又热衷于侵凌、占有和欺骗；而说感人，是因为男人在她的面前，即使开口欺骗，内心也情愿相信自己撒的谎都是真的。

有一个名叫道格拉斯的男孩，他在床上对玛莎说，我有未婚妻，但你是我的第一次。玛莎心里嘲讽地想：他这算是为他

　　　　　　　　　　　　　多丽丝·莱辛

的未婚妻守身如玉吗？然而玛莎一边这么想，一边更加温柔地抚摸着道格拉斯的脸和头发，因为她觉得自己理解道格拉斯为撒谎所费的苦心。

在玛莎心目中，如果男人能够付出这一点苦心，那么她就敬他是个男人。而在多丽丝看来，让男人付出这种苦心，证明了她这个女人的不同一般。所有写玛莎的故事都是自传体，而多丽丝在她真正意义上的自传《影中漫步》里，写下了飞机上的这段奇遇：一个素昧平生的男人，看着她的眼睛说，告诉你，我参与炸掉了大卫王酒店——我把我的人生的巅峰体验，在这三千英尺的高空，与你一个人分享。多丽丝想笑，不是为男人的吹牛而冷笑，也不是为自己的魅力而偷笑，她笑，是因为她再一次促成了真实与虚构之间那种感人肺腑的模糊。

多丽丝是个天生的小说家，天生的读书狂人，也是天生的反叛者。无论是听别人的叙述，还是自己在叙述，她都喜欢表现自己的独立，颠覆了各种对女性的固有认识。她是英国人，但因为家庭的缘故，她在非洲南部的几个国家度过了从童年到少女的时光。回到英国的时候，她的写作事业已经开始，她的手提箱里装着两种东西：一些非洲土制的小神像，以及她的第一部小说《野草在歌唱》的手稿。

同写作齐头并进的，还有她的生活。那时的伦敦是个什么样的气氛呢？那是一种闪电战后的气氛。闪电战，Blitz，1940年秋天到次年夏天之间，纳粹德国的轰炸机在整个不列颠上空持续不断地扔炸弹，从伦敦到利物浦，从曼彻斯特到考文垂，英国的大城市被炸了个遍。躲在防空洞里，听着外边地动山摇，经历了这样的末日体验而活下来的英国人，因为丧偶、丧亲之类的遭遇，而迫切地希望重组人生。然而，他们所持有的观念却还是来自从世纪初到战前的时期，多丽丝说，他们明明盼望多谈恋爱，单身的想早点结婚，可是，从嘴上到心里，却还充满了像背叛、欺骗、忠诚这样的概念。

他们连接个吻都谨小慎微。

多丽丝定居伦敦时，住在一座廉价的公寓里，在一个便携式打字机上昼夜敲打。她的素材主要是个人经历，但更是她内心的情感和欲望。她是一个标准的城市人，对于秀美寂静的风景无动于衷，却乐于待在嘈杂凌乱的社区里，跟各种人说话，随时准备找个洗手间补妆搽粉；她从不独自游山玩水，总是携一个暧昧的同伴上路。她需要经常地改换身份，为的是不轻易落入法律和习俗预设的范畴之中，也为了不被众人视为某某某的合法伴侣——合法这个概念让她很不痛快，让她想起她那些女性长辈，早在非洲的时候，她们就经常谈论她的未来，谈论怎样将她引上一条做妻子、做妈妈，成为"体面女性"的道路。

有时候，她显得完全不设防，但她并不幼稚，她什么都懂，她落落大方地迎向每一个接近自己的男人。而当男人尝试用目光来剥光她，用触碰来勾引她的时候，她也会在男人的肩

　　　　　　　　　　　多丽丝·莱辛

膀、胸口和胳膊的肌肉中读取他的信息。男人身上，有的部位是丑陋的，猥琐的，但也有精致、养眼的地方，总的来说，男人是有趣的。

多丽丝从来不掩饰自己的欲望。她说，我需要男人，是因为我想有个男人让我占有和拥抱，一个喜欢男人的女人并不蠢吧？就因为这种欲望，当她从非洲回到英国的时候，她已经有过两次婚姻的经历，30岁不到，她就有两任前夫，外带一个独自抚养的小孩。一个单亲妈妈在英国社会里能有多少机会呢？然而不管单亲妈妈，还是离异女性，你都无法在她身上看出，具有这类身份的人应有的样子。

经验带给她的不是教训，而是——成长，以及自由。在自传《影中漫步》里，她叙述自己的情史，活泼、深情而又不乏骄傲。她说起一个美国男友，克兰西。她说，我只是克兰西的无数猎物之一。不过，这是克兰西自己为人处世的原则，他像个独行侠一样，想把每一个遇到的女人都带上床，即使不成功，也要尝试一下。当他第二天早上离开的时候，那些女人也并不会觉得被他骗了，相反，她们被提升了，被鼓舞了，You raise me up，因为她们发现克兰西能够理解她们。

她把男人变成了自己的加分项，而不是爱与痛苦之源，或一拍两散的冤家。在多丽丝的叙述里，我们看到男人无须通过自我克制，通过削弱自尊，来照顾女人的感受；相反，在尊严与快乐方面，他们可以和女人共赢，只要女人真正忠于自己的欲望。在自传里，她写到她的另一位男友，那是个捷克人，她说，他带着嫉妒、带着饥渴，甚至带着愤怒爱上了我，我也热烈地接受了他——可我并不是受宠若惊的——我只是爱上了他对我的这种爱。

做多丽丝的男人是一件幸运的事。你不必害怕会被她写成渣男——如果你的确很渣，那你放心，她也不会写你，她认为你不配。

在英国，多丽丝被两种观念所吸引：一是共产主义，二是精神分析。共产主义是用来清算资本主义的旧世界的，那个旧世界已经被战争折磨得奄奄一息，但美国人拿出了大笔的资金来接管它，要把西方送上一条新的轨道；而精神分析呢，它是用来清算资本主义社会的病态人格的。在英国，加入这两个阵营的人，都获得了巨大的社交便利：他们不仅彼此是同道中人，而且大多不拒绝自由的亲密关系，这叫浪漫，无界限、无差别、无区分的共处，这是与那个等级森严的旧世界决裂的直接表现。

由于多丽丝曾在非洲待过20年，她被不少的共产主义组织和其他有着谋求自由独立的诉求的小团体请去做报告。在围观群众中有大使馆的人员，有苏联的间谍，也有跟她一见倾心的未来的情人。她说，我们当年的共产主义文艺青年都是浪漫的，这浪漫不只体现在男女关系上，她也是真的向往做一个国际主义者的，因为只有国际主义精神，才能真正威胁到资本主义的社会格局和价值观。虽然，多丽丝很快就看透了，英国共产党跟其他官僚化的组织没有什么区别，可她自己却常常把赚到的版税或捐或借给那些她所认识的贫苦的邻居和朋友。她说，这种慷慨的习惯，源于她父母亲从小的熏陶。

青春固然是可以无悔的。后来，各种入侵，各种迫害，事情一件件发生，欧洲的共产主义运动很快退潮，多丽丝也脱了党，这就好像当初，刚刚踏入婚姻的她就急着要离开。

所有经历都被她叙述成个人成长的一个阶段。它们是绕不过去的。她拒绝按照传统的、世俗的看法，把这些看作是人生的"弯路"和"歧途"。可是她真的从不怀疑自己吗？她真的不觉得，这里有一种谜之自信吗？

在伦敦，她有一个亲密的女友，叫琼，她们两个经常坐而论道，谈论各自的处境和女人的选择。多丽丝在她的长篇小说《金色笔记》里，把自己和琼转化成了安娜和摩莉这一对女友。安娜就像多丽丝本人一样，离过婚，入党并脱党。她从来不说，我再也不相信爱情，也从来不说什么理想的破灭。但有一天，她问摩莉，我们是不是都想当然地认为自己必须是强悍的呢？

"一场婚姻破裂了，我们说，我们的婚姻是一次失败，太惨啦。一个男人抛弃了我们，我们说，太惨啦，好吧这不要紧。我们离了男人后自己带孩子，我们说，不要紧，我能对付。我们在英国共产党组织里待了很多年，然后说，好吧好吧，我们犯了个错误，太惨啦。"

"摩莉，我想说，你难道没有想到过，有可能，哪怕只是一点点的可能，这些事情都太惨了，以至于我们压根就没有真正地走出来过？我跟迈克尔结婚五年，当我真的回顾这段婚姻，我发现自己无法走出来。我应该说，好吧，好吧，我们毕竟有五年在一起，然后走向下一阶段。可是我们为什么从不承认失败？从不承认。或许，承认失败对我们更好。除了爱，除了男人，还有对一个美好社会的想象——我们应该承认这梦想已经褪色了，我们再也没有用处了。为什么不承认？不承认失败，简直就是一种狂妄。"

《金色笔记》是 1962 年出版的，这一年，对多丽丝来说是个转折点。她年过不惑，已经靠着出版赚了不少钱。可是，她入戏太深，太相信人都是她所写的那种，即便撒谎都是出于真心相信的样子了。她也过于相信自己，觉得以自己的真性情，谁都会向她倾吐真心。年复一年，她发现，自己的生活并无多大改善，因为她慷慨借给别人的钱，大多没能收回来。那些人利用了她的爽朗大方，利用了她对无产者的同情，以及对未来始终抱有的乐观想象。

她住不起眼下的公寓了，正当她考虑搬家时，她又雪上加霜地得了荨麻疹，她全身瘙痒，伴随着发烧和头痛，昏睡在床。就在这时，居然还有女邻居敲开房门，说：请你再捐点钱给我，救救我全家老小吧，你是成功人士，我要的不多，五百英镑就够了。

结果，多丽丝去透支了银行账户，拿出了五百英镑给人家。事后，她说，我想到自己的处境时，眼里不觉全是泪水。

1962 年底，英国迎来了前所未有的一个严冬，河流都结冰了，伦敦重现了臭名昭著的浓雾天气。多丽丝整日关着窗户，看到家里的白墙也不再像过去那样光洁了。水管子冻裂了。整整七个星期，人们拎着水罐，穿着室内拖鞋，沿着积雪一尺来高的泥泞的人行道，走出去很远才能取到水，再回来用炉子烧热。虽然多丽丝家的水管还能正常使用，但是，她在这个冬季看到了之前仗着青春和任性，而很少注意到的事实：她看到，一家没有暖气的家庭小店里，店老板得了肋膜炎住院了，他的孩子坐在水泥地上，整天被她妈妈打骂，她妈妈没有厚衣服穿，手上长满了冻疮；她看到一个做搬运工的老人在雪地里摔伤，几个星期卧床不起，也没有收入，而他的房间里还挤满了其他的穷人。

这些人大多知道，附近住着一位名作家。可是多丽丝，她也自顾不暇。第二年她搬家了，她住到了一个房价较为低廉的工人社区。按照中产阶级的惯例，她在家里举办了一个迁居派对，可是，邻居一听见她家有喧闹声，就纷纷跑出来，堵着门口叫他们安静点。多丽丝也出了门，她站到了台阶上，朝那几个邻居粗声粗气地叫道：Shut up !

她无法想象，自己忽然就沦为了这样一副样子。

叙述是可以保护一个人的——让她免于对岁月的恐慌，也免于沉入对往事的追悔之中。多丽丝写了一本又一本的小说，讲了一个又一个坠入情网的故事，女主角即使年过五旬，哪怕一直到将近古稀，都拥有并兑现了爱与被爱的潜能。她是凭着一种近乎孤注一掷的决心来写作的，她冒着被人说成江郎才尽、信口胡诌的风险，打算把她反叛世俗观念的作家生涯进行到底。为了继续张扬那种自由女性的理想，多丽丝透支了她所剩无几的乐观，就好比她为了捍卫一种慈善的誓言而透支了银行账户。

1984 年，她出版了一部小说，叫 *If the old could*，中文翻译成"岁月无情"，它写的是一个 55 岁单身女性的爱情故事。爱情让她重拾活力，然而有一天早晨，她独自醒来，沉浸在悲伤之中。她想起了前夫弗雷迪。她说：不，我不该再执迷于寿终正寝的婚姻了，可是，也只有寿终正寝且已经消逝的东西，才可能阴魂不散，才可能没完没了地嘲笑我，奚落我。弗雷迪，他有没有说过"我爱你"？大概是说过的，大概在初夜的时候；那么我跟他说过"我爱你"吗？大概没有，那个时候的我，可能会觉得说这话有点屈从于人，有点软弱了。

在《金色笔记》里，安娜提起的那种失败感，现在羽翼丰满，牢牢锁定了它的主人。记忆终于要惩罚她了，而她还能否执意看向前方，提笔书写一场新的恋情，一场覆盖掉一切过往的恋情？不到万不得已，多丽丝是绝不肯承认"岁月无情"

的，而在她承认的时候，她已经用手握住了时间的剑刃，用眼直视着血流。

这是万不得已的时刻，也是叙述与叙述者的真实人生汇流的时刻。我们的酒杯又空了，作家酒馆接近鸣金收兵。当多丽丝·莱辛的嘴边再一次堆起了皱褶，我明白，她想重新找回当年那种洒脱的笑意。

我是云也退，我们下次见。

Primo Levi

普里莫·莱维

普里莫·莱维（1919—1987），意大利犹太裔小
说家，集中营幸存者，大半生从事与化学有关的
职业。他的纪实小说《这是不是个人》《休战》
等，为大屠杀、集中营题材的书写做了艰难的尝
试，而1975年出版的《元素周期表》为他赢得
了更大的国际名声。他在出版《被淹没和被拯救
的》后自杀身亡，对他来说，活下来就意味着终
生对死难者负疚。

那些被淹没的人代替了我去死。
就凭我那支笨拙的笔，
我也无从做到让更多的人记住他们。

什么是
勇敢的懦弱
？

你好，这里是作家酒馆。

今天很欣慰，因为我的客人是懂酒的。并不是说他是什么品酒的行家，我是说，他对酒有一种与众不同的感情。他仿佛是来自古代的某种仪式中的人，在这次仪式上，他参与酿出了人间第一滴酒，他看到了物质的变化，看到了液体转化为气体，又从气体转化为液体，一上一下，酒的原浆被逐渐纯化。他向周围的人演示这个过程，同时，他总是连连惊叹，仿佛他永远是第一次发现这个奇迹。

这就是蒸馏。他意味深长地说——没有蒸馏，就没有这温暖人心的酒。

1944 年春天，在波兰冰冷的泥泞地里，他曾经远望过地平线上升起的太阳。那也是温暖的，不过十分惨淡，仅仅能稍稍温暖人的皮肤。那时，他是连一缕酒香都闻不到的，更不用说品尝了。他身上穿着长条格的囚服，每天为了能得到尽可能多的面包，多喝上两碗稀薄的菜汤，而动足脑筋。为了暂时躲开忧虑的纠缠，他一头钻进了实验室里，他在那里调配各种物质，去观察每一次蒸馏冒出的轻盈的白汽。在白汽行将消失的时刻，实验室窗外的景象，就会在他眼前变得清晰，那里是一座巨大而阴森的化工厂，它日常的化学过程，是把活人变成烟囱里飘出的黑烟。

Primo Levi——普里莫·莱维，他就是从这座奥斯威辛化工厂里走出来的，他来到我的酒馆时，看起来，并没有那种劫后余生的样子。他衣着整肃，领带笔挺，白发和胡须都梳得一丝不乱，一个常年同物质打交道、在实验室里工作的人，往往是拥有平静的心态的，因为，物质提供了足够的确定性，两个氢原子和一个氧原子结合，必然可以生成水的不同形态；汞必然会流动；大块的钠丢进水里必然会引燃。

然而，莱维又是在奥斯威辛的焚尸炉的阴影下工作过的。他在1943年底，作为意大利一支游击队的一员，被德国人俘虏，到了1944年2月，他被送进了奥斯威辛集中营。将近整整一年之后，他成为幸存者，被苏联军队救了出来，他活下来了，这个事实，决定了他将终生都无法平静。

因为他总是觉得，存活让他愧对集中营里那些死去的人。

我们经常给人做区分，说有好人和坏人，有聪明人和笨人，有卑鄙的人和勇敢的人，有幸运的人和不幸的人——但是莱维说，这些区分都不是绝对的、清晰的，有很多中间的层次，比如有人没有什么大运气但也没有遭遇过不幸，平平常常，有的人日常卑鄙，却也会突然勇敢起来。莱维说：我有一个绝对的区分人的标准，我能把人分成截然不同的两类——一类是被拯救者，一类是被淹没者。一个人，不是被拯救的，就是被淹没的，没有第三条道路可以选择。

　　做出这个区分，就意味着，莱维决心要记住那些消失在焚尸炉里的人，那些被吊死在绞架上的人，那些被随意埋在荒野里的人。因为，被淹没者和被拯救者，两种人是并列的，好比一个入口通往的两道门，在一个道路的岔口，一左一右两条看似没什么区别的道路。莱维说，活下来的人，他们只是出于偶然，走进了这一道门，而没有走进那一道门，他们被拯救，却并不比被淹没的死者更加优秀，并不比他们更配得上一个活下来的命运。

　　他说，我们时代的一切痛苦和不幸，我都在那些被淹没的人身上看到了，他们的形象，我一闭眼睛就能看见，一个瘦骨嶙峋的男人，耷拉着脑袋，弓着两肩，无论在他的脸上端详多久，无论与他们对视多久，你都看不出，这个人有半点会思想的特征。

　　他们是集中营囚徒里的大多数。在刚进来的时候，每个囚徒都是差不多的，但时间一长，人就开始分化，有少数人，会明显更乖巧，更机敏，或者八面玲珑，或者比较强势，他们逐渐得到了集中营里那些头头的喜欢；而其他人，看起来就越来越木讷，或者爱发牢骚，也不太健康，他们彼此见面时，都会从对方的脸上预见到自己的结局。

混得好的人，渐渐就得到了一些提拔，他们成了寝室长，劳动队的队长，以囚徒的身份来号令其他的囚徒，他们状态渐渐放松，甚至能和德国看守和党卫军士兵称兄道弟，他们脸上时而还流露出春风得意的神采，让人一看，就觉得死亡的厄运，无论如何都不会找到他们的头上。而其他人，渐渐地就沉了下去，他们藏不住怨天尤人的表情，他们互相也难以成为朋友，因为彼此在营地里都没有靠山，做朋友也没有什么好处。他们被分配到那些最艰苦的劳动小队里去干活，也不知道任何办成事情的秘诀。别人一看，就知道他们只是在这里短期停留，顶多几个星期后，他们就会变成不远处田野里扔着的一把灰烬，变成囚犯名册上的一个编号而已。

这里当然有一种不平等。然而，不仅在集中营里，即使在正常的人类社会，这个不平等也是一个铁的事实。那就是《马太福音》里说的一句话，穷人、处境差的人，会越来越差，而处境更好、资源更多的人会越来越好："凡有的，还要加给他，叫他多余，没有的，连他所有的，都要夺过来。"

当 1944 年初，莱维在寒风中被送进集中营的时候，他

　　　　　　　　　　　　　普里莫·莱维

是落户在了集中营外围的一个劳动营里，德国人需要很多囚犯来从事橡胶生产，提供战备。他的手臂上被刺的编号，是174517，这表明，先于他被关进来的已经有174000多人，进来越晚的人，存活概率就越大。后来，莱维总结说，据他所知，最初的15万人存活下来的不过数百人，而这些人，没有一个是普通的囚犯，他们中间，一部分是有某些一技之长的人，比如医生、裁缝、鞋匠、厨师甚至音乐人，集中营的看守者用得着他们，所以不轻易杀害；还有一类人是年轻的、长相俊美的同志，有些看守需要他们来满足自己；再就是一些有权力的人的朋友或者同乡。

除了这些人，另一些存活者，就是狠角色了，他们可以说是"职业囚徒"，在营里待的时间特别长，懂得如何通过压制别的囚徒，并附庸于有权力的人，来让自己活得好。在外出劳动的时候，他们拿自己不当外人，帮着警卫大声呵斥，回到营房里，哪怕房间里只剩了两个人还活着，他都要争取做寝室长。无论是寝室长，还是劳动队队长，都是由党卫军的司令来授职的，因此被选出来的，几乎相当于是党卫军自己的人。

在莱维的营里，就有这样一个职业囚徒，他叫 Alex，他一向趾高气扬，指挥别人干活，而自己却享受着工头一般的待遇。有一次，在返回工棚的路上，Alex 想要抬起一堆拦住去路的钢缆，他双手刚一碰到钢缆就尖叫起来，原来，他的两只手上，都蹭上黑黑的油污。莱维就在后边，看到这一切，他机敏地快步上前，就让 Alex 在他的肩膀上蹭啊，擦啊，把手心手背都擦干净了。在这么做的时候，Alex 既不怨恨，也没有带着欺负人时的嘲弄，他早就习惯于享受这种应得的待遇了。

这个 Alex，被莱维写进了他的第一本书里，这本书叫《这是不是个人》。Alex 是个恶棍，但是莱维承认了自己也是个识时务的人，他很聪明，知道同 Alex 搞好关系，是有利于自己的。

这正是莱维的愧疚感的来源，他想要尽量地爬上去，他渴望做被拯救的人。不管蒸馏的过程多么美妙，他本人并不想在上升之后，又变回液体掉落下去。

Alex 间接地帮助了他。有一个黎明，劳动营里发布了公告，要成立一支化学劳动队，编号是 98 号。党卫军就任命 Alex 做队长，他让莱维和其他几个人去考试，看他们能否胜任化学队的工作。莱维发现，Alex 对他很不友好，他曾跟负责选人的考官说，莱维来了有三个月，已经半死不活了。但尽管如此，莱维毕竟得到这个宝贵的机会，要是不能进入化学劳动队，他就将留在普通牢房里，继续在折磨人的体力活里等待被死神选中。

然后他见到了考官，考官叫潘维茨博士。这个人也长久地让莱维难以释怀。他惦记着潘维茨博士的相貌，记得他的那间整洁安静的书房。当莱维想要写一写他在劳动营里的好朋友的时候，他感到自己的文笔非常单调乏味，他很难传达那些人的聪明或善良；然而，潘维茨博士，他只用几笔，就能勾画得让人难忘。

他说，博士有一头金发，有一双德国人才有的天蓝色的眼睛，有挺拔的鼻梁；博士毫无幽默感，他考查了我的化学知识，这种考查同时也是审问。我的动作和神态都非常小心，我生怕自己脏兮兮的，衣着破旧，给这间书房留下什么难以擦掉的污渍。当博士问起我的教育背景时，我发现，我情不自禁地在讨好他了：我说，我1941年在都灵毕业，各科成绩都很优秀。我心里非常害怕博士不相信我。

然后，博士同莱维谈起化学方面的事情，这一下子让他兴奋起来，他身上穿的那件条格纹的囚服，他在入营时被耻辱性地剃光头发，胳膊上被刺号码，以及遭受的各种殴打，侮辱性的食物供应和强迫劳动，一时间似乎都不在话下了。终于有一个人跟他谈他最心爱的学科了。他的记忆库里沉睡了几个月的化学知识，一瞬间都活跃了起来，他不仅对博士提出的专业问题对答如流，而且沉浸在自己清醒敏捷的思维之中，血脉中涌动着兴奋甚至狂热。他说，博士让我想起了我第一次看到元素周期表时的激动，让我想起了，我在学校面对化学考试时的那种热情，在实验室里，在操作台上，我展露的广博的学识跟思维能力，让同学们都羡慕不已。

他顺利地进了化学劳动队。可是，难道他应该感激这位博士吗？难道，作为一个有良知、有是非观的个体，他不应该憎恨在这架战争和迫害的机器里工作的每一个德国人吗？而当他回到自己的营房时，他又怎样面对其他人呢？那些人不是同学，而是和他身份相同的囚徒，每个人的胳膊上都刺着耻辱性的编号。现在，靠着才华和专业特长，他获得了更大的生还的希望，作为那个不平等的法则的受益者，他应该感到问心有愧吗？

是的，莱维说，被拯救的人，必须为被淹没的人承担道德负疚感。幸存者是有罪的。

在进入化学劳动队以后，莱维跟其他几个人奉命为德国人工作，他也得到了比之前更好的囚徒待遇。他本来就很聪明，现在，他和那些同样机智的人一起，合作完成一些让大家都得益的事情。有一个同伴是铁匠，他用三份面包换来了两节镀锌的水槽，把它们制作成一种像小桶一样的容器，他们就用这个容器来装食物。莱维说，这个发明具有新石器时代的特色，不仅能装得多，而且改变了他们的社会地位，就好像原始人里第一个发明罐子的人一样，受到别人的崇拜。

当他地位上升的时候，莱维困惑地感到，自己不像原先那样疾恶如仇了。因为，劳动营的一些恶棍，都开始对他和和气气地说话了。那个 Alex，显然有点不太甘心，他总是偷偷地窥视莱维和他的几个伙伴，想要了解这些人是怎么咸鱼翻身的，但在嘴上，他也得经常说点恭维话，跟莱维他们搞好关系。

　　　　　　　　　　　　　　　普里莫·莱维

莱维甚至能够注意到，劳动营里的一些头头需要什么。比如有一个头头身边缺少一把笤帚，莱维就在工地上偷了一把，把它大卸八块，藏在裤腿和裤腰的地方带回来，然后找来了锤子、钉子和金属片把这把笤帚拼装起来。这一次成功让莱维名声大振，后来又有好几个人都慕名而来，找他订货。

他有过一些飘飘然的时刻。谁不期待成就感，谁不希望被人器重，被人需要呢？当别人用笑脸迎向你，主动找你攀谈，你明知道他是个刽子手，是个流氓，你又如何有勇气冷冷地甩手而去呢？

不过，像莱维这样的人，总归是不会长时间忘乎所以的。上升的人，如果还没有丧失良知的话，他会意识到自己的上升是以另一些人的下沉为前提的。集中营里有人越狱，有人造反，有一次营地上一下子处死了一百多人，他们都是反抗者。纳粹党卫军当着所有人的面，用绞刑架把他们一个个吊了起来，杀鸡儆猴。在行刑之前，德国人按惯例要当着所有人训话，讲完之后，德国人问：都听懂了吗？

这时所有人，不管听懂听不懂，都回答：是。在之前，莱维一直在心里很抵触"忍耐"这种想法，他觉得，囚徒的忍耐，就等于是在为集中营这样邪恶的东西开脱，等于宣布说，这种非人的做法还不算极端的非人；可现在，随着齐刷刷的一声"是"，这种忍耐变成了现实，被所有人默认在心，又转化为集体的声浪萦绕在了人们的头顶之上。然后，绞架上有人发出了一声呼喊：难友们，我是最后一名了！这声呐喊让莱维的灵魂都颤抖了，他多么希望，在现场的人群中，能够就此发出一阵低语，一阵骚动，在表示赞许和对死者的安慰。

但是什么声音都没有。惰性和屈从组成了一道厚厚的屏障。莱维说：我们弓着身子，一身的灰色，耷拉着脑袋站在那里。我们仅仅是等到德国人挥手示意之后，才脱下帽子，向死者致意。然后，我们排队从绞刑架前走过，那上面的尸体还在微微地晃动。

所以还有什么可以骄傲的呢？莱维回到自己的房间里，他和同伴相对无言。半天一天之前，他们还沉浸在得到一个新点子的喜悦之中，他们还为自己运用聪明才智得到了更好的饭食感到庆幸，甚至骄傲。现在，他们被打回现实之中：他们是被成功地折弯了腰的人。德国人成功了，他们达到了目的，让因犯低下了有尊严的头颅，目光顺服，失去了造反的想法，连一句挑衅的话都说不出来。

德国人毁灭了他们，他们在毁灭中被拯救，而那些没有被毁灭的，直到临终还在喊叫的人，却被淹没了。死去的都是用特殊材料制成的刚毅的人，而活下来的是懦夫。当然，懦夫可以从适者生存的角度来描述自己：我们能够学会如何承受劳累，怎样寻找食物，抵御寒冷。我们拥有生存的智慧，我们善于学习和忍耐。

但莱维却做不到。他背负着愧疚，他只想书写那些受苦受难的人，而无暇给自己脸上贴金；而受苦受难的人又都是大同小异的，他们的故事很容易显得单调。

就这样，他必须等待一些时间过去，才能以相对轻松的笔调来描述他在集中营里生存下来所依赖的技能和聪明。在1975 年，他拿出了一本写了很久的书——写了很久，但看上去还是匆匆收尾的，显得很碎，很杂糅，他想用这本书来总结一下自己，将那些已经过去了二三十年的事情以较为轻灵的口吻重述一遍。在这本书中，他把一个个化学元素做成了章节标题，在其中的一章中，他说到，自己当初，是靠着哪一种元素才熬过了死亡威胁的。

这本书就是《元素周期表》，那种元素就叫铈，金字旁，加一个城市的市。这是一种稀土元素，当莱维在德国人的实验室里发现一些铈棒的时候，他对这种元素的唯一的认知，就是它可以做成打火石，一根铈棒可以做三枚打火石，而一枚打火石就可以换到一份面包。这个时候，苏联军队的前锋已经逼近了奥斯威辛，轰炸机隔三岔五地就要来轰炸这里，囚犯们不能进防空洞，炸弹落下来的时候，莱维趴在冰冷的地上，紧紧地捂着怀里藏好的这些宝贵的元素。

德国人在危机面前越来越慌乱，行事规律会变得更加无常，以至于还活着的囚犯人人自危。莱维和一个同伴一起就靠制作打火石换取面包，苦苦支撑了两个月，终于熬到了解放的时刻。熬过这最后的两个月，无论由谁来说，都可以称为是一种英勇了，就像《肖申克的救赎》中的情节：一个人低下头颅，表示屈服，然后寻找机会，并开始日拱一卒式地开凿地道，最后，从量变到质变，他的忍耐创出了奇迹。莱维的获救，难道不是一部励志电影的素材吗？

当然不是了——他摇摇头，对我说：我这个被摧垮的人，哪里谈得上什么英雄主义，往最好的角度说，我只是被一种运气所眷顾而参与了一场胜利大逃亡而已。我之所以说是元素救了我，那是因为我实在不想承认，事实上，是那些被淹没的人代替了我去死。那些人不会在任何人的记忆中留下印迹，至于我，就凭我那支笨拙的笔，也无从做到让更多的人记住他们。

当年，莱维被释放出集中营后，费尽周折，绕了一个大圈，从苏联一路穿越了七八个国家，才回到他的故乡意大利。有过奥斯威辛的体验，按说应该觉得每一天都是美好而安宁的，但是，让莱维感到痛苦的是，集中营里那种不平等的法则，那种两极必然分化的定律，也同样通行在集中营外正常的社会里。他还是更钟情于物质。物质是确定的，在门捷列夫创制的元素周期表中，哪怕是那些还没有被发现的元素，也都被安排好了位置。大地的秘密，或许是宇宙的秘密，就藏在这张简单的表格里。再说，莱维是个犹太人，生在一个对犹太人极为危险的时代里，他信赖和拥抱物质，就可以减少与他人的接触。

他一直在物质的世界里工作，为客户调配各种他们需要的

　　　　　　　　　　　　　　　　　　　　普里莫·莱维

化学材料。但奥斯威辛体验结晶成了很多如鲠在喉的话语，就像水汽凝结在烧杯的杯壁上。

我们透过那温暖人心的液体互相打量：这位长有一颗纯正的理工科大脑的作家，违背了自己热爱确定性的天性，一次次地尝试写作，尝试鉴定根本无法鉴定的人性的成色，尝试为人的价值这类无法称量的东西称出分量。那些死去的人，并没有用临死的呼喊勒索他，他本来甚至可以凭借大屠杀亲历者的身份，轻松地收获尊敬和掌声，可他却走上了一条负罪的道路，背负起一桩哪怕延续一生都未必能完成的自我救赎的任务。

我们碰响了杯子，我觉得普里莫·莱维喜欢这样的时刻，一个勇敢的懦弱者，他又要上路了。

这里是熄了灯的作家酒馆，我是云也退，我们下次见。

Patrick Victor Martindale White

帕特里克·怀特

帕特里克·怀特（1912—1990），澳大利亚小说
家，1973 年诺贝尔文学奖得主。怀特是一位人
类内心隐秘的试毒者，备受哮喘困扰的他，从不
掩饰对生活本身的消极认知。《探险家沃斯》《风
暴眼》《人树》等篇幅宏大的小说，描绘了人所
处的严酷的内在和外在环境。

被压抑的热情无处可去，
只好灼烧人的自身——
唯有这般磨难才能体会生命的意义。

曾拒人千里之外，还能得到爱吗？

你好，这里是作家酒馆。

1918 年 6 月的一天，在澳大利亚悉尼的乔治街，一个 6 岁男孩跟妹妹在一起，在鼓号的喧声中观看士兵游行。这些士兵是从欧洲战场回来的，战争结束了，人们兴高采烈，不停地欢呼，扔起了帽子，有些人翩翩起舞，有一个男人，嘴里衔着一只纸口哨，逢人就把口哨吹过去。当口哨对准男孩的妈妈时，男孩的妈妈赶快向后躲开，还一手捂住了男孩的口鼻。

"小心传染！"这是男孩从小听到的话。为此，他总是很难有彻底放松的时刻。因为的确，一个不小心，他就要倒在床上，大口地喘气并且发起高烧。这是一种来自他母亲那边的遗传病，先天性哮喘。

很多年以后，这个男孩成长为一位大作家，他在一部小说里重写了这个欢庆的场合；他的写法很奇怪。他说：这个吹纸哨子的人，一个劲地吹着，就喜欢看到别人纷纷躲开他的样子，但同时，那些人又会来亲吻他的那张大脸盘，他的脸上满是口水，他感到了充实的喜悦，觉得自己被人接受了。

这位大作家来了我的酒馆，他就像他写的那个人一样，脸上仿佛总是挂着刚刚干透了的唾沫。人们往往是躲开他的，因为他一看就是个脾气很坏的家伙，但人们也会用喷着唾沫的嘴来亲吻他，这种让人不愉快的方式，却使他产生了满足感。因为，他确实是一直希望能被人喜欢的，他希望，人们能喜欢他那种排斥他人的表情，喜欢他那些冒着巫毒之气的才华，那种看破人心的黑色的想象力。

他就是 Patrick White，帕特里克·怀特。

在澳大利亚，人人都知道他，却很少有人真正接近他。自从他出生以来，除了亲人和男女仆人，凡是接触过他的人都想躲开他。而他呢，也觉得澳大利亚不适合自己。他本不该是澳洲人，只是因为父母认为南半球的气候有利于他的健康，才在英国和澳洲之间选了后者。可是他们想错了。他们家的豪宅，在悉尼的北岸，背靠一处海边悬崖。海水从悬崖那边渗透过来，渗过栽种着百合花和茶花的花床，又渗过草坪，一路渗入房子的墙壁里面，让壁柜里的鞋子和衣服，悄悄长出大片的霉斑。这种潮湿最容易引发哮喘，可当时的人并不懂这一点，他们请来的大夫，只是给病人扎吗啡针，然后，采用一个土办法——焚烧颠茄叶子，来缓和疼痛和减轻恐惧。帕特里克4岁发病的时候，因为肺部虚弱，那个医生还给他吃一种药品，这个药能使肾上腺素直接进入到孩子的肺里。

这真是叫人为难的事。哮喘有可能会转化成肺结核，那是绝症，而对哮喘的治疗却会影响到人的生理机能和性格。

我觉得，他有时在潜意识里视自己如同巫师一般的人。他曾站在家中的大镜子前，闷闷不乐地打量自己那一双从父亲那里遗传过来的浑浊的眼睛，看着他那身特别白的皮肤，烈日炎炎的澳洲，很少有像他这么白的人，尤其是，他天生一双大耳朵，耳朵顶上却有个尖角，让人不由想起，基督教传说中魔鬼的特征。他并不喜欢自己的长相，可他又说，我觉得那些俊美的孩子都是平庸的，只有天赋异禀的人，才会长得奇怪。

澳洲是一片盛产有毒的事物的大陆。阳光经常把大地晒得焦热，把空气晒成棕红色，好像到处都有裂缝，像一些黑色的生灵在暗中生长。他看到过一只野猫吃了很多蜥蜴而倒地，不知道是吃撑了还是中了蜥蜴的毒；他觉得家里会莫名地着火，他经常在盘算，一旦发生火灾，家里哪些东西应该率先扔出去。帕特里克在14岁那年，被父母带到了英国去读中学，在那期间，他无聊的时候，曾经看了一本关于放毒和巫术的书，看完后他就如法炮制，用蜡捏了一个小人儿，扎上大头针，扔进火堆里，就跟宫斗剧里那种给人下咒的做法没什么区别。

这本来纯属孩童的好奇。想不到，过了几天，他妈妈的一个朋友来访，突然在菜园子里昏倒了，而那个小人的残骸就扔在菜园里的一堆烂菜叶下面。帕特里克就住在二楼的小屋里，窗子正对着菜园。事后，他俯视着那个园子，觉得那里破烂而荒芜，而他身上盘绕着一股硝酸钾的味道，因为他住的房间里，总是焚烧着一种特殊的纸，为了防御哮喘。

他越来越清楚自己的与众不同，也越来越表现出对此的淡漠，然后还引以为傲。他对一切都心怀好奇，觉得那是世界在向他，也仅仅向他一个人，打开各种各样的隐秘的入口，包括他那时时发作的哮喘，那种烧纸的气味，包括他在 12 岁的时候产生的强烈性欲，而后过了 14 岁，他对异性的兴趣又急剧减弱，诸如此类，都隐藏着一些黑暗的奥秘。他过早地探知了很多事情，所以也过早地学会了不动声色。有一次，他家有个名叫多萝西（Dorothy）的女仆，也忽然昏倒了，手中的菜盘碎了一地。帕特里克看到，他一声不吭，走到了一边，隔天他却跟同学和父母说：我家的女仆怀孕了。

帕特里克是想求关注度的。在学校里，班里时而会进来几个插班生，别的孩子都会跟新同学打招呼，问长问短，可是帕特里克从来不这样，他却会回家跟父母说，今天新来了个同学，估计他爸妈离婚了，要么就是个私生子吧。同学们都躲开他，而父母听了他的话，张口结舌，不知该怎么回答。

这些话语确实换取了别人的刮目相看，却也让人难堪和退缩。由于胸中充满了对其他人的嫉妒，他就想方设法，要用一种显摆自己的方式去冒犯他们，然后再学着把别人的镇静、嫌弃，以及疏远，都看作自己骄傲的资本，看作自己独一无二的证明。他儿时的玩伴，很快一个个都走远了，在悉尼和英国求学的经历，也没有给他带来任何的朋友，同龄人都讨厌他，说帕特里克从不表达感情，也从来不谈个人的理想和展望，他似乎只想看穿各种各样的人，还喜欢故意说怪话。

对这些，帕特里克自有一番道理可讲。他后来说，澳大利亚有一些难以解释的力量压制着人们，使他们缺乏正常的热情。他回想起自己3岁时有个保姆，他明明很爱保姆，保姆也很爱他，可是，当保姆把自己湿润的嘴唇贴到他的嘴唇上时，帕特里克就觉得，他的灵魂正在被保姆吸走，跟她一起溶在同样的一片湿润之中。他觉得，澳大利亚人都是像他一样的，长大以后，他们要么只想乱交，要么就落入性冷淡。帕特里克也始终没有忘记，当那个女仆昏倒的时候，旁边的几个女仆，都视若无睹地跨过那个女人的身体，绕开地上的牛奶、鸡蛋糊，盘子的碎片，继续做各自手中的事情。

帕特里克并不认为她们是冷漠的、自私的，他觉得，这种视若无睹是真实情感的表露。澳大利亚人只要不掩饰自我的真实，就会是这个样子的。生活在澳洲，你终将认清一个事实，世界正在衰落，在步入一个丑恶、冷漠和孤寂的深渊。

总是有人想同帕特里克争辩一番，跟他讲，他太极端了，太以偏概全、自以为是了。然而有一个事实就是，主张世界正在不可救药地恶化的人，总是比那些心怀希望的乐天派要显得深刻很多。任何企图证明人性比过去有所改善的人，都会在帕特里克怨怒的表情面前，缺乏底气。这种表情，让人感到自己幼稚，想问题太浅。没有一种美好能够博得帕特里克的信任，不管是基督教堂的彩色玻璃，放牧牛羊的漫漫草场，还是树上叽喳飞舞的喜鹊。在澳洲，有不少地方都叫"幸福谷"，Happy Valley，比如一群移民在建立定居点的时候就会取这个名字，可是帕特里克却只能把这个名字看作空想，认为它铭刻了人的失败和希望的破灭。

他把自己的第一部长篇小说取名为《幸福谷》。在小说中，有个哮喘病人，他的胸膛如同一片痛苦的沟壑，他的气息艰难而炙热，他一口又一口地捯气儿，既不能自如地仰起身体，也不能负重。他嫉妒他的妻子，他妻子健康而放荡，他想要伸手掐死她，而他最后也真的做到了。

在写书的时候，帕特里克正在体验他的第 n 次哮喘发作，而且那次，他还连连咯血。家里人都在说"八成是肺结核了，这下跑不掉了"。帕特里克后来又默默地在小说里增加了一个细节：这个哮喘病人掐死妻子后，还把妻子的舌头给拔了下来。

你为什么一点都不同情哮喘病人，你自己不就是病人吗？

是的——帕特里克说——因为我厌恶的正是我自己啊，我就是这片有毒的土地上出产的物种。我嫉妒那些比我漂亮、比我健康的人，我嫉妒那些能自如地和异性交往的人。但我厌恶这个妒火中烧的我，要不是善于舞文弄墨，我早就被这妒火烧死了。在我的书中，普通人都像我一样，在行动的时候充满妒忌、贪婪，而且顽固到令人鄙视的程度，可当我写出这一点时，我的虚荣心却得到了满足。

这话算是说到头了。你对一个自我厌恶的人，没什么话好讲，无论是安慰他，还是讽刺他。

帕特里克走到了命运的悬崖边，就在他为《幸福谷》寻找出版社的时候，他的父亲去世，死因是肺结核引发的心力衰竭。以他的精神和身体状况，他本来怕也活不长久。我只能说，他还是幸运的，有一个救星及时出现，他就是曼努雷，一个在埃及工作的希腊人。他们都生于 1912 年，1941 年 7 月，他们相识于埃及的亚历山大。帕特里克几乎从未主动地向另一个人求爱，他只是想要别人的关注而已；然而那一天，当他突然从背后抱住曼努雷的时刻，他意识到，自己真的是渴望被一个人接受的。

因为他在同性恋的阴影下煎熬了太久。哮喘让他无法正常地看待自己，而同性恋让他陷入了更深的自我憎恶。在这个事关羞耻的问题上，帕特里克思索再三，才字斟句酌地说：我并没有经历过在两种不同性别之间做选择的痛苦；我，是被选择的。这可能又是一种来自澳洲的神秘诅咒吧。一切同性恋者，都必须面对这样的抉择：要么压抑本性，按照被社会普遍认可的规则活下去；要么遵循自己心中，只有自己能体会到的那种非理性的、常常很痛苦的真实感受。帕特里克想要选择后者，却害怕自己会受到更严重的挫伤。不过，曼努雷在那一刻，并没有拒绝他的拥抱，这让帕特里克的心头一片释然。

他觉得，现在他可以承认孤独的可怕了，因为他将不再孤独。

一股新鲜的风，吹破了这个资深的哮喘病人身上萦绕的怪异气息。不过大战还在继续，他日常得独自在兵营的文书室里干一份单调的工作：检查往来书信。他无法同曼努雷厮守，所以，他仍然感到性欲被压抑着，收音机里传出的女歌星的歌声又让他烦躁不安。在执行任务时，他来到了埃及的荒漠里，那里燥热不堪，阳光无情地炙晒着一切，跟南半球澳大利亚的环境是如此的异曲同工。

然而，现在的帕特里克不再对人世抱有过去那样的耿耿于怀了。他那种寂寞地受害的感觉，开始转变成有意义和有目的的了。他曾写过，儿时的一条浑浊的河，他儿时曾骑着马泅渡过去，那是他生命中仅有的自由释放的时光，可过河之后，他得把吸在身上的蚂蟥一条一条拔下来。他那带着怨念的回眸，在他的澳洲往事上敲下过多少印记啊，而现在，他那不屈不挠的不宽容的心怀，被曼努雷那种希腊人典型的幽怨表情所照耀着。这幽怨，来自一种俯视灾难的习惯。于是帕特里克觉得，自己对人世的各种愤怒诋毁，和他那被哮喘折磨的身体一起，

　　　　　　　　　　　　　帕特里克·怀特

像受难者的伤痕一样得到了怜悯。

他说：我是主动走进这样一个世界的——我曾是一个愤愤不平的受害者，现在是一个受难者。受难，意味着我主动去接受折磨，不惜牺牲，甚至牺牲还能点燃我的狂傲。

当下一次哮喘袭来的时候，帕特里克已经回到了悉尼，他躺在一所医院里，服下了麻醉性的药物，而渐入半梦半醒的状态。他回到了和曼努雷相识的埃及，他们许下了日后在一起的承诺，然后，帕特里克独自走进荒漠，在一片棕红色的、焦热的大地上，这个郁郁寡欢的人，长出了一些从来就不属于他的东西：一团混乱的黑胡子，一对高耸的颧骨，背阔肌和脊椎骨从褴褛的衣衫下突了出来。他成了另一个人，一个19世纪的德国探险家，专程来到悉尼，在当地名流的侧目之下，他开启了一段通往人生巅峰的自虐历程。

帕特里克的父亲留下的遗产，可以让他25年衣食无忧，他的家里依然和童年时候一样拥有管家和仆役，他出门能骑马，也能远途旅行；现在他连伴侣都不缺了，但即便如此，帕特里克一旦提笔，就只能写那种被剥夺得一无所有的主人公，那是他理想中自己的形象，胡须凌乱，形销骨立，却像耶稣一样，承受着世俗人等犹豫不决的敬畏，和掺着唾沫的亲密爱戴。他所变成的这位探险家，名字是四个字母：Voss——沃斯，他是个绝对以自我为中心的人，拉起了一支散漫的团队，却不信靠任何人，只是相信自己拥有的天赋。

沃斯说:"我这种天赋并不总能被人发现,至少它会被那些纷杂琐碎的日常事务给淹没。然而,在澳大利亚这个令人不安的国度,就我目前对它的了解而言,我们能更容易地舍弃那些表层的、肤浅的东西,而去从事无限的探索。一个人,很可能是在他奋斗的火焰中灼烧自己,烧个干净,但他却能就此实现自己的天赋。"

火焰更改了名字,过去它叫嫉妒,而现在,它的名字叫奋斗。探险家对那些在澳洲安家落户的人说,在你们这块大陆未知的地方,也许会有一些真正的伊甸园,我来代替你去寻找,我将抵达大陆另一端的海岸,并展示我绘制的地图。他以为自己的骄傲是坚实的,成色十足,因为这份骄傲,他把一位富家女子的公开示好都给冷落了。这位姑娘,名叫劳拉,和他是一样的人,不会被社交场里一般侃侃而谈的男人所吸引,而对那个落落寡合、冷眼看人的探险家很有兴趣。但是,探险家沃斯,他不屑于为了维持爱情而耗费心力,让他说一句奉承话,都勉为其难。

他不屑于被人理解,也不认为有谁能理解他;如果他感到痛苦,他会认为这是个人的荣誉。他经常感到头昏脑涨,于是神经质地咬着胡子,嘴里都是发苦的;他所要去的地方,或许只是一片沙石荒漠,是妖娆的森林,但是只要他认为那是伊甸园,那就是他的伊甸园;他本质上渴望一种精神上的初夜权,他相信,自己的灵魂必然要体验一条极其痛苦的通道,才能够

帕特里克·怀特

进入那个天地的深处。

对于沃斯这个人物，帕特里克不仅又爱又恨，而且爱与恨是完全一体的。他恨他那种不自知的虚荣，狂妄无比，认为任何眷恋生活的人都在浪费生命，而只有做独行侠一样的事情才有意义；但帕特里克又爱他，想让他来承担他自己那些无法付诸现实，也无人能领会的受难倾向。于是，我们看到，澳洲有毒的水土和炙热的太阳开始施展法力，向沃斯的探险队袭来，土著人追踪并包围了他，他丢失了他收集的植物标本，同伴则一个个不告而别，或者死在路上。眼看着前程暗淡，沃斯饥渴难忍地卧倒在帐篷里的时候，此时，劳拉也在发高烧，神志恍惚。两个人都在想象对方，在这种互相不见面的情况下，他们通过各自的幻觉进行沟通。

狂妄受到了惩罚，那奋斗的火焰焚烧了他。沃斯在困境之中写信向劳拉求婚，这封信来得突然，它不意味着沃斯悔悟了，想要回归正常人的路径，它仅仅说明，沃斯一个人并不足以支撑起他全部的虚荣的需要，而希望能和一个伴侣的名字连在一起，不管这个伴侣爱的是他这个人真实的样子，还是他想象中自己的有如神一般的样子。这个顽固的人，直到生命走向终点的前夕，才吐出了一句类似忏悔的话：上帝，救救我。——这算是承认了他没有他所预想的那样强大而神圣。

帕特里克把一个人对人生巅峰的挑战同自虐结合在一起，当写到沃斯失败的时候，帕特里克对他依然没有任何同情的表达，他只是说，沃斯的脑袋被土著人割了下来，丢在地上，跟一个西瓜没什么两样。只有在写完这句话后，帕特里克才感到心里的躁动平息了下来。他自我厌恶的能量，在沃斯身上爆炸了，只有在写完这个人的一生后，他才能向往日的自己告别。

沃斯和劳拉之间，那种毫无肌肤之亲的交流，帕特里克是很在乎的，也是深有体会的。因为除了曼努雷，在世界上，他找不到一个人可以与他共处。被压抑的热情无处可去，只好灼烧人的自身。帕特里克认为，唯有遭受了这般的磨难的人，才能体会生命的意义。痛苦使人大彻大悟，受难的人才能找到真理。他仅有的对人的同情心就在这里——受难者，这个词在他这里是 burnt ones，字面上的意思，就是被火灼伤的人。

即使是 1973 年，他从瑞典领取了诺贝尔文学奖，帕特里克·怀特仍然是个拒人千里的人。曼努雷跟他在一起，也要常常接受他那充满厌烦的打量。任何人，若是想吐露对他的好感，都应该记得，他总是能从脸上撕下别人的唾沫和鼻涕来；都应该记得，他从河水中上岸，从身上取下一条又一条蚂蟥时的样子。他随身带着曼努雷的照片，那照片，简直像澳洲的桉树在阳光下散发出的刺激性气味一样，对他是一种安抚。他说：你看他的脖子，他已经老了，一个人变老，是先从脖子开始的。

但是他是我唯一可以尊敬，唯一可以信任的人，从他这里，我获得了最想要的东西——那从来就不是什么世俗的成功，这种成功就是精神上的自杀，除非你下定决心要死乞白赖地活着。我总是烦躁不安，在我和曼努雷登上的每一条船，去过的一座座山，一个个海岛，我们为了寻找一个定居之地而走过的地方，我都能闻到臭气，那是有人存在的证据。我们也经常彼此发泄怒火，但我们互相谅解，他认为，这不过是一种他自己无法苟同的浪漫主义，而我，我也原谅他，作为一个被风湿性关节炎所折磨的东正教徒的刻板与刚强。

我撤掉了所有的酒具，让他一个人待着。直到他离去很久，这里的气氛还是紧张和畏缩的，像是被热风深深吹皱的澳洲的沙丘。

酒馆今天的营业已结束，我是云也退，下次见。

曾拒人千里之外，还能得到爱吗？

Ю́рий Васи́льевич Бо́ндарев

尤里·瓦西里耶维奇·邦达列夫

尤里·瓦西里耶维奇·邦达列夫（1924—2020），
圣彼得堡出生的苏联作家，一生多产，他的《热
的雪》《请求炮火支援》等小说向读者揭示了战
场的真实样貌，而他的后期作品如《解放》等奉
命之作，则是苏俄文学整体衰退的一部分。

我们从战争中学会了珍惜，
珍惜那些在和平时代因司空见惯而失去价值的东西，
那种种的平淡无奇。

怎样面对失去？

你好，这里是作家酒馆。

这又是一个不平常的夜晚，乡间的土路被远处闪耀的火焰照亮了。有一队士兵在夜里行军，他们的眼睛也反耀着那通红的能量……火光越来越近。房屋噼啪作响，在火焰中一抽身，崩塌下来；到处都冒着浓浓的黑烟，呛人的热气直扑脸庞。火焰将灰烬留在一切它们的足迹所及之物上，留在用条石铺成的马路上，留在破碎不堪的商店橱窗上，留在德国兵肿胀的尸体上。

在苏联红军的一个火炮营里，有位军官，他走近一具德国兵的尸体，看到他一条胳膊压在脑袋底下，他腕子上手表的玻璃壳已经烧红了。这个军官心中一动：为什么当兵的人还要戴手表？莫非，是为了让人事后收尸时，好确定尸体的死亡时间？这样的环境下，往往在人阵亡的那一瞬间，爆炸的气流把表针也杀死了。手表变成了化石，凝固了那个时刻，就像一个骨灰匣收拢了时间的骨灰。

这位军官，他所收藏的手表，用尽两只胳膊都戴不下。每一块手表都指向了战争的某个时刻。更多的时刻，则来自他记忆中的那些无形的表针。比如，1942 年 12 月，他在覆满白雪的战壕里趴了三天，等待发起总攻的命令。三天里，他说了什么，做了什么，一概记不起来，他唯一记得的是，天边出现德国人运输机的那个时刻。

这些飞机在空中寻找目标，然后投下装有弹药和补给品的集装箱，投放给被苏军死死围困的德军第六军团的 20 万人。德军司令部里正在销毁文件，把各种印刷品、奖状、通报副本连同一文不值的铁十字勋章都丢进火堆里。灰烬燃烧的气味传到了苏军的阵地上，战士们还时不时听见枪声响起，那是某个被吓尿了的德国兵被上级处决了。红军士兵，他们也会向前方敌军的坦克开火，不是为了挑衅或者发泄，只是战士的手被冻在了枪杆上，只有让枪筒子烫起来，才能解救手指。

就这样，一个个互相分离的时刻，组成了他所感受的战争。要是连起来播放它们，那么这部电影，就会因为缺少帧数而不时卡顿。他必须去补上中间空缺的那些桥段，让故事连续起来。在战争过去五六年后，他成了令人瞩目的一位文学新

　　　　　　　　　　　尤里·瓦西里耶维奇·邦达列夫

星，在有过二战经历的苏联人中，他最会写，也写得最好。

他就是尤里·邦达列夫。今天，他来到我的酒馆，发现我给他布置了一个专柜，那里摆满了俄罗斯套娃，每一个套娃的脸上并没有五官，而是一个个钟表的表盘。

那场斯大林格勒保卫战，最终，红军获胜了。邦达列夫之后随着军队，向西进军。天气依旧严寒。白雪覆盖的草原，在人的脚底下发出金属一样的响声。草原上到处是深深浅浅的弹坑。他们进入了乌克兰境内，士兵扎营后，就摘来了被炮火烤得一团焦煳的西红柿和苹果当食物吃。当大炮陷入了秋天的泥泞里，他们得靠肩扛手推来解决问题。在一个阴风惨惨的漆黑的秋夜，军队走到了最艰难的一个环节：强渡第聂伯河。他们连续放起了信号弹，在一片光火通明之中，士兵坐着木筏渡河，木筏不断地碰到河里漂浮的尸体。渡河之后，他们就躺在据点里，等待冲锋的时刻。这时，一架架德国轰炸机从他们头上飞过，轰击河岸，他们被炸药熏得满面漆黑，汗水在寒冷的秋风中湿透了军服。

这是一次胜利的进军，德国军队节节败退，在退却时残忍地毁掉一切，他们到处点起大火。在波兰，邦达列夫看到城市的街道，犹如一条条火的河流，广场就像一个个燃烧的湖泊。

这些画面，邦达列夫说，他是通过一个个瞬间的关联去回想起来的。记忆里的事情，通过瞬间的启发而苏醒，使他得以书写。他说，我听见街道上电车的噪音，会想起重型炮弹的呼啸；我看见在建的楼房里电焊枪发出的闪光，会想起机枪扫射时的喷火。当我在一个六月的傍晚，坐在家乡的一条河边，鼻子闻到河畔泥土的湿润气味，听见岸上不知从什么地方传来的汽车轮子空转的呜呜声，我的眼前突然就出现了第聂伯河对岸，那些被信号弹照亮的德国坦克。

有时候，在一个被回想起的时刻里，他回想起了另一个时刻。他说，1943年秋季，在一次坦克突围战之后，我随部队撤到一个无名高地上，这次战斗中，我所在的炮兵连的武器全被打毁了，在一种失魂落魄中，我抚摸着被炽热的气浪冲击过的前胸，眼前忽明忽暗，忽然间就想起了一个女孩。那是我六年级的同班同学。

我们之间没有发生过任何事，我想起她，为的是想起那个曾经的自己。那个自己，浑然不知什么是战斗，什么是突围，可是，他跟现在的我竟然是同一个人。现在的我，躺在高地上，身边是大炮的残骸和一个个弹坑，回想着几分钟之前被气浪冲击胸部、两眼一黑的感觉。新鲜的记忆，像一个暗夜来到的新住客一样，惊醒了旧的住客——更遥远的记忆，两种记忆互相较量，都想争宠于当下的我。我惶恐地退却，它们在我身后一路追来。

他不仅会惦记那些纯真的、不识愁滋味的时刻，他也会留恋那些阴暗的病痛时刻。他在六岁的时候发过一场疟疾，后来，每当在战火的打击下情绪低落时，他就会想起那次可怕的高烧: "在高烧之中，我的想象力被激发，我身上的某些隐性基因也被释放了，我的脑子里重现了更早时候的往事。同时，我还想起了那以后将要发生的事情——那就是若干年之后，我所经历过的最后那一次流血战争，这战争，比梦呓中的情景要残酷千百倍。"

这有点神奇：他能够回忆起一个过去的自己，而这个自己正在梦境中回忆一个将来的自己。这构成了一种"过去未来进行时"。然后，这个被回忆的将来的自己，正置身于炮火纷飞的战场，准备进入下一场梦境。

做梦其实是驱散恐惧的做法。在没有经历战争的时候，谁能想到战争是这样的一场地狱之旅？ 1941 年的夏天，邦达列夫还在步兵学校里读书，准备考试，他那时 17 岁，军事教员汗流浃背地给他们讲解火力图，在他心里慢慢点燃了建功立业、保家卫国的热情。他真诚地相信不朽，相信荣誉，也相信爱情。他在读书的时候谈了一场不知所云的恋爱，一个哈萨克斯坦的女孩，一片懵懂地爱上了他这个未来也是一片懵懂的陆军军官。两人相约战后聚首，邦达列夫相信，她会在"那个窗灯明亮的小院里夜夜耐心地等待着我"。他期待今后永恒的生活。但在这段回忆结束时，他用一句话来总结，他说：那种懵懂的期待，不切实际的憧憬，难道就是我生命中最好的时光？

所以你懂得，俄罗斯套娃意味着什么吗？套娃意味的是，人会根据当下经历的事情，去回忆过去发生的事情；而过去的事情，在回忆中已经受到了当下的经历的影响，它们的形状总是相似的，所以一个套着另一个。邦达列夫的反问充满了心不甘情不愿，他不甘心承认自己当年的幼稚，可是，若是不带着这种不甘心的懊悔，他又怎样来展开这番记忆呢？

一旦开始回忆，我们就会发现，自己盘点生命里画下的一个又一个句号。句号所终结的，都是一些相对更简单、更美、更值得拥有的体验。邦达列夫在斯大林格勒保卫战，以及之后的进军乌克兰和波兰之战中，负伤多处，两次获得勇气勋章。然而勋章本身给他带来的幸福和满足感，远远不如自己在17岁的夏天对勋章的期待那样强烈而纯粹。

那真是如李商隐说的，此情可待成追忆，只是当时已惘然——在情感萌发的当时，我们往往是懵懂的，甚至无知无觉，想不到这样的情感仅此一回，在懂得了各种人事之后，我们只剩下一轮又一轮的追忆了。

我让邦达列夫在自己的人生中选出一个最重要的时刻。

他说：那是当我坐在一辆干草车上，在一个凌晨赶路回家的途中。大车在懒懒地行进，车轮被灰土软绵绵地裹着，干草散发出芳香，我感到天旋地转，默默地想到，这里就是我所出生的家乡——乌拉尔山区。虽然我是独子，可是草原上到处是兄弟姐妹，还有戴着头巾的老奶奶，所有孩子感到自己和祖先在一起，自由奔放，在最寒冷的黎明都能享受到太阳的温暖。他看着一望无垠的星空，心想：我热爱所有的人，所有的人也

　　　　　　　　　　　尤里·瓦西里耶维奇·邦达列夫

都爱我，我的一生都会是这样的。

就在这时，父亲在我身边动弹了起来，他刚刚睡醒，咂咂嘴巴，身上冒出的一股酸涩的烟味儿。然后，父亲打量了一下四周，看了看微微现出亮光的道路，忽然拿起了枪，哗啦一下拉动了枪栓，接着掏出了子弹夹，用衣袖擦了擦子弹。一瞬间，我从幻想落到了现实里面，我听见父亲小声地跟母亲说：前面是个村落，村里有坏人捣乱，三天前那里杀了个人。

听到这句话，我彻底醒了，我闭着眼睛，用一种恐怖的语气问父亲：你自己杀过人吗？那是怎么回事？杀人可怕吗？为什么杀人？

父亲拉响枪栓的那一瞬间，我就长大了，只是当时我还会不停地追问，直到我正式跨入战场。我不再问了，我也没有机会再问了。因为 1941 年 8 月，我刚刚离开学校进入军队，第一个任务是在斯摩棱斯克城下，和我的战友一起挖战壕。任务完成后他回到莫斯科，那里是我家，可是我家空荡荡的。没有家人。我去找了房屋管理员，他给我一张纸条，是妈妈留的，纸条里说：我们已经全部疏散到哈萨克斯坦去了，不知会前往哪里。

这场毫无征兆的单方面的分别，宣告了童年的彻底结束。只是，它是因为战争的爆发而结束的，实在没有比这更严酷的事实了。邦达列夫的每一个回忆都远远地被战争牵引，就像月球牵引着大海的潮汐一样。邦达列夫生于 1924 年，当他在接近 18 岁置身于斯大林格勒前线的时候，他不再问为什么杀人，也不再问人为什么会被杀。

邦达列夫在 1969 年出版了他最好的小说《热的雪》。在书中有一个情节。当一场战役打到白热化的时候，连长叫来一名小战士，让他拿两枚手榴弹，去炸毁一辆敌军的坦克。这个士兵呆住了，他以为自己听错了，他说：要我到坦克后边去吗？这中间有一百多米的开阔地。连长说是的，请你执行命令。这时，镜头聚焦到了战士的脸上，这个战士有生以来还从未刮过胡子，他嘴唇上的金色的汗毛，因为脸色惨白而突然显得又硬又黑。他的下巴和脖子都还很柔嫩。连长盯住他天蓝色的眼睛说：不要耽搁，快去。

这时，站在旁边的一个年长一些的士兵库兹涅佐夫看不下去了，他走过去，跟那个小战士讲了几句，告诉他应该藏进雪堆里，钻进烟雾里，这样成功率会更高。小战士表情呆滞地听着，点头，与其说是在听取忠告，不如说是在学会接受现实。当他走出战壕去执行任务的时候，他先是关照战友，事后记得通知他母亲，然后又对另一个战友说，你不要虐待我们的马，否则我死了也找你没完。

库兹涅佐夫是小说里的主人公之一。在他眼里，战争没有任何的英雄主义色彩，只是一种荒谬可怕的人类行为。他经常感到害怕，然后自言自语："我为什么怕？我怕什么？我害怕弹片削进脑袋吗？好吧，我准备好要上阵了，可是我的身体明明坐着不动。我不喜欢战壕，可我要是跳出去，就没有保护了……"他无时无刻不在想着死亡，他希望，自己死的时候能够看起来强大一些，光荣一些——他希望挨一枪就过去，他害怕受到致命伤之后的漫长的折磨。他在死人的脸上看到过那种面无人色的恐惧，他不希望自己死的时候也是一样的脸色。一个人如果被人看出他的恐惧来，那么，他的死就真变得一钱不值了。

邦达列夫写这样的故事时，有过一番考虑。他相信他在高尔基文学院所受的教育的核心观点，就是说，文学是要传递真理的，但是，到底什么是真理？同样是亲历过战争的人，另一些作家的作品突出这样一条真理，那就是苏联人无所恐惧。根据这个原则，战争中的每一件事情都需要经过提升，才能写入小说，才能让人看到，我们即便经历了严重的战斗减员，战士们从来也没有过恐惧，更从未怀疑过战争本身的意义。冲突和对立只能是外在的，是我军和法西斯匪军的对立，或者是忠诚者和叛徒的对立。

这是一种主流。然而邦达列夫却属于逆流。他让冲突发生在人的内部。他眼里的真理，是他在战场上领悟到的，那就是：人活着的真相，就是在一些不寻常的瞬间感受煎熬。战争驱散了幻觉，让人们摸索到自己胸中真实的恐惧，当生命明显不受自己掌控的时候，恐惧就自然地发生。

恐惧之后是愤怒，从指向特定的敌人转而指向战争本身，然后是虚无，他们甚至期盼干净利落地死掉，而保家卫国、建功立业这样的宏伟目标，都不在话下了。

那些主流批评家，指责邦达列夫不该写这样的书，思想性太差，感受性太强。邦达列夫没有反驳，他一直沉默。这种沉默对他是有利的。当他出版《热的雪》的时候，他其实已经是一个主流作家了。因为他被授予了一个任务，那就是领衔撰写一个系列电视剧剧本，为了纪念斯大林格勒保卫战胜利 30 周年。这个剧本，名字就叫《解放》。

这当然是一个带有荣誉性质的任务。邦达列夫本来并不期待来自官方的荣誉，可当荣誉到来，他也坦然接受。他拥有了话语权，他能用这话语权来捍卫一些他认为应当捍卫的价值观。是的，他觉得自己应该做一些捍卫的事情，因为那些战后出生的人，并不知道这场战争的意义何在，有的人甚至宣称这场战争本来可以避免，它源于领袖的错误判断和决策。不，邦达列夫厉声斥责，不是的，这场战争，我们的获胜，都是历史的选择，这场战争的意义就在于促成了一个大国的崛起。

一个人说什么样的话，取决于他坐在哪个位置。战争成了他的资本，而不是终结童年的元凶。那些暗无天日的往事，在他的话语中，在他日后的写作中，已经悄然换上了一个新的称谓，叫"峥嵘岁月"。

当邦达列夫成长为一个标准的保守派时，那些过往的瞬间，大概就成了他前胸的勋章了吧。在那些勋章的背后，恐惧

　　　　　　　　　尤里·瓦西里耶维奇·邦达列夫

已经消散，愤怒和虚无也被淡忘了。即使仍然对纯真年代遭到粗暴打断而耿耿于怀，他也不能再表达出来。

他感到些许的寂寞。他是一个文联的官员，一个标准的体制内作家，经常撰写那些声讨外国势力的政论和社论，于是渐渐地，没有人会同他交心，来过问深藏于他内心的情感了。他把这些事情写在一些短章中，陆续发表，后来这些文章结了一个散文集，叫《瞬间》。正是通过这本书，我感到，邦达列夫仍有可亲的地方；我才会好奇，哪一个时刻让他最为难忘。他会回答：是在干草车上，听到我父亲提起杀人的那个时刻。

他在另一段文字里，这样描写战争：

"这是痛苦的汗和血，这是每次战斗后团部文书那里不断减少的花名册，这是全排剩下的最后一块面包干——这块面包干还要由幸存的五个人匀着吃，这是一饭盒池塘里的铁锈色脏水，这是人们抽得直烧到手指的最后一根香烟，这是盯着正在开过来的坦克群的瞄准手。我们这一代人从战争中学会了爱和信任，学会了恨和否定，学会了笑和哭。我们学会了珍惜那些在和平生活中由于司空见惯而失去价值的东西，那些变得平淡无奇的东西，比如：在街上偶尔看到的女人的微笑，五月的黄昏那蒙蒙的细雨，水洼里闪现着的路灯的倒影，孩子的欢笑，第一次说出的'妻子'这个词，以及独自做出的决定。"

他用排比句堆积起了一种峥嵘岁月的语势，就差说出青春无悔了。然而那种遗憾和痛心，却又分明是在的。在他内心，始终留有一根不再行走的指针，指向了一个他希望不惜一切代价换回的时刻。

　　今天酒馆就营业到此，我们下次见。

　　　　　　　　　　　　　　尤里·瓦西里耶维奇·邦达列夫

Christa Wolf

克丽丝塔·沃尔夫

克丽丝塔·沃尔夫（1929—2011），民主德国小说
家，以《分裂的天空》率先书写了柏林墙竖立后
德国的现实，后又以《卡珊德拉》预见到国家难
以避免的悲剧结局。沃尔夫曾身居要职，在两德
统一前夕徒劳地呼吁国民保持耐心，知识分子的
"良知"，在她身上始终是一个意味深长的现象。

我在一个错误的政权里成长，
后来又为一个注定要失败的国家效力。

成长在身败名裂的国家，该如何去留？

你好，这里是作家酒馆。

　　大家都知道古希腊史诗里特洛伊木马的故事吧。它讲了特洛伊王子帕里斯拐走了绝世美女海伦，引起了希腊联军出兵进攻特洛伊的故事。特洛伊城池坚固，希腊军队人心不齐，攻打十年都没打下来，最后，希腊人用了一条木马计，他们在城下造了一座巨大的木马，把士兵藏在里面，特洛伊人中计，把木马运到了城里，于是希腊士兵一涌而出，最终拿下了城市。

　　故事家喻户晓，但故事里有一个人——卡珊德拉，却不是尽人皆知的。卡珊德拉是特洛伊国王的爱女，她有一种特异功能，就是能够预言灾难。她曾经极力阻止帕里斯抢夺海伦，说这会给特洛伊招致灭顶之灾，结果，她反倒被人当成疯子关押

克丽丝塔·沃尔夫

起来；当特洛伊人要把木马拉进城里时，她再次撕心裂肺地发出警告，可是特洛伊人却傲慢自大，对她的警告置若罔闻；而当希腊士兵冲出木马，占领特洛伊时，只剩卡珊德拉，一个人守在那里。

为什么没人愿意搭理她呢？因为，当人们沉浸在一种集体化的激情之中的时候，往往是不愿意听到任何泼冷水的话的；而当厄运真的降临的时候，人们也不会向卡珊德拉道歉，反而会更加迁怒于她，他们说，这厄运，就是你这张居心不良的嘴给招来的。

今天来到我酒馆的客人，她对特洛伊的狂傲，对卡珊德拉的绝望，有着与众不同的体会。她是在一种集体的疯狂里长大的，这种疯狂，改变了她的故乡城市的命运，也决定了她的精神底色。这个城市，叫作兰德斯堡，在 1930 年代，它属于洒满阳光的街道和崎岖不平的砖石路面，属于一个少女和她怀里的一个永远穿着红绸裙的金发娃娃。

那时，克丽丝塔下午从学校回来，就会坐到爸爸经营的商店门口，开始背诵新学的德语单词。爸爸的商店里卖一些咖啡、熏肉、香肠，各种副食杂货；爸爸是一个雄心勃勃的人，相信卖力地工作，可以换来中产之家的好日子，也可以安抚他的妻子，他妻子因为做主妇，而不得不放弃了少女时期的各种梦想。

广场上走来一队穿着褐色军装的士兵，气宇轩昂，口令喊得震天。克丽丝塔赶忙回到自己家里；那里，客厅的墙上挂着一幅幅生活照，像一支蓄势待发的交响乐队一样，让人心生安宁的期待。

不过，家人的照片可以任意更换，有一张画像却一直没有动过，那是一张 20 厘米宽 30 厘米高的极小的画像，是批量印刷的，画面中是一个人戴着尖顶帽子，战壕风衣的领子翻起，钢灰色的眼睛直视涌动着灰色旋涡的远方，表现出一种对风暴的憧憬。克丽丝塔 6 岁的时候，她就知道，画像里的人叫希特勒，他被尊称为元首。

兰德斯堡，正是希特勒东山再起的地方。1924 年年底，希特勒被放出了兰德斯堡的监狱后，开始和他的一批忠实战友一起，着手重组纳粹党。克丽丝塔·沃尔夫的家人、亲戚和邻居、同乡，可以说，近水楼台，最早体会到纳粹主义的影响力。1933 年，当纳粹党掌握了德国政权之后，希特勒的各种肖像，就像幽灵一样走进了每个普通的德国人的家庭，成为不可缺少的室内装饰。

虽然只挂了一张很小也很便宜的希特勒画像，但它的能量深不可测。克丽丝塔后来在一本书中，说到过一张全家福的故事。这张照片里，她的爸爸妈妈分别坐在两张扶手椅上，克丽丝塔和堂妹坐在沙发上，大人孩子面对面，貌似是一张正常的生活照，可是每个人脸上都不太自然，并没有哪两个人，是真正在微笑着对视的，他们的目光互相错开，视线分别看向客厅

　　　　　　　　　　　　　　　　克丽丝塔·沃尔夫

的一个角落里。这气氛非常奇怪。像这样似是而非的全家福，在 1930 年代的德国实在是非常之普遍的，把它们堆积起来，甚至可以看出一场战争的前兆。

那天，在拍照的时候，还发生了离奇的事情。那个摄影师，还是一个兼职的催眠师。在拍完照之后，摄影师就开始了他的表演。他口中念念有词，这时，只见克丽丝塔的堂妹站了起来，爬上桌子，走了几个正步，然后举手敬礼，她按照摄影师的指示跳起肚皮舞，然后做出一个端起武器的动作，瞄准了她的叔叔，也就是克丽丝塔的爸爸。

克丽丝塔十分惊奇，堂妹从来没有接受过军事训练，但是，她已经通过大人的话语和举动，通过那些武装动员的宣传画，耳濡目染了这一套。堂妹的动作完成得十分标准，完全就像一个职业的纳粹军人。这时，摄影师平静地说：好了，把枪放下，你的叔叔已经被打死了，现在到你婶婶那边，扇她一巴掌。

当堂妹走过来的时候，克丽丝塔的妈妈一言不发推开了她。随后，她轻声地对克丽丝塔说：如果一个小姑娘踩上餐桌，她是什么都干得出来的。

克丽丝塔的妈妈是个美人，像很多中产之家的妙龄少女一样，她喜欢音乐，喜欢文学，家里挂着她在婚前拍的艺术照。但是有一天，妈妈高声地说出了预言，她说，希特勒这么搞下去，我们德国人将要大祸临头。家里的其他人都叫她住口，爸爸说，你满口胡言，要是让党卫军特务听见，我们家就要毁了。

妈妈很知趣，她沉默了下来，她觉得，无论如何，要确保孩子能有一个无忧无虑的童年。她再也不轻言妄动，但是，她越来越疏于打理容貌，脸上的风采渐渐地消失，最后连镜子都不照了。

1939 年夏天，克丽丝塔 10 岁了，她亲眼看见德国兵从兰德斯堡经过，浩浩荡荡地开赴波兰。纳粹德国打响了战争的第一枪。她的爸爸也当仁不让地上了前线。妈妈在家里独当一面，支撑商店的运转、孩子的教育。根据纳粹主义的要求，德国人是不能流泪的，因为伤感、愤怒、沮丧、自怨自艾，都会瓦解民族的凝聚力，德国人只需要崇拜元首，服从命令，执行所有的仪式并且接受这些仪式所传达的真理。克丽丝塔的妈妈很少掉眼泪，即便外边的战争打到血肉横飞，噩耗频传；只不过，家里的照片不知不觉地在变少。

阳光不再眷顾兰德斯堡的天空，它显得蒙昧不清，这座城市在等待一个它拒绝透露的结局。有的照片被转移到了家庭相册里，有的则不知所终。但克丽丝塔的妈妈保管着一本厚厚的相册，它是棕色的，和纳粹党卫军军服的颜色相仿。战争渐渐吹响结束的号声，但是岁月在妈妈的死守之下仍然漫长，她告诉女儿，不用过问外边的事情，我们依然掌握着主动权。

克丽丝塔一直相信妈妈的话，直到 1945 年的一天，她看到家里升起了火光。她相信妈妈把那本相册烧掉了，希特勒的小画像也化成了灰烬。战争临近尾声，德国人穷途末路，他们的故乡也要落入盟军之手了，16岁的克丽丝塔，和妈妈随同大批的德国平民一起向西逃难。在火车站，克丽丝塔觉得她见到了爸爸，爸爸被苏联人俘虏了，回来的时候蓬头垢面，破衣烂衫，比一个老乞丐还不如。当爸爸从妈妈身边走过时，他瞥了一眼妈妈，眼神那么空洞，那么茫然。妈妈没有认出来，可是她心里也顿时明白了一点，那就是，她自己也不复当年，不是那个拍艺术照的时候淡妆浓抹总相宜的美人了，而是一个只有肮脏的老乞丐才会偷窥的落魄女人。

她们从一个难民营流落到另一个难民营。有时候，妈妈安顿好了女儿，就跟其他难民聊天。现在整个西方世界都对德国人恨之入骨，这些落难的平民不敢宣泄任何的不满情绪，只能彼此伤心地交流一下往日的生活。这时，妈妈掏出了一张照片，那张全家福。在照片里，爸爸穿着笔挺的德国军装，显得踌躇满志。有的难民问起：你先生现在还活着吗？他是个怎样的人？妈妈就说：我们婚姻美满，我们一直十分和睦。

妈妈是不是一个无知的德国女人？她是不是，就像那部著名的小说《朗读者》中的女主角汉娜一样，做了纳粹沉默的帮凶？

在战后，德国人都像过街老鼠一样灰溜溜的，因为曾经在纳粹统治下生活，他们都背负了一种集体性的原罪。但是，克丽丝塔用一种十分含蓄的方式，为妈妈辩护：我的妈妈，她只是一个主妇，她并不想把良心出卖给魔鬼，可是她有孩子和家人需要照顾和保护。她是卡珊德拉，她预见了结局，却无法说出来，她痛苦的声音是被压制的，只有我听得见。

当战争尘埃落定时，兰德斯堡被改了一个波兰的名字，它归属于波兰。克丽丝塔的妈妈把新家安在了另一个城市：梅克伦堡。1949 年以后，这个城市属于一个新出现的国家，也就是那个被通称为"东德"的民主德国。这是一个在苏联控制之下的"东方国家"，它宣布与纳粹德国的历史一刀两断，说我们要在苏联的带领下，建设一种真正的社会主义；同时，我们又肩负着对抗资本主义世界的光荣使命，因为我们西边的邻居，就是另一个德国——联邦德国，它处在以美国为首的西方资本主义阵营里。我们东德，是东方对抗西方的前沿阵地。

对这样的一种安排，许多来自纳粹时代的东德人是很感动的，他们觉得，这是一个天赐的赎罪的机会。可是事实上，在1950 年代，当西德在美国的扶助下快速繁荣起来的时候，东德人却因为承担了对抗西方的政治任务而感到压力巨大。陆续地，有一些东德国民设法逃到西边去。1961 年 8 月 13 日，东德政府下令在柏林竖起了一道著名的墙，那就是举世皆知的柏林墙。

这时的克丽丝塔在尝试写小说。她缺少母亲当年的容颜风采，因为在东德生活，人不分男女，都被造就成了一副警惕

克丽丝塔·沃尔夫

性很高的性格。她写小说也是小心翼翼的。在她的第一部长篇《分裂的天空》里，她写下了自己所体会到的两个德国的天壤之别：在 1961 年，资本主义的西柏林已经有了繁华的街道，整齐的树木和花园，有温暖的咖啡和丰盛的餐饭，而东柏林人却还呼吸着烟囱冒出的废气，喝着被化工品污染的水。街上可以看到苏制坦克和荷枪实弹的苏联士兵，后来，在柏林和莱比锡这样的大城市，还布置了短程和中程的核武器。小说的女主角爱上了一个西德青年，但她仍然留在东德，即使为此痛苦万分。

虽然故事是这么写的，但是，克丽丝塔觉得，自己像当年的妈妈一样，对于自己所属的国家将要走向何处，有着不祥的预感。

有一个事情是不可避免的，那就是，当东德人感到日常生活的匮乏和压抑时，他们能很容易地得到来自西德的信息。柏林墙挡得住逃跑者，却挡不住那些来自西德的杂志、报纸甚至电台节目。有些东德人得知西德人过上了宽裕的日子，就呼吁政府要关注民生，不要让人民在长期的物资短缺和环境污染中丧失信心，但是政府却告诉人们，不要贪图什么美好的味觉，那是资产阶级腐朽生活方式的一部分，我们要用眼睛和心去体会真正的价值，哪怕食物的味道差一些，难以下咽，我们也要用心去体会那种营养，那是有益于我们民族身心的东西。

克丽丝塔有一些作家和艺术家同人陆续离开了。他们有的是被驱逐的，有的则是在逗留西方的时候，被宣布取消了国籍。政府说，他们既然贪图那里的享乐，就滚出去，别回来了。政府不想听到他们带回关于西方的消息，排除掉这些人，可以让政局更清净，民心更稳定。

这绝对是愚蠢的做法。克丽丝塔明知这些，她自己却不会离开。她已经得到了体制带来的好处：她是东德文联的一员，她的小说因为在东德出版，而被西方所注意；她在1965年还是东德中央委员会的候补委员；她有机会出访一些西方国家。东德人到哪里都是寒酸的。1974年，她和丈夫出访美国，在一家超市里，一个黑人员工帮她把刚买好的东西拿出超市，发现那里停的不是一辆高级汽车，而是一辆刚刚借来的破旧的自行车，惊掉了下巴。她去一所中学演讲，看到黑人和白人孩子分开坐，黑人挤在一个角落里，但是当老师问学生，对东德有何了解时，只有一个学生，在想了一会儿后说了一个词：墙。

虽然是个既得利益者，但克丽丝塔相信，她不离开东德，因为她是卡珊德拉的女儿。卡珊德拉知道，特洛伊是要毁灭的，却又比任何一个特洛伊人都更忠诚于特洛伊。

当克丽丝塔年过半百的时候，她终于开始写一本讲卡珊德拉的小说，在她的笔下，希腊神话里的一个个统帅、领袖和战士都成了狂傲的主战派，这些人，在希腊那边是迈锡尼国王、联军的领袖阿伽门农，是自恃英勇无敌的阿喀琉斯，在特洛伊那边，则是国王普利阿摩斯，还有宫廷卫队长欧米罗斯。他们

克丽丝塔·沃尔夫

都没想到自己会失败，而是希望借助战争来满足虚荣，确立自己至高无上的位置。

不管在国内还是国外，读者都赞美这本书，传颂它的美名，他们说，它讽刺了美苏两大集团的军事争霸。可是克丽丝塔想说的，是她无法明说的感受。她伤心地感到，自己又在为一个注定要失败的国家效力。当柏林墙在 1961 年竖立起来后，20 年间，它仅仅给那些想要离开的东德人设下了障碍，却只能更坚定他们想要离开的心。他们提交的移民申请，基本上都石沉大海，可就在《卡珊德拉》发表后不久，在 1984 年，政府突然在短时间内批准了一大批申请，一时间，国内人心浮动。

克丽丝塔怀疑，自己的书在这件事中起了作用——她并没有什么可懊恼的。既然东德的失败，是从一开始就已经注定的，那么无论她做什么，都只能推动结局的到来。东德的移民当局，拿出了一种破罐子破摔的傲慢，它的发言人对外宣称：对于那些想离开的人，我们不会掉一滴眼泪。在 1988 年，克丽丝塔借着一次接受西德媒体采访的机会说：他们这话真是丧心病狂，他们应该感到羞愧，因为人民对他们毫无信任，也拒绝沟通。过去的五年里，有四万多的东德年轻人离开了，他们一言不发，不说自己厌恶什么，也从不说他们想在别的国家得到什么。这不是他们的错，是我们不想了解他们。于是，他们用脚投了票。

在 1989 年 10 月 9 日，莱比锡发生了东德历史上最大的一次游行示威。执政者害怕了，他们再也不敢阻拦民众的选择，主动打开了国门。一个月之后，柏林墙被推倒，东西德国统一。在柏林墙倒塌前不久，克丽丝塔还在那里发表了一次讲话。她说，我拒绝统一，我们应该保留一个完全不同的国家，这个国家虽然保守、压抑、贫穷，完全谈不上美好，但它是一个不一样的制度，是一种值得保存的可能性。

她对东德的那种感情，外人会嗤之以鼻。她说：我妈妈是纳粹德国的一个沉默的女人，后来别人说，她是一个帮凶。而我，我是民主德国的一个公民，别人也会说，我为一个错误的政权卖命。我只是徒劳地希望，我所属的国家能够自信而富强起来。我和我妈妈都站到了错误的一边，我们都早早地预感到了这一点，却没有行动；我们是靠这种黑色的预感活了下来。

民主德国，以一种令人唏嘘的方式结束了它 40 年的历史，在克丽丝塔看来，它跟特洛伊陷落时候的样子实在是太相似了：所有人都走了，就剩卡珊德拉留在了最后一刻。她热爱的故乡兰德斯堡，后来被并入波兰；她热爱的柏林，在柏林墙倒塌之后，变成了一个新国家的首都。说起来，这个新国家也是她自己的国家，可是，她的信仰已经破灭了，她只能在这个新国家里流亡。

别人把她昔日的档案也翻了出来，档案显示，她曾经在 1957 年后，和国家的特务组织有过合作。对于东德公民而言，

克丽丝塔·沃尔夫

跟特务组织有所合作，是在这个国家生活的前提条件。克丽丝塔没有出卖过任何人，可是在西方人眼里，还是那句话：你既然待在一个充满了特务和窃听的环境里，你就逃不掉那种集体的罪恶。

我知道，关于她爸爸妈妈的故事，有些是虚构的。也许，并不存在那场火车站的偶遇。可是，克丽丝塔在这些故事里构建起了一个几经缝缝补补的过去，她把自己安放在那个过去之中，像一个坐在危楼里的孩子，看着那墙壁纷纷碎裂，等待外边的人来审判她，决定她到底是清白还是有罪。

她吞咽着我为她预备的酒，她那种极中性的气质，高度的戒备，深藏于心的坚硬的忧伤，似乎有了些微的松弛。于是我送她一首诗，那是巴勃罗·聂鲁达的诗。诗中问道：那个曾经是孩子的我，如今他在何方？他是否知道，我从未爱过他，他也从未爱过我？

> 为什么我们成长在一起，
> 一直成长到分离？
> 为什么我的童年已死，
> 而我和他，却没有跟着陪葬？
> 如果我的灵魂从躯体中瓦解，
> 为什么我的骨头依然健在？
> 那飞翔的蝴蝶

什么时候，能读出它翅膀上书写的字样？

蝴蝶的翅膀上写着命运对它的安排，可蝴蝶自己看不见，它只能预感，于是拼命地扇动翅膀，感觉那沉甸甸的、最终将压倒它的力量。

今天，酒馆要关门了，我是云也退，我们下次见。

克丽丝塔·沃尔夫

Giuseppe Tomasi di Lampedusa

朱塞佩·托马西·迪·兰佩杜萨

朱塞佩·托马西·迪·兰佩杜萨亲王（1896—1957），意大利小说家，背着"西西里岛没落贵族"的身份，在寿终前夕完成长篇小说《豹》。这部作品的光彩照亮了他暗淡的人生，多少也影响到 1959 年诺贝尔文学奖被颁给他的同胞——西西里岛诗人萨瓦多尔·夸西莫多。

世界上还有哪个城市像巴勒莫一样，住着五个要饭的亲王？

最后的贵族
怎样生活？

你好，这里是作家酒馆。

今天来到我酒馆的客人，有个标志性的特点：那就是低头。低头，不是在玩手机，而是因为一种从 1920 年代起养成的习惯。那时，像他这样的西西里贵族，喜欢专程去巴黎旅行，到那里买一种名叫 gibus 的折叠礼帽，这种帽子的顶部是塌下来的，帽檐特别低，几乎挡住眼睛，戴习惯了 gibus 的人就是摘了帽子，也都会保持那种低头的姿态和低低的眼神。

所以他就是一位贵族了？是的，我们一般都叫他"亲王"。亲王，顾名思义，就是跟国王亲密的人，万一国王没有了，亲王这个头衔，也会随之变成一个空壳。意大利的西西里岛上，世代定居着好几个亲王家族，今天来的这位，全名叫朱塞

220

朱塞佩·托马西·迪·兰佩杜萨

佩·托马西·迪·兰佩杜萨，简称就是兰佩杜萨亲王。他像个幽灵一样进来，把手杖放在一边，嘴上一根接着一根地抽烟；他没有戴帽子，又低着头，因此露出了很高的发际线，他一坐下，西装就在肚子周围皱了起来，他的两条腿耷在地上，仿佛气喘吁吁。

一看就知道，他是个体虚的人，上下身完全不成比例。但这是有缘由的。他参加过第一次世界大战，那时他才 20 岁，身为贵族，他加入意大利军队，为保卫国王而战，可是在战壕里他吸入过毒气，从此健康大不如前。他的队伍在前线打了败仗，他也一度被俘虏，不过后来他逃出了俘虏营，徒步走回意大利，又渡过海峡，回到了家乡西西里岛。

这段经历挺传奇的，但是兰佩杜萨亲王很少跟人提起。他是一个自我意识很弱的人。也许，贵族天生就不需要考虑什么出人头地，什么成就一番大名，因为他们的身份和三观完全被出身所决定了。他们不需要为生计而奋斗，只要没有战争，他们就能够悠闲自在地活着。而且，兰佩杜萨亲王是西西里岛的岛上人，他天然地有一种岛民心态，对外边的事情都不会太过投入，对他来说，那些事都不怎么重要，只有一件事是例外，那就是国王快要不行了，一战之后，意大利的君主政权要逐渐让位给新崛起的墨索里尼。

西西里岛的首府是巴勒莫，这是"一座大城，炽热的空气，被一圈铁灰色的峭壁封闭在中间，城市被包裹在一大片微微泛红的尘云里"。灰尘来自撒哈拉，被西洛可风一路送过了地中海，在干热的季节里，降落在巴勒莫小户人家门前的卵石路面上。用亲王自己的话说，西西里是"南方的冰岛"，它跟意大利本土只有一条海峡之隔，距离欧洲和北非大陆也不远，可岛上的气氛却几乎与世隔绝，岛民有一些古怪的习性，比如，他们喜欢焚烧，如果看到路边有一只猫或者狗的尸体，他们会点一堆火，算作一个葬礼。

亲王住在祖传的宅邸里。兰佩杜萨宅邸，有着一个贵族之家应有的所有东西：一个接一个房间；巨大的藏书室；挂着枝型吊灯的饭厅和客厅；历任国王的肖像，以及家族每一任亲王和其他重要人物的画像都挂在墙上，每天都有管家负责拂拭。他还有一个带着宽大露台的卧室，露台正对着大海，他常常在这里睡觉。

海水似乎许诺着永恒，却又预示着一切都将逝去。

宅邸的书房，是亲王最常待的地方，书架上按照国别陈列着各种藏书，其中有用法语写的拿破仑传记，有德意志公爵夫人的日记，有记述西西里岛野史的杂书。书和书柜一起，日复一日地陈旧下去，成为危险的易燃物。但亲王舍不得每一本书，他的英语、法语和德语都很娴熟，当然，他的母语是意大利语，不过他发明了一种有自己特色的意大利语，和其他西西里人说的意大利方言都不一样。他去到伦敦、巴黎、苏黎世等地，语言都毫无障碍。他可以在巴黎买帽子，在伦敦津津有味

　　　　　　　　　朱塞佩·托马西·迪·兰佩杜萨

地看戏。

不过在家里，他是说法语的，因为他的夫人是北欧人，来自波罗的海。夫人是一个很蹩脚的厨师，意大利没有北欧的鲱鱼，也没有酸奶酪，可夫人却总要设法做一些北欧的传统饮食，做出来都难以下咽。于是亲王经常到巴勒莫的咖啡馆里，吃他爱吃的馅饼和通心粉。他跟夫人的作息时间也是完全错开的，他七点就起床出门了，而夫人要睡到下午一点，两个人直到晚上九点才会见面，共进晚餐后，亲王去睡觉，夫人继续工作。

但是亲王很依赖夫人，越到晚年越是如此。因为夫人会鼓励他，告诉他说：你不要嫌自己没用啊，你读了这么多书，品位这么高，你可以教学生。你也应该写一本小说，你不是一直在酝酿一本小说吗？

夫人觉得亲王太内向、太消极了，似乎生命力随时都会从他的身体中流走。他就是整个贵族阶级的缩影，这个阶级的存在和生活方式，与历史的方向背道而驰。西方的权力已经掌握在资产阶级手中，贵族作为王权鼎盛时期的产物，他们所拥有的仅仅是祖传的土地、产业和高级的文化艺术品位。他们的财富如果没有被夺走，也只能放在陈年的宅邸里积灰、发霉，因为他们根本就不懂得现代化的理财增值手段。

1925年后，墨索里尼的法西斯党在意大利掌权，意大利国王实际上成了法西斯的附庸；这时，西西里岛上的贵族们依然歌舞升平，他们竭力延续着在国王时代形成的那种生活方式。在散发着历史遗迹气息的舞厅里，闭着眼睛一圈一圈地转，享受着。兰佩杜萨亲王也常常去舞会，可是他从来不跳，总是靠着门柱旁观。因为他的腿已经出了点问题，关节隐隐作痛，也因为他意识到自己的责任不在于卷入其中，而在于在外旁观。

他打算把所有的画面都带走，一个也不落下；他打算把这种气氛，把这些不定什么时候就要消失的梦境画面，保留在他自己的笔记本里，他在书写的时候总是写一行空一行，既是为了将来修改、批注，也是想给词句中流溢出的气息留出活动的空间。在场的所有人，或多或少都明白这是最后的好时光。但只有兰佩杜萨亲王，他在努力看清一个没落阶级的样子，并默默地采集和吸收地中海上落日的余晖。

对于西西里贵族来说，20 世纪是从一战结束后正式开始的，1925 年后，兰佩杜萨亲王开始旅行，他要去体会一下，一个走向现代化的欧洲是什么样子的。他发现，自己很喜欢现代服饰，他在巴黎买到了他最喜欢的 gibus 帽子；他最喜欢的城市是伦敦，那里的生活很丰富，他还能买到最合体的衣裤。尤其关键的是，他的一个叔叔担任意大利驻伦敦大使，他能住到大使馆里。

省钱，这件事对他是越来越重要了。

贵族都是食利者，主要靠佃户们每月上交的地租或者粮食和牲畜来过日子，然而这样的经济生活与 20 世纪的西方是格格不入的。资产阶级都是靠所谓的奋斗而发家致富的，在他们看来，贵族都是些百无一用的玩意，他们脑子里的东西再唯美，都是顽固而陈旧的。他们把之前世世代代在土地上耕作的农民招募到了城市里，去给工业机器做螺丝钉，农民们先是用脚投票，离弃了贵族，最后就连对贵族的鞠躬都变得心不在焉了。

工业当然也有工业的审美。1927 年，他在巴黎时，正赶上巴黎举办国际装饰艺术博览会。兰佩杜萨亲王去看了一圈，然后写了一封信，给他的两个表兄弟。他说：

"20 世纪的风格是什么样的，我一看就心里有数了。我感兴趣的是大众——大众永远是很势利的——就我所知，大众做得最成功的一件事，就是势利。看到大众什么都不懂，真叫我伤心呐，他们只知道，给好东西弄一堆廉价的仿制品，却提不出任何关于艺术的问题，他们只关心这种房子能不能盖啊，那件家具卖不卖啊，这套装饰值多少钱——这就是布尔乔亚，资产阶级的品味堪忧啊！"

亲王受过意大利文艺复兴以来的古典艺术的完整熏陶，可是，他看到意大利厂商送来参展的家具和工艺品时，也不觉哑然失笑了。他说，那上面镌刻的，仿文艺复兴时代的拉丁语铭文，真是做作不堪。他们这是无端的炫耀——亲王说——他们还以为，意大利要靠博物馆里那些展品吗？眼下已经是什么时代了？

眼下是墨索里尼的时代。整个欧洲都在谈论墨索里尼：他改变了意大利的君主制，正在打造一个真正的民族国家。在皇家大道，兰佩杜萨亲王走进一家书店，一整面橱窗里摆满了墨索里尼主题书籍。从咬着奶嘴的，到身着黑衬衫的，从蹒跚学步的，到风华正茂的，站立的，骑马的，喝茶的，演说的，高举右手向民众的，各种墨索里尼肖像贴了满墙。每份报纸上都在讲墨索里尼的传闻，一会儿说他正在谋划进军非洲，一会儿说他已经死了，死于胃溃疡。

古老而疲惫的意大利，因为迎来了墨索里尼而有了生气。身在西西里岛的兰佩杜萨亲王，并不想做一个单纯的怀旧者，像那些遗老遗少一样，只求活在当下。他拖着一个早衰的身体，去感受新的时代气息。不过，他也想搞清一件事：贵族衰落了，王权垮台了，资产阶级接管了旧世界，但墨索里尼到底是不是历史的选择呢？

亲王的头脑中，一直在盘桓着另一个自己，一个理想中的自己，更加任性，更加强悍，有着比自己更加强烈的阶级自尊心：衰落又如何？国王下台了又如何？只要有他在，贵族就依然坚挺，世界变得面目全非，可是在一座孤岛上，他就是上帝。

兰佩杜萨亲王跟夫人提过很多次，说想把这个人写下来。他说，我把这个人安放在一个更早的年代，那就是 19 世纪的

　　　　　　　　　　　　　朱塞佩·托马西·迪·兰佩杜萨

后半期，那时，西西里岛正面临意大利统一的大变局，历来被法国人所占领的西西里岛，现在得到解放，意大利的传奇英雄加里波第，率领一支八百人的红衫军登陆，轻轻松松就把法国人给赶走了。意大利要实现民族独立了，自由降临了。然而不管岛上发生了什么，这位亲王依然是每天巡视自己的领地，跟教堂神甫，跟佃农，跟其他熟悉的贵族走动，依然严格执行着当地数百年来奉行的宗教仪式。

这位亲王有两大爱好，一个是打猎，另一个是用望远镜看星空。打猎，是一种自豪的宣告，说这片土地和它的物产都是归我所有的；但是，人在处死动物的时候，也会联想到自己。有一次，他打中了一只野兔，枪弹的迸裂，撕破了野兔的脸和胸部，兔子的一双黑眼睛死死地盯着他，然后很快地蒙上了一层青绿色的薄膜。这对眼睛里面并没有责备的意思，却充满了一种茫然的哀痛，一种对世界秩序的怨恨。毛茸茸的耳朵已经冷却了，矫健的爪子有节奏地抽搐着，这个小动物在一种焦急地渴望得救的希望的折磨下慢慢死去；当它被抓住时，它还幻想着能挣脱困境。

那么人又何尝不是如此呢？这个想法，让亲王感到心事重重。他回到了宅邸，在那里，他有一个地方可以逃避，暂时远离所有的杂念。那是他的小型天文台。当他在望远镜的一头窥看星空时，他的灵魂已经扑向了那些无法度量、触摸不到的天体，它们让他身心愉悦，而不向他索要任何的回报。他无数次地想象自己，带着一个纯粹的智力的头脑遨游在这些冰冷的星体之间，随时打开笔记本开始计算。计算是很难的，但总是能够算出答案；在他的心目中，这种计算是唯一的真实，是唯一优雅体面的事情。

星空乖乖地听从他的计算，而近在眼前的人却一个个心思难测。这是民族独立和解放的时刻，然而对于贵族来说，却仅仅意味着秩序的崩溃，意味着未来出现了巨大的变数。当这位岛上亲王得知自己心爱的外甥参加了加里波第的军队时，他内心十分愤怒，可是毫无办法，他得体面地接待外甥和加里波第的人马，得同他们和颜悦色地说话，谈谈合作条件，因为那些人代表了新的政治势力；对贵族来说，谈判和妥协，是从祖辈那里继承下来的智慧，他们以此安然渡过一场场重大变故。

这部小说，一直在酝酿，却迟迟没有动笔。因为，兰佩杜萨亲王必须在自己身上把这个假想的亲王彻底活过一遍，才能着手写作。他也要夜夜看向星空，不仅仅是为了内心的平静，他觉得，关于什么人代表着历史的真实方向，什么人仅仅是插曲，是杂音，是浮云，对这一切，在宇宙深处，其实是藏有一个答案的。

但是，在找到答案之前，一切又是模糊不清的。

不管是在1871年，还是在一战之后，贵族们唯一能看清的事情，就是自己的衰落。各种新生事物都在提醒他们说：你们老了，过时了，出局了。就像那只野兔一样，他们只能怨恨

　　　　　　　　　　　朱塞佩·托马西·迪·兰佩杜萨

世界秩序的安排，却无法责备任何人，唯一的选择，就是成为茫然的感伤者。踏实安稳的内心，离他们远去了。兰佩杜萨亲王，在旅行途中写给表兄弟的信里，从来不说"我"如何如何，"我"看到了什么什么。他管自己叫 monster：一个魔鬼，或者，一个游魂。

一个游魂游荡在伦敦、巴黎、柏林和苏黎世之间。亲王的信写给他的两个表兄弟，他们也都像他一样，住在岛上的海边，过着离群索居的生活。他们的房子里，专门留了一个房间供亲王来住，亲王没来的时候，房间就封着，也不给别的人住。他们也都精通文学，是出色的画家、音乐家、诗人和艺术鉴赏家。他们都喜欢养狗，在庭院的草地上，有一个专门的坟墓，来掩埋那些去世的宠物狗。

孤僻的人，只有当他们在一起时，才会显得不是特别的孤独。

意大利在墨索里尼的率领下，貌似走上了强国之路。意大利也像英国和法国一样，去非洲开拓殖民地。而这些事情与贵族没有任何关系。在 30 年代，兰佩杜萨亲王尝试出书，他投出几个小说，却没有一家出版商接受。他备受打击。这么多年，他从来不怀疑自己是有才华的，可难道，才华都像贵族阶级一样，是会过时的吗？

只有夫人还在支持他，她介绍丈夫认识了一些年轻人，有两三个人拜亲王为老师，跟他学习文学和英语，他们发现，这位沉默寡言的老贵族，其实有满肚子的故事，而且还很幽默。有一个学生是亲王的一个远亲的孩子。亲王夫妇没有子女，后来他们就把他收为养子，让他继承了亲王的头衔和家产。

但是很快，二战又爆发了。意大利成了战败的一方，墨索里尼被游击队抓住并枪决。然而他的倒台，同样与贵族们毫无关系。不仅如此，兰佩杜萨家族的宅邸，还在盟军的轰炸中被炸掉了一部分。亲王本来并不情愿接受祖辈留下的这份沉重的遗产，然而现在，他却无法宣称自己和这豪宅无关。他回到了废墟里，在残存的建筑里找了一个住处，像是用自己羸弱的身体去填补地图上出现的一片空白。

他现在是一贫如洗，他认识的其他几个贵族也都受到重创。不过，他还是强作欢颜地跟学生说：你们看看，世界上还有哪个城市像巴勒莫一样，住着五个要饭的亲王？

1954 年，他所往来的那两位表兄弟里，有一位出了一本诗集，并且获了奖。听到这个消息后，亲王说：看来我也得坐下来写本书了，因为我跟他是不相上下的两个笨蛋。

这不单单是自嘲，他是真正觉得自己时日无多，必须把他二十多年来一直想写而没写的小说给完成了。他每天早晨独自下楼，一只手拄着一根很细的手杖，另一只手捏着一个小黑包，包里装着一本狄更斯的小说、一个笔记本和一支吸水钢笔。他走进城市的喧嚣里。大部分他熟悉的景观，在战后都已经消失，可当他落笔的时候，昔日的节奏全都回来了：Vespa

　　　　　　　　　　朱塞佩·托马西·迪·兰佩杜萨

小摩托车，柴油卡车，驴车，各种交通工具，在古老的石头建筑前咣当咣当地开来开去，那些古旧的咖啡馆，随时会在艳阳下忽然变得寂静和阴暗下来，他所享用过的卡布奇诺和蒸馏咖啡（espresso），好像还在那里冒着热气，杯子被轻声地留在桌上。

他仍然写得很慢，很艰难。他必须强撑着虚弱的身体到处走走，去收集更多的灵感。

有一次，他来到一座陡坡上的小城，惊讶地发现，自己长这么大，居然从未来过这里，城里的教堂还给他们兰佩杜萨家族专门辟出一个休息区，里面有一张椅子，是只有亲王本人才可以坐的。这椅子早就破烂不堪了。在教堂的圣坛上挂着兰佩杜萨家族的第一任先祖的画像，他的名字叫朱利奥·托马西，他的背后是一片荒野，那是圣经里的景象。

正是这一场见闻，让他的写作继续了下去。他终于刻画完成了他预想中的那位亲王的形象：他喜欢高视阔步地打猎，喜欢窥望星空，他选择在动荡的时局里做个旁观者，对蒸蒸日上的资产阶级，对家族里那些离经叛道的年轻人，他投去轻蔑而又伤感的注视。他到死都捍卫着他们家族的尊严。他的家族的族徽，是一只站着的豹子，四只爪子都张开着，看起来既威武，又像是永远沉醉在一支舞蹈之中。这部小说的名字，就叫《豹》。

1956 年，正当兰佩杜萨亲王为这本小说收尾的时候，他发现自己宅邸的外墙，已经在连日的雨水中发霉、发黑了。宅邸里的舞厅，天花板在轰炸中开裂，现在干脆塌陷了下来。亲王根本没钱维修，只好找人，从别的房间拉来很多破家具和杂七杂八的旧物，那些旧物都是他在儿时弄破和玩坏的，之后一直没有扔掉。他出生于1896年，他的少年时光在1914年一战的炮声中戛然而止，之后的生活，他再也没有哪一天是谈得上快乐的。

现在，亲王把我的酒馆变成了吸烟室，其他客人都被他熏跑了。当他点起他今晚的第 n 支烟的时候，我发现，他的每一支烟都只抽一多半就掐掉了，这正像他自己，既没有完全兑现天赋，也没有一个时刻是感觉自己活得尽兴的。一个旁观者会认为这是个懒散的失败者，他精神涣散，未老先衰，经常魂不守舍，做什么事都拖拖沓沓，忧郁而百无一用，特别符合一个没落贵族的标准形象。就连他在末年步履维艰写成的小说，无论是内容还是格调，都是一支不折不扣的挽歌，是对一个逝去的时代的依依不舍。

只有他自己知道，为什么要反复地修改这部小说，直到生命的最后一刻，才交出了《豹》的书稿。这是他能留下的唯一有价值的遗产，是为他貌似暗淡的一生所做的正名——正名，纠正的正，姓名的名。要是这本书能够得到重视和尊敬，让他一跃成为名作家，那么这份遗产也会更大，甚至他的日记，他的书信，他的祈祷日课书，都能成为文学史上的宝贵资料。

朱塞佩·托马西·迪·兰佩杜萨

但是亲王，他实在是不敢奢望这些的，即使后来这些都成了事实。杜甫的一句诗，是说南北朝时的诗人庾信的，用在亲王身上特别合适，杜甫说："庾信平生最萧瑟，暮年诗赋动江关。"对于这个一生萧瑟的人来说，连庆祝这样的事情都不适合他去做。兰佩杜萨亲王在心情最为舒畅的时候，也只不过是低下头，再点燃一根香烟。

今天的作家酒馆要关门了，我是云也退，我们下次见。

Bohumil Hrabal

博胡米尔·赫拉巴尔

博胡米尔·赫拉巴尔（1914—1997），捷克小说
家。赫拉巴尔曾是捷克斯洛伐克"新浪潮"时代
最活跃的作家，《严密监视的列车》等多本小说
都被搬上银幕，但他的高光时刻，也是他为世界
文学留下的最珍贵的财富，是三易其稿、历十数
年方得以出版的中篇小说《过于喧嚣的孤独》。

当我用 20 帕斯卡的压力，
把书本压成碎纸的时候，
我听到的是人全身的骨头被碾碎的声音。

怎样走出『过于喧嚣的孤独』？

你好，这里是作家酒馆。

在一家大饭店里有一个舞池，一群人成双成对，正在跳波尔卡舞，有一位姑娘特别引人注目，她梳着长长的发辫，发辫上的缎带飞扬，当她飞身旋转的时候，那缎带几乎形成了一个圆圈，世界像旋转木马一样，在她和舞伴的周围转了起来。他们两个人处在骄傲的巅峰。其他跳舞的人都忍不住看他们，然后自己渐渐收住了脚步，退到一边，最后他们都围成一个圈子，只剩下那一对还在继续跳。

他们脚下没停，心里却都感觉气氛不对：怎么其他人看他们的神态，都是一脸嫌弃呢？他们是嫉妒吗？

突然酒店的门一开，女孩的妈妈大踏步闯进来，一把把女儿拽走了。剩下了小伙子待在那里,这时他才发现,嗯,空气中有一股臭味,地上星星点点地散着污水。有的人还在擦拭自己被溅湿的衣服。这污水,是女孩头发上的发带带进来的,因为她在跳舞中途去上厕所,心里特别激动,没有注意到这个蹲坑里堆满了大便。她的发带就在里面浸淫过了。她自己却浑然不知,一回到舞厅,就又纵情地旋转起来。

这是一家乡村酒店,厕所里不堪入目。但这位名叫曼倩卡的姑娘,从此再也没有出现在酒店里。甚至她全家都搬走了,因为她在那一带已经成了一个笑柄,人们都叫她"甩大粪的曼倩卡"。只有一个人,就是她那位舞伴,仍然在寻找她。他想请求曼倩卡的原谅,他想说声抱歉,我把你带到这个酒店来,结果却让你丢丑;我不但要娶你,我还要把你写进我日后的小说里,让我的读者都知道,你有多么美。

他后来兑现了自己的承诺,只不过当他写下这段故事的时候,他已经是一个其貌不扬的小老头了,没有人拿他说的这些事情当回事——因为他每天总在唠嗑,唠那些自己经历的糗事。他说,我的生活总是在跟我开玩笑,特别荒诞,特别无厘头。就说这一点吧,我读了很多书,我是个法学博士,还懂拉丁语,可是我一直干一些用不着任何知识的工作,我干过管仓库的工作,干过法律文书的工作,干过推销员的工作,我在钢铁厂干体力活,又在剧院里打杂。正当我想读书的时候,书真的来了,哲学的文学的古典的现代的西方的东方的,都是好

博胡米尔·赫拉巴尔

书，堆成了山，又打成了捆，一捆码着一捆，我操作着一台废品站的压力机，把它们统统碾得粉碎。

博胡米尔·赫拉巴尔，他踱着乡下人那样的步子来到了我的酒馆，他那个大方脑门，徒劳地挽留着两侧的白发，左右脸上，挂着捷克人特有的两块腮红。

我为他准备了他最喜欢的啤酒。他是在一个啤酒厂边上长大的，他住过的地方，从来都是酒气扑鼻，潮乎乎的。他平生就好这一口，饭可以一日不吃，酒不能有片刻的分离。他活在特别鸡零狗碎的日常里，一会儿是水管子爆了，一会儿是墙皮掉了，一会儿火炉子灭了，一会儿邻居又在吵架骂街了——可是只要有酒力加持，他都能不为所动，云淡风轻。

我还带给他一本书，一本中国人的书——老子的《道德经》。当年，那正是赫拉巴尔从废品中抢救出来的一本至爱之书，他特别喜欢老子书中说的一句话，叫作"天地不仁，以万物为刍狗"。什么叫刍狗？那是古代的中原人，用草扎成的一种动物的形象，用它们来祭祀天地，表明自己的虔诚，但祭祀结束就把它们随便扔了或者烧了。赫拉巴尔并不了解这些，但认为自己读懂了这话，他说：老天不会优待也不会恶待任何人，老天爷有时候特别看重一个人，给他各种荣耀，各种春风得意，但一反手又遗弃他，让他丢光了脸面。

赫拉巴尔是当过少爷的人，在捷克的一个民族混杂的村落里，他从幼童长到青年，都是衣来伸手，饭来张口。布拉格有一条最时尚的大街叫普西科比，他穿的衬衫，是从普西科比的商店买来的，他的帽子和鹿皮手套也都是来自布拉格的名牌。作为一个乡下少爷，在品味方面，他摸到过他那个阶层所能摸到的最高的天花板。

他爸爸是开啤酒厂的，家里什么都不缺，有房子，有仆人，有管家，写字桌上铺着天鹅绒，酒窖里的葡萄酒和啤酒多得喝不完。可是赫拉巴尔偏偏不愿意在乡下好好待着。倒不是因为他见识过了乡村酒店的厕所，意识到乡村多么肮脏落后；恰恰相反，他对大便没什么意见；让他感到丢人的是，自己一直在过少爷的日子。他的一切都是家里给的，可是他想去工作，他只想花自己挣来的钱。

凭着这一份任性，他离了家，来到距离布拉格四十公里的大城市克拉德诺。说是大城市，也就只有十万人口，那里有一座历史悠久的钢铁厂，叫 Poldi，最早是一位奥地利的大资本家在 1889 年开办的；二战以后，捷克斯洛伐克将它收归国有，把它变成国家的经济命脉。赫拉巴尔在那里干了四年，四年间，他拿着挣来的辛苦钱在布拉格安了家。四年后，他离开钢铁厂，又找了一份杂工，就是给剧院的舞台做布景的工作。

在二战后的捷克斯洛伐克，每个人都必须工作，每一个工种都是为建设社会主义国家而服务。在布拉格，无论哪个公民都不允许拥有特权，人人都得自食其力，收入相差不大，住的也都是楼房。楼房里没有保洁员，没有洗衣服务，没有房屋修

博胡米尔·赫拉巴尔

理工，没有配套的物业，一切都要自己动手。赫拉巴尔自己运煤块，烧炉子，擦地板，洗衣服。

可是他很满足，像是一种求仁得仁的满足。他跟人说，我本来就没想要比别人过得更好，我只想通过工作，通过和别人一样劳动、一样生活，去接近每一个人，你看我在这里拿着抹布，擦地板，我擦了又擦，直到把我家门前的这块地面擦得一尘不染，我的日子过得如诗一样。他安心地穿过飘着公共厕所消毒水气味的楼道，钻进自己的斗室中，在那里，他铺上了干净的白桌布，生起了炉子，把鲜花插进玻璃瓶。在每天的工作外，他从街对面打来一罐啤酒，翻开书本，过起了神仙日子。

我本以为赫拉巴尔有社会主义信仰。他相信人不应该有贵贱之分，人的命运，不应该靠着拼爹来决定。但他不是。他说，其实，我就像我妈说的那样，是个没有自我的人，我总是不清楚自己最想去做什么，也经常做出一些让我自己失望的选择。不过，我不会回头，不会及时止损，因为我的注意力已经来到手头的事情上面。

我在钢铁厂时，厂里竖立着一个硕大的厂徽，我每天去看它，厂徽上是一个卷发女人的美丽侧脸，在前额的地方还有一颗星星，我就每天看那张脸，看它在烟囱喷出的一道道烟柱里面，是不是又黑了一点；我在酒吧喝酒的时候，就发现，自己总是习惯于去叠账单，把账单的四个角一个一个地折叠，然后再翻开。我从来对看戏不感兴趣，对演员不感兴趣，可我在剧院干了一阵子，就总是跟那些演员混在一起了，我喜欢他们，他们跟我一样都是羞涩的人，他们知道自己很善良，而善良在当今已经不吃香，他们正是为此而羞涩。

1950年，36岁的赫拉巴尔写了一首诗，诗的名字叫"美丽的Poldi"。这并不是一首讽刺诗。他跟我说："你要是知道我有多爱Poldi钢铁厂，你会嫉妒我的。我在那里看到了一切，从我第一次见到她的时刻起，我就成了一个先知。那张脸，那颗星星，我在这里干了四年，那星星也为我加冕。"

让知识分子进入严酷的环境去干体力活，是不合理的。然而，一个人如果心智特别刚毅，认为自己一定能够从中受益的话，他就会像赫拉巴尔一样去拥抱那份工作。我不得不相信，他是真的问心无悔。对那个烟尘滚滚、黑渣扑面的世界，他存有一份感情。

在他那个年代，三教九流的人确实都被强行拉平了，管你之前是个乡下少爷，是政客、艺术家、学者、律师、企业家、银行家，还是工匠、农民，甚至服刑的囚犯，你都得去干国家需要人去干的那些工作。赫拉巴尔后来写了一篇中篇小说《过于喧嚣的孤独》，其中写到一个铁路信号员，他每天的工作，就是在铁路的交叉口，把升降杆抬起来，放下去，抬起来，放下去，火车在他眼前无数次安全地通过。这么一个单调的、毫无技术含量的重复性劳动，占去了这个人的四十年生命。

当他终于退休的时候，他一点都不觉得轻松，而是怅然若失。他发现，自己离开了信号塔，生活就毫无内容和意义了。于是，他从一个边境火车站找到了一套二手的信号装置，把它搬到了自家的花园里，又找来了一些铁轨和三节车皮，在树林间铺设了一条循环的铁路线。然后，他就约了几个铁路上的老朋友一起，在周末的时候，一圈一圈地在花园里开车，他自己继续担任信号员的工作。周围的孩子都被他们吸引了过来，和他们一起乐而忘返。等到日薄西山，他们就离开花园，到酒馆里去一醉方休。

拥有这种至死不渝的热爱，究竟是这些人的幸运还是不幸？他们究竟是被辜负的一代，还是被无知、被不思考所保护的一代？赫拉巴尔写这个人，好像是在讽刺，又好像没有。我不知道应该感到辛酸，还是该为他的充实和快乐感到欣慰。

那座钢铁厂，后来逐渐衰败了。随着捷克斯洛伐克的社会主义政权走向末路，昔日的工厂和工棚全都被废弃了，它们的窗玻璃全是碎的，从远处看去，仿佛一个个躺倒在地、七窍流血的死人；机器都没人用了，被拆光了，稍微还值点钱的金属都被偷了个干净；通过厂区的铁轨，锈迹斑斑，被杂草吞没；烟囱成了废墟里的一根根柱子，它们也死了，但它们的污染把工厂周围的土地折磨得奄奄一息，让地方政府不得不一年年投入重金，去整治环境。

按理说，赫拉巴尔对此也应该感到怅然若失。然而他没有。他有个解释，说犹太人的圣书《塔木德》里有一句话：人就像橄榄，只有在被压碎的时候才会吐出自身的精华；同样的，我们捷克人也有一个类似的说法，那就是，一个人只有死了被烧掉后，所剩的东西才是宝贵的。

在《过于喧嚣的孤独》这篇故事里，主人公的妈妈去世了，他从殡仪馆里捧回了妈妈的骨灰盒，把它带给舅舅。他舅舅，正是那位铁路信号员，当时他正在花园的信号塔里，沉浸在指挥火车的欢乐之中。当骨灰盒交到他手中时，他掂量了一下，随后，又把骨灰拿去过秤，然后跟他外甥说：这里面装的不是你妈妈，你肯定拿错了，她活着的时候体重75公斤，正常情况下骨灰应该比这还多50克，才对。不过，他们两个还是把盒子打开，把骨灰撒进甘蓝菜地里，因为妈妈生前最爱吃甘蓝菜。后来，被这骨灰滋养生长的菜，果然也非常的好吃。

我们管这叫黑色幽默，但是赫拉巴尔真的让人嫉妒。生活给他开的每一个荒诞的玩笑，他都给出了更荒诞的回应。各种卑微，都能博得他的发自内心的欣赏，甚至连污秽他都可以回味。曼倩卡出了丑，羞愤地走了，他去寻找她，说我们还有事情没有结束，还有更多的出丑的时光有待我们共度。在另一篇小说《婚宴》中，赫拉巴尔正式地向读者介绍了他的妻子。

他这位妻子，和曼倩卡一样，也是个乡下姑娘，也活在卑微的感觉之中，相信自己是被生活捉弄的对象。她在布拉格的巴黎饭店里做帮厨，环境和岗位，都不允许她有任何的个人野心，更不敢想象有人会爱上自己。但是，有一个晚上，她偶遇

博胡米尔·赫拉巴尔

了正在楼道里擦地板的赫拉巴尔，她怯生生地跟他说话，生怕冒犯了这位据说忍辱负重的法学博士。可是，她很快发现，赫拉巴尔不仅没有任何的怨言，还要引导她去学习快乐。

当她再一次去那幢楼拜访的时候，她看见赫拉巴尔坐在二楼的阳光下，两个膝盖朝外面撇着，专心地在一架打字机上敲打着。他在写小说。他把打满字的纸抽出来，用一块小石头压在一沓纸上，再换上一张新纸，他说：我必须把这一点写完，才能下楼来看你，因为美丽的思想一旦敲门，我就得赶快请它进来。

当他们结婚之后，并没有发生我们所期待的"旺夫"这回事。赫拉巴尔的写作生涯不太顺利，他直到年近半百才开始获得出版作品的机会，他是受够了那些官僚做派的出版商各种冷眼和嘲笑。别人郁闷的时候会喝得酩酊大醉，而他，在心情压抑的时候却选择戒酒，他妻子非常担心，因为不再喝酒的丈夫，很可能要做出什么更可怕的事情。

好在这段日子算是过去了。当作品开始发表，赫拉巴尔也重返了原有的劳碌生涯。他在自己的不惑之年获得了一份关键性的工作，这件工作后来决定了他文学成就的高度，那就是在废品站里当一个打包工人。他每天经手处理废纸，身体被繁重的劳动所摧折；在那些废纸中，有无数国家不需要，也不允许人民去阅读的书籍，它们跟花店的包装纸、废旧节目单、车票、冰棍纸、照相馆切割下来的相片纸尖角，还有办公室里扔掉的废纸、打字机色带、生日卡片、报纸、葬礼上用的纸花，以及屠宰场里血淋淋的包肉的纸……一起，被送到了他的面前，由他打包，切割，压紧，碾碎，最后化浆。

生活在朝他不怀好意地微笑：你不是喜欢劳动吗，你不是愿意跟所有人一样平凡地度过人生吗？你不是说，生命只有在死去之后，才能留下精华吗？所以，请你开动机器，去给这些废纸送葬吧。后来，赫拉巴尔在《过于喧嚣的孤独》中写道：

"当我用 20 帕斯卡的压力，把书本压成碎纸的时候，我听到的是人全身的骨头被碾碎的声音，我想到的是，那些书中真正的知识、精华终于被释放出来了。"

像那位铁路信号员一样，废纸打包的核心工作也是一个循环动作：在那台压力机前，他按下红色按钮，压板往前移动，按下绿色按钮，压板往后移动。这是这个世界的最基本的运动，无论你从哪里出发，最后都会回到原地。当你跃上巅峰，你就会跌落；当你沉入谷底，你又会浮起。在平淡之中发现离奇，捕捉让人哭笑不得的瞬间，这些，都是赫拉巴尔多年习练的看家本领。但是，当他在废品站干满了五年，将两只被化学药品伤害过的手，再次放到打字机上的时候，他真正感觉到自己坐到了一个荒诞世界的正中心。

这个世界，谈不上什么人妖颠倒，一切都进行得那么顺理成章；必然要衰朽的人们，送走那些先他们一步衰朽的事物，然后为一天的工作安然结束而干杯。赫拉巴尔开始构思一个以

博胡米尔·赫拉巴尔

废品站打包工人为叙事主角的小说，就是《过于喧嚣的孤独》，他写出一稿，推翻，又写出一稿，又推翻，当他第三次重写并定稿之后，他已经六十多岁，而小说最后正式出版，还得再过十四年。

他说，影响我这辈子最深的话，不是《道德经》里的话，也不是什么苏格拉底、柏拉图、耶稣或者释迦牟尼的格言，都不是，而是我在一家洗衣店里看到的话，那是一张温馨提示，它说，有些污渍沾上之后是洗不掉的，只能把原物销毁。大概，只有我最能把这句话体会为真理。那些像我一样，身上沾了大粪、煤渣，或化学药品的人，就必须带着它们继续活下去，并且保持微笑。我只在废品站干了五年，可是我让我的小说主人公干了三十五年，我让他在无法摆脱书籍、废纸和地下室的世界之后，被废品站开除。他的微笑，连同深深的八字形的嘴纹渐渐凝固了，因为，废品站引进了废纸处理流水线，新一代的打包工人，比他年轻，比他衣着体面，他们撕下一本本书的书皮，把书皮扔进流水线的样子，更加灵活而老练，不像他那样，对书籍还那么恋恋不舍。

这位曾经的废品打包工，告别了他的岗位，他甚至没能像他舅舅带走一套铁路信号装置一样，带走一台他最依恋的机器。或许在别人看来，赫拉巴尔是决意把黑色幽默进行到底，用一颗黑色的星星，为他的写作生命加冕；可是我所看到的是，赫拉巴尔，虽然早就无心恋战于生死的纠葛，却也不会情愿把自己缩减为区区一个证明，证明捷克斯洛伐克曾经有过的一段反常时期。在这个超额的啤酒消费之夜，我无法把一句中国的诗，费心解释给赫拉巴尔听了。但是你可以理解，在这个走出钢铁厂又离开废品站的独行老人的背影上，我为何会想起杜甫在《梦李白》中写的那句话：冠盖满京华，斯人独憔悴。

这里是作家酒馆，下次开张时，再见。

博胡米尔·赫拉巴尔

Philip Roth

菲利普·罗斯

菲利普·罗斯（1933—2018），美国犹太裔小说
家，出道即巅峰，以《再见，哥伦布》确立自己
的声音，之后杰作不断：《波特诺伊的怨诉》《人
性的污秽》《美国牧歌》《遗产》等等。在步入愤
怒的晚年时，罗斯笔下的美国是一个被集体偏见
和消费欲蛀蚀的社会，众口铄金的大众暴力威胁
着那些执意选择自己生活的个体。

人只能自己造就自己，
舆论对你的赞扬和嘉奖，
都只是一种傲慢的恩赐。

怎样承受
人性的猥琐？

你好，这里是作家酒馆。

26 年前的那个夏天，美国发生了一件大事。这件事，至今想来仍然是细节鲜活，美国的舆论，打捞出了每一个令人脸红的细节，就好像，用冰冷的医疗器械，用详尽而辛辣的数据，解析出人体的一个疮疤。美国人民，很久没有见识过这样的阵仗了——1998 年的夏天，在新英格兰的酷暑中，那些原本流连在棒球比赛场边的观众，加入到了一场贞洁与虔诚的超级狂欢里。人们不再关注日益猖狂的恐怖主义，而把注意力转去关心一位大人物的下体。

在舆论的描述中，故事发生在一位精力旺盛、相貌年轻的总统，和一个举止轻狂、令人神魂颠倒的 21 岁白宫雇员之间。

菲利普·罗斯

他们的举止，在报纸和网络上，在国会议员的口中，得到了一次次、越来越如临其境的描述。有的人满腔义愤，有的人想要哗众，有的人四出游说，有的人在与他人的唇舌交锋中展开了道德说教——一位年近七旬的作家，提笔写下了这样的句子：

美国最古老的公众激情，此刻得到了复兴。作为一种集体快感，它最具颠覆性，也是最不可靠的。伪君子们处在一种处心积虑的狂欢之中。人们好像都在鼓吹颁布一项新的法律，使每个官员在上任前都要净身，不让他们再勃起，只有到了这一步，爸爸们才可以放心大胆，面无窘色地，和他们十一二岁的女儿重新坐回沙发上，一起收看电视新闻。

我一直犹豫着，要不要请这位作家过来。我曾一次次重温他当年的怒火。他说，在文明昌盛的 20 世纪末，美国的公众，以黑暗中世纪的迫害精神，对于那位爆出男女丑闻的比尔·克林顿总统，执行了冷酷而虚伪的舆论阉割。人性的渺小和污秽，让人既兴奋异常，又张皇失措；当人们躺下睡觉，似乎暂时忘却了白天的忌恨时，他们却在梦境中再度与克林顿的厚颜无耻相遇。

他就是 Philip Roth，菲利普·罗斯。他那种对于猥琐人性的深深不齿，让我很受感动；但我知道，他捍卫那种性自由，与其说是出于一种正义感，不如说，是因为他自己，大半辈子就一直在追求它。他是有私心的。对他来说，同时在好几条情欲的战线上活动，做一个性欲的无政府主义者，是毫无问题的。美国的精神，就是鼓励人去成就一个尚未成就的自己，而情欲和性爱，正是通往这种成就理所当然的途径。

菲利普是个非常严格的人，既严格又严肃。他在写作时的自律，让我肃然起敬。当他20多岁，第一次写小说时，他可不是在自己的浪漫经历中随意地拿出一个，随意地往纸上一扔，相反，他十分地挑剔自己，推敲每一句话，他的桌子周围扔着雪片一样的、作废的打字纸。他唯一的谦虚，发生在谈论写作过程的时刻，他说，每当我坐到书桌前时，我就被打回了业余状态。

所以我还是把他请来了。他，一个饱经世事的美国犹太人，一个激怒他人，同时也被他人激怒的文学专家。我想知道，他真的同情克林顿吗？在那些围剿克林顿的舆论中，他是否看到了那些曾无数次地想要杀死他本人的话语？

就在克林顿丑闻爆发的时候，菲利普正在修改一个段落，这个段落描写了一个女人，一个34岁、没有文化、在牛圈里工作的挤奶女工。

菲利普早就在构思这个段落，但是，他必须等待年岁上去，才能真正地写好它。因为，他要从一个老男人的视角去描写这个女人；他必须在亲自品尝过年迈的味道，在接受过一两次大手术，甚至有了一些比如小便失禁这样的体验之后，才能写好它；他必须在一种强大的个人危机感下，才能写好它。

这个女人，她叫法尼亚（Faunia）。那一天，她正在牛圈里，在一群奶牛之间忙忙碌碌。奶牛散发出浓郁的泥土气息，这气息，和它们庞大的雌性器官相吻合。而法尼亚也恰似一头负重的牲口，在母牛的反衬下，她分明就是进化过程中的一个更为可怜的蝇量级生物……她用各种粗话吆喝，她把母牛一头一头地赶到食槽边，让它们吃上各自的饲料后，再手脚麻利地给它们的奶头消毒、擦干净，用手挤个几下，促进下奶，然后，她把吸奶杯跟牛的奶头连接起来……她灵巧得像个蜜蜂，她操持着一切，直到牛乳顺着透明的奶管流入铮亮的不锈钢奶桶里……

法尼亚，看起来是个细腿、细腕子、细胳臂的女子，她肋骨清晰可辨，肩胛突出，可是当她使劲的时候，你发现她的四肢都很结实，胸脯丰满得令人惊讶。在这个闷热的夏天，在苍蝇和其他小昆虫嗡嗡叫的牛圈里，你看见她的身体结构非同一般的精干、严谨、毫无赘肉。恰恰在这个年纪上，她保持了平衡，既不再成熟，又尚未衰退，是一个处在巅峰期的女子。她有一小撮白发，但那基本上是误导性的，她的面庞轮廓和女人味十足的长脖子，都还没有因臣服于年龄的威力而显示出任何变化。

这就是菲利普最后用文字完成的画面。

这幅画面，最终成为小说《人性的污秽》的一部分。这本书，像菲利普之前几乎所有的小说那样，包含了男人对女人那种充满了霸权的注视。它经常是色情的，是淫荡的盘剥。这样的桥段，每一次出现，都会引起非议：有人说，菲利普是个标准的厌女狂，他厌恶女人，所以才这样放肆地描写女人的性感；有人说，他故意把伤风败俗打造成一种个人标志。

菲利普习惯了这类攻击，他说，对一夫一妻制度下形成的道德风俗，我很痛恶，也很无奈。你可以说，我很狂热，我相信，无拘束的性欲是一个人对衰败和死亡的最佳答复，甚至是一种义务。别人问我，为什么总是把女人写得放荡不羁。我说，你们口中的放荡不羁，那正是人间之所以还算舒适、还算温馨的缘由，那正是你们所讴歌的、所谓的母性。

一夫一妻的婚姻，给菲利普留下过太多的懊恼。他不喜欢别人猜测他的私生活，可他并不介意自己说出来。有一件事情，是他乐于告诉我的：他说，他的第一任妻子玛吉（Maggie），跟前夫有两个孩子，大女儿叫海伦（Helen）。菲利普和玛吉结婚后，海伦曾经来和他们一起住过一段时间，菲利普就当上了代理父亲。他和海伦很亲密，但是，玛吉却越来越警惕，她开始在家里谈论男人的道德操守。然后，她警告菲利普说：我的女儿10岁了，如果你敢随便动她，我会用一把尖刀插入你的心脏。

他们两个人结婚不过三年就离了，之后，玛吉还多次上法庭起诉，向菲利普索要赡养费。菲利普说，那赡养费的规模能

菲利普·罗斯

比得上国债；玛吉还把她和菲利普在意大利一起买的书都对半平分了。菲利普在那时写了本小说，写一个雄心勃勃的年轻男人，如何成为一段婚姻的受害者，他在写时，就时不时地回忆起自己和妻子的争吵、冲突。有一次，他们甚至是在从意大利去法国的公路上，在开车的时候吵了起来。两人争夺方向盘，差一点车毁人亡。

在离婚五年之后，菲利普出版了一本小说，*When She Was Good*——可以翻译成"当她是个好女人的时候"。他说，写这本书，是为了摆脱第一次婚姻的阴影和玛吉折磨人的魔法，他写了一个小镇女人的一生。这个女人，生在一个破碎的家庭，养成了挑衅性的极端人格，不宽容任何惹怒自己的人；最后，她自己也早早地死去。菲利普的写作风格是十分写实的，仿佛活着和死去，都正发生在眼下，在面前。

这部小说 *When She Was Good* 在 1967 年 5 月出版，整整一年之后，菲利普的前妻玛吉突然遭遇了一场车祸，当场就死了。她的女儿海伦打电话通知菲利普。菲利普大吃一惊。他不敢相信，也不敢去认尸。他还觉得，这是玛吉设下的一个圈套，就为了让别人看看，菲利普得知她的死讯之后，是怎样的喜出望外。

当然，很快他就接受了现实。他总是忍不住要想：如果我不写那本小说，玛吉是不是就不会死，但是，要是有谁指责我安排了玛吉的死亡，那也实在太荒谬了。

菲利普是个虚构大师，他对他前妻的描述，我并不相信是完全属实的；可是，婚姻带给菲利普的痛苦煎熬，那绝对是真的。他从不掩饰他对婚姻的恐惧，同时，他也从不掩饰自己作为男人那种旺盛的情欲。玛吉警告他，不准对自己女儿有什么想法，这绝对不是毫无来由的挑衅。

他接下来还会有一段不幸的婚姻。他和女演员克莱尔（Claire）早已出双入对，可是，他俩直到 1990 年才正式结婚；然后，在 1993 年，菲利普遭遇了一次严重的抑郁。

他对我说，你要是抑郁过，就会知道 depression 这个词实在是轻飘飘的，它是一种莫名其妙地、持续地压倒我的恐惧，而且越来越厉害。他并没有说，抑郁是不是婚姻带来的，但在抑郁症后，他就跟克莱尔离婚了，并且写信，要克莱尔给自己一笔巨额赔偿。克莱尔到处谈她和菲利普的关系，菲利普说那全是一面之词，他不得不同时写一些回忆文字，以便对抗克莱尔对他们这段婚姻的回忆。

那些没有杀死他的东西，变成了他下一部小说的素材。

他年纪一点点上去，可是激烈的情绪却未见衰退，一直到克林顿丑闻引起了美国的舆论狂欢，菲利普的愤怒也达到了顶点。

他一口气写完了《人性的污秽》。在书中，71 岁的男主人公科尔曼（Coleman），学识渊博，在大学体制内功成名就，可是他在看到年龄只有自己一半的法尼亚的时候，他忘乎所以地扑了上去。在学校里，科尔曼正丑闻缠身，一些不怀好意的同事到处散布传言，说他歧视有色人种，但是科尔曼依然毫不犹豫地要和法尼亚在一起。他说，他只愿意服从情欲的要求，他无所谓丑闻的升级，无所谓个人的名誉。

菲利普把他对婚姻的失望和对美国的失望混合在了一起。和这位科尔曼先生一样，他对世俗的政治正确满腔蔑视。人在婚姻中必须忠贞不贰，人日常说话都必须小心，不可以随意谈论有色人种和一些少数族群，以免被人检举——菲利普认为，这些全都是政治正确，它们的存在就是为了扼杀一个人的本真。可是来到了世纪末，美国社会像疯了一样地，越来越崇尚这一套。美国人阴暗的市侩心理全面暴露，他们都乐于用舆论来折磨他人，像总统这样的公众人物被丑闻缠身，狼狈不堪，这正是他们所乐见的。

美国本来不应该是这样的。菲利普是1933年出生的人，他在20多岁的时候，就成了知名的小说家，那时候的美国，不仅能够接纳他，而且，很期待他书写那些探讨两性关系的故事。美国好像和他一起，从无邪的少年成长为魅力四射的青年。

菲利普告诉我，他有过一个被保护的童年，在一种很大的安全感下，他觉得美国犹如一曲岁月宁静中哼唱的牧歌。他说："我是个犹太人，我生活在纽瓦克这个地方，记得糖果店的斑斓色彩，记得泡菜桶飘出的香味，还有泽西海滩清亮的海水，为我的身体和五官提供的贵宾待遇。所以成年以后，我发现只有情色，可以让我重温童年，自由地玩耍，自由地获得安慰。当然，岁月会一点点偷走我们每个人，情色从肉体狂欢的行动逐渐变成一本脆弱的活页本，一片片地在风中掀动，所以你只能回过头去浏览，当你的性魔力最强盛的时候的那些诱惑，那些满足和痛苦，那些时光已经遥远到仿佛是你的前世。"

我很享受菲利普的语言，但是，同样的，他所说的并不都是事实。一个人往往会为了蔑视现在，才抒发对过去的热爱，不自觉地选出那些他最想重温的记忆，而排除了其他。

自从 60 年代，他在婚姻中受挫以来，他对美国的评价就越来越刻薄了。他鄙视肯尼迪之后的每一个总统。尼克松因为水门事件而下台，他的继任者福特宣布赦免尼克松，这件事遭到菲利普的痛斥；他说，老布什和福特一样可恶，是个一无是处的骗子；他说，里根当选总统，标志着美国彻底堕落成了一个玩世不恭的消费主义的天堂，操纵在愚蠢的媒体手中；而后来的小布什，也只是一个无能为力的白痴。

虽然他的小说家名声是在这几十年间越来越高，可菲利普总是免不了受到伤风败俗的指控。他觉得，在道德伦理方面，美国已经保守得如同一所监狱。媒体比以往的任何时候都乐于窥探隐私，大人物大隐私，小人物小隐私，只要把隐私卖给公众就大大地有利可图，而自己则扮得道貌岸然，说是在监督权力。

菲利普·罗斯

而菲利普偏偏要做那个违规的人，他偏偏要一次次地写那些老家伙迷恋年轻女人的故事，他们一个个掉入了丑闻的旋涡，变成旁人口中的老淫棍，可是菲利普却把他们写成了仿佛悲剧英雄一般。在《人性的污秽》这本书中，科尔曼津津乐道地谈论自己当年的魅力，说他随便下一趟地铁，就能钓上一个姑娘来；这当然不是什么美德，这是一种污秽，但是，是污秽，而不是美德，让一个人造就自己。人只能自己造就自己，舆论对你的赞扬和嘉奖都不值一提，那只是一种傲慢的恩赐。菲利普在科尔曼的肩关节上刺了一个文身，那是个小铁锚。他说，你看，这样一个小记号，就象征着生命中无数的遭际，它提醒我们，对人的了解再透彻，也会有很多偏差。

所以，对于克林顿总统，菲利普没有说过恶毒的话，他同情他，他说，克林顿不是纯政客，他脸上还能看出一种本真来。让美国人丢脸的，并不是克林顿的性丑闻，而是他们所追随的，由党派和媒体操纵的集体狂欢。

菲利普所描绘的美国，就仿佛一个苦瓜脸的老人，动辄暴跳如雷，早已不知什么叫快乐，什么叫热情。而他自己，虽然也已头发花白，时常满腔愤怒，却是抓住了一道光的，一道希望之光，那就是情欲。对他来说，已经死去的婚姻，就像恶狗一样在身后追咬他，消耗他的财富和耐心，他一直在逃脱，或者猛踹那条狗。他也没有孩子，这有助于他随时再坠入一次情网，再一次挑衅那些被他鄙视的东西。

只有深埋进人性的污秽里，他才能躲开人性的锁链。菲利普说过一句话：你知道，上帝是通过我的嘴来说出"fucking"这个词的。

我选了一张吉米·亨德里克斯（Jimmy Hendrix）的唱片，在酒馆中播放，这是菲利普最钟爱的摇滚乐手，也是60年代美国乐坛的一颗流星。菲利普听到音乐，好像又变年轻了。那个时代，他受到第一段婚姻的困扰，可他又满怀眷恋。他说，我的前妻玛吉发生车祸，就是在马丁·路德·金刚被刺杀的时候，几乎是前后脚的事情。那些年月里，人的死亡好像都沾了一点点理想主义气息，而那之后就只是单纯的腐烂了。虽然我跟玛吉水火不容，可是事过多年，我还是希望她的灵魂能够受到那个时代的抚慰，和它一起在历史的黄卷之中安息。

情欲对每一个男人来说，都会成为污染物，但是菲利普用一种绝对严肃的方式证明，他需要靠它来创造自己的身份。我不太了解吉米·亨德里克斯或者披头士（Beatles），或者其他类似的文化符号，可我认识迈克尔·杰克逊（Michael Jackson）。这20年来，美国，乃至整个西方社会，因为身份政治而日渐陷入分裂。我曾经疑惑，迈克尔·杰克逊为什么把自己弄得不男不女，不黑不白？为什么，他从来不以一种正常的面部表情示人？但我后来明白了，也许他不想让人一眼就断定，这是个黑人，是个白人；这是个男人，是个女人；这是个年轻人，是个老人。他不惜以极端刻意的身份含混，来定义自己，来让别人无法轻易地判断他。

而菲利普，跟他所写的那些色眯眯的老家伙，其实也是这样的人。他们不是市井流氓，都是文化精英，他们不愿意轻易地采取世俗人的认知，安心接受年岁所安排的社会角色。于是，他们继续去求爱，有时，用一种极端的方式，用一种在别人眼里，老不正经的方式。他们一定会以悲剧收场。但菲利普要将这悲剧写得尽可能华丽一些，震撼人心一些。

晏殊有这么几句词：满目山河空念远，落花风雨更伤春。不如怜取眼前人。多么美好的及时行乐啊，在菲利普的小说里，那个科尔曼可没有这么柔情，在别人看来，他不是怜取，而是生生霸占了法尼亚。他身败名裂。可是菲利普·罗斯，只用一个老于世故的手势，就把那些随风飘散的桃花往事给召了回来。他问，你曾经有过的女人，是否还会给你写信，你是否能像科尔曼一样，脱光了上衣，亮出那个永久驻扎在身体里面的、勾魂摄魄的大男孩。

黑夜正在输送它的威力。作家酒馆关门了，我们下次见。

Mahmoud Darwish

马哈茂德·达维什

马哈茂德·达维什（1942—2008），最具国际知
名度的巴勒斯坦诗人，一位不情愿的民族主义者。
他的自我设定为"情人"，喜欢咖啡和恋爱，却
在 20 世纪 70 年代的政治气候下加入了为本民族
的利益而战的团体。

征服者们可以把海、把天和大地都对准我，
却无法从我身上根除咖啡的香。

家园被蹂躏，我该怎么办？

你好，这里是作家酒馆。

我不小心冒犯了我的客人，我给他推荐了一款原产自加利利的红酒。加利利是以色列的一个地区，以色列人对加利利产的葡萄酒，是十分有自信的，说是性价比极高，可我忘了一件事，我这位客人，他只爱喝咖啡。

他写过一首散文诗，诗中说，我这样的瘾君子，把咖啡视为一天的关键；我了解咖啡，对我来说，它意味着要用自己的双手制作，而不是让别人用托盘送来，因为托着盘子的人总要说话。可每天的第一杯咖啡，就是寂静清晨里的一个处女，只需一句话，哪怕只是一句"Good Morning"，都会打破它，一吸收人的声音，它就会变质。

他经常说到一个日子: 8月6日。在那个早晨, 我只需要五分钟的时间, 来沏一杯咖啡——五分钟的寂静, 五分钟的休战。五分钟足够了, 足够我去准备好生或者死, 足够我偷偷地溜出狭隘的走廊, 这走廊通往卧室、书房, 通往厨房和断了水的卫生间。但是, 我没有得到这五分钟。

飞机在轰鸣, 枪炮在阳光下闪亮, 在夏天点燃的火焰总是带有一种血肉的腥气。那是以色列人的武装开进了黎巴嫩的首都贝鲁特——对了, 我还忘了另一件事: 今天, 我竟然给他推荐了以色列人的酒。这像是加倍的冒犯。Mahmoud Darwish, 马哈茂德·达维什, 他是个巴勒斯坦诗人, 他出生的家乡, 当初被以色列人毁掉了, 然后这个地方面目全非, 没有留下任何巴勒斯坦人存在过的痕迹。

在这位诗人最紧张的一些诗句中, 回荡着对1982年8月6日那一天的回忆。在那个照常属于第一杯咖啡的早晨, 那个要求五分钟寂静的早晨, 以色列人的坦克和狙击手, 进入了达维什所住的那一片街区。那一片的人都知道, 诗人住在这里, 却没有人来保卫他, 他跟他的咖啡相伴。咖啡, 当不了守护者, 只能充当一种安神祈福的仪式, 就仿佛当年阿基米德, 凭着数学来面对杀到眼前的罗马士兵一样。

他喝咖啡的阳台有落地玻璃, 他感到不太安全, 于是, 就用棉花塞住耳朵, 钻进卧室里。他睡了, 醒来的时候, 打开收音机听新闻, 听那里面有没有报道他的死讯。没有。于是他开

　　　　　　　　　　　　　马哈茂德·达维什

始写诗，写他在黎巴嫩的十年逗留期间的最后一批诗，其中有这样一番话：

征服者可以做任何事情。他们可以把海、把天和大地都对准我，

但他们无法从我身上根除咖啡的香。

我现在就去煮咖啡。

我现在就喝。

现在，我将被咖啡的香所满足，至少可以把自己和一只羊区分开来，

多活一天，或者死去。

这首诗仿佛是在声讨以色列，声讨他们是所谓的"征服者"；但是，好像又不那么简单。马哈茂德·达维什，作为一个巴勒斯坦人，曾经在以色列生活了近20年。他只有居住证，没有身份证，因为这不是巴勒斯坦人自己的国家，他们只好屈居人下，当二等公民。以色列是犹太人建立的国家，他们把巴勒斯坦人赶走了，在他们的土地上建国，并且强大起来，而巴勒斯坦人只好流亡。

巴勒斯坦人本身属于阿拉伯民族，可是中东那些阿拉伯国家，尽管都敌视以色列，却都不欢迎巴勒斯坦人，认为他们是不安定因素。巴勒斯坦人也一直缺乏一个代表性政党，可以

在国际上为他们发声；他们也没有独立的武装。而在许多世人眼里，这个民族的人因为长年没有国家而变得形象阴郁、脾气乖戾。

达维什像是个另类，他是诗人，他不喜欢政治，而热衷于爱情，不喜欢心怀家仇国恨，而乐于享受岁月静好。他一脸斯文，像个渊博的学者，我看他不是那种会为了同胞兄弟的处境而愤怒难眠的人。

达维什在 1947 年，随家人从巴勒斯坦逃到了北方的黎巴嫩，那时他才 6 岁。两年以后，以色列已经建国，他们一家人又从黎巴嫩秘密潜回了以色列，想回到自己的老家。可老家不存在了，那个名叫 Al-Birweh 的巴勒斯坦村庄，在以色列人的建国大业中遭到摧毁，以色列人在这里建立了两个新的公社；后来出生的人，根本不知道，或者说，根本不在乎这里原先是什么，原来的主人是谁。

不过，以色列人并不会随意迫害像他们这样偷偷潜回来的巴勒斯坦人，他们有自己的一套治理术，他们给巴勒斯坦人登记好身份，发放居住证，给他们工作和行动自由，也设定了一些专门的居民点，只是很少授予他们完全的公民身份。说到底，犹太人过去也是流亡者，他们知道，没有国家、四处漂泊是什么滋味；但是为了安全，他们在接纳巴勒斯坦人的同时也很小心地管理他们，关注一切风吹草动。

当达维什长大成人，开始发表诗歌的时候，他就被以色

　　　　　马哈茂德·达维什

列当局注意到了。他好像不怎么安分。中国古代有一个说法，叫"题反诗"，就是说写那种表达对现政权不满的诗。那么，达维什，他也算是写过反诗的人。他的一首诗中有这样一句："谁没有国家，谁入土后就没有安息的坟墓。"

这句话很厉害。他当众朗诵的时候，就像一个爱国志士。

从1961年开始，他就时不时地被军警盘问，有时被带走关押起来，关的时间不长，但是有了第一次，就会有第二次，第三次。没有人折磨他，也没有审判，抓他只是为了警告他"好自为之"。有一次在监狱里，妈妈带着食物来看他，给他沏了一杯咖啡。这杯咖啡让达维什很感动，因为他一直觉得母亲疼爱别的儿女，对他最冷淡。后来他写了一首《致母亲》，写道："我思念母亲的面包 / 母亲的咖啡 / 和母亲的爱抚 / 童年在我体内 / 日复一日地生长 / 我热爱我的生命 / 因为假如我死去 / 定会愧对母亲的眼泪！"

这诗里的感情完全是私人的，是表达和母亲的和解。但是在他的同胞们听来，他是在述说一种跟以色列人干到底的决心。

实际上达维什并没那么强的情绪。他有很多犹太人朋友，他们邀请他到另外一些城镇去朗读自己的诗，当他朗读诗歌的时候，犹太观众和巴勒斯坦观众会坐在一起。在聆听诗歌、切磋诗艺的时候，两个民族的人之间并没有隔阂。只是每次在经过安检站的时候，哪怕身为一个被文学节特邀的嘉宾，达维什都必须交上自己的居住证让人检查，还经常被搜身。

我请你想象一个被毁灭和占领的家园，它想必是满目疮痍、树木枯焦，连井水都在哭泣；征服者用铁蹄和枪杆子蹂躏它，像蹂躏一个少女。可是，这并不是达维什所感受到的事实。以色列人在赶走了巴勒斯坦人后，用高级的科技和管理水平，给这片土地带来了生机。达维什所出身的小村庄，本来只出产橄榄，农民用牛和马耕地，靠天吃饭，如遇灾荒就只好迁居。而后来，在以色列人的管理下，这里成为一片沃土，还能出产西瓜。村庄周围原本是沼泽密布，沼泽地里滋养着蚊虫，每到夏天就传染疟疾。以色列人在这里种上了桉树，用这种吸水的植物逐渐把沼泽排干，让泥土露出地表，再改造成良田。

对这些，达维什怎么可能视而不见呢？于是尴尬就发生了：当他提笔为巴勒斯坦人诉说丧家之痛的时候，他缺少一个控诉的对象。情况貌似是这样的：以色列之所以能征服巴勒斯坦人，是因为他们的科技比对方的更加优秀。

达维什写过一首诗叫《声音与鞭子》。他貌似想说，自己是在用声音对抗压迫者的鞭子，可是在诗中他是这样写的：

倘若我有一座楼阁

我会把闪电收入囊中

让云彩熄灭

倘若我有海上的帆船

我会把海浪和飓风纳入手掌

让洋流入眠

倘若我有一架天梯

我要把我的旗帜插上太阳

在荒凉的大地上，它已百孔千疮

………………

倘若我有一块地、一把犁

我要把心脏和诗篇

在土地的深处掩埋

你看到了吗？在达维什的畅想中，他有很多壮怀激烈的愿望，却没有针对任何一个敌人或者压迫者。他说，他有一面旗帜，已经千疮百孔，这是暗示巴勒斯坦民族蒙受了屈辱，可是他又说，我想把这面旗帜插到太阳上去。这意思很明白：他知道，那片土地本身并不处在屈辱之中，它不需要这面旗帜来拯救。

在1967年的夏天，中东的土地上硝烟再起，以色列和埃及、约旦、叙利亚之间发生了一场"六日战争"，以色列取得了完胜，他们完全收回了耶路撒冷，并且拿下了约旦河西岸地区以及戈兰高地。国土面积变大了，但巴勒斯坦人的生存空间却被进一步压缩，因为他们毕竟也属于阿拉伯人。就在那年，达维什出了一本诗集，叫作《黑夜尽头》，那里面有一首诗，题目是《Rita 和枪》。他是这么写的：

在 Rita 和我的眼睛之间……有一杆枪

认识 Rita 的人，都会折腰

会去膜拜

蜜糖眼睛里的一位神灵

……

我记得 Rita

就像小鸟记得溪流

……

我们对着最美的酒杯约定

我们在双唇的葡萄酒里燃烧

我们再度获得生命！

啊，Rita

除了两次小睡

除了蜜糖的云彩

还有什么能让我的眼离开你的眼

在这杆枪之前？

枪，意味着战争，意味着反抗和镇压，意味着那些让人睡
不着的威胁，心中压抑的怒火，意味着一切无法消融的怨恨，
等等。我们可以随便联想——但是 Rita 是谁？她是达维什在

　　　　　　　　　　　　　　　　　马哈茂德·达维什

21岁时的女朋友，她本名叫Tamar（他玛），是个以色列人，一个16岁的犹太女孩。

那些在以色列当"二等公民"的巴勒斯坦人，他们只能做一些较为底层的工作，像什么给人开车，做服务生、搬运工、医院的护工、采石工、泥瓦匠之类的。他们都很喜欢达维什的诗，认为他是被压迫的人民之友，他在为他们发声，向以色列人宣告自己的存在。

但是，当达维什听到自己的诗句被人慷慨激昂地朗读和传诵，他很懊悔。他觉得自己无法面对Rita。那时他给Rita写了很多情书，每一封情书的结尾都是两个阿拉伯语的词："Shelakh, Mahmoud"，意思是"你的马哈茂德"。他特别羞涩，总得借助文字为中介来展露情感，Rita很喜欢他，他们一起谈论诗歌，他们都是初恋。

但是在1961年，在以色列，没有哪个情窦初开的犹太少女敢于公开跟一个阿拉伯青年恋爱。阿拉伯人的身份，在达维什的内心深处是不想引以为傲的。当他们的关系眼看着快要明朗起来，Rita退缩了，她从海法回到了耶路撒冷，她要去追逐梦想——做一个舞蹈演员。达维什说，我会常来耶路撒冷看你的。可那个时候他已经成了榜上有名的可疑分子，不但买不了车票，还被限制出城。

他写信告诉Rita，不要轻易终结他们的关系，要"让时间和风来驱动他们的船"，他还说，我正在完成一个艰巨的任

务——给你写一首长诗。他无法满足的春情逐渐演变成了对
Rita 的指责，以及紧随而来的一次次道歉。Rita 到了 20 岁，
去服兵役了。那时的以色列正在备战，Rita 在军队里当个文艺
兵。她没有真正拿过枪，更没有面对过阿拉伯敌人。但是达维
什在《Rita 和枪》这首诗中说，正是枪的存在，让他跟心上人
无法在一起。

他在以色列获得了国际知名度，也收获了初恋的甜蜜，但
以色列又在他和他的心上人之间竖起一道墙。无可奈何之下，
他只好再次把抒情的目标转移到土地上。他不再把土地视为
被剥夺、被践踏的故乡了，相反，他把它看作是 Rita 的化身，
由他去爱慕，去追求，去想象。土地上的溪流、泉水、山峦，
都有了人的属性，他对土地的拥抱，不是代表民族的，仅仅代
表他自己，那是一种私人的，也是情色的爱，他说："我的祖
国不是手提箱，而是我的爱人 / 我不是旅人而是情人。"

既然自称为情人，他就不必非要和土地纠缠在一起了。情
人和战士相反，战士要让人记住他仇恨的眼神，情人却只展示
自己的创伤，然后，他会离去。

在 1970 年，巴勒斯坦人觉得自己开始有战士的样子了，
拥有了一个政治组织，那就是以亚西尔·阿拉法特为领袖的巴
勒斯坦民族解放阵线，这个组织开始得到各个阿拉伯国家的资
助，打造自己的武装，貌似他们的阿拉伯同胞都在支持他们去
对抗以色列。可就在这时，他们所寄予厚望的民族诗人却离开

　　　　　　　　　　　　　　马哈茂德·达维什

了，达维什去了莫斯科，又去了开罗，并不是在为巴勒斯坦人吸收国外援助，而是为了一些个人的目的：他要探索自己的阿拉伯文化之根，同时寻找一个能带着一丝乡愁、安心喝咖啡的地方。

他最终来到黎巴嫩的首都贝鲁特。可是，这个曾有着"中东瑞士"之称的国家，也正在卷入战火……在这些尔虞我诈的政治风云之中，达维什所醉心的诗歌，显得那么空洞，那么不合时宜。

他的好几个朋友都死于内战。当巴解组织控制了黎巴嫩境内众多的难民营的时候，他们真的着手建起了一个国中之国。他们竟然还设立了检查站，控制了一些道路。达维什也接受了邀请，为这个组织编辑一本杂志，可是当他有一次经过检查站的时候，他看到巴勒斯坦人在检查黎巴嫩人的身份证。他说：我觉得很羞愧，以色列人征服了我们的土地和人民，现在我们割据了别人的土地，把那里的人变成了二等公民——我们正在犯一个错误，黎巴嫩人是要恨死我们的，而且以色列人也不会漠然旁观。

果然，当以色列的鹰派政党上台之后，他们不久就发兵北上，越过黎以国境线，要摧毁阿拉法特的根据地。从 1982 年 6 月起，贝鲁特就被团团围困住了，阿拉法特带着他的人马，仓皇地逃离了黎巴嫩。

身为巴解组织的一个文化要员，达维什没有走。8 月以来，他已经看到了以色列人的坦克和狙击手，可是他照常写诗。有时他一天都闭门不出，出门就正常去餐馆吃饭，只是走上二楼，因为担心一楼会发生枪战。他打电话给邻居，如果邻居说，以色列人刚刚来过了，达维什就放下电话，回家。他不想被一起赶出去。可是，当阿拉法特走后，黎巴嫩南部那些巴勒斯坦人难民营就失去了头领和保护。在1982年9月中旬，他们遭到了基督教极端分子的屠杀。

当达维什从收音机里听到这个消息时，他放下咖啡杯，心想：我也该走了。并没有谁来威胁他的生命，除了不长眼的汽车炸弹，以及他自己有些衰弱的心脏。他该不该重新为他的人民写一些战斗诗篇呢？巴勒斯坦人依然没有国家，现在，甚至声名狼藉，作为受害者，他们得到的人道主义同情都日渐减少。

或许达维什的诗句可以稍稍安慰一下他们，因为他总是免不了要流露出一个情人的悲伤的洒脱。他有一首诗，描写自己这些年的形象：

你去往一个个城市又离开。

你将为阴影赋予村庄的名字。

你让穷人防备回声和先知的语言。

你将离去……你将离去，而诗歌

将留在这片海与过去的对岸。你将解读某个念头，

　　　　　　　　　　马哈茂德·达维什

于是，无力的虚无守卫者会从修辞和锣鼓上坠落，
来到你这里。

因为你的歌声，水的天空碎了。樵夫和情人心碎。
清晨向空间展开。词语继续遗忘，
迎娶了一千场屠杀。死亡呈白色而来。
大雨倾注。枪与死者清晰可见。

会有烈士，从你最后的词语的墙壁前来，
他们坐在你身上，化作血的桂冠。他们继续
在你的记忆外种植苹果。你会疲倦，你会疲倦，
你会驱逐他们，他们却不离开。
你咒骂他们，他们也不离开。他们占领这时间。
于是你逃离他们的幸福，前往一段
在街巷和四季行走的时光。

　　达维什想说，烈士会来占领诗人的时间，烈士认为这是一
种幸福，而诗人却累了，他要逃离，前往下一段行走的时光。
因为心脏不好，他减少了喝咖啡和抽烟的次数，他也找了一个
夫人，但是不到两年，他们就和平地分了手。在这世上，达维
什是不会也不愿意跟任何一个人撕破脸皮的，因为那将背叛他
最珍惜的个人形象——一个情人。他当然也没有孩子。他说，

我的生活中心只能是诗。

在 1991 年的时候，达维什在巴黎，他在报纸上看到昔日的情人 Rita 在接受以色列媒体的采访时谈到了他。Rita 一直未婚，达维什给她写了信，感谢她在以色列媒体面前维护他的形象。他们又通了一番信后，Rita 应他的邀请来到了巴黎，等着见他。一周过去，两周过去，达维什没有出现，Rita 每天打几个电话找达维什的管家，最后终于约到了他。他们当然都变了：Rita 为自己当年的退缩而羞愧，她想要重续前缘，可是，达维什中途接了阿拉法特打来的一个电话，就匆匆离去了。

第二天他们再次见面，达维什告诉 Rita "我们不会再见了"。当年他说 "让时间和风来驱动他们的船"，现在他却说：忘了 Romance 吧，松开那片云。

这些情节，都是 Rita 后来自己说的。达维什并不喜欢被人问起这些。仍然有下一个女人在他生命的黄昏里留下痕迹，但对他来说，那也是写诗的需要。他问我最喜欢他写的哪一首诗。我告诉他是这四句话：

路那么长，犹如古代诗人的夜晚：
平原和山丘，河流和山谷。
按你梦想的尺度行走：要么是一朵百合花
跟着你，或者上绞刑架。

今天我的酒馆营业时间已到，我们下次见。

马哈茂德·达维什

Zbigniew Herbert

兹比格涅夫·赫贝特

兹比格涅夫·赫贝特（1924—1998），波兰诗人、
散文家，在波兰最枯燥乏味的年代，他穷尽所能，
在欧陆各地遍访古迹和艺术名胜，他称自己为闯
进一所大花园的"野蛮人"。

275

一场旅行不该始于一个三星级的景区，
而应该从一个被遗弃的省份、一个历史的孤儿开始。

怎样用五美元
游历欧洲？

你好，这里是作家酒馆。

今天的客人早已预约了一个座位。他对酒很感兴趣。这位老先生是坐着轮椅来的，他留着满头发硬的白发，脸像个面团一样。在他的国家的那一代人中，像他这样有品位的人少而又少，大多数人都顾不上品位，忙于生存。老先生说，他喝过的最好的酒，都是在国外。

比如说，他在意大利的一座小城奥尔维耶托喝过一款酒，这酒的名字也叫奥尔维耶托，老板说喝这酒可以长见识。酒杯上面飘起了冷凝的雾气，酒的颜色像稻草一样，入口之后，口感很烈，却没有味道。等两口酒下肚，过了一会儿，他感觉全身像是掉进了井里一样冰冷，冷气侵入了肝和心脏，而脑袋却

　　　　　　　　　　　　　　兹比格涅夫·赫贝特

渐渐发热，最后开始烫了。

老先生不仅喝酒，每一样东西，不管它是不是食物，他都对它的味道很感兴趣。他觉得陈年的建筑和陈酒一样都会飘出异香。他说，在法国的桑利斯，他把脸贴在大教堂冰冷的墙壁上，闭起两眼吸入那石材的气味，当他睁开眼睛，看到有过路的少女好奇地看着他，他只好腼腆地笑一笑。他也喜欢逛那些古玩店，看到那种黑檀木的音乐盒，他会问个价格，但是问了就走，他买不起。路过那些高级餐厅，他会把菜谱仔细地读一遍，在龙虾和牡蛎的名字前面感到一阵陶醉。所有的告示牌，店招，通告，寻人启事，只要是手写的字，他都会仔细端详，仿佛在结交一个朋友。

这种品味一切的癖好，对他来说，其实是无奈的选择。因为他没钱，只能去走那些免费的地方，看免费的字，呼吸免费的空气，捡一捡地上免费的小石头。我跟他打听一件传闻：我听说他有一次在出境的时候身上只带了五美元，晃了一大圈回来，居然兜里还有三美元。这是真的吗？他是怎么办到的？

他说，是真的，诀窍嘛，很简单，就一个字：省。

半个多世纪前，Zbigniew Herbert，兹比格涅夫·赫贝特，在接受波兰护照局官员的盘问时，就是这么回答的。那些官员知道，这位诗人接受了国外机构的资助，用脚后跟想都能明白，只靠五美元十美元，在外国连一天都待不了。但是赫贝特从来不承认，他知道，只要承认一次，下一次再想出国，就拿不到签证了。于是他一口咬定说：我能省钱，我省着花。

赫贝特，他的确是能吃苦的人，他经历过的事情是不同寻常的。

他生长在波兰的文化名城——利沃夫。在两次大战之间，有一位寄生虫学专家，在利沃夫开设了一个斑疹伤寒研究所，专门研制斑疹伤寒疫苗。这项工作需要用到一种很恶心的昆虫，就是专门吸人血的虱子。研究所需要数千名活人，每天花将近一个小时，用自己的血来喂养几千只用于实验的虱子。虱子喂大到一定的时间，体内就被注射进斑疹伤寒病菌，然后继续由这些人来喂养，这个时候，他们就会有很大的风险感染伤寒。但是，当 1939 年，波兰遭到德国和苏联的两面夹击、很快沦陷的时候，这些饲养虱子的人却是安全的。因为他们持有一张斑疹伤寒疑似感染者的证明文件，从而不会被纳粹警察抓走，他们也不会被无端杀害，因为纳粹方面也渴望研制出更多疫苗，来给士兵注射。那时的赫贝特是个大学生，他和全家人都接受了研究所的雇用，用自己的血来喂虱子，换来了人身安全，度过了可怕的沦陷岁月。

他似乎有幸没有染上伤寒，但这不是他第一次放血求生存。二战之后，这个地方被划归到乌克兰，赫贝特和家人一起被迫迁到了另一个波兰城市。苏联把波兰给接管了。境况有很大的改变，对于知识分子来说，只归结为三个字："心里苦"。在 1952 年，有大半年的时间里，为了赚点钱，赫贝特每个月都去卖血。

可是赫贝特是个能忍耐的人。这么说吧，他觉得，倘若他生在物质富裕的地方，倘若他不是一个战后的波兰人，每天都从单调乏味的工作岗位回到家里单调乏味的餐桌边上，他就不容易去注意平凡事物中那些值得注意的细节了。当他有机会出国、前往西方的时候，他是兴奋异常的。他前往荷兰、法国、英国、德国、意大利、希腊。他说，我去那些地方，就像一个野蛮人，实现了走进花园的梦想。我发现，就连一棵小草、一块小石头，都是神奇的。

他有一首诗，就写一块小石头：

小石头
是一个完美的造物

自身平等均衡
安守自我界限

彻底充满
石头的内涵

气味不会引起任何联想
不会令人惊慌，也不会勾起欲望

它的热情与冷淡
都完全正确、充满尊严

当我将它握在手心
能感到沉重的抛掷感
它那高贵的躯体
渗透虚假的温暖

——小石头无法驯服
将至死凝视我们
用平静而明亮的一只眼

反复把玩一块石头，歌颂它的完整，充实，高贵，不驯服，这并不是因为赫贝特多么悠闲，相反，这是出于一种紧迫感。他不想轻易放过任何一样能感知到的东西，因为，能够暂时离开波兰，是靠着写诗和写散文换来的机会。他不知道，这样的机会是不是还有下一次。他在 1958 年第一次出国，目的地是巴黎。事后他说，我并不是只参观那些大教堂，看艺术品，我还闻那些建筑。各种石材，什么大理石啊，砂岩啊，我对它们的气味都有兴趣，我一边让手沿着柱子上的沟槽慢慢移动，一边闭上眼睛，呼吸。

　　　　　　　　　　　　　　　　　　　兹比格涅夫·赫贝特

很多教堂是免费的，但也有像沙特尔大教堂这样的超级景点，是要收费的。赫贝特只能挑周日的时候去，因为票价打折。但是去过之后，他就决定要把巴黎周围的教堂全部看一遍。他没有规划，一切都取决于能否省钱。幸运的是，他遇到一位名叫"于洛"的巴黎人，让他搭车去看了好几个教堂。完了以后，于洛还告诉他，你要去稍微远一点的沙阿利的话，最省钱的方式是坐火车，转公交车。这一圈走下来，赫贝特腿脚劳累不堪，因为公交车往返的地点和时间都不确定，他常常要靠走。

他还得赚钱，因为他收到的资助很有限，而且往往不能及时拿到手里。他每认识一个当地人，就得打听，你身边有没有人想学拉丁文，我在这里待几天，我可以教他。作为东欧人，他没有穿过什么好衣服，只能小心爱护唯一的一件白衬衫；而最需要保管好的东西，一个是护照，另一个是随身携带的手提箱，那里面装不了几本书，但装着专门做书摘的笔记本，还有他一路画的素描，完成的诗歌和散文手稿。

他总是去那些历史遗迹，因为在那里，面对数百年上千年之前的事物，他才感到自己和周围的人是平等的，没有人会嫌弃地看着他，觉得他的穿着很土。

他去过一个地方，法国的拉斯科，那里有着闻名世界的史前壁画。如今，要去一次拉斯科，需要预约排队，而在赫贝特那时候，他可以找到一个廉价的深度旅游团，好像探险一样，穿过毫不起眼的入口，走进洞窟，看着火把和油灯照亮的墙壁和拱顶上画的公牛和鹿群，那是旧石器时代的人类画下的他们目之所见和心中想象的动物。赫贝特不由得说，我觉得，我在这里不是野蛮人了：

> 我从拉斯科洞窟回来，来去走的同一条路。虽然我看了很多，但……在这个历史的深渊里，我一点也不感到我是从另外一个世界来的。我任何时候也没有像现在这样，坚信我是这个世界的公民，我不仅是古希腊人和古罗马人遗产的继承者，而且是所有这一切的永远的继承者。

他的第一次国外旅行，就持续了将近两年的时间。等他回来的时候，他预感下一次出国也并不会太遥远。他变得强大了。最初，他想过一旦离开波兰，就再也不回去，哪怕是整天在外国摆小摊卖货谋生，也强过在国内整天听电台里的谎言和充满意识形态偏见的话语；可是，当护照局官员看了他一眼，然后收走他的护照检查的时候，他忽然觉得，自己很愿意回到国内。这些官员，其实都是秘密警察，在波兰，等待他的是粗劣暗淡的景观，是不可预知的跟踪、审问，甚至逮捕，然而，只有在这样的环境，在"祖国石头一样的怀抱"里，他才会渴望逃离，才会想要再次拥抱美丽、和谐、稳固和永恒。

而他也明白，祖国的官员是希望他一去不返的，因为他

　　　　　　　　　　　　　　兹比格涅夫·赫贝特

们可以就此确信，他，赫贝特，是个吃里爬外的叛徒，可以把他永远钉在舆论的耻辱柱上。但只要他回来，他们就拿他没办法，下一次也会更加痛快地给他签证。

到 1964 年，他已经第三次出国，这一次，他一整年都待在意大利和希腊。在希腊，他去了克里特岛。克里特，有一个举世闻名的神话，说这里的米诺斯国王的妻子勾引了一头公牛，生下了一个人身牛头怪，名叫"弥诺陶洛斯"。国王想要隐瞒丑闻，就吩咐巧匠代达罗斯造了一座迷宫，把牛头怪放在中间，每隔九年，就要让雅典送来七对童男童女充当祭品，给他吃掉。后来，英雄忒修斯得到米诺斯国王的女儿阿里阿德涅的帮助，带着她给的线团，混在祭品里面穿过迷宫，杀死了牛头怪。

人们都颂扬忒修斯除害的英雄事迹，赞美阿里阿德涅的智慧，或者钦佩代达罗斯建造迷宫的本领，可是，赫贝特却一直对这个被杀死的牛头怪物抱有同情。牛头怪让他想起了童年时经常在他家附近游弋的一只流浪猫，他的父母严禁他靠近那只猫，说这种动物会传染病菌。于是，赫贝特把自己日常省下来的最好的零食，什么巧克力啊，糖果啊，放到台阶下面，然后轻轻地呼唤几声。但是这只猫无法感受他的好意，它越发地矜持和警惕。后来，当赫贝特读到牛头怪的故事时，他就想到了那只猫，它多么可怜，它之所以警惕，对人有敌意，不正是因为人防备它、远离它吗？人们认定它是野蛮的，不断地诅咒它，它就真的成了野蛮的了。

可是，在希腊人留下的古瓶上，赫贝特看到了这个怪物被杀的时候的样子。它并不丑陋，相反，希腊人把它画得和勇士忒修斯一样，身材魁梧，肌肉强健，当他被杀的时候，鲜血无助地从牛脖子流到地上，形成了一幅真正的悲剧的画面。

他突然醒悟到：希腊人创造这个故事，不是为了表现正义战胜邪恶，英雄打败魔鬼，而是为了满足一种彻底的、全面的崇拜的欲望。他们崇拜创造迷宫的智慧，崇拜身体搏斗的肌肉之美，崇拜鲜血的神圣性，他们同时崇拜战胜对手的人和那个被打败的对手。这种崇拜是原始而神秘的，米诺斯文化的文字至今都未能被完全破解。但赫贝特把它感知为一种超越性的观念，一种超越了敌我之分的审美情怀。

他承认说，这是他一厢情愿的看法。他所看到的克里特岛上的历史遗迹，其实基本上都已被破坏了。有的毁于火山爆发；而那些看起来很辉煌的宫殿，则都是后人新建的；被收藏进博物馆里的展品，有壁画，有浮雕，有陶器，有塑像，有棺椁，很多都是精美的，但由于文字无法破解，克里特岛人的精神世界终究是无法得到重构的。赫贝特说，他之所以对这个迷雾重重的岛屿抱有热情，实在是因为那个世界，把一切都给明确化，也给绝对化了：在波兰，所有的公共话语，都要求人们热爱国家，享受辛苦劳动的每一天，而资本主义西方的一切，都被打成了邪恶的化身。

希腊，是他所去过的欧洲的最穷的角落，也就比波兰强一点。在克里特岛上，交通很不发达，赫贝特依然是搭乘着公交车，每天在摩肩接踵的乘客中挤来挤去，公交车的扩音器里，一直播放着粗犷的民歌小调，杂音不断，折磨着人的耳朵。一天又一天，赫贝特像个做专题史研究的历史学家一样，设法踏遍了岛上所有的历史遗迹，他尽力去寻找那些最为原生态的地方。当他终于找到了一处美丽的废墟的时候，他说，我贪婪地吸入这些碎石之间的气息，我要向获准开掘这个地方的意大利考古学家们致敬。

他这一辈子，总是希望去向一些什么人致敬，总是希望去崇拜一些"伟大"的事物。他说，即使在最应该叛逆的青春年代，他也从未想过要叛逆，而总是信任"伟大"，希望让它震撼自己，碾压自己——这是"伟大"这两个字应该做的事情。他也会因此面对一种质疑，那也是我要问他的：你不觉得自己是个保守分子，是个厚古薄今的人吗？

赫贝特淡然一笑：我也没有办法。我 1958 年去法国时，随身带着的，是一本 1909 年利沃夫出版的《欧洲指南》；后来我去荷兰，我用的书是德国的贝代克旅游指南系列，这是一个早在 1827 年就开始出版的系列，我用的那本也不过就更新到了 1911 年。这都是我父亲的藏书——我没有别的选择，国内找不到，我也买不起国外的书。

话虽如此，但是赫贝特也的确形成了一个信念，那就是，访问异地他邦，不应该从一个三星级的景区开始，而应该从一个被遗弃的荒凉的省份开始，一场旅行应该始于一个历史的孤儿。在那里，你也许看不见任何炫目的东西，听不见任何滚动播放的、字正腔圆的导览语音，你只能踩着脚下的沙土，用鼻子捕捉石块的气味，感受扑面而来的风。

他写过一首诗，叫作《客体研究》，其中写道：

最美丽的物体 / 是不存在之物 // 不用于盛水 / 也不用于保存英雄的骸骨 // ……从所有方向 / 都能看见 / 就是说几乎可以 / 被预感 // ……无论 / 炫目 / 还是 / 死亡 / 都无法破坏 / 不存在之物。

他的诗都是简约的，往往充满非俗的哲理；他的散文，则一般都是那些对艺术品、对历史遗迹和往事的沉思。但为了保住这么一种阳春白雪的面貌，他对那些真正的困苦只字不提：为了省钱，他不得不总是选择最简陋的食物，最少花销的住宿，不得不靠两条腿走路来 cover 掉公交路线之外的路程。他在一座城市总要逗留很久，这种"深度游"有一个客观的原因，那就是他要花费太多的时间找公交站台，等候公交车。

不过，公交车也让他感到亲切。因为那是一个最具有平等色彩的交通工具——公交车里没有餐车，更没有头等舱，所有坐车的人都是平等而朴素的，都是人民。冷战时的欧洲，东西对峙，欧洲人民也分成了东边和西边两拨。赫贝特从来不去任何东欧国家。但是，不管在哪里，只要坐公交车，他都会感到自己属于整个欧洲，他不是东欧人，不是波兰人，而是欧洲人。

在1960年的秋天，赫贝特从伦敦出发，向北来到苏格兰，他在西海岸的两座相邻的小岛上度过了几天。那是他——一个生在中欧内陆的人，第一次见到这么浩瀚的海洋，和以往只在梦中出现的岛屿。这两座岛，一座叫穆尔，一座叫伊奥纳，当他从穆尔前往伊奥纳的时候，正是10月29日，他的36岁生日。渡轮已经停航，他的房东太太给当地一个渔夫打电话，请渔夫帮个忙，对方同意了。于是，赫贝特在那个无比寒冷、潮湿、灰暗的早晨，哆里哆嗦地站在码头上等船，那码头只是一条延伸入海的破旧的水泥路。他看着汹涌的波涛猛撞陡峭的岸边岩石，掀起高大的浪花。忽然间，一只小渔船从雾气中出现，向他驶来，就像是从梦中伸出的一只手。

在伊奥纳岛上的一座修道院里，他看到这里有一尊由一位犹太雕塑家创作的、以童贞女为主题的青铜雕塑，他被打动了，他看到雕塑下面的题词说，它是为了世间人类的和睦，以便让精神得以统治而塑造的。当他回到穆尔岛上，夜晚，房东太太让他在窗前放一盏小灯，俯瞰着伊奥纳。两座岛屿的灯光隔海相望，彼此心领神会地闪烁着。

这是岛上人的习俗。赫贝特后来这样写道：我不知道未来还会发生什么，也不知道世界还要被撕裂多久，但只要一年中有一个夜晚，这片土地上的灯光还在发出问候的话，那么希望就不会被埋没。

我告诉赫贝特先生，您走后，我今晚也会在酒馆里保留一盏灯光。我们下次见。

Joseph Roth

约瑟夫·罗特

约瑟夫·罗特（1894—1939），出生于奥匈帝国
的犹太裔小说家，在第一次世界大战后成为无国
无家之人，在法兰克福、柏林、巴黎等地居无定
所。一度成为金牌记者，又是下笔飞快、酗酒如
命的当红小说家，用《拉德茨基进行曲》《约伯
记》《无尽的逃亡》等小说为自己写下一份"永
世流亡"的墓志。

在所有强忍住的泪水中，最为珍贵的是那些为自己而流的眼泪。

怎样成为一位
大地上的过客？

你好，这里是作家酒馆。

一列火车从维也纳开往布达佩斯，车上坐着个犹太人，他从帽檐底下的眼镜后边偶尔看一眼窗外。他岁数很大了，胡须茂密，但看上去依然是个穷人，不得不四处漂泊，他穿着犹太教传统的黑灰条纹的大长袍。当查票员过来查票，他一言不发地掏出车票，递了过去。查票员见的人多了，像这样的穷犹太人，他们总是鬼鬼祟祟，很可能会在袍子下面藏个小孩，想逃票什么的。于是，查票员说：你，你的衣服是不是可以打开，让我看看？

这个犹太人还是没说话。他打开袍襟，从里面拿出一样大家伙。查票员呆住了。那是一幅画，画面上是一个须发皆白的

　　　　　　　　　　　　　　约瑟夫·罗特

老人，他目光威严，穿着华贵，但表情和蔼从容，鼻子上亮晶晶的，好像总是挂着一颗泪滴。

这是哈布斯堡王朝的弗朗茨·约瑟夫皇帝，奥地利人和匈牙利人，还有当年生活在奥匈帝国境内的各个民族的人，斯洛文尼亚人，塞尔维亚人，克罗地亚人，波兰人，俄国人，都是得到他保护的臣民。而犹太人，作为一个没有国家的民族，一个在各国各地区之间寄居的民族，也仰仗他的保护。

这个火车上的故事，是我今天请来的作家朋友告诉我的。他最喜欢讲这个故事，但讲述时的形象不太雅观。这还是第一次，有一个打扮这么潦草的顾客来我的酒馆，他头上发量见少，还亏得掉了头发，才显得天庭宽阔一些；他牙齿掉了很多，还有肝病，可是照样一杯接一杯地喝酒，他不在乎，他早就习惯了第二天早晨，用呕吐来排空肠胃。

他名叫 Joseph Roth，约瑟夫·罗特。他对白兰地特别有好感，因为那是他在维也纳的时候最喜欢的酒，哪怕是一杯劣等的白兰地，都能让他找回那个昔日的奥匈帝国的踪影。人们说，奥匈，是一个劣等帝国，它存在了50多年，从来都没有真正打赢过一场战争。可是罗特，他不这么认为，他说，最起码在帝国里，他买一张火车票就可以到处自由自在地走，任意地跨越各省各地区的边界。每到一个车站，他都会掏出怀表，和车站上的大钟对一对时间，一旦发现两个时间走得不太一致时，他还挺开心的，就仿佛他自己有一个时间系统，而无须紧紧跟随着帝国走进灭亡的倒计时。

　　帝国的灭亡是在一战结束的 1918 年，弗朗茨·约瑟夫皇帝则是在 1916 年 11 月 21 日结束了 86 年的人生和将近 50 年的执政生涯。那真可谓"人存政举，人亡政息"。而罗特那时不过 20 出头，正在书写他自己的历史：他说，我作为一个奥匈帝国的步兵上了前线，然后被俄国人俘虏，之后，我像一个断了线的风筝一样，在俄国的大陆上漂泊、冒险。

　　在他对个人往事的叙说中，有很多话看着像是吹嘘。比如说，他总是夸口说很多女人依恋他，而且，往往是一些因为战争而失去依靠的贵妇人，她们在罗特这个战俘——或者说逃兵——或者说流浪汉的身上，看到了某种真正属于旧时代的气质。他说自己更名改姓，从天寒地冻的远东，一会儿坐火车，一会儿骑马，一会儿步行，一方面绕开各种战火不断的地方，另一方面，他对那里正在发生的混乱了如指掌，简直如——目睹过。1917 年秋，俄国爆发了十月革命，很多在战争中觉醒的年轻人都竞相投奔莫斯科。可是罗特，他人在俄国，却不为所动，他只是想念那个已经消失的奥匈帝国。

　　在他的眼里，帝国的消失，带走了人群的尊严感，从此，一切人的聚集都带有乌合之众的画风。在他参军之前，奥匈军校有一位历史老师跟他说：我们是为皇帝而战，所以我们是有目标的、神圣的军人。罗特觉得这话挺讽刺的，因为谁都知道，奥匈的军官大多是无能之辈，他们护卫着一个垂垂老矣的

　　　　　　　　　　　　　　　　　　　约瑟夫·罗特

皇帝，犹如一群打着哈欠、看坟守墓的人；可是到了战后，罗特却在无可归属之中，衷心地感念起战前的光景来，感念起那个暮气沉沉、最后四分五裂的皇权国家。

于是他说，只有在一场不但艰难，而且丧失了目标的回归的过程中，人才能再次成为一个值得去成为的人。他这个人，非常执拗，他说，我必须高兴起来——并不是心怀希望的高兴，而是带有悲哀的高兴。他说："在我的心里，悲哀比欢乐更能够引起欢呼。在所有强忍住的泪水中，最为珍贵的是那些为自己而流的眼泪。"

在回归的路上，罗特听闻了许多针对犹太人的暴力事件。由于战乱的缘故，俄国大片的农村处在无政府状态，一些军事强人就拉起自己的武装，去打家劫舍，或者自立为王。他们善于发动那些无知的俄国农民，去驱逐和迫害寄居在此的其他民族，而犹太人往往首当其冲。暴徒们把犹太人从诵经的教堂里揪出来，把他们的帽子打掉，把袍子扯烂，让那些皓首穷经的犹太老人跪在地上，砸烂他们的小提琴，撕他们的胡须，把他们高高地扔起，扔到半空。

这些景象被罗特记了下来，若干年后，当他来到柏林，担任《美因兹汇报》（《法兰克福汇报》前身）的记者时，他就着手写一本名叫《塔拉巴斯》的小说。这里有我看过的，关于反犹场景的最生动的描绘。那些暴徒好像并不以杀人为第一目的，他们最想要的，是尽情地羞辱犹太人。他们觉得，犹太人总是活在一种良好的自我感觉之中，他们信自己的宗教，总是低着头，念念有词；他们手无寸铁，而且大多数都和俄国农民一样穷困潦倒，然而，农民却认为他们比那些健康、强壮、年轻、拥有武器的人更危险。那些骑着高头大马的军人，挥动鞭子抽向那些正在回家路上的犹太人，看到那些人被抽得四散躲避，便发出狂妄的笑声。

犹太人仿佛永远在祷告，在询问上帝究竟是何意愿，在祈求上帝的宽恕。这当然没用了，只会激起那些暴徒更大的仇恨。他们把犹太人视为古老的幽灵，以成千上万种形态遍布在俄罗斯，到处生根；他们令人捉摸不透，无数次被消灭但又死而复生；刚刚结束的这场战争已经够可怕了，却还是不及近在眼前的这些不可理喻的幽灵更让他们感到可怕。

光看这些欢闹的暴力场面，我觉得，罗特只是个好奇而又目光犀利的社会观察者。他记下了俄国革命的一种真相，以及犹太人面临的某种共同的厄运：在奥匈帝国，他们由于皇帝去世而失去了保护；在俄罗斯，他们由于革命的大火，而成为被殃及的池鱼。罗特给《塔拉巴斯》这本书取了一个副书名，叫作"一位大地上的过客"。他的确只是过客，从来不曾真正参与过暴力或者抵抗暴力的行动。他只是保全自己，像一只穿过屠宰场的猫一样，穿越那些兵荒马乱的地方。

他给这本书写了一句题赠，说，此书献给我的父母。这句话提醒了我。我以为，他是个早已把生涯付予流浪，早就忘了

　　　　　　　　　　　　　　约瑟夫·罗特

父母的人，就像他都宁可忘记他自己也是个犹太人。但罗特解释说：不，我的父亲连坟墓都没有，他自从做生意破产，发疯，我就再也没见过他。我的妈妈一直留在故乡。我离开那里后，就再也没有回去——只是因为这样，我才会对他们存有感情。

父母属于那个不存在了的世界，那个已化成灰烬的时代，但罗特顽固地从那里带走了烤栗子和烤土豆的气息，土豆在火焰和落叶的灰烬中，被农民、家庭主妇和小商贩们用一根根小树枝拨弄着，犹如一个个满面尘灰的乡下人在准备迁徙。在罗特的故乡——布罗迪，那个奥匈帝国的偏远小城，农民都是安心的；生活中很少美好，更谈不上惬意，有时还充满悲哀，可当罗特日后描写悲哀的画面的时候，我相信他是快乐的。

因为他可以沉浸其中。在那些日子里，最常见的一种鸟是乌鸦。在冬季，下过雪之后，太阳模模糊糊、惨惨淡淡，还被冻住的窗框遮挡着，低矮的房顶垂下了又长又重的冰凌，像是死亡的流苏。这时乌鸦飞来了，它们像坏消息一样近，像不祥的预感一样远，它们张着贪吃的大嘴，聒噪着，黑压压地挂在光秃秃的树枝上，就像一些不断扇动翅膀、大声喧闹的果子。

乌鸦是古老年代的象征，却又反映了时代精神的变化。用罗特的话说，这种精神，就是不管有没有意义，人都想要摆脱孤立和零散的状态，去和更多的人在一起，加入更大的人群。在一战前夕，那些小村落开始聚合成一个个大村落，大村落则要设法进入城市的范围之中；城市在崛起，它们吸引着农民进来，转变身份。

农民都成了工人。而工业是什么？罗特简直是顽固不化地说，工业是上帝降下的最残忍的惩罚。他描写过一个加工鬃毛的工厂，在方圆 20 里内，这是唯一一家兴办起来的工业企业。附近那些贫苦农民，包括那些底层的犹太人，都来工作了。他们整日在一个年久失修的旧房子里清洗鬃毛，洗净后，再用大铁耙子梳理。他们的鼻子吸入了灰尘和细菌，不停地打喷嚏。而窗外，燕子一掠而过，蝴蝶和苍蝇在欢快地飞舞，云雀高声欢唱，不禁让他们怀念起以往的生活，那种和变化无常的大自然相伴，能闻到干草的芳香和粪肥的恶臭，能享受百鸟的欢叫，也要忍受冰雪的严寒的日子。

在传统和现代之间，在旧与新之间，罗特是倾心于前者的。那是他父辈的世界，在那里，人民，特别是像他这样来自偏远地区的人民，对弗朗茨·约瑟夫皇帝抱有最起码是原则性的敬意，凭着这种敬意，他们能够容忍艰苦和贫穷，暂时不至于举起独立的火把。如果说，罗特心中还有什么画面属于永恒的话，那就是在某一年的秋天，帝国边民迎接皇帝驾临的时刻。他在 1932 年发表的小说《拉德茨基进行曲》中，有一个特别漫长的镜头，那是他记忆深处的一份宝藏，一笔无人可以剥夺的遗产：

那一天，皇帝的队伍来到奥匈帝国和俄国边界的一个村落。皇帝出巡，是为了安抚帝国境内的各个民族，各种宗教教派的人群。他先后去了天主教徒和东正教徒的居住区，当他在东正教堂里做弥撒的时候，他的随从过来说，犹太人来了，在外边等候您。

皇帝骑着马，在马上接见犹太人。在村头的出口处，犹太人像乌云一般，黑压压的一片，向皇帝涌来，他们都肃立鞠躬，如同田野里那些少见的黑穗在风中摇曳。皇帝从马鞍上，只是看见一大片俯下去的后背，走近了一些，才看见了他们在风中飘拂的长胡须，各种颜色的胡须，白的，黑的，红的，比牲畜的鬃毛更加五花八门。皇帝自己也是一把雪白的连鬓胡子，在银色的阳光下闪耀着。这时，一个领头的犹太老人走了过来，他穿着黑白条纹相间的祈祷服，朝着皇帝的马走上前，这时，皇帝止住了马，他跨下马背，迎向了那个老人。

这两个人，一个是一国至尊，另一个则是乡野草民。可两个人都是80岁高龄，走过了几乎同样长短的岁月。"犹太老人在皇帝面前三步之远的地方站停下来。他怀里抱着犹太人的圣书——《摩西五经》，这本书，用的是紫红色大羊皮纸卷，饰有金色的冠盖，上面还有小钟在发出轻轻的声响。犹太老人把《摩西五经》奉献给皇帝。他张开满是胡须的无牙的嘴，以一种难以理解的语言，结结巴巴地念叨着犹太人参见皇帝时非念不可的祝福词。"皇帝也俯下头去。念完之后，老人说了一句："衷心祝福你！你的世界将永世不灭！"

皇帝心里想的是：这我知道。

怎样成为一位大地上的过客？

皇帝翻身上马，走了。他去参加军事演习了。罗特为他安排了这么一个意味深长的远去的背影。军事演习，是为了备战，犹太人祈求从皇帝的身上看到永恒安宁的许诺，可是皇帝却必须做好作战的准备。在边境，人们每天都能看到帝国没落的前兆，因为军队在朝这里开拔，奥匈的军官们，在这荒凉的边境操演军马，多数时间是百无聊赖的，时不时地会有人因为赌博而丧命。

在小说里，那些走南闯北的人，带来了一个个危险的信号：这帝国非亡不可，巴尔干半岛上，每一个民族都想建立一个脏兮兮的独立的小国家，就连犹太人，他们也都盘算着要在巴勒斯坦捧出一个自己的国王。在帝国的首都维也纳，人群正在聚集，他们受到社会民主党人的召唤，而原先负责维护社会稳定的教会，以及市长，都在跟着人群走。皇帝把爵位册封给那些工业资本家，给那些新兴的有钱人，而不是拥有虔诚血统的贵族后代。这是一片崩溃前的迹象。书中有个人物说了句话："只待皇帝闭上眼睛，说声晚安，我们就会碎成一百片小块。"

1930 年代，带着对旧帝国的深沉印象，罗特发现自己置身于一个新的国家争相崛起的时代。他在另一部小说《先王冢》中写下了这样一段话：

我不属于这个时代，我几乎把自己直接称为"时代的敌人"。我一点也不理解这个时代，但是，这话只是一个无恶意

　　　　　　　　　　　　约瑟夫·罗特

的托词。因为我懒惰，我不想思考得太复杂，同时又不想变得粗鲁，变得充满恶意，我才说自己是不理解的。我本来是想说：我厌恶和鄙视这个时代。我是个听觉敏锐的人，可我假装耳背，我宁可伪装残疾，也不愿意承认我听到了粗俗的声响。

那些粗俗的声响，就来自人群的躁动不安。在罗特看来，工业改变了大地上的生活面貌，创造了新的城市文明，人确实不像在以农业为王的时代那么粗野了，但是，用来取代粗野的，是因追逐财富而来的伪善和投机。

罗特继续去流浪，漂泊——去逃离每一种新的国家形式的捕捉。1933 年，正当希特勒在德国掌权的时候，他去到了巴黎。在巴黎，他最大的收获，第一是写出了更多的小说；第二是养成了一种可以随时就地一躺的习惯。

他用他的薪水和版税，整天住高档的饭店，见识形形色色的人。他跟上流社会的人，那些工业家，银行家，律师，政治家，报纸出版商，以及这些人的秘书，和那些搞文艺的人，像什么诗人、画家、音乐家，连同围绕在他们身边的女客人，都可以谈笑自若。这些人，在战争年代利用国家之间的仇恨做生意，现在思考如何利用新的和平的局面升官发财；报纸的发行人，原本推出的是各种战争专号，现在却宣传起了国家之间要和睦相处。富裕的工厂主，身边跟着貌合神离的妻子，而文人墨客悄悄勾引着那些渴望用文学艺术滋润灵魂的女性，让她们得到些许放荡的机会。罗特也是这勾引者中的一分子，然而在回到自己房间后，他点起一支烟，就在稿纸上写下这样的话："所有修养良好的语言都是可耻的，在日常表达中，你无法说出比这更难听的话来。"

他比以前更加目中无人了：世上没有第二个人，像他一样清醒，像他一样看破一切。他几乎从不读书，他只是痴迷地体会这个时代，在清醒的时候写下新的小说。一旦喝醉了，他就立刻像个流浪汉一样躺倒，脑袋下面垫着一口陈旧的手提箱，里面装满了稿纸和写好的东西。塞纳河的桥下，是他最熟悉的地方，他能够听懂河水的口音，就仿佛能在一粒烤土豆的气息里听到来自往昔的召唤。当他快要过不下去了，他就会给自己唯一的一个有钱的朋友写信，此人不是别人，正是茨威格。

茨威格比罗特大 13 岁，也是从奥匈帝国走出来的犹太作家，但是功成名就，在奥地利萨尔茨堡拥有一所安逸的宅邸。罗特对茨威格说，你别在奥地利待着了，赶快走，离开欧洲——这里不再适合你我。你还得给我点钱，因为你懂的，我比你写得好多了。

他目中无人，是因为他不抱幻想，那个消失的帝国，仿佛带走了他最后的恭敬之心。他之所以待在巴黎，是因为巴黎还算是一个欧洲之都，犹如当年的维也纳。他之所以忠诚于奥匈帝国，是因为帝国给了他身为欧洲人的感觉。他在欧洲大地上来往，就仿佛是在家中穿房过户一样。当他从维也纳，到柏林，再到巴黎的时候，他依然在追寻那种幻梦，那种不被强迫

　　　　　　　　　　　　约瑟夫·罗特

隶属于任何一个群体的自由感。

　　我眼前的这个人需要搀扶着，一点一点地，走出监控镜头的视线。他就像一只远离了冰雪之地的海豹，骄傲而又无可奈何地，走向在文明社会里各奔前程的人群。我觉得他很重要，因为从他那种拒绝任何怜悯的无家可归，那种对一些落伍的事物的挂念中，我看到了一种罕见的品质：冥顽不化。我们早就学会了凡事以做到正确为先，以效率、互惠和得体的修养为美德，可是在流浪汉罗特的眼里，这种正确的修养，配得上一个粗野的轻蔑的眼神。他就是冥顽不化的，但那是珍稀的品质，那是人类本真的最后一道防线。

　　今天的酒馆关门时间已到，我们下次见。

David Herbert Lawrence

D.H. 劳伦斯

D.H. 劳伦斯（1885—1930），英国小说家和诗
人，敏感、忧伤，用他的"色情"写作挑战他无
法忍受的社会陈规，企图在身心两界都实现某种
乌托邦理想。《恋爱中的女人》《虹》《查泰莱夫
人的情人》是他的代表作。

这是一个会对个体发起挑战的世界，
要迎击，要大胆地唤醒身上那被废置不用的、动物性的潜能。

人该如何
保护完整的自我
？

你好，这里是作家酒馆。

砖墙上缀满了常春藤，越是靠近上方越是茂密，而把下面的位置让给了墙前面的人。那是两对青年男女，四个人看着都十分体面，在常春藤的环衬下犹如一家。站在最左边的这位先生，他是新婚，他有一双湛蓝色的眼睛，胡子整齐地修剪在嘴唇上方，呈一个等边梯形。

这一片发红的毛发让他心存骄傲。他就是 D. H. Lawrence,劳伦斯。新婚，给他的心情提供了一个机会，得以在下一次震荡之前稍作休息。他的太太，叫弗丽达，是四个人中身形最臃肿的，看上去比劳伦斯大很多，两个人并不太般配。另两个人是他们的朋友，凯瑟琳和默里。四个人都戴着端庄的英式草帽，彼此交错地站着，互相跟不是自己另一半的那个人站在一起。劳伦斯身边站着凯瑟琳，是原籍新西兰的女作家，长得很美，有深色而有神的双眸，有非常高级的衣品。她跟她的丈夫默里，跟劳伦斯夫妇都是好朋友，可是弗丽达看着更像和默里是一对。

这种错杂，多少是劳伦斯想要的，他一直觉得，能和最好的朋友过一种世外桃源般的公社生活，那就应该如此。他是沉浸于这一刻的，以至于他和另外三个人，谁都没想到要把侧边墙上晾着的被单取下来。

劳伦斯是酒馆今晚的驻场主角。他已经和当年大不相同，最突出的是脸型：他有一张三角形的脸——一个下半截很长、特别陡峭的锐角三角形，垂到了胸前的胡子，就像一把剑。他本来只是下巴很大，脸是偏圆的，但因为心情不好，圆脸被很多事情，很多很多事情——贫穷、战争、友谊、夫妻关系、肺病、左眼的神经痛——给拉长了。

那张照片是 1914 年 7 月 13 日在伦敦拍的，三个月后，他们四个人一起来到距离伦敦 65 英里之外的白金汉，一面尝试共同生活，一面讨论一个计划：找个偏僻的小岛，共建一处世外桃源。因为战争已经爆发，他们四个人都十分厌恶那些爱国主义动员，更担心自己要被征去当兵。但劳伦斯很快就感到，他们的相处非常困难。劳伦斯自己是个热衷于情爱体验的人，他也很喜欢对朋友的婚姻关系提出看法。他看出，默里是一个

D.H. 劳伦斯

眼高手低的人，并没有多少才华，却想成为大艺术家，又很要面子，明明自己过得拮据，却不想用妻子凯瑟琳的钱。劳伦斯告诉默里，说你要是硬撑着，不用凯瑟琳的钱，这等于是在告诉她，你不相信她爱你。你要好好考虑了，凯瑟琳可能已经对你不满了。

这些话，说得很不聪明，很冒失，招来了默里的反感。但是，他必须要这样冒犯朋友，因为这可以缓和他自己陷入的夫妻困扰。劳伦斯和弗丽达，两个人走到一起的过程充满了坎坷。他们俩是私奔的。弗丽达是德意志的一个叫里希特霍芬的豪门家族的后代，血统高贵，在劳伦斯眼里，她有着荷兰大画家鲁本斯油画里的那些女人的形体，同时带着一张希腊式的脸庞，她值得自己托付终身。劳伦斯向她求爱，弗丽达爽快地接受了，接下来的事情，就是弗丽达要顶着丑闻的压力，走一段法律程序，去抛夫弃子。她是有夫之妇，她的离婚官司闹上了报纸头条，在漫长的诉讼之后，法院把她的两个女儿判给了前夫。

私奔这件事情，必须是两个人格外同心才能完成的。劳伦斯得到了弗丽达的忠诚的支持，他在弗丽达身上看到了一个渴望解脱社会陈规束缚，又充满自然欲望的灵魂——这像他自己，可以说，弗丽达先于劳伦斯，成为劳伦斯想要成为的人。他们两个人都认为，自己就是托尔斯泰所写的安娜·卡列尼娜和沃伦斯基的翻版。但是，托尔斯泰对这一场婚外情是持谴责态度的，劳伦斯觉得托尔斯泰不公正，他说：既然爱情是诚挚的，那就应该骄傲地活在其中，何必去畏惧外人强加的道德法则。

弗丽达带着劳伦斯，离开英国，去各个地方旅居，而无视别人的流言蜚语；她也提前说出了劳伦斯内心中生怕说出的话，那就是，不要打仗，打仗是人间最恶心的事情。

弗丽达也是彻底被劳伦斯的才华所征服的。她失去了两个女儿，但带走了儿子蒙蒂，有一些日子，小蒙蒂记得妈妈躺在床上，读着劳伦斯的长篇小说处女作《儿子与情人》，脸上露出了仿佛融化在蜜糖中一样的笑容。

《儿子与情人》为他赢得了一顶"色情作家"的王冠，它简直是在放肆地宣告，作者要把性与情爱，把一些不能放到台面上来讲的东西，用美丽的词句给大声说出来。他还写情诗，那些诗歌，被当时的几位英国作家冷嘲热讽。赫胥黎说，读这些诗就好像是开错了卧室的门；奥登说，这些诗什么都敢写，我读着感觉自己是偷窥狂。他的朋友默里，一方面不耐烦地拒绝劳伦斯关于婚姻关系的种种提议，另一方面，他也看到了劳伦斯写了这么多情诗，其实自己却经常与弗丽达争吵。看起来，世俗世界的压力到底是影响到劳伦斯的情绪的，他非常容易动怒，尤其是，每当弗丽达忍不住说起要去看她的两个女儿的时候，劳伦斯就会突然满脸阴沉。

他手里仿佛有一杆尺，一直在测量自己和对方之间欲望

D.H. 劳伦斯

和需求满足的消长高低，他有如此多苛求，以至于难以找到长时间的性和谐；但他从不掩饰，就像不掩饰自己私奔的真相一样，不掩饰他和弗丽达关系恶化。他们的吵闹，让凯瑟琳十分反感，但劳伦斯就是希望活得坦白，他认为即时的发作也许十分暴烈，却强过审慎的克制；他认为人的理智是被训导过的，是让人压抑的，有话不说的，相反，肉体和血性是诚实而聪慧的。他从未在危险时刻息事宁人，他宁可让自己的身体来展示危机，也不愿意动用头脑，来衡量出一个更加明智的做法。

即使真的住进一个桃花源，劳伦斯也不认为，那里必须是恬静、安宁的。动物都有本能，就要发出噪音，人类创造了喧闹的矿山，雷霆般的战场，却要抑制个人本能所释放的动静，凭什么？劳伦斯是一个煤矿工人的儿子，他在开矿采煤的噪音中长大，认为大自然里的声音更加真实，也更加热辣。他在一首诗中说：

我记得，当我还是孩子，

我听过青蛙的尖叫，它的脚被一条突袭的蛇咬进嘴里；

我记得我第一次听到牛蛙在春天里爆出喧嚷；

我记得听过一只野鹅在湖水的远处，

用夜的喉咙高叫；

我记得灌木中的一只夜莺，在黑暗中撕出尖叫和咯咯声，

第一次惊到了我灵魂的深处；

我记得兔子的尖叫，当我在午夜穿越树林；

我记得发情的小母牛长时间地哞哞直叫，持续而无可抑制；

我记得，我第一次听到爱恋中的野猫的诡异叫声，是多么恐惧；

我记得一匹受伤的马儿的惊叫，像片状闪电；

我记得我被临产女人的叫声吓跑，那声音仿佛猫头鹰的怪号……

即使貌似无声的植物，劳伦斯都觉得它们随时在炫耀身体和性的力量：静默的树木在摇晃头发，攫取阳光，所谓"生机勃勃"意味着互相竞争，大声叫喊。处在繁殖的冲动下，生物与生物之间，是有暴力、有斗争的，我们听到的叫喊就是证据。

就是基于这么一种对本能的信仰，劳伦斯无论去到哪里，都总是能引起强烈的情感，不管那是憎恨还是爱慕，是嫌弃还是迷醉，是愤怒还是嫉妒。认识他的人，都会觉得，认识他是他们人生中一件十分重要的事情。或许，也是他们认识这个世界的开端，这是一个会对个体发起挑战的世界，需要个体去面对，去迎击，去大胆地唤醒身上那废置不用的、动物性的潜能。

很多年以后，劳伦斯回忆起来，从 1914 年的夏天到冬天，那是一段刚刚建起的爱巢迅速变得又湿又冷的时光。这变化，主要并不是因为和弗丽达吵架，劳伦斯相信，两个相爱的人之间必有一战；爱巢的变冷，主要是因为大战侵扰他的生活。家庭和肉体关系，对他来说是一个在舒适中慢慢发烫的软垫，而战争则是凭空降下的祸端。

劳伦斯是个没什么政治远见的人。两年前他还以为，战争距离英国很远；因为他和普通人一样，只要自己日子逍遥，就会以为岁月到处都会一直走向太平无事。在巴尔干半岛上，总是有些打打杀杀的消息，但对英国来说，显得那么遥远。

于是，当英国人在 1914 年 8 月 4 日宣布参战的时候，劳伦斯大光其火；当他接到征兵体检的消息时，他愤怒地叹息说，英国就这么完蛋了，英国精神彻底堕落了。在开战后的头一个月里就有 50 万英国人上战场，之后每个月都有十几万人。劳伦斯想，他们怎么受得了和心爱的人分开？他们图的是什么？就为了光耀日不落帝国的美名而甘愿充当祭品吗？

而那个时候的英国作家，大部分都不是像他那样想的，只要是那些认为自己身体强健的人，多少都认为应该参战，去感受一下爱国的热情，履行抗击德国军国主义者的责任，只不过，他们都误以为，战争打几个月也就结束了，而他们只需在胜利前加入冲锋的队伍。

劳伦斯深度怀疑自己是不是生错了时代。冬天那么漫长，仿佛是在和参战国的政要们比拼耐心，看看究竟是冬天先卷起 1914 年的铺盖，还是那些前线的军队扛不住损失，不得不退出战场。在劳伦斯的两人世界里，情绪变得微妙：弗丽达是德国人，正因为这一点，劳伦斯同时同情英国人和他们要对付的德国人，他绝不会成为仅仅支持大不列颠的沙文主义者。然而，也正是弗丽达的存在，让劳伦斯总是受到怀疑：总是有人在调查他们的行动，怀疑他是和德国人暗通款曲的间谍。

但他最感到怨恨的一点，在于战争打断了他凭借小说成名的机会。他心疼，他想，如果不打仗，那么英国人本该开始读我的小说了。他们能看到，《儿子与情人》并不是一本色情小说：我写的是一个母亲把儿子视为情人的故事，母亲的爱，阻碍了儿子与女性的正常交往。虽然这是个悲剧，可是劳伦斯相信，英国人能从中认识到自己真正的需要是什么，毕竟，社会的热情应该围绕肉体体验，而不是仇恨另一个国家。唉，人要自觉地保护一个完整的自我，保护灵肉的一体，得是有多难——看看报纸上面的那些话，听听狂热国民的嘶喊，多么粗俗，多么不堪入耳啊。

劳伦斯很难和自己喜欢的人相处好，尤其是对那些帮助过他的人，他往往会在别人面前，或者在自己的小说和文章里做出嘲讽。因为他很骄傲，也因为他偏执地不想亏欠人情，觉得那是一种失败。他不想失败，失败会让他颜面扫地，这正像 1916 年夏天开始的索姆河战役，英法联军和德国军队在那片战场上扔下了一百多万具尸体，却还是互不相让，谁也不肯

D.H. 劳伦斯

撤出。

在 1915 年初，劳伦斯遇到了奥托琳·莫雷尔夫人，这又是一位出身高贵，而且比劳伦斯大很多的女士，她对劳伦斯非常之慷慨，给了他很多资助，也邀请他来自己的豪宅做客。那是一座位于乡间的壮丽的宅邸，历史遗迹和高雅的品位在这里融合，让劳伦斯赞不绝口，他对奥托琳说，您是代表了真正的英格兰品位的人。然而，一年以后，劳伦斯把他新完成的小说《恋爱中的女人》的稿子寄给了奥托琳，这位夫人读后大吃一惊，她发现，自己在书中有了一个新的名字——赫敏，不是《哈利·波特》里的那位赫敏，这位赫敏夫人，是个粗鲁而贪婪，总是纠缠着男主角，希望被他占有的女怪物。赫敏身上的服饰十分浮夸，而且品味低下，奥托琳知道，这是劳伦斯对她的真实看法。

可是，她不是一个强势而且能言善辩的人，她把这本稿子还给了劳伦斯，并对他说，你把我的心给伤透了。劳伦斯根本不会为此而做什么修改：他一贯相信，自己在写作时拥有最高的权威，也知道《恋爱中的女人》这本书，将成为他最出色的作品。

在战争年间，他先是出版了一本引起巨大争议的小说，就是著名的《虹》(Rainbow)，在《虹》被查禁后，他又写了《恋爱中的女人》。这两本书都是有破坏力的。劳伦斯迫使读者自问：我的身体应该交给什么人？是交给一个血肉丰满的、具体的人，还是交给那种看不见的、一个国家和民族的荣誉？他说，一个被爱欲燃烧的人并不是强大的，但他能把自己最脆弱的一环交到另一个人的手中，这就是勇敢。

劳伦斯也希望女性能够主动一些，做性独立的女人，就像弗丽达那样，说私奔就私奔的女人，这种想法，对于那些远赴战场、九死一生的男人而言，不亚于在他们的后院点了一把火。可是劳伦斯就是要鼓吹这种破坏。他一旦想呼喊什么，就会用上最强的分贝。

当索姆河绞肉机开动的时候，劳伦斯听不见社会舆论对战争的反应，他的耳边只是盘桓着兵役官冷冰冰的命令。因为健康状况不佳，他被免除了兵役，可他的脊椎骨和大腿根，却记住了那只无情的手的体温。在体检的时候，他被勒令躺在一张床上，浑身一丝不挂，脑袋下垫的枕头就像一个破布袋，里面塞了只枯萎的老南瓜。太不体面了。他对肉体与两性关系之奥秘有着自认为纯洁的好奇心，但现在，这好奇心被亵渎了，他那本来就所剩无几的安全感也在遭到损害。

他不用服兵役，可以继续埋头写小说。但不管头脑如何敏锐，他的身体似乎已经死掉了一大块，只比那些顺索姆河而下的尸体多一口气。战争拖延的时间超过了所有人的预料，人们终于开始正视那天文数字一样的伤亡人数，终于开始意识到那是一条条性命。但是劳伦斯作为作家，他的春天并没有到来。

1918 年秋天，又是一张征兵令送到了他的手中，让他去德比做体格检查。劳伦斯当时并不知道，两个月后停战协议就要签署，战争要告一段落；他满心愤恨，他鄙视那个兵役官，鄙视那只摸他肛门的手，他也相信对方鄙视着他：那个手指头，指尖都在冒出傲慢和轻蔑，带着一种英伦爱国人士对消极分子的唾弃：33岁的人还这么苟且偷生，哼，色情作家。

那些碰了我的人，"他们的眼睛必爆裂，他们的手必干枯，心必烂"——三年以后，劳伦斯在他又一部小说《袋鼠》中，让主人公萨默斯说出了内心厌恶："他们休想再碰我，这些猥亵的家伙。"

在停战前，劳伦斯的脸已经变成了尖锐的三角形，像一把满是悲伤的锥子。他和朋友无法长期相处，也无法完成共建世外桃源的梦想。他和弗丽达搬到了康沃尔，住在一个临近大西洋的小屋里，可是警察依然在监视他们，因为谣传海边的峭壁下可能藏着德国人的船只。他们的家被搜查了好几次，最后，当局限令他们再次搬走。

劳伦斯那时的身体，有些无法支撑日常的狂怒了。唯有借小说作为一条虚拟的通道，从一座在他眼里即将沉没的岛国底下挖出去。在《袋鼠》这本书中，主人公萨默斯也渴望找个世外桃源待着，他跑到了澳洲，但发现澳洲也不是净土，于是又到了美国。从萨默斯的嘴里心里溢出的都是对时代的愤恨，这是一个集体亢奋压倒个体本真的时代，是属于个体的骄傲感被彻底剥夺的时代。

他说，每个人都失去了中心，失去了独立的完整性，从而也丧失了生活的真实。每个人都被由其他人组成的洪水裹着冲走，无法开口也无法感知自身，只能在潮流中打转转，随着时间漂浮。其中一些人死掉了，而胜利归来的人，心灵深处的骄傲也已被抹掉了。"他们和自己的女人团聚，正是妻子怂恿他们走向这种坍塌的、黑色的痛苦……现在，她们看着男人从肮脏的河水中像狗一样爬出来，带着外在的荣光，和内心的耻辱。"

　　战争是一个极端，但劳伦斯要用另一个极端——世外桃源来对抗；人群的亢奋是一个极端，而劳伦斯要用另一个极端——个体的性爱，来宣告与它势不两立。不过，当悲伤化为了三角形，他就知道，自己所持的这个极端也绝难通往什么和谐之境；个体在其间只能是不得安生的，他在一首诗中坦陈，"性，击碎了我们的完整、我们个体的神圣以及我们深深的岑寂 / 从我们身上撕出一声叫喊"。

　　过了一些年，他在疾病的严峻威胁之下，开始构思长篇小说《查泰莱夫人的情人》。他提起笔来，就再次想起 1915 年，他所去过的奥托琳夫人的美丽庄园。于是他动容地写道：奥托琳夫妇的房子，那才是我喜欢的英格兰，它击碎了我的灵魂——这英格兰，这些透着一束束光的窗，这些榆树；这令人忧伤的久远过去——过往，这伟大的往昔，正在坍塌破碎，这不是因为苞芽生长之力的挤压，而是因为那无数耗尽生命的、

　　　　　　　　　　　　　　　　　　　　D.H. 劳伦斯

可爱的黄色落叶，飘飘然落于草地之上，落于池水之中，就像那些士兵消逝于冬天，那阴郁的冬天。

他也想起更早些时候，1914 年的冬天，那些有关爱情、性、友谊和自尊的被埋葬的梦想。对这个苛刻而又自负、体弱又易怒的作家来说，能够和伴侣一起享受快乐的时光总是瞬息即逝。但是弗丽达，她并不承认这些，能和劳伦斯在一起，她就是足够强韧的，强韧到相信自己总能幸福。她提醒劳伦斯，你还记得那天吗？那天，在昏暗的暮色里，我们互相搀扶着去凯瑟琳夫妇家共进晚餐，我们穿过一片潮湿的农田，脚下总是绊到那些在泥泞中腐烂的卷心菜梗子……你还记得这条路有多长？我觉得，这条路怎么也走不完。

劳伦斯不能饮酒，于是我提早送客并关了门。我们下次见。

Борис Леонидович Пастернак

帕斯捷尔纳克

鲍里斯·帕斯捷尔纳克（1890—1960），苏联诗人、小说家，1958年诺贝尔文学奖得主。在早年以锐气十足的诗作登上文坛后，他在诡谲凶险的政治环境里长时间沉潜，渐被奉为马雅可夫斯基后的苏联诗歌第一人，但一部《日瓦戈医生》终将为他不温不火的生涯画下一个爆炸性的句点。

我在伪君子中感到孤单。

生活并不是穿越田野。

《日瓦戈医生》里是谁的影子？

你好，这里是作家酒馆。

这首钢琴曲响起，你就看见一个男人远远地、跌跌撞撞地走来，他没有喝醉，但是神志恍惚，仿佛有很多看不见的东西在推搡他，好几次，他差点跌倒在刚刚开始融化的雪堆里。他挣扎着，直奔一座小屋而来，终于一头撞向了屋门，屋檐上垂挂的几个冰凌儿掉了下来，其他的摇晃了几下，淅淅沥沥地滴着水。

这首曲子的作者，在写的时候，构想的可不是这样一个画面。他那时才 10 多岁，每个星期，他都要坐着一辆拥挤的马车，穿过莫斯科著名的阿尔巴特大街，前往格拉佐夫斯基巷。那里，住着他父亲的朋友——钢琴家斯克里亚宾。有时候，路上因雪融化而来的积水有将近一尺高，但是这位少年，内心是如此虔诚，把这段路看作朝圣一般。音乐是他所向往的一切，而斯克里亚宾就是音乐的代言人。

在鲍里斯·帕斯捷尔纳克一家住过的房间里，到现在还挂着一幅斯克里亚宾的素描肖像画。炭笔线条如同一股股阵风，从钢琴家的头发和翘起的胡须往下延伸，越到那双神奇的手，越是狂乱、放纵，仿佛初冬时，逐渐接管了俄罗斯大地的风雪，那手和钢琴的琴键融为一体，就像树根有力地抓住了土地，稍微抬起，就会飞沙走石。跟着大师学习了 6 年，帕斯捷尔纳克无法想象，自己一生中还能脱离音乐；他不仅接受了作曲和演奏训练，而且逐渐踩进了一种在他眼里代表新时代的节奏之中。在我听来，那是一个有些落魄的人，在跌跌撞撞地寻找归途，但在当年，他是书写一种灵魂出窍的感受，将 19 世纪的陈旧气息撇在身后，任意出发，率性地漫步，无论走到何处，都给那里带去和着泥土和雪的风。

但是现在，他要我关掉这个音乐。他刚刚抵达，有些气喘，又有些羞愤。自己少年时的创作，他认为不值一提，甚至，他都懒得解释，自己缺乏真正的音乐天赋了。当年，斯克里亚宾一直是欣赏他、鼓励他的，当帕斯捷尔纳克发现自己无法突破，开始抱怨说，我缺少一个作曲家需要的"绝对听觉"的时候，斯克里亚宾回答：谁有"绝对听觉"？瓦格纳有吗？柴可夫斯基有吗？你要知道，或许一个普通的钢琴调音师，都比作曲家更具有绝对听觉。

帕斯捷尔纳克认为这是大师在安慰他。但是树欲静而风不止，节奏已经被带起来了，那种漫步性的、蓬勃的姿态，带着他的身体前进，幸福地跌倒。在1912年，他带着一腔被音乐滋润过的热血前去德国的马尔堡，他要进修哲学。不过半年以后就回来了，他作为一个俄罗斯人，也不是这块料：德国哲学除了培养了他一种有话不好好说的习惯，并没有教给他更多。

在秋天他坐火车回国，正赶上一个大日子，就是伟大的卫国战争胜利一百周年——1812年冬季，不可一世的拿破仑率领法军攻入了莫斯科，可是遭到了致命的挫败，就此跌下了巅峰。围绕着这场胜利，俄国人兴起了持久不衰的民族自豪感，到了百年纪念时，沙皇也举行了隆重的阅兵式，一个个车站彩旗飘扬，连钟楼上的打更人都换上了干净的衬衫。

可是在帕斯捷尔纳克眼里，越是繁盛隆重的装饰，越衬托出人们对历史的淡漠，新一代的人，说起老皇历的时候，内心是无动于衷的；他自己坐在火车上，感到那昔日的丰功伟绩，与自己的关系如此淡薄，仅仅在于火车因庆典的缘故，而在偏僻的荒野之中一次次被迫停留。可是这列不耐烦的火车终究是要到站的，它将带来怎样的狂风骤雨？他想起了自己这些年里看到和听到的，在艺术家、作家们圈子里流传的关于沙皇的轻蔑言论，那些漫画，那些挑衅意味十足的描述。它们或许还不敢公开地说出什么，但是无声胜有声。

这就是艺术的力量。不靠着枪杆、口号和炸药，却能像千里冰原中的第一声鸟鸣，让昏沉已久的人怦然心动。帕斯捷尔纳克说，当时我相信，我这一代知识分子是不过问政治的；我们更不在意的，是俄国人昔日的荣光。他的父亲，不仅认识斯克里亚宾，而且跟列夫·托尔斯泰的家族是有私交的，他为托尔斯泰的小说画过插图；然而帕斯捷尔纳克对托尔斯泰，也是淡淡地一挥手：就让他过去吧；《战争与和平》，《复活》，都随着 19 世纪远去也罢；我们的创作将不同于所有前人，我们用自己的艺术，用哲学和科学，来朝向未来。

在一首题目叫《火车站》的诗中，他是这样写的：

火车站，烧不烂的保险柜，
存放着我的相聚和相别；
这久经考验的朋友和向导，
只起算功绩而不做总结。

——对于自己，对于周围的事物，他有着多么自然而然的信任。火车站，被他比喻成一个"只起算功绩而不做总结"的朋友和向导，这是多么年轻的心才会写出来的句子，这是一种真正意义上的未来主义——一头扎进无限而永生的信念，狂热地燃烧激情。他有一副坚硬而带着轻蔑的下巴；他的眼神，曾经是发直的，仿佛不能朝后看；自然界存在的事物，包括像火

帕斯捷尔纳克

车站这样的"第二自然",跟他同气相求;只要他的笔突然定格于某个东西,那东西就顺从于他的叙事,在沉睡之中转化成别致的意象。

这是在音乐梦想破灭之后,从他心中崛起的一个选择——写诗。1914 年,当钢琴大师斯克里亚宾的生命即将走到尽头的时候,帕斯捷尔纳克发现,他可以用文字来弹奏他所注意到的一切,包括外在的景观和内心的波动。他和几个朋友一起,印刷自己的诗集,他们互相写序言,在文章里,谈论彼此如何互相欣赏,谈论一个年轻的诗歌共同体。他给他的第一部诗集取名叫《云雾中的双子星座》。

我给他上了一款伏特加,我希望,这款酒能让他想起一个光荣时刻:当授予他诺贝尔文学奖的消息传到莫斯科的别列捷尔金诺的时候,他朝着面前的家人举了一下酒杯。那个寓所不大,必需品之外也没有几分陈设,主要是他的钢琴和墙上挂的、他父亲的各种画作。在他的书架上,能找到歌德的《浮士德》,能找到莎士比亚和克莱斯特的戏剧集,也能找到亚历山大·勃洛克的诗集,可是他自己的诗集却一本也没有。

在那个时刻,《云雾中的双子星座》早就和 19 世纪一样古老了,帕斯捷尔纳克不愿意重读,也不希望任何人再提起它。他说,那都是年轻时候矫揉造作的成果:我们那些人,就喜欢把宇宙学的深奥学问拉进诗歌里,给自己取一个貌似高瞻远瞩的书名;我们感觉自己是在做一些前无古人的工作。那些诗,我当时写了又改，改了又写，有时把刚刚扔掉的诗稿又捡回来，重新展读；我陶醉其中，常常为自己的认真而热泪盈眶。有人警告我说，将来你要悔其少作的，但我没有在意。

可是这话后来应验了。他在构思《日瓦戈医生》这部小说时，已经同少年彻底告别，只是为了创作一个虚构的人物，才设法勾画自己昔日的形象和曲折的心路。他认识到一个事实：与其说他是一个天赋异禀的艺术先锋，不如说，他只是托庇于"艺术"这张保护证明，而得到一种资格，站到时代之外来咏唱它的精神。

"生活，我的姐妹，就在今天 / 它依然像春雨遍洒人间 / 但饰金佩玉的人们高傲地抱怨，/ 并且像麦田里的蛇斯斯文文地咬人"——当 1917 年，帕斯捷尔纳克把他的这首《生活，我的姐妹》送给弗拉基米尔·马雅科夫斯基的时候，他把眼前这个人视为自己诗歌的引路人。马雅科夫斯基比他还小三岁，却已经是万人瞩目的诗坛偶像了，他长发蓬松，漂亮，机灵，身材修长，还有着铁一般的自制力。原来那些有才的人，都比我勤奋哪！帕斯捷尔纳克觉得，马雅科夫斯基像是一个真正的火车头，正在拉响嘹亮的汽笛；那种被称为"未来主义"的诗风，是通过马雅科夫斯基的诗句而实至名归的：它照亮了未来。

可是，这个人为什么落得如此结局？1930 年 4 月 14 日，马雅科夫斯基举枪自尽，终年 37 岁。帕斯捷尔纳克说，他是过于把个人生活同文学本身混为一谈了，他为自己对生活的浪

帕斯捷尔纳克

漫理解付出了代价。但同时，他也直言不讳地说，马雅科夫斯基在被确立为苏维埃的革命诗人之后，就再也没有什么像样的作品问世了。艺术究竟是置他于死地，还是恰恰相反，用英年早逝保护了他，让他免于受到更多的折磨？

十月革命之后的年月，对帕斯捷尔纳克来说，是一场漫长的失眠：他和朋友们都感觉到新政权不需要艺术；他怀疑，一个以艺术为志业的人，究竟是不是应该以艺术之外的形式——比如说，以参加革命的形式，来投入大时代？而革命究竟又是什么？他看到那些贫苦的人民，都拿起刀枪上了前线，如此坚决，因为他们在旧世界里受够了折磨，都有一种"毁灭吧，赶快的"的心态，一种混杂了阶级情谊和自虐本能的冲动，甘愿以泼洒热血来迎接传说中最后的审判的降临；而他呢，从音乐起步，学过哲学，又在诗歌中安身立命，以艺术为己任，这样的人是惜命的，看到不安定的社会环境，第一反应是躲开。这种理智的消极，又算不算是艺术对他的庇护呢？

一个感到自己不被需要的人，将在恐惧中失眠。假如克服被驯服的不良体验，去认真地聆听和回应新的声音，又当如何？大自然的响动，季节从冬到夏，日子在晨昏中交替的折返奔跑，或者火车一路奔袭、有时戛然止步的噪音，都是他熟悉的声音；但那些透过高音喇叭发出的号召，号召把个人融入集体，为了一个尚未出现的未来而押上现在的声音，则让他困惑，迟疑不决。

于是，一个名叫尤里·日瓦戈的人，在他的记忆和想象交织的地带出现了。帕斯捷尔纳克并不熟悉他，日瓦戈的出身比他低微多了，他没有一对具有艺术气息的父母，也没有钢琴家做邻居和导师，只是因为受舅舅影响才爱上了诗歌；但是，帕斯捷尔纳克就是要用他来否定自己往日沉湎其中的关于以艺术为志业的幻想。日瓦戈走出了由诗歌、经典文学、哲学和科学搭建的舒适区，朝着那个更为具体的新时代迈出了一步。他去学医，去当医生，也是这一点，让他在十月革命前的战争中，在前线的战地医院里救死扶伤，驻守到最后一刻。

　　但正是在战地医院，他和拉丽莎相遇了。这是他们两个在小说中的第三次相遇，最初的两次，他们还都是少男少女；而后的两次，则铸成了感天动地的绝恋。这次相遇，有家有室的日瓦戈在萌动的情愫支配下，初试情人的身手：一个晚上，日瓦戈看到拉丽莎独自在熨衣服，就向她倾吐了最近的心情。他说，整个俄罗斯好像是被掀了盖子，所有人都暴露在天空之下，都获得了前所未有的自由。他婉转地说，我一个男人，很想加入到这场革命的洪流之中，可是我不敢去，因为，我担心眼前的你。

　　于是，他又退回去了。在他眼里，如此的爱情，是诗人——艺术家当仁不让要接受的命运的馈赠。俄罗斯被掀了盖子，所有人都暴露了，但在遇到拉丽莎之后，日瓦戈又找到了一个庇护所，那就是婚外恋；他又找到了一个好的理由，退出时代和革命的洪流了。在小说中，日瓦戈后来随着自己的家人，离开了物资短缺的莫斯科，搬去了遥远的瓦雷金诺村。在那里，附近总有人来询问他一些关于健康的事情，他干脆连行医，这一他原本可以给社会做点实际贡献的工作都不做了，而一门心思地写诗和读书。

有一首诗，是帕斯捷尔纳克以日瓦戈这个人物的手和心灵写出来的，诗的名字叫《哈姆雷特》。帕斯捷尔纳克曾经把莎士比亚的《哈姆雷特》翻译成俄文，现在，丹麦王子那名垂青史的犹豫不决，转化成为日瓦戈的一段独白：

语静声息。我走上舞台。
依着那打开的门
我试图探测回声中
蕴含着什么样的未来。

夜色和一千个望远镜
正在对准我。
上帝，天父，可能的话，
从我这儿拿走苦杯。

我喜欢你固执的构思
准备演好这个角色。

而正上演的是另一出戏。
这回就让我离去。

然而整个剧情已定，
道路的尽头在望。
我在伪君子中感到孤单。
生活并不是穿越田野。

"整个剧情已定，/ 道路的尽头在望。/ 我在伪君子中感到孤单。"——这种痛苦，以那个时代占据主流的精神看来，实在是太矫情了。和负隅顽抗的白军相比，和横扫全国的饥荒相比，和境外敌人的虎视相比，伪君子们又算得了什么？和跌宕起伏的集体的命运相比，日瓦戈那种纯属私人的感情，那种困惑，又凭什么来引起普遍的揪心呢？

他认为自己是舞台上的人——每个真正的艺术家都会时刻感到自己身在舞台中心，这让他们的脸孔放出光芒，也许还能招来桃花运。虽然，再没有"只起算功绩而不做总结"那样的意气风发了，虽然在对家庭的负疚感和对情人的眷爱之间备受折磨，甚至看到了末日审判的踪影，但他不也正陶醉于如此的进退两难吗？他不需要做任何选择，只需要在那里停留，写诗。艺术就是艺术家对自己的救赎。

在《日瓦戈医生》这部小说里，拉丽莎的丈夫帕沙·安季

帕斯捷尔纳克

波夫，自愿丢下美丽的妻子，去战场上当一名红军指战员。他杀红了眼，最后被红军内部的政治倾轧所吞没。俄罗斯式的自虐，同一种可疑的匡扶天下的理念，在他身上悲剧性地结合；而同时，日瓦戈却在白雪皑皑的大地上，跌跌撞撞地走，只为寻找一个人，一扇门户。当他在老鼠乱窜的临时公寓里，在失眠的折磨中梦见自己的儿子、妻子的时候，拉丽莎静悄悄地为他更衣，然后送上了和着咸涩泪水的亲吻。

帕斯捷尔纳克可没有料到，他会用《日瓦戈医生》这样一本书来让人重新找回他十几岁时作曲的试验品。那种步伐，在清醒和沉醉之间，在绝望和希望之间，可以瞬间翻覆。在那样一场度尽劫波才能相逢的爱情之后，也必须要有一次与之匹配的分手：那是深夜远去的雪橇，是雪地里徐徐关闭大门的命运。

日瓦戈医生送走了拉丽莎，颠沛流离，回到了莫斯科，靠着他岳父的一位旧年仆人的帮助，总算找到一个栖身之所。这位仆人有个女儿，叫马琳娜，她逐渐爱上了日瓦戈，愿意死心塌地地追随。马琳娜和他共度七年，还给他生了两个女儿。可这个时候，历经磨难的日瓦戈已脾气乖戾，魂不守舍，他毫不在乎这段姻缘；有一天他不辞而别，扔下母女三人，独自去和他心中的艺术女神幽会去了，仅仅给家里寄点钱，聊尽丈夫之责。

有一天，日瓦戈在街头突发疾病，不幸身亡。当马琳娜得到这个噩耗时，她哭得歇斯底里，在地板上滚来滚去。前来给日瓦戈料理后事的日瓦戈的弟弟，以及日瓦戈的昔日情人拉丽莎，都默默地走开，他们很有风度，把哀悼的优先权让给了马琳娜，这个没什么文化的农村女人。

看起来，日瓦戈抛弃了患难中跟随他的马琳娜，可是我们只会记得，在西伯利亚的皑皑白雪和深夜狼嚎之中，日瓦戈和拉丽莎的旷世绝恋，每每想到，每每感动。拉丽莎曾经说过这样一句话：人得成为一个不可救药的微不足道的角色，才能在一生中只扮演一个身份。是的，马琳娜就是这样的人，她所能扮演的角色仅仅是一个操持家务、养育儿女的普通的主妇，她无法去呼应日瓦戈的诗才，更不能唤起他生命的第二春或者第三春。

所以，她就应该被抛弃吗？艺术气质，在帕斯捷尔纳克所喜爱的每一个人物身上，都是那么的馥郁和充沛，并且保护着那个人，使他无论落入何种境地，都能再度燃起生命之火，期待着岁月的漫长行列里会出现下一朵玫瑰。俄国革命，将凡是不合理的都予以翦除；而手无寸铁的艺术家，是不是也有权痛快淋漓地把生活中与自己不匹配的那一部分给斩落在地？日瓦戈和马琳娜在一起，没有得到大自然的祝福；脚下的大地、头上的青天、云彩和树木，都不看好他们，不渴望他们的结合——在诗人的心中，这貌似是事实。

在别列捷尔金诺金色的椴树林中，帕斯捷尔纳克住在国家分给艺术家的房子里，那幢小小的两层楼，在这里，他把《日

帕斯捷尔纳克

瓦戈医生》写好的章节陆续念给家人和朋友听。他感谢所有人，他的故事中吸收了那些爱他的人的聆听，就仿佛一幢住着钢琴家的房子，一定会有一个随时起舞的灵魂，也一定会像他自己所写的那样，无声地催促他，去逃开任何一种勉为其难的生活，牺牲掉那些配不上他的儿女情长：

别睡，别睡，艺术家，
不要被梦魂缠住，
你是永恒的人质，
你是时间的俘虏。

今天的酒馆营业就此告一段落，我们下次见。

Nelle Harper Lee

哈珀·李

哈珀·李（1926—2016），美国小说家，《杀死一只知
更鸟》的作者。自从写出了这本书，哈珀·李就活在
了被消费的阴影之下，在享受名声的同时，也困扰在
无法写出第二本书的痛苦之中。

人们不依不饶地关注我，莫非是想看到我膨胀？

盛名之后
如何面对追逐？

你好，这里是作家酒馆。

一份菜谱送到了你的面前，你翻开一页会看到这样的话："小鸡，必须在鸡笼或鸡圈里好好地喂上一阵子，至少要喂上一个星期，然后才能宰掉。"菜谱里介绍了用鸡肉做的饭；介绍一种特色甜点，叫波旁巧克力球；介绍了一种用玉米和面包做的小吃。你把菜谱合上，封面上是金闪闪的两个词——Calpurnia's Cookbook，下面是出品方，是一所博物馆，翻过来是定价。这本 36 页的书，比博物馆卖的其他书——一些手册什么的，都要贵很多。游客们要是买不起，或者不感兴趣，就会去旁边的柜台上，在一堆花花绿绿的小鸟图案的徽章里边翻翻，挑上一两个。

我酒馆今天的这位客人，她也看到了这份菜谱。她脸色一变。她白发苍苍，身材高大，戴着一副黑框大眼镜。很久以来，她对博物馆里陈列的东西，什么广告衫啊，徽章啊，一直很有看法，但这还是第一次，她无法容忍。过了几天，博物馆给她打了电话，说，这本菜谱已经下架，保证一本都不会在市面上流传。但馆长又说，这菜谱里，都是我们的剧组在排练时餐饮的品种。你看，我们那么忠实于你，就连排戏时剧组的伙食都从你的小说而来，你有什么不满意的呢？

作家说：撤掉吧，我对戏也不感兴趣，我一次也不会来看。

这座博物馆，是靠着作家 Harper Lee——哈珀·李的小说《杀死一只知更鸟》而存在的，门罗维尔这个美国南部七千人的小城，整个旅游业也是因这本书而起，并且促生了所有的周边产品，小城的县法院因小说的缘故重新翻修，然后作为旅游景点迎接各方人前来参观，因为小说的主角 Atticus 就是在这个法院里慷慨陈词的；小城还定期举办由业余演员表演的同名戏剧，卖出戏票。这本菜谱名字里的 Calpurnia，是小说里男主角 Atticus 的黑人女管家，她的严厉让主人都有些畏惧。博物馆认为，很多喜欢《杀死一只知更鸟》这本书的人，或者看了戏的人，会对 Calpurnia 做的是什么样的饭菜感兴趣。当作家发出抗议后，他们才停止了售卖。

就在菜谱风波的同一时期，哈珀·李还拿到了另一本书，一本砖头一样厚重的百科全书，书名叫《名垂青史的女性》。

　　　　　　　　　　　　哈珀·李

出版者把她的名字和简介列入其中：Harper Lee，1926 年 4 月 28 日生于亚拉巴马州的门罗维尔。词条讲述了她写作《杀死一只知更鸟》的过程：灵感如何产生，朋友怎样帮助，编辑怎样提出修改意见，她花了多少年才写完。之后，小说和同名电影风靡世界，她却迟迟无法完成第二部作品。

书中说，哈珀·李有一次写着写着，她突然把手稿从二楼的窗户扔了出去。手稿在空中纷纷散开，她猛地一惊，赶快跑下楼去，把到处飞的稿纸一张张又给捡了回来。她就像是一个打了孩子后懊悔不及的妈妈，之后几天完全投入写作之中，对写好的部分再改写，重写，该丢的丢，该留的留，每天仔仔细细地完成两页。

"这全是胡扯，"哈珀·李说，"我的第二本小说一直在我大脑里构思，一句都没有写下来过。"可是，各种媒体早就围绕她为什么一直没有出第二本书这个话题，作了很多捕风捉影的文章；这本百科全书，就是"整合了各种媒体资源"后写下了这一段话，哈珀·李想把这本书扔出窗外，但是书太重了，她不想搬。

她家里也没有别人帮忙，她还得经常给她的老姐 Alice 开车。Alice 是个律师，一直到 90 岁以后还在第一线工作。不过，到了星期日，保姆休息的时候，哈珀·李得帮姐姐把她的助行器搬到别克车的后厢里，然后才能开车外出。门罗维尔的老法院，敲响了整点钟声。这法院当年是哈珀·李旁听一场场审判的地方。她自己的父亲像小说里的 Atticus 一样，也是个小镇上的律师，开办过律师事务所。但是现在，法院里只有游客进进出出了，而游客还会拿到博物馆发的旅游指南，从而可以方便地找到哈珀·李父亲的律所旧址，然后顺着亚拉巴马大道，找到哈珀·李自己童年住过的地方。所以，钟声早已不能勾起哈珀·李的旧梦，而是在提醒她尽快离开，以免被一些游客认出，拉着说话、签名、合影。

别克车掩护着她们，也挡住了亚拉巴马乡村讨厌的小飞虫，她们超过了一辆辆装满原木的货车，那些车子掀起的尘土，把路边大片的棉花田都给染红了。哈珀·李就喜欢这样简单的风景。

她是个有天赋的人，也是个简单的人，她认为自己小心着，不要搭理任何找上门的人，特别是好事的记者，慢慢地，她就清静了。自己只要长久地不出书，别人早晚会懒得讨论她何时出第二本书。人的注意力都是有限的，一位负责的出版编辑，或者文学经纪人，会时不时来个电话过问一下，这很正常，而普通读者只需要读他们喜欢的书；她只需要拆开一封封来信，一封封回复，甚至为此累到得了腱鞘炎，这事也在合理范围之内——这是读者和作家之间应有的联系。

而且她也确实掐断了那些常见的、会吸引人打听和关注的线索。她和她姐姐一样，都保持单身，连一丝桃色新闻都没有。当年，她曾经尝试写一部关于爱情的长篇小说，但出版商看了之后，就摇摇头，说你这个爱情，就像是没谈过恋爱的人写出来的一样。然后，她才着手写《杀死一只知更鸟》。这本书里，没有什么情节让人联想到爱情的萌动，小说的主题是一个律师为蒙冤入狱的黑人做辩护。哈珀·李自己化身为一个不到10岁的小女孩斯库特（Scout），从侧面观察她的父亲和其他人。她写了一位英雄父亲，以他的正直和功败垂成感染了美国人，唤起了他们对种族问题的严肃关注。

不过，纵然如此，她的故乡门罗维尔，仿佛不甘心成为《杀死一只知更鸟》的背景板，而想要借着这股东风，向哈珀·李索求一些什么。她经常一出门就离家好几个月，往往是跑到纽约去，会朋友，再看一些棒球赛。她喜欢那里，大城市可以让她彻底无名。可是，她只要一回门罗维尔，第二天，城里的导览员，旅游接待处的办事员，各种闲杂人等，就会悄悄地告诉游客：哈珀·李住在这里，昨天刚回来。就会有一些游客，去按一按她家的门铃。

即使在她不在家的时候，她的房子也是一个景点，出租车司机会专门拉着游客来看一眼。人们想象着，这位每天都被版税填满腰包的大作家，也许会住一个一般人都不能随便靠近的地方，而他们发现，这座砖房和城里的其他房子区别不大，也可以随意靠近时，他们又不停地说，作家很简朴，这真的很可敬。

关于名人的一切，不管是好事坏事，都是谈资。哈珀·李本来就个子高大，到了年迈的时候，她的块头显得更大了。我给她上了一款美国南方的甜红酒，并且额外给她要了一份鲇鱼三明治。我说很抱歉，这肯定不能和你熟悉的家乡的食材相比。她却说，这样最好，如果你为我定做了什么，我会觉得你知道得太多了。

哈珀·李不想受关注，不是为了要保护隐私——她说这个世界上，没有一个人有权说，自己的隐私比别人的隐私更为金贵。她只是认为自己不重要。"我想谦虚一些，不可以吗？人们是想看到我膨胀，才不依不饶地献出他们的关注吗？"

她最厌恶的是那些自以为自己很重要的人，那些人总是能攫取一些超出自己匹配程度的东西，而这就意味着，其他人遭受了不公正的对待。这种情况会格外刺痛哈珀·李，她就像《杀死一只知更鸟》中的斯库特一样，信任并遵守她父亲的叮嘱。父亲说，我们家的人得守一种原则，那就是做一件事，就不但要做好它，还不能占便宜。

哈珀·李觉得，那些关注她的动态的声音，都免不了虚伪：他们都是明知故问，明明看到《杀死一只知更鸟》已经是巅峰了，却还在追问作者，何不写一部新作去超越它。事实上，这本新书的好坏关系不大，只要它能出版，得益者就会是那些文学采购商，和那些报纸、电视节目，他们像表演脱衣舞一样，一点点披露消息，最后在小说举办首发式的时候把气氛推到高潮。她和姐姐是从来不看电视的，但是电视的存在，足以让她无心再去打磨一部精品。

不过她说话仍然是谦虚的。她说:"我写不出第二本书,因为我不想和一个最出色的对手较量。"当她这样说的时候,就仿佛《杀死一只知更鸟》不是她自己写的一样。

有一度,真的有一种说法,说《杀死一只知更鸟》是两个人合作完成的,一个是哈珀·李,另一个就是她从小认识的好朋友,杜鲁门·卡波特。他们都是天生的作家,只是性格不太一样:当哈珀·李在1958年住在纽约的朋友家中,闭门不出写《杀死一只知更鸟》的时候,卡波特已经游历欧洲,混到那些文学和文化名流的圈子里边,迅速拥有了名气。在1959年,刚刚完成《杀死一只知更鸟》,哈珀·李就陪卡波特去堪萨斯采访一起谋杀案。时间线上的巧合,促成了这样的谣言的流传,说卡波特帮写了一部分的《杀死一只知更鸟》。

哈珀·李几乎从未就此说过什么,她已经熟悉了商业社会的套路:对谣言,无论她说什么,都会被大众和新闻媒体当作一块美味的点心。她对我说,写《杀死一只知更鸟》的时候,她只不过是个有一腔热血的文学青年,懵然无知于人世的大多真相;可是成名以后,她才渐渐算是成熟了。她手头有一部稿子,就是写于《杀死一只知更鸟》之前,却没有出版的《守望之心》。她并不打算出,因为她预见到,一旦这部小说出版,舆论将会做出怎样的反应:

对比是少不了的,必定会有一个很强大的声音表示这是一部败作，跟《杀死一只知更鸟》不能同日而语，然后，会有一些人站出来，说它是一种铺垫，不经过它，就不会有了不起的《杀死一只知更鸟》问世。一段时间的喧闹后，又会有一些人出来总结，说在我们这个越来越善于失忆的时代，一部尘封的小说依然能获得如此大的重视，说明人们没有忘记哈珀·李，这种关注度是她应得的荣誉，也是我们美国的幸运的证明……

于是，她把稿子捂得紧紧的，跟她那些鲜为人知的画作放在一起。那些画，是她在上大学的时候，在文学专业课上用铅笔和水笔画的，她画过一些莎士比亚戏剧里的人物，像是奥赛罗，像是恺撒，像是卡西乌斯，还有李尔王。她会在这些古人的身上加上一些现代标签，把他们变成漫画，比如卡西乌斯站在罗马浴场外边，进不去，因为还没买洗澡票；李尔王站在多佛的悬崖上，身披斗篷，斗篷上有个价格签。

我相信，至少有一次，她的脑中闪过一个念头：就连这些她随手画在练习本上的漫画，日后都会被拿到拍卖市场上，标上一个起拍价，然后等待着下面的人举牌。

至少有一次，哈珀·李是真的下定决心，想要写出她的第二本小说的。那是在《杀死一只知更鸟》问世 17 年之后，在亚拉巴马州的尼克斯堡，发生了一起连环命案：一个名叫威利·麦克斯韦的黑人牧师，他的前后两任妻子，以及一个邻居、一个兄弟和一个养女相继死于车祸，而这个牧师又娶了第三任妻子。并没有足够的证据证明牧师犯罪，但整个社区里流传着

哈珀·李

关于他在从事秘密黑巫术的传言，当最后一个死者，也就是牧师的养女被安葬的时候，一个黑人退伍军人朝着牧师连开三枪，这样，社区里人心惶惶的情况才终于告一段落。

尼克斯堡有一位风云人物，一个律师，他早先为牧师上法庭辩护，后又为那个杀掉牧师的退伍军人辩护，他意识到这件事的市场价值，于是就把哈珀·李请了过来。当那个退伍军人上法庭受审的时候，哈珀·李就和其他司法记者一起，在看台上听庭审，做笔记。

她真的想要重新体验一番，当年和杜鲁门·卡波特一起，去堪萨斯采访罪案时的经历；这本当是一个作家的幸福时刻，是焕发活力的时刻，不是为了像警探那样破案，而是在与形形色色的陌生人的交往中，像欣赏风景一样，欣赏深不见底的人性在每一张脸庞上折射出的颜色。她去寻访当地人，问他们对于那位可怕的牧师了解点什么。可是她发现，人们的表情都是怪怪的，既不拒绝，也不接受，而是说：噢，我当然知道一些，但是你愿意出多少钱来买呢？

一切都和17年前不一样了。有一个人对她说：你想不想知道一下我的奶奶，她这个人可传奇了，我保你写出一本和《杀死一只知更鸟》一样的畅销书，所以你开个价吧。另外一个人说，我就认识那个牧师，我可以告诉你很多，但是将来拍电影的时候，你能不能想办法，让某某演员来演我？

哈珀·李去找殡仪馆的负责人，想打听一下跟葬礼有关的事情。这个负责人居然开口说，只要你给个好价钱，我可以帮你联系采访牧师的遗孀。这一下，哈珀·李愤怒了，她说，我这次过来，一分钱都不会出，顶多买一套法院的笔录和死亡证明。

　　这是她强势打出的一张底牌，她宣告了她的正直不能被收买。那些要钱人都退走了，或者表示乐于配合。但是，哈珀·李依然在怀疑，他们是否在说实话，她觉得，很多人都像是小镇故事会的作者，是那些有意无意地想要博取关注的人。他们可能仅仅和案件当事人有过一面之缘，却会添油加醋地说上一大堆。她住在当地一个汽车旅馆里，每个晚上都会让服务生送餐进门，服务生看到，她桌上堆积的材料，每天都在变厚，可是她自己并没有任何的激动，也许，在写下这些笔录的时候，她是激动的，因为她敏锐地感到"这里有戏"，可是当材料越聚越多，她就感到一阵厌倦。这里面有多少是谣言，多少是撒谎，多少是有意无意地吐露的幻想？

　　在厌倦感达到顶峰的时候，她甚至想过这样的问题：一个正直而严肃的小说家，是不是就不该围绕一起骇人听闻的案件来做文章，因为那就意味着，将来问世的这本书，是靠罪案本身作为最大的卖点，来吸引读者买书的；而小说知名度的升高，也势必要仰赖于宣传和舆论去渲染书中那些耸人听闻的细节。当她离开那里的时候，她对案子和当事者都已经了如指掌；可是她完全放弃了写一部小说的打算。一方面，她发现案子并不

哈珀·李

那么复杂离奇，各种证据都证明牧师的确是个大恶之人；可另一方面，她暗暗地下决心，就是不让那些望眼欲穿，等着哈珀·李出新书的人得逞。

《杀死一只知更鸟》每年卖出至少一百万册，这本书的作用仍然巨大，它激励人和安慰人，并引导青少年，去敬仰那些铁骨铮铮的社会良心。但作家的名声，当它被使用的时候，却只会让作家感到恶心，即使当她难得一次地出席亚拉巴马州一所中学的毕业典礼，接受掌声和鲜花的时候，她依然感到浑身难受。是什么人，什么机制，把名声这种东西变得如此可疑？有时候，她觉得幅员广阔的美国已经十分完美了，当她和好友一起去曼哈顿看棒球赛的时候，没有一个人，惊奇地发现她在看台上，这一点让她浑身轻快，没有任何缺失感。

可是，在 2005 和 2006 年，她还是忍不住去看了新上映的两部电影，一部是由菲利普·塞默·霍夫曼主演的《卡波特》（*Capote*），她很喜欢霍夫曼，他真的让哈珀·李想起了当年的老朋友，那个怪声怪气的小矮子杜鲁门·卡波特。可是这个电影的故事里有太多的编造都让她嗤之以鼻；另一部是《声名狼藉》（*Infamous*），当看到桑德拉·布洛克（Sandra Bullock）扮演的年轻时的自己时，她再难以压抑心中的不满，她说我根本就没穿过那样的短袜，那样的平底鞋，那个人根本就不是我。

正因为《杀死一只知更鸟》成了传奇，创作它的那个人，和她当年的各种活动也跟着成了传奇。那些想要把传奇拍成电影、电视，写成小说的人，都不敢来找她核实一些事实，他们知道一旦去核实，他们恐怕就不要想按照自己的意愿来讲故事了。这时哈珀·李的眼中闪出了一丝悲哀，她是想说：他们都希望我死掉。

她的视力很差，写不了东西了，但在她有意愿的时候，她依然健谈。《杀死一只知更鸟》困住了她，荣誉早已失去了意义，而多年来，她所听到的任何关于自己的消息，都让她吃惊、反感、沮丧。她看到世界在变坏，人们在追逐的是那些不值一提的谈资，那些透过报纸和屏幕破门而入的语言垃圾，那些一惊一乍的哭和笑，那些低智人群的自吹自擂。美国至少在对付种族主义问题上，是取得过成就，也表现过雄心的，可那是过去的事情，《杀死一只知更鸟》中的律师顽强地抗争过，但顽强是那个时代的事，而徒劳却属于眼下。

哈珀·李说她最羡慕的人，是姐姐 Alice。她一直在工作，工作到不能工作为止，因为她已经是聋哑人，全聋全哑，在人言的海洋里她听不见任何褒贬宠辱，也不用出于任何一种以正视听的目的发表言论。不过她还能看，她还能懂得所有她用心去品的人言，她靠的是——读唇语。

今天作家酒馆到此结束，我们下次见。

哈珀·李

Bernard Malamud

伯纳德·马拉默德

伯纳德·马拉默德（1914—1986），美国犹太裔
小说家，出身草根之家，他的长篇小说《伙计》
以及短篇小说《白痴优先》《魔桶》等等将古老
的犹太命题与真实的人类处境融合到了一起，他
最常见的主角是那些被牢牢按在命运的冷板凳上
的日渐衰老的人。

343

我不可能感到春风得意，

因为一旦如此，

我就觉得我背叛了我所写的那些人。

贫穷能练就成功吗？

你好，这里是作家酒馆。

大厅里灯火通明，人们正装以待，等候今晚的颁奖仪式。这是又一年的美国国家图书奖，这一次的文学奖项，颁给了一部短篇小说集。在美国，一般得重大文学奖的都是长篇小说，短篇集很少入选，因此，获奖的这位作家，也真的是心中有些庆幸。他上台领奖，感到自己被各种灯光聚焦的时候，就不由自主地说："一个小小的奇迹出现了。"

他是发自内心地有些局促不安。他总是不太敢相信这一切是真的。他，一个40多岁的大学老师，兢兢业业地写了20年小说，到今天终于算是修成正果。学生们开始相信，自己的老师非同一般了。报纸上用了这样谨慎的词句：Bernard

　　　　　　　伯纳德·马拉默德

Malamud，伯纳德·马拉默德，来自俄勒冈一所学院的小说家，正在逐渐获得国家级的声誉；他的短篇小说《白痴优先》已被改编成了一部歌剧，一家好莱坞的电影公司也在考虑根据他的小说制作电影，不过还没有签约。

这些事情，都值得他好好地回味。但他谢顶的脑袋，却对这样强度的光照有些准备不足，下台的时候，他把 1000 美元的奖金支票忘在了领奖台上。服务人员把支票送到他的房间，他这才想起来，赶紧收好，然后，又陷入了一番自责。

唉，我这个人哪。马拉默德想着，叹息着，一会儿，微笑忍不住从他的胡子之间冒出来：他获奖的短篇集叫《魔桶》，早在五年前就出版了，之后几年，他又坚持写完了一部长篇小说《伙计》；这真是天道酬勤，高光时刻虽然迟到，但不会不到。可他发现自己笑起来有些小人得志的样子，又赶紧收敛住了。

他就这样发着呆，直到猛然想起，还有一场颁奖晚宴要参加。晚宴上怎么能缺少获奖人呢？他匆忙打理了一下，就冲出了门外，前往宴会厅。那里，早已是酒杯叮当，觥筹交错，比邻而坐的客人在轻轻地交谈，马拉默德以为会有人在门口等他，可是没有，他闯进大厅，感到好一阵迷茫。服务生彬彬有礼地上前：先生，座位都已经坐满了，您是哪位？

今天马拉默德没有迟到，可是，只有当他坐定了，并且看到面前上了一款利口酒的时候，他才真的放下心来。他掩饰不住自己骨子里的低微，让我不由自主想起他所描绘的那些人物：他们都是些穷困的犹太人，在美国，在纽约——这样的超级大都市，他们总能找到一条偏僻的小路，在那里谋生。

时光总是抢在他们的前面出场，甩给他们的，是一头稀疏的白发，一个腰酸背痛的身体，一身穿旧了的西装，上面散发着腌鲱鱼的味道。马拉默德是多么熟悉这种味道。当年，在纽约南边格雷夫森德的一家小杂货店里，他每天早晨醒来，就能闻到这气味。腌鲱鱼挂在墙上，像一条条节日彩带，轻轻晃动。在其中埋头工作的人，则像是每一个节日庆典结束之后，在那里清点物品、收拾残局的人——一个比别人都晚来的人。

在马拉默德身上，我看到了他当年获奖的时候，那种受宠若惊的心情。受宠若惊，这个词的程度太轻了，应该说，他是惊恐不安。因为他一直觉得，命运不会如此慷慨地善待他，给了他什么，一定会从他那里拿走，甚至加倍地拿走什么。命运给了他一个健全能干的父亲，就一定要给他一个时不时想要自杀的母亲。当 1930 年，精神病院通知他们家说，你家的女主人已不幸去世的时候，他们都相信，她一定是自杀的，这是她追求的，她对生活的全部热情，都落在了一场对自我了断的期待之上。

马拉默德对母亲的最后的记忆，就是她在精神病院门口，朝他挥手告别。而在她死的时候，一场席卷整个美国的噩梦——大萧条，已经开始了。小店主纷纷破产，但是，马拉默德却说，大萧条保护了我，让我迟迟没有接受成年礼：对我来说，少年和成年之间并没有清晰的界限，那些残酷的人生愿景，并不是随着一场隆重的成年礼，突然降临在我的生命之中，而是在腌鲱鱼刺鼻的气味中，在我母亲抽冷子发出的号叫中，在我父亲的旧怀表，那气喘吁吁的滴答声中，一点一点地滋润我的。

父亲讲不来英语，他说的还是东欧犹太移民的那种意第绪语。他知道，倘若他儿子也说不好英语，他们家恐怕得一直在底层挣扎。于是，他给儿子买了一套英文百科全书，那是马拉默德最为宝贵的一笔童年财富。

一个步履维艰的人，他最了解的，也只能是那些步履维艰者的生活。我从来不给我的客人上我们中国人用来配酒的传统美食——花生米。但是今天我上了一碟，因为马拉默德父亲的小店铺里总有花生米，有时掉在地上，又被一个一个地捡起来，它们总是出现在黯淡的室内光照中，人与自己相处的时刻。

有一个人，他在捡花生米，他快 40 岁了，却还是笨手笨脚，执着地、来来回回地想要数清楚花生米的数量，直到他的老父亲用嘶哑的嗓音催促道："伊萨克，走吧！"那个老人，把皱皱巴巴的钱掖进了口袋里，他拽着儿子，儿子手里攥着花生米，一起走出了幽暗的楼道，从一扇扇黑乎乎的窗洞前经过。他们盯着自己投在墙上的黑影：是什么样的一些人，会把影子视作照亮行进方向的灯光呢？这灯光又能指向何处呢？

　　指向一家当铺，那个合法地敲诈勒索的机构。老人把他的金表典当了出去。他说，这是 1905 年生产的。但当铺只给了他 8 块钱，而他还需要 35 块钱才能买到一张车票，把儿子送去他 81 岁的伯父家里。他能不能填满这个差额？他的手表刚刚上好了弦，虽然锁进了当铺的柜子里，可是他仍然听得见那嘀嗒的声音，就像是一把老骨头在咯吱作响。街道两边，是那些为了在白天招揽生意而布置的橱窗，玻璃锃光瓦亮，里边的东西，没有一样是属于掏不起钱的过路人的。

　　这个世界在马拉默德的眼里，谈不上是一个人吃人的世界，或者一个贫富分化为两极的世界；这是一个内心的世界，它把城市的街道、房屋、商店，连同那些阴郁地站在四周的人，都抽象成了骷髅一样，有的人即使有点血肉，也是随时会像打包带走的行李一样，折叠起来，消失在空气里。在人们彼此的交谈中，是不带有相信的，仿佛每个人都觉得，跟自己对话的对方即将消失，我投放的任何情感都是没有回报的。为了得到这空缺的 35 块钱，这位老人领着儿子，敲了一个有钱的犹太人家的门，这个有钱人，拒绝给他们钱，但是本着犹太人传统的互助精神，他说，楼下餐厅还有只鸡，你们饿的话就吃了吧！在马拉默德看来，人生的一种真实状况，就是别人所提供的东西，总不会是你真正需要的，而人家还觉得，这样做已经是自己仁慈的极限。

　　　　　　　　　　　　　　　　　伯纳德·马拉默德

他们最终没有赶上那趟车，他们迟到了，但这次迟到，却分明是冷酷的拒绝态度所铸成的。他们看到列车就停在那里，并没有发车，只是站方已经禁止再有人上车了。老人捶打着大门，他对那个检票员说：你知道我工作了一辈子；你知道 39 年来，我就等着这个小孩长大成人，等着那一天的到来，可我还是个穷光蛋，可我这个孩子，他就是不争气，你知道我心里是什么滋味吗？

　　那个检票员听完他的话说："你最好冷静一些，否则会伤别人的感情。"

　　检票员身上也散发出了一股鱼腥味。鱼的味道，就是美国的穷困犹太人的象征。当富人难为穷人，你感到这还算符合某种冷酷的天理，而当穷人难为穷人，你会觉得一切都应该推倒重来。检票员伸手抓住了老人的胸口，老人快要疯了，他哭喊，他咆哮；检票员起先粗蛮凶狠的手，慢慢松开了，因为他在老人的眼睛里看见了自己的样子，他好像有些困惑了，自言自语地说："我是谁？"

　　最能够激发马拉默德的情感的，都是一些人生的迟到者，他们无处不在，他们的生命中出现了一个显著的亏空，为了填补它，他们投入了更大的赌注，逐渐押上了全部的未来。就像那个老人，总是盼望他的低能儿子能够有一个早晨，忽然变成能说能笑、能正常行动的人。不知道有多少次，他梦见这个时刻，他准备好了抱着孩子痛哭；甚至，准备好跪下来感谢上帝。

就是出于这份等待，他忍了大半辈子，让所有快乐的可能统统流失。

马拉默德，他像他父亲一样不是犹太教徒，他对上帝并没有随时倾听的习惯。他相信上帝的无情，对一个已经被剥夺了很多的人，上帝会把他按在地上，加倍地索取。在纽约，他们家，就是那个不断地被剥夺的对象；而在城市的另一些地方，却有很多犹太人在缔造一个尽人皆知的传奇，一个关于犹太人如何聪明、如何善于经商、如何一步步影响了美国政治经济的传奇。当他在 1949 年，终于离开了纽约，被俄勒冈州的一所学院聘为英语老师的时候，他的青春时代，那段被腌鱼的腥味浓浓地覆盖的岁月，才算告一段落。

疾病，生活态度，以及天分的高低，这些东西，显然都会被遗传。马拉默德坦率地对我说：我没有很高的才华，我写小说，写得很苦，就像我父亲开店和学英语，都不顺利。

在 1951 年，马拉默德的弟弟也住进了精神病院。他父亲去看他，然后，给俄勒冈州那边写去一封信。父亲的英语依然错误百出，他把"出租车（taxi）"写成了"税（tax）"，把"扔（throw）"写成了介词"通过（through）"。他在一封信里告诉儿子，说我刚刚去看望过你弟弟，我看望完就走了，在路边等出租车，这时你弟弟透过窗户叫我，说："爸爸，哥哥给我寄来了纸和笔，可是我扔到窗外去了，你看看，可能还在地上！"我去找了，我满地找，可是找不到。

　　　　　　　　　　伯纳德·马拉默德

马拉默德没有继承家族的精神分裂症，也没有继承父亲的杂货店：他继承的是一份苦难的衣钵，他是苦难所指定的传人。在那不久之后，他向出版商交出了《魔桶》这部短篇集，他非常紧张，生怕被拒绝，他不知道出版商会怎样看待他的笔下，那些总是越混越惨的可笑的人；他们会不会因为感到很难做商业宣传，而拒绝这本稿子？

　　可是那本书出了，不但出了，还做了一个粉红色的封面，有清晰的英文字母：The Magic Barrel。底下是一些跟犹太人有关的符号：七枝灯台（原封面灯台为五枝，意指七枝灯台——编者注）、桌子、椅子，一把钥匙，一束火焰，一个奔走的人影。犹太人本来就是朴素的，他们跟所有人一样要谋生，要奔走；这个画面，粉嫩到了有一点讽刺的程度。马拉默德说：我没想到他们会这么设计，但这个封面我很喜欢，那种粉红色，本来就不是生活的原色，我把它看作是一些不真实的希望的写照。

　　我对他说，我喜欢书中《魔桶》这篇小说，因为它让我想到了一个古老的犹太笑话。在马拉默德祖辈所生活的乌克兰和俄罗斯，犹太人人生中的一件超级大事，就是婚姻。一个家境不好的犹太人家庭，会指望在儿子结婚的时候，捞上一大笔嫁妆。有这么一个年轻人，在媒人的安排下，要出门相亲去了，临走时，他父亲关照他：你去相亲的这户人家，你看如果是个好人家，你就要五千卢布的嫁妆，如果名声一般或者不太好，你就要一万卢布，或者还可以更多。

　　儿子走后过了几天，写来一封信，信里说："她家老爷子被判绞刑，我该要多少？"

　　总有人会比你想象的更苦，总有一扇门，在你意想不到的时间和地点，当着你的面关上。犹太人的笑，是永远离不了苦涩的，就像凝结在空中的一粒沾了泥土的花生米。我想，在马拉默德上台领奖的时候，他真的不知道自己该做出怎样的表情——他可以微笑吗？假如他微笑，台下的人，大概会从他的腼腆和局促中一眼看出真相，那就是，他是个出身寒微、没什么天分、仅仅靠着埋头苦写才侥幸登上今天的舞台的人。

　　而今天他终于笑了。因为他知道我喜欢《魔桶》这本书中那个名叫"魔桶"的故事；所有喜欢它的人，马拉默德都愿意引为至交。这个故事，写的是纽约的一个穷苦的犹太人，靠给人做媒为生，他为一个年轻人介绍了好几个对象，可对方都不满意，他一赌气，就扔给他一包女孩子的照片，让他自己选。结果，年轻人选出了一张照片，他说我非要这个女孩不可。当这位媒人看到照片时，他大惊失色：不行！这个女孩你不能见，她是我的女儿，她应该下地狱，因为她看不起我的贫穷！

　　这个媒人，这个父亲，他珍惜自己干净的灵魂，这干净是通过他的穷，通过他常年饱一顿饥一顿地过日子来体现的。这在一个崇尚物质的地方是多么古怪，多么不合时宜。年轻人都明白，精神再美好，也不能当饭吃。在这个女孩身上，年轻人

　　　　　　　　　　　　　　　　　伯纳德·马拉默德

看到了春天的气息，他断然拒绝了她那有洁癖的父亲的阻止。这位父亲，他服从了，让他女儿去和对方相会，当两个人见面的时候，女孩是白衣红鞋，而在一个墙角，她父亲在默默地唱着一首 Kaddish——犹太人唱给亡灵的挽歌。

在《魔桶》发表一年多以后，马拉默德的父亲去世了。又一笔沉重的遗产，留到他的头上：那家开在纽约一条偏僻小街上的杂货店，里边有腌鱼、面包、火腿，油盐酱醋，父亲用一个很旧的搪瓷壶煮咖啡，整天读着犹太人的报纸。墙上凿开了一个窗洞，却迟迟没有安窗户，父亲常常通过那个洞，看看外边有没有顾客过来。顾客、邻居，都是贫苦人家，来买东西还要请求赊账；黑人非常多。

关于杂货店，都是记忆，马拉默德用这记忆写下了他的长篇小说《伙计》。其中，一个老实本分、开了 21 年杂货店的犹太人，他唯一珍爱的财富——他的女儿，被他雇用的一个意大利伙计给强奸了。他雇用意大利人，是想给他做好人的志向增添一块砖头。他觉得，成为好人，这是一种个人成就；然而最后，他成就的却是自己的心碎。

这个意大利伙计，继承了他的店铺，娶了他的女儿。最重要的一点是——他皈依了犹太教，做了犹太人。在马拉默德的世界里，假如善良能笑到最后，那一定是以善人成为牺牲者和圣徒为前提的；它并不少见，却藏得那么深，那么潜在，人们要开发它，就如同开发一个小孩的若隐若现的智力。

贫穷和善良，作为一些文学主题，多少是有些陈旧的。如果把《伙计》这本书的结局，看作店主的一场复仇，又会怎样？他死了，伙计成为店主，也就背起了日复一日地谋生的责任，就挑起了那个死去的人所抛下的重担——既是谋生的重担，也是保持道德纯洁的重担。他要赎罪，那是怎样一种严酷的体验？怎样一份苦难的遗产？

　　马拉默德说，这是聪明人的看法，我很羡慕他们总是那么敏锐和自信，视角独特，精力旺盛，可我不是聪明人。即使别人说，我成名了，我也不可能感到春风得意。因为如果我春风得意了，我会觉得自己背叛了我所写的那些人。他们别无选择地走在那一条路径上，生命的价值对他们来说仅仅如此，贫穷和饥饿，或许有一天能铸成神奇的成就。我也是个笨人，没有人在说到美国作家的时候，或者在说到美国犹太作家的时候，会率先说出我的名字。他们一定会说索尔·贝娄，会说菲利普·罗斯，我被排在后边；可是我所写的，是我所能拿出的全部，剩下的事情，都不在我的控制之下。

　　这是实话，马拉默德很清楚，爱他的小说的人再多，仰慕他的人也是极少的。对此，他总是不太甘心。在1976年10月，一个消息震动了美国，尤其是犹太人的圈子：美国的犹太裔小说家索尔·贝娄，获得了该年的诺贝尔文学奖。贝娄比马拉默德还小一岁，但成名要比他早了近10年，他总是给人一种幽默而浪漫的感觉，一种智者的印象。当人们都在谈论贝娄的时

　　　　　　　　　　　　　　　　伯纳德·马拉默德

候，马拉默德打开笔记本，写了一句话：贝娄得了诺奖，我在玩牌时赢了 24.25 美元。

马拉默德，他怎么会不想步入世界级作家的殿堂呢？可是，他所归属并汲取力量的那个精神家园，似乎天然地就把他留在了一个迟到者的位置上。即使是他受到荣宠的时刻，也能看见失败的边缘。那个带着白痴儿子赶火车的老人，那个为女儿唱挽歌的父亲，被这样的故事所打动的人，到底有多少？他至少知道一个人，一个音乐家是热爱他的，这个人名叫马克·布利茨坦，一个前共产党人，曾经把他的《魔桶》和《白痴优先》改编成歌剧上演。布利茨坦在 1950 年代饱受美国麦卡锡恐怖主义的迫害，没有工作，生活无依，在 1964 年的一个晚上，被三个暴徒殴打后死在了医院里。

马拉默德去看过那两场歌剧，观众很多，没有人认出他。各种各样的力量，各种事情，都在引导他相信自己活着是为了体会活着的苦涩。他说，我真想站在剧场里说两句什么。我想说：感谢你们来看，希望你们不要忘了今晚。

今天的作家酒馆到此结束，我们下次见。

August Strindberg

奥古斯特·斯特林堡

奥古斯特·斯特林堡（1849—1912），瑞典小说
家、戏剧家，一生活在对"证明自己的天才"的
渴望之中，其戏剧《鬼魂奏鸣曲》是世纪之交表
现主义文学中的杰作。在与易卜生竞逐诺贝尔文
学奖的过程中，两人都没有笑到最后。

命运之手拔高我、升华我又让我蒙污，
上苍一定是要让我完成某种使命。

何为高纬度的嚣张？

　　你好，这里是作家酒馆。

　　今天我请来一位画家，准确地说，他是作家里边最擅长画画的人——起码他自己是这么认为的。他曾有八幅画，在柏林刚一展出，就被一家收购商全部买下。那时，他觉得自己的多方面才华再一次得到了印证。之前，他已经尝试了小说、自传和戏剧。四五年的时间里，就轻轻松松地完成了一百多万字的作品。只可惜，他遇到了一场失败的婚姻，和结发妻子分手，丧失了三个儿子的抚养权，雪上加霜的是，在金融市场的大衰退中他又遭到致命打击，因而债台高筑。

　　他叫 August Strindberg，奥古斯特·斯特林堡。他被两种互相冲突的力量驱动着前进，一种是想证明自己，想赚钱，想成名，想以才华和成就震惊世界；另一种是想做个慈爱的爸爸。在他的祖国——瑞典，他经常感到人们浅薄而无情，缺少辨别天才的能力。他有一个得意的剧本，叫作《朱莉小姐》，写的是一个处在敏感年龄阶段的少女遭到诱惑而失足的故事，但是斯德哥尔摩的剧院拒绝上演。他们说，斯特林堡连续写了好几个特别悲的悲剧，可他们想多上演一些喜剧，滑稽剧。斯特林堡认为这是借口，剧院无非是顾及自己的体面，因为他的离婚闹得丑名远扬，让社会上那些代表了体面的人士十分不齿。他背着债务，见不到儿子，也付不起抚养费，被穷困、失落、孤独和嫉妒所困扰时，就想起了一件事：我还可以画画。

那时的欧洲绘画，正在发生一场革命：以法国为主要阵地的印象派画家登场了。在瑞典，斯特林堡是最早推崇印象派的人之一。他说，这是一个新的审美时代，过去的绘画，讲究还原事物的每一个细节，但是，画家应该做的，是描绘他在面对事物时的所见和所感——这就叫印象，印象是有意义的，而物体本身则毫无意义。

不过，斯特林堡绝不是那种会赞美别人的人。他说，印象派的上限太低，因为他们太小家子气了：他们题材总是离不开家庭的、亲友走动的那些事情——一群人出去野餐，看看池塘里的花，院子里的树，温情脉脉。

斯特林堡是从高纬度的北欧走出来的人。高纬度的风景是完整的，全局的，有一种无垠的厚重感。在地平线以上，几乎所有领域都属于天空，天象多变，如果细看的话，能看到不同色彩的层次，犹如火山每一次喷发所堆积而成的火山灰那样，让人站在大地上感受到一种沉甸甸的重压。到了夜间，星斗到处踯躅，把天空都给踢皱了，变成了摄影师冲洗底片时所用那种黑色的幕布。

斯特林堡在他1873年画出的第一幅画《月光海景》中，就表达了野心：蓝绿色天空、深绿色海面、淡淡的月亮——到处充满了艺术家自己的灵魂。他非常在乎表达的媒介——在摄影术刚刚问世的时候，他就研究了照相机。他拍照，但是拒绝用镜头，他觉得镜头这个媒介，会扭曲他所看到的景象，妨碍他的灵魂对事物做直接的把握——用镜头拍的照片是不纯粹的。有一次，他尝试着把感光板拿到户外，浸泡在显影液里，让它直接对着夜空曝光。他用这种方式做出来了一些照片，都是一些颜色浑浊的、模模糊糊的影像，而且放置的时间越久，它们还会因为灰尘、气温的变化，而发生新的变化。他说，这些是夜空真正的样子，同时也是他自己灵魂的样子。

像一个巫术师一样，他相信自己的每一个操作，他在无意识中完成的工作，夹杂着那些偶然发生的意外，都足以产生影响世界的力量。他所偶遇的一只飞蛾的翅膀，一颗流星，一只螺壳，同他个人人生的每一种境遇，上边都签有造物主的名字。

他画画，用的不是笔，而是调色刀，他把颜料堆在画布上，然后用刀去处理。他说，他最喜欢的画家，不是印象派马蒂斯、莫奈，也不是凡·高，而是荷兰的古典画家鲁本斯。因为鲁本斯的画好像是用一把刀"砌"出来的，作画如同雕塑。如果用画笔或者画刷的话，那么绘画只是轻轻地、不痛不痒地抚摸。他不但在画布上绘画，还在书的封面上，在纸壳箱上，在蓄电池的锌板上绘画。他喜欢各种表面坚硬的材料，它们适合他那种凡事都要用足力气的习惯。

1892 年 10 月，斯特林堡走下火车，踏上柏林的地面，作为一个背着债务、失去家庭、逃出瑞典的全能的艺术家，他期待着新的冒险。

在瑞典，他永远是毁誉参半。捧他的人说他是真性情，对世道看得透彻，骂他的人说他高度自恋，恬不知耻，到处吹嘘自己卑贱的出身。他的妈妈给人做过女佣，于是他写了一个很长的小说，叫作《女仆的儿子》。骂他的人说，这书就是为那些等米下锅的出版商写的，他们就想制造新闻热点，不管那是什么样的新闻。这也是事实，那时候的出版商动作特别快，因为逼近世纪末，人会不由自主地骚动。画廊和艺术经纪人也是一样：他们给出了许诺，斯特林堡，你来参加画展，我帮你解决你的生计问题。

他立刻就来到了柏林。他的行囊里，有一个绿白条纹的洗脚盆，有一箱的衣物，还有一个大概一码长的绿色法兰绒布袋子。袋子里面装满了他当时正在写的各种手稿，有还没完成

　　　　　　　　　　　　　奥古斯特·斯特林堡

的戏剧，有他的科学论文——一份论述植物如何拥有神经的作品，有一项关于怎样在硫磺里提炼出碳元素的研究，还有一份驳斥牛顿力学和基督教的上帝理论的专论。

他住了一个又一个的旅馆，每到一个地方，他先拿出洗脚盆泡一下脚，然后就出门去见各种人，展现他的语言天分和个人魅力。当别人跟他谈小说，他就说起他那些惊世骇俗的绘画实践；当别人跟他谈绘画，他又说起了炼金术，说他一直在探索构成世界的最根本的秘密。每个见过他的人都忘不了他的胡子——这胡子往两边翘起，很警觉也很挑衅，流露出一种不愿意求稳的个性。当他拿出自己的画作，果然，就像之前的小说和戏剧一样，他又受到了截然相反的评价。一些人显得很惊慌，他们不能想象，如果这样的作品被当作杰作而风行开去，会产生怎样的社会后果；另一些人却认为，在这些什么都看不清的颜料的海洋里，有着天才的流溢。

1893 年 1 月，他那部在瑞典被拒演的戏《朱莉小姐》在法国巴黎上演。斯特林堡的法语非常出色，他翻译了自己的剧本。戏上演后，法国人被震撼了，舆论的评价同样两极分化，有人痛骂，有人讴歌。斯特林堡心中得意，他知道，不论对他是褒是贬，那些人都入戏够深。所有的评价，都是对他个人价值的认可。紧接着，他又完成了新的一幅画。他十多年前的画，还是能看出画了些什么的，而这幅画，画面中只有纷乱如棉絮的色彩。他在画布的背面写上了这样一则说明：

右下方是大海，上方是云彩，左边是一个悬崖，右上角是一丛杜松灌木。整幅画，象征着一个嫉妒的夜晚。

我难得听说，画一幅画还要添上图说的。斯特林堡把这幅题为《嫉妒之夜》的画作送给了一位奥地利女记者，她叫弗丽达·乌尔。弗丽达这个人，对于已经或即将成名的天才会产生强烈的私人兴趣，她很快就成了斯特林堡的第二任太太，凭着丰厚的家产，她带着丈夫到处走，要把他变成欧洲红人。

可是，在柏林收购了斯特林堡的八幅画的人，后来并没有真正付钱。好像那些对他流露出热情的人，都是在利用他，都想在他的疯狂的输出中捞一勺子，蹭蹭他的热度，制造个新闻，却并不是真正欣赏他的那种全面的、整体的天才。当他的创作和经济回报不成正比的时候，他和弗丽达又生养了一个体弱多病的女儿，之后，夫妻关系也开始恶化。

他有一个朋友，是他初到柏林参加第一次画展的时候认识的。他跟斯特林堡一样，既能写又能画，且能够绘声绘色地、如实地描绘出一个纯属虚构的场景。他对于世界，也具备那种来自高纬度地区的人特有的感受力。但他有一个信念，和斯特林堡不同：自己在恋爱和婚姻的领域将会是不幸的，因为在那个方面的幸福，跟他自己灵魂中对恐惧和死亡的热烈需求，是水火不容的。

这个人就是来自挪威的爱德华·蒙克。他们两个人一拍即合，斯特林堡把他的很多思想，都说给了蒙克听。他说，我们

奥古斯特·斯特林堡

得让偶然因素进入到绘画实践里，这样才能呼应宇宙的神秘本性。我们应该让自己脱离自己的控制，才能打开潜意识的大门，我们可以创建一种关于赤裸灵魂的心理学……他指着他那混沌一片的画面说，在我这里，无法捉摸的主题和内容，恰恰是我对真实情感的捕捉的结果。

蒙克是个何等善于投入的人。假如他的脑中出现了一个人物，为了准确捕捉这个人物的形象和内心状态，他可以持续地禁食，或者不喝水，或者大声尖叫，像疯了一样。不过，他却没有像斯特林堡那样走火入魔过。当斯特林堡跟他谈起，自己如何把绘画同化学实验结合在一起时，蒙克看出来，这是在把艺术神秘化，只有作者孤芳自赏，外人却感到莫名其妙。这是有问题的。蒙克认为，他的绘画，应该追求的是触动每个人身上都有的感知的神经：艺术应该是所有人共同的认知。当我的情绪操纵了色彩和形状的时候，我不能追求让人看不懂，让人被我的玄奥所折服，而是相反，应让人出于人皆有之的本能而感到激动。

他们两个人频频聚首。他们都喜欢的一个酒吧，把将近一千瓶酒摆在店堂里，他们就在酒的包围之中，一晚接一晚地谈话。斯特林堡谈论他的梦，他构想中的戏剧和作画的灵感，他想用坩埚做的危险的实验。他说，他已经从煤中制造出了碘，他还在尝试发明一种能够代替蚕丝的原料来制作丝绸。他要给果树上的果实注射吗啡，为了探求到底植物拥有怎样的神经系统。他要研究一种远程手段，可以操控和杀死对手。

他用戏剧化的方式记下了自己做的各种事，各种心情和状态，他仿佛正在一部只有他自己一个人看的戏中担任主演。他相信，这些记录早晚要变成文学史资料，让后人围绕他模糊暧昧的内心戏，乐此不疲地解谜。

此时，蒙克虽然和斯特林堡一样，感到没有人能真正地理解自己的艺术，但他却得到了一系列举办个人展览的机会。在1892年11月5日，他的第一场个展，才办了不到一周就被迫叫停，因为，帝国美术联合会的保守派们，被他展出的作品吓坏了，他们看到蒙克描绘的女人，那种鬼魅一样的神情，那种既崇高又恐怖的光晕，他们惊慌失措，说这是堕落的艺术，不能展出，还要捣毁蒙克的所有作品。这件事激怒了那些年轻的艺术新锐，他们宣布组成了一个分离画派，在杜塞尔多夫重新举办蒙克的展览。

蒙克把他的55幅作品全都拿到那里展出，他想放一幅画在入口，给自己镇一镇场子。他早就想好了，那幅画，就是他给他野心勃勃的朋友——斯特林堡画的一张肖像。

画面中斯特林堡穿齐整的蓝大衣，左手插兜，右手握拳，目光阴沉而踌躇满志，似乎刚刚想到了一个惊人的计划。斯特林堡觉得，自己站在画展入口，真是当之无愧，他对蒙克这位灵魂画手说：你让我来看守地狱，我就是那条地狱之犬。

他在1894年开始构思一本新的自传。他说，我进入了一个"地狱"时期。实际上，他只是从组建不久的小家庭回到了孤身一人，得以再一次细细把玩自己的处境，无论是朋友还是敌人，都来参与和衬托他的自我沉迷。世人在他看来，都是一些毫无个性的庸人，对那些把持着话语权的人唯命是从，而他自己是担负着某种使命的人，对这些庸人赋予他的关注受之无愧，而当庸人不理解他，嘲笑他的时候，他们就活该接受他那高姿态的轻蔑。有一次他这样写道：

当我反思命运的时候，我能看见那无形的手在工作，在规训我，把我驱向自己仍未明确的目标。它给了我荣耀，同时拒绝我享受俗世的辉煌。它让我丢脸，同时又拔高我，为了让我升华而让我在尘土中蒙污……有时我又这样想，上苍一定是故意让我在这尘世中完成某种使命。

有使命感当然是好事情，可是有什么样的使命，值得一个人如此自恋？也许斯特林堡真的苦于孤独，苦于捉襟见肘的生活，苦于怀才不遇，至少是没能博得他的才华理应博得的那种关注。然而他在执笔写自己的苦境时，却始终不肯放下扭捏表演的身段。今晚，我给他一份冰镇的烈酒，他一饮而尽，容光焕发，我估计他回去之后会写下这样的话：愿作家酒馆的老板接受一位迷途的陌生人的感激之情，这个陌生人此刻隐居在遥远的地方！

当斯特林堡沉迷于他自己幻想中的地狱时，蒙克短暂地回到故乡挪威，继续工作。在未来，他即将完成的那张诡异的画上，有一个没有耳朵，没有头发，只长了一双小孔一样的眼睛的人，在布满高纬度条纹的天空下，朝着每一个看画的人张圆了嘴巴。蒙克的《呐喊》有好几个版本，在其中的一个版本中，画面的右下角洒有一些烛泪，那是他在夜间作画时，不小心滴上去的。蒙克没有废掉这张画，因为他接受了斯特林堡的理念：让偶然因素自由自在地进入自己的创作。

斜45度延伸的桥，漩涡状的海水，被如血残阳照彻了的天空中，被线条分割的肉色的云霞有如塌陷的床。蒙克在他的日记中，这样书写《呐喊》的灵感来源："我和两个朋友走在一条小路上。太阳快落山了，突然间，天空充满了血红色，我停了下来，疲惫不堪，靠在栏杆上。在黑蓝色的峡湾对面，可以看到血和火焰的舌头。我的朋友们继续前行，但我站在那里，情绪激动，我颤抖着——我感觉到大自然中流淌着无尽的尖叫。"

这种事后的叙说，并不见得是事实。文字是很容易被用来满足一个人的表演欲的，把人平淡无奇的经历提升成戏剧。但是，蒙克的文字与其说是表演，不如说是他在《呐喊》中表达的情感的一种余绪，是为了完成他未竟的表达而写的。所以它有着自身的真实和动人。

但斯特林堡，他却不是与蒙克这样的灵魂画手旗鼓相当的灵魂作家。无论是绘画还是写作，他都是高度自恋的。在别人的不理解、震惊、嘲讽和冷遇之中，他看到的都是对天才的嫉妒。1896年，蒙克再一次为他的朋友画了一张像。这一次，斯特林堡明显没那么自负了，他的眼神和嘴角中多了迷茫，眉毛也垂了下来，可是，他的头发却在上升，画了一个弧度，然后好像弯曲的蛇一样向画面的一边游动。这是蒙克标志性的画风，那些头发，和夕阳下鬼魅般的线条是一致的。仿佛有一个"上苍"在远远地牵动它们，要让它们和那些让地上的人望洋兴叹的纬线同频。

斯特林堡自己的画，从未像蒙克那样成为街谈巷议的事件。不过他对炼金术的研究倒是在法国引起了一阵轰动。之后他又回头去写作，他写了很多文章，谈艺术，谈物理和化学，谈时代精神。没有一个欧洲文人像他那么活跃。在他的想象中，绘画界失去了他这么一股活跃的清流，也应该黯然神伤。不过，他跟他的夫人弗丽达，在1894年10月之后再也没有相见，这意味着他也很难再见到女儿。这位眼高于顶的狂人，却对一件事始终耿耿于怀，那就是，他没有机会陪伴自己的儿女成长。

这种遗憾，即便他得到了诺贝尔文学奖，也是无法弥补的。而事实上他也没有得到这个奖。在他的年代，他经常喝一种北欧很多人都喜欢喝的苦艾酒，这种酒能让人看到很多幻象。而今天，他是喝不到的。我这里的一切，都在迫使他告别那个不稳定的昔日的自我，这种不稳定的确冒犯了所有在乎稳定的、庸庸碌碌的人。

我对他说，我是很喜欢你的画的，希望有一天我能买得起。他描绘的两种事物是能辨别的，一种是海，一种是云。我们都知道英国的风景画家透纳是画惊涛骇浪的高手，但斯特林堡的海浪更像是贴着地爬行的山丘，像淤泥；而云，则好像是海浪投在天空中的影子。

　　说到这里，斯特林堡突然开口：你看我画的云，你看它们的边缘是不是像折线一样，一上一下一上一下的？我是一个被埋没的天才——我是一个戏剧家、小说家，也是画家，是化学家，也是炼金师，但要不是当年的金融市场让我赔光了钱，我本来还可以成为一个对冲基金的经理人。

　　这里是作家酒馆，今天的营业到此结束，下次见。

奥古斯特·斯特林堡

あべ こうぼう （KÔbÔ Abe)

安部公房

安部公房（1924—1993），日本小说家，有"日
本卡夫卡"之称，20世纪60年代，他的《砂女》
《燃烧的地图》等小说将工业和科技文明里都市
人异化的真相揭露尽净。安部公房性情洒脱，有
着尖锐的现代想象力。1993年的猝然逝世，使他
失去了很可能即将到手的诺贝尔文学奖。

许许多多的窗户，灯光渐渐暗淡，
只有在熄灭的一瞬间，
我才确切地知道那儿有人。

忘了自己是谁怎么办？

你好，这里是作家酒馆。

　　人生中最可怕的事情之一，就是一觉醒来。今天，你一觉醒来，觉得胸口空空的——你饿了，就去餐厅吃早点。你常来这里，熟了，所以餐厅每次都给你赊账，但是今天，当你拿起笔准备在赊账本上签字的时候，却发现自己怎么也签不出你的名字了。这没什么，很多人，特别是一些有学问的人，都曾说起自己大脑突然短路的情况；于是，你不慌不忙，掏出了名片盒，平时你经常给初次见面的人掏名片，而嘴巴不讲话，只负责谦虚地微笑。

　　但是，名片盒是空的。真不巧。你又找出你的身份证，却发现上面写名字的地方是一片空白。这下你紧张了：你到底叫

　　　　　　　　　　　　安部公房

什么名字？你问柜台里的服务员，她跟你是老熟人，可是她也想不起来你叫什么，只能尴尬地在那里笑。

在手忙脚乱之间，你蓦然想起，上班的时间快到了，铁面无私的考勤机已经开动。你赶快准备，忽然发现你的公文包又没了，那里面有好几份重要的文件，你在房间里快速地找了一遍，没有，一定是被贼偷了，可是你不能报案，因为你连自己的名字都说不出来，如果你跟警察说，那个贼连我的名字都偷了，他会相信吗？

无论如何，先上班吧。幸好你还记得公司的位置，还记得自己在这幢办公楼里坐在哪一个区域的哪一个格子间里。你在一家保险公司的资料科工作，那个房间的门敞开着，你快步走进去，然后愣在了那里：你的公文包就放在桌边，完好无损，而在你的椅子上端放着的，是一张印有你的名字的名片。

一觉醒来，你原先认为不容置疑的、坚固的事实，突然就瓦解了。最先，这是卡夫卡告诉我们的事情。他在《变形记》里说，一个叫格里高利的人，一早醒来，发现自己变成了一个大甲虫，他只能在空中踢腾他的脚，怎么也无法翻过身来。他的家人发现了这个情况后，不是想要救他，而是想尽快除掉他，让他带来的恶劣名声尽快地离开这个家。

而今天，我请来的这位客人，也给我讲了一个类似的故事：一个人一觉醒来，变成了一个无名的人，而他的名片却代替了他。当这个人来到公司，在前台的花名册上，找到了自己的名字时，他觉得十分疑惑：那真的是我的名字吗？我真的叫"S·卡尔马"吗？最后，他只能反复地强迫自己这样想：好吧，是的，我就叫 S·卡尔马，我就叫 S·卡尔马。

当 Kôbô Abe 来到我的面前，我也得反复确认，他真的是 Kôbô Abe 吗？他真的是安部公房吗？

安部公房，日本作家，因为他经常写那种关于身份丢失的故事，也因为他总是隐居，以至于那些热爱他的读者，即使见到了他本人，都会怀疑那是一个幻象。1944 年，他在东京上医科学院时，内心并不喜欢学医，只是因为那时在打仗，学医可以避免被征兵，才去混了一个文凭出来——他把更多的时间用来读小说，特别是读卡夫卡的小说。卡夫卡是个自成一派的作家，在小说里，往往用一个字母 K 来代表主人公，暗含着这个人在一种社会环境里的无名状态。

安部公房也模仿了这一点，给他的主角取了一个像 S·卡尔马这样的名字。卡夫卡当年主要生活在中欧的捷克，1956 年，当时三十一二岁的安部，还特地到捷克斯洛伐克走了一趟。他是个大胡子，没有一个日本男人会像他这样留胡子，也很少有日本人，会主动跑到东欧去。他对日本，并没有其他日本作家的那种感情。他主动离开日本作家的群体，后来有一次，当他应邀参加一次日本文化界的活动时，他也发现别的到场者都吃惊地看着他：因为他们都穿着灰色正装，只有他是短袖短裤，毫无牵绊。

　　　　　　　　　　　　　安部公房

日本作家，在二战结束后的十几年里，拥有了无可匹敌的社会地位。日本战败后，民族的尊严感处在低潮，而作家和文学作品，就成了重建民族认同的重要支柱。就在1956年，最走红的几个日本小说家，年收入超过了电影明星，他们的照片出现在杂志的封面上，在报纸的头条，他们走在街上立刻被人认出来，立刻就要掏笔给人签名。

可是，安部公房不是为了争取这种殊荣而去创作的。相反，他有些瞧不上日本人对作家的关注。他说，那些关注，都是奔着作家本人的生活而去的，把每个作家都看作来自某个地方的人，写的是那个地方的事。而作家，也投其所好，写那些大众爱看的具有地方色彩的故事，或者讲他们个人在战争中和战前的经历。他们喜欢说"我"，我是什么人，我经历过什么事情，我的家里都有哪些人，他们跟我的关系……这种写作，就仿佛是一种自白。

然而卡夫卡不同。他写的是人在现代社会中的普遍体验。人变得无名了，他久在人海之中，不知不觉就习惯了低头、沉默，变得胆怯。每个国家，每个地方，只要进入现代工业化的体系，人们就会像这样，仿佛遭到了强制性的降级。

安部公房能来，是对我的一种信任——因为我不打听他的过去；我不需要他向我自白。这种自白，在他看来，和日本人对名片的集体依赖完全是一回事。他说，日本人离不开名片，日本人总是被迫去总结自己的种种：我生在哪里，我家住哪里，我做过些什么事情，我在哪里受的教育。日本人见到生人，必须得第一时间交代自己的历史。人要应聘任何职务，哪怕是当一个清洁工，一个商店售货员，都得写详细的简历。你必须靠你的名片活着，就连大学生见面也得互相交换名片；为了在一家企业里拥有自己的椅子，你得汇报你到那时为止的所有人生。

而日本人也是一个名片特别多的民族。别的国家的人，都通过这些名片来认识他们。曾有人问安部公房：你平时多久享用一次茶道？川端康成写的，日本人每天都要用茶道；还有外国人问他，你对武士道怎么看？三岛由纪夫写过，武士道是你们日本的国粹。

安部公房说，他厌倦这些问题。茶道，那是日本的旅游手册说给外国人听的，是日本航空公司为了宣传民族文化而拿来说事的。在一个讲究仪式感的国家，他厌恶所有的仪式，所有种类的仪式。日本的语言里，有着一层一层的仪式意义，日本人的笑声都是分层的，面对什么样的场合，有着什么样类型的笑。大多数时候，人的笑声都是嘻嘻嘻的，从喉头发声，带着一种礼貌的自律，像是街头开过的有轨电车。可是安部公房的笑声，是来自腹部的，当他看到，我没有给他布置一套浮世绘图案的酒杯来取悦他的时候，他不由放声大笑。

安部公房喜欢眨眼睛，眨得飞快的时候，把眼镜都给震了下来，好像想把一切负荷都给抖下去。任何人跟他谈日本人如何如何，他都会不耐烦。他希望像一个无民族身份的人一样，生活在世界上。

他曾经觉得，这是个可以实现的理想。那是当他童年时居住在奉天的时候。奉天，就是今天的沈阳，当时被日本侵占。奉天有很多阴暗的旧房子，很多穷人，很多孩子因为有人生没人养，才三四岁就被卖掉。安部公房在学校里学习，一旦淘气或者成绩不好，老师就会说：我们日本孩子，才不会像你们这样。安部公房于是很迷惑：那我究竟算不算日本人呢？只有在日本，才算真正的日本孩子吗？

他带着想象，在奉天度过了一年又一年。学校里逐渐宣扬一个概念，叫"大东亚共荣"。这虽然是一个险恶的计划，但安部公房真的在街头寻找各个不同民族共同生存的迹象，他也似乎找到了，那是在逼近战争结束的时候，日本军队的控制力逐渐减弱，奉天出现了无政府的现象。砖头楼房一天比一天发黑，肮脏，但是街上却出现了各种相貌的人，不仅有东亚的中国人、朝鲜人、日本人，还有非东亚的俄国人、各地区的犹太人。

当安部公房回到日本，回到他的出生地东京时，他不由得想念那个神奇的东北城市。日本现在被美国人所管辖，正在根据一种有关民主和平等的现代理念重建政治和社会。安部公房觉得，他不想归属于这里，因为这里单一的民族占主导地位，而且，在快速的工业化重建中，人们日复一日地趋同，变成了同样的雇员、职工、服务生，商店的顾客和通勤的乘客。这不叫平等，这叫身份的泯灭。

而真正的"平等"，是他在中国奉天的时候已经体验过的，哪怕只有短短几个月的时间，哪怕那只是一个另类的孩子所看见的幻相。

1967年，安部公房写了一部小说《燃烧的地图》。他写的是东京发生的故事，但是，那是一个有如照相底片一样的东京，所有的混乱、黑暗、无序都翻到了表面上。主人公是一个无名的人，一个调查员，他受人雇佣去寻找一名失踪的男人。他走进电影院、酒吧、赌场、妓院，见到数量庞大的灰色人群。酗酒的，打架斗殴的，敲诈勒索的，拉皮条的，卖淫的，生息于此。他厕身其间，与人交谈，人们漫不经心，不是答非所问就是信口雌黄，或者言不由衷。有的人给了他线索，然后矢口否认说"我是开玩笑的"。人们仿佛都被某种致疯或致醉的力量攫住了，让他十分困惑，存在感也急剧下降。

这个迷宫一样的城市，是东京，同样也是奉天——对两个城市的印象和爱憎叠加在了一起，构成了一个都市失踪的故事。安部公房的主人公是带着任务去调查的，但逐渐地，他觉得自己不想离开了：离开，回去，就意味着要见到那些过于熟悉的东西——他的公司，他的太太，所有貌似认识他的人。到故事的结尾，他离了婚，辞了职，躲进了一间电话亭里。他无牵无挂了，电话亭是他唯一熟悉的地方。外边，那汪洋大海一般的夜晚的都市，向他送来了致意：从三公分宽的门缝里扔进来的一张纸条——一张夜店女郎的小广告。

当大多数日本作家都在重建日本的民族认同的时候，安部公房却要他的读者——想想自己，想想自己正在一个越来越有序的工业社会、经济社会和法制社会里，变成怎样的一个陌生人。每一辆电车每天都在运送自食其力的上班族，他们低头无语，眼神是茫然的，情感和反应被压抑到了零。在《燃烧的地图》里，那位调查员说：我很害怕，平时，我只要和几个、几十个、几百个熟人交往，就觉得这世上有属于自己的一块地方，但是在电车里，密密麻麻围在身边的全是陌生人，而且那么多人。

当他在城市的迷宫里走了一大圈之后，他开始畅想在那些无政府的环境里，做一个法外之人是怎样的体验。他说："当海盗作为海盗扬帆在陌生的大海上时，当盗贼作为盗贼躲藏在荒无人烟的沙漠、森林、都市的底层时，他们一定曾在什么地方超越过变成一点的自我……我什么也不是，不需要任何同情……犹如在沙漠上即将渴死的人为即将溺毙的人抛洒泪水一样愚不可及……"

到新年的时候，东京的人口锐减。城里人大多挤进火车回乡下了——城里人用回乡的方式来稳固个人的身份，确认自己是有一个故乡的。走在空空的街道上，安部公房自问：这里是什么地方？我在哪里？东京最常见的路灯，是水银灯。水银被加热到一定温度，变成蒸汽，发出亮光，它是能源利用率最高的人造光之一，被用来照亮夜间的城市。要是在黑夜里，从飞机上俯瞰东京湾，大部分地方，都是水银街灯染上的蓝绿色。今天，安部公房带给我一些水银灯光的残片：光，在他的手中，成了他最喜欢的昆虫标本的翅膀一样的东西，然后碎掉，变成粉末，消失。

这个意味深长的变化，包含了安部公房的断言：人要寻找故乡，人希望自己属于一个国家，一个民族，但这些都是被神秘化的东西。而建立在民族认同基础上的现代社会，却是一个无方向指示的迷宫，一片永远变动的流沙，"至于我，我非常幸运地，完全失去了对稳定事物的信任"。

这个晚上因为安部公房的到来而不同。路灯光像是一些飞进黑夜的昆虫，又像是一些朝黑夜敲进去的白昼的木楔子。日常的声响中，开始隐约响起了狂热的鼓点，人们陶醉其间。在街头艺人的弹唱声中，我听到了乞丐的呻吟，像是萦绕在耳边的饥饿的蚊子的声音。

安部公房也在乡村待过，那就是他母亲的老家——北海道。日本的乡村，在我们的印象里，那是何等静谧优美的地方，适合颐养天年。可是在安部的描绘中，乡村是凶险的大自然的一部分。濒临大海的人，并没有心胸开阔，而是活在恐惧之中。他们害怕大海有一天会四面包围陆地，火山和地震会摧毁家园。

　　　　　　　　　　　　　　安部公房

这就是安部在 1962 年的小说《砂女》中所描绘的乡村。它给一个从城市脱逃的男人带来了噩梦。流沙时刻在威胁村子的生存，村里人，就像城市大企业里的员工一样，抹去了个性，为了能够共同生存而昼夜操劳。人们的眼光不是向外的，长远的，而是拘泥于眼下的急务。当男人来到这里时，他以为乡村的单调的风景，淳朴的生活方式，能够抚慰他那个毫无归属感的城市心灵；他接受了村民的邀请，在这里住一夜。

一觉醒来，又是一觉醒来，一切都不同了，一切都走向了他预期的反面。他被人催着加入昼夜铲沙子的任务之中。他的房东，是一个神秘的女人，她会说话，但面无表情，她能够回答问题，但从不回答男人提出的一些根本的问题，比如村庄如何运作、如何组织和结构。她只是让他好好干活。这个流沙的世界，既是一个危在旦夕的陷阱，又象征着不动声色的体制，就如同卡夫卡所写的那座"城堡"。

他一次次尝试摆脱这个地方，但都归于失败。他曾经把希望寄托在外人的挂念上。然而，他是城市中产阶级中自愿边缘化的一员，别人看到他异常的脚步，就在他身后关闭了回归的大门。公司会找人代替他的位置，太太也不再想念他。报纸上一如既往地刊登那些有关现代化进程的消息，哪里兴建了什么，哪里实现了什么，哪里在讨论什么，却没有一条与他——这个失踪者有关，没有一条寻人启事。

那些乖顺的城市人，获得了各种各样的安全的保证。安部公房说："人们听新闻，是为了感到安心，新闻里，无论播报什么样可怕的消息，收听的人仍然完美地活着……新闻就是一种宣告，宣告明天不是世界末日。"

所以安部公房说，那些主动离开的人，就不要再想着回去了。在卡夫卡的《变形记》里，看到格里高利变成了甲虫后，他的家人立刻把他关了起来。他妹妹把他房间里的家具都拖出去，这些家具带有房间里的温度，人的温度，凝聚着他对这个家庭、对自己家族的记忆和感情。格里高利抗议，但他忽然又注意到，在家具撤空之后，他也就从人的世界里脱身，得以在光秃秃的地板上毫无阻碍地四处爬行了。人的社会、亲情、友情，都是保护伞，当它们离去，你才得到自由，但是裸露在无常的环境之下，在变化的流沙中安家，又需要怎样的勇气，要冒怎样的风险。变成甲虫的格里高利死去了，然而那个流沙中的男人，他还活着。

日本有一种精神，叫物哀。我今天开了一坛有着樱桃芳香的清酒，在坛子里看，它是深棕色的，但倒在杯子里，它会变成土黄色，一些比虫子还要微小的东西在水中跳舞。安部公房用他的物哀之眼观察它；作为非典型的日本人，他的物哀也是非典型的：典型的物哀能化成咏物的俳句，安部公房的物哀，却让稳定的东西流动起来，让坚固的事物瓦解。

比如现在，这城市夜色中的万家灯火，它们本该是安全的写照；可是安部公房说：我只能看到一扇窗户，又一扇窗户。

安部公房

许许多多的窗户，灯光渐渐暗淡，只有在熄灭的一瞬间，我才确切地知道那儿有人……

像现代都市人一样，发亮的窗户也是无名的，就像答题卡上的一个方格，地图上的一个点。安部公房喜欢凝视电影院散场的场景：一片彼此陌生的人头从门内涌出，四散回家，身上拖着水银灯光的分泌物。万家灯火吸纳了他们，一片秩序井然的海洋，在他们走过之后又闭合了。走向边缘，失踪，是不是一只总有一天会在我们心中苏醒的小小甲虫？

今天的酒馆营业时间到此结束，我们下次见。

Hermann Hesse

赫尔曼·黑塞

赫尔曼·黑塞（1877—1962），小说家、散文家、
诗人和画家，1946 年诺贝尔文学奖得主，出生
于德国，后入籍瑞士。黑塞以完美的赤诚表达爱
恨悲喜，在受到军国主义毒害，又被战争、工业
资本主义、商业媒体等力量摧残的西方世界里，
他亲身探索和实践东方式的生活理念。他的《悉
达多》《荒原狼》《玻璃球游戏》等都是影响延及
21 世纪的小说杰作。

只有在属于历史之后，
作家才会传为美谈；
而当他处在眼下的现实之中，
他一定会被仇视。

人能摆脱商品的命运吗？

你好，这里是作家酒馆。

一个男孩，在书柜前流连，这是一个玻璃门书柜，里边是书，外边塞满了各种来自异国他乡的小物件。其中有一尊印度神像，男孩对它痴迷不已：这神像的表情仿佛会变，舞姿似乎也在变，每次看到都和上一次不同。有时候它露出一种很罕见的、透着滑稽感的面容，有时它又像是被施了魔法一样，表情微妙，显得莫测高深。佛像是金属做的，黄澄澄的，可是眼神却会变化，它有时是一个无定形的象征，无可名状，像一道符，一块岩石上的苔藓或一颗卵石上的花纹。

男孩喜欢这里，这是他外公的书柜。他外公外婆，他的父亲母亲，都曾在印度当传教士，传播基督教。男孩感到这里有魔法。比如,书房里有一本书,特别大,特别重,里面有很多古老的美丽的插图,有时候一打开就能看见,有时候却怎么也找不到,好像不翼而飞。书中有一个故事,虽然读不懂,却有一种扑面而来的美感。但是上一次看过这个故事,下一次再翻开这本书,故事却出现在另一个地方,就像是故意躲了起来。

当一个戴着眼镜的、清瘦的男人,来到我的酒馆,我就认出了他,Hermann Hesse,赫尔曼·黑塞。他和他书中的自己,是一模一样的,他还是那个男孩,在书柜边爬上爬下,在他所醉心的魔法中度年如日,忘我地流连。在他来之前,我还在把玩一沓用他的水彩画制作的纪念卡片,当约定的时间将至,我忽然警醒,把卡片收了起来。黑塞绝不会希望看到他的画被印在卡片上,标上价格,做成"周边";或者,他的某个小说人物,比如说悉达多,被做成一幅镶在相框里的人像,或是别在衣服上的徽章。

就像那一尊神像,就像那各种各样、各类材质的神像,还有书柜里其他来自印度、暹罗、缅甸和锡兰那些东方的宝贝——木制的念珠,刻着古印度文字的贝叶经卷,绿玉石雕成的玳瑁,绸的和麻的绣花台布,黄铜杯盘……东方,那是棕榈岸的天堂之岛,也是炎热、穷苦、无法理喻的国度。黑塞的父辈在那里住了几十年,他们带回来的绝不是什么"旅游周边",而是一些能够对现实施以魔法的东西。这种魔法,并不是点石成金,而是让一个身处日渐强大的德意志国家的男孩明白,我

　　　　　　　　　　　　　　　　　　赫尔曼·黑塞

们所在的城市和国家，只不过是地球上的一块弹丸之地；所谓的现实，不过是大人之间的一种无聊的约定。

在7岁那年，黑塞曾经被送进一个特殊学校——一个为智障儿童开办的学校。那是他父亲熟悉的一个牧师开办的，黑塞抗议无效，进学校后，他给父亲写去了好几封信，有一封信中说，你寄给我7个马克，或者干脆寄给我一把枪，让我自杀好了。

为什么父亲要这么做？难道父亲不是见多识广的人，难道他看不出自己的孩子有不一般的天赋吗？黑塞事后认为，父母是既慈爱又虔诚的，他们出于美好的愿望，相信教育的目的就是摧毁学生的个人意志，让他们尽早地进入循规蹈矩而又能担大任的成年期。可是，黑塞的骄傲和才气，突破了这种教育的约束，他仅仅从学校教育中收获了一种东西：自杀倾向。一旦想到自己的无辜，想到自己的纯粹的时候，他就想要自杀，因为周围的人都无法看到或无法理解他的无辜和纯粹，他忍不住要为此憎恨别人，然后，又忍不住要憎恨自己的憎恨。他被东方所吸引，也早早地脱离基督教，可是在自省和自恨这一点上，他比他虔诚的父母更接近一个殉道者。

要不是1906年出版了那本名叫《在轮下》的小说，黑塞或许真的会早早结束自己的生命。这本小说里，那个名叫汉斯的少年主人公，就是因为无法忍受学校教育，过于珍爱自己的童真而选择自杀的。汉斯的夭折，代替黑塞"变现"了他的一种生命潜能：一条诱人的绝路，悄然撤离了黑塞的脚步。

父母都是好人，师长都那么爱他，希望他成才，但他却又是退学，又是逃学。在教育工作者的连声惋惜中，黑塞没有成为体制所希望他成为的有用的人；他退回外公的藏书室里，沉浸了五六年的时光。《在轮下》出版的时候，他二十八九岁，书卖得不错。他说，我可以成为作家了，我和整个世界搏斗，现在似乎赢了一仗，"求学和成长年代的辛酸历程，几度使我濒临绝境，现在它终于被淡忘了，终于可以和我相视一笑了——过去对我疑虑重重的亲友们，也和颜悦色地看我了"。

但是，少年汉斯所恐惧的并不是默默无闻，或者怀才不遇。他的恐惧，也持续地缠绕着这位貌似已经一举成名的黑塞。黑塞恐惧的是，有一天，书柜里的那座小神像，不再神奇了，不再是一个有生命的跳舞的神像，而仅仅是一个铜制品了，偶尔看它一眼，它只是在那里，挂着心不在焉的笑容，就像你在街头，随便哪个地方都能看到的，仅仅是皱一皱皮肤的那种成年人的笑。他害怕的是，那本有魔法的书依然在那里，但它只是一本书了，那个被少年所喜欢的故事就在那里，牢牢地、稳稳地、一成不变地停留在那几页上，今天在那里，明天在那里，无论何时翻开，它都在那里，不会躲起来，不再是一个奇迹。

个人雄心是不缺的。技能，像是画画、游泳、溜冰，他一样一样地学会了，而且精通；他会拉丁文，会希腊文，早在他

赫尔曼·黑塞

在学校里挣扎的时候，希腊文就能考全班第一。但是这些成绩所支撑起来的雄心，却不能持续点亮周围的一切。掷地有声的东西越来越少。黑塞恐惧的是，有一些往日生活中的东西消失了，他抓不着，也无从追恋，只是知道它们真的不在了；他恐惧的是，现在只有更强烈的刺激，更耗费体力的努力，才能让他兴奋起来，他变得更爱吃口味浓重的食品，更爱吃冷食，寻找的各种乐趣，都是为了调剂平淡的生活；他从一个在幻想世界里穿房入室的少年，变成了具备各种被商家一抓一个准的具有普遍人性弱点的社会中人。

我眼前的黑塞，是一个困惑的人。也许酒馆有点风水问题，进来的人，不管貌似多么功成名就，一个个都是困惑的。他说，我一直仅仅是一个想当作家的人，可是，别人都把我看作一个已经当上了作家的人，说自己多么喜欢我，爱我的作品；但黑塞说，作家，他也许是个英雄，是个俊秀不凡、言行超群脱俗的人物，可他只有在属于历史之后，才会被传为美谈，学校课本上也会对他百般颂扬；而当作家处在眼下的现实之中，他一定是大逆不道，必然要被仇视的。

所以，我永远只能当一个未来的作家。

他是在 1915 年领悟到这个道理的。那一年，他被千夫所指。欧洲在打大战，德国是主要参战国，人的热情都贡献给了皇帝和帝国。素不相识的人，给黑塞寄来了辱骂信，只因为黑塞发表了一篇文章，希望人们要冷静、忍耐，要有人性，要进行自我批评。文章刊登在报纸上。报纸，他平时都是不屑去看的，觉得那里只有一些为了填饱人的闲暇而凑起来的文字，或是一味伸张国家利益的口号；可是这些辱骂，以及一些朋友、熟人的反目，却都是疾言厉色的。他们说他是"恨国主义者"，老熟人们对黑塞很失望，而他们自己衷情地拥抱这个世道，毫不犹豫地成为"爱国主义"的周边产品。

事实上，黑塞本来也想要去关切一下正在发生的大事；这是个剧变的时代，他也觉得，自己之前那种主要描写少年心事的写作风格，不太值得再读了；人们的想法，毕竟都已经变了，他应该去了解。战争刚爆发没多久，他就去探访了一个伤兵医院。他遇到一位护士，是个老姑娘，她热情地说：我赶上了一个大时代，我很幸福，很骄傲。可是讲话时，她周围就是那些包着绷带、缺胳膊断腿、不停呻吟的伤员。黑塞心想：

我可以理解这位本来无所事事的女士在有事可干的时候的那种激动，战争对她来说，简直是求之不得。可是，如果她的扬眉吐气，她获得的快乐，是因看护十个伤兵得来的，那她的幸运是不是太昂贵了点。

尽管心中愤慨，但是黑塞也照例开始反省自己：我是不是太顺利了，以至于想当然地以为，和平、善良和单纯是人同此心，心同此理？我是不是以我书中的那些山林水泽里的少年代替了现实中的人类？

在他的小说里，总是一个单独的个体，在思考着、观察着

　　　　　　　　　　　　　　赫尔曼·黑塞

他自己和外界社会、和自然的关系；可是现实中的人，他们是集群的，每个人都在从别人那里，或者从报纸上、宣传单上得来话语，然后，在嘴里嚼一嚼，加上自己的唾液，或者不加唾液，就吐给了圈层内外的其他人。他们是这样活着的；他们就是这样，得知德国出了一个恨国的作家，他叫赫尔曼·黑塞。

1915 年，黑塞在纷乱的头绪之下，提笔写了一个简单的故事——一个童话。他又开始写少年了。这一次，是一个来自另一个星球的少年，他那里发生一起惨烈的地震。地震过后，人们打起精神，准备重建家园，但是首先面对的一个难题，不是缺少人手、建材、规划或者组织，而是满地的尸体无法掩埋，因为地震把花卉都摧毁了，没有鲜花的下葬，那里的人是坚决反对的。于是，一个少年被委任去找星球上的国王，途中，他被一只大鸟带走，来到了地球。

地球上，太阳、风、草地和树木依旧，但少年兜头就看见田野中有一具腐化的尸体，脸部正被秃鹫啄食，他感到恶心，找了一些绿叶和几朵花盖住了死者的脸。然而死者越来越多，尸臭和血腥从四面八方涌来，废墟和尸堆，让少年怀疑自己在做噩梦：这里，敌对的国家正打得火热，根本没有人操心死者如何体面地安葬。少年遇到一个正在走过田野的活人，他发现，那个人眼中毫无生气，没有丝毫的快活，对人没有感激，也没有信任。任何一种最简单的、最不言而喻的美德，他都没有。

这只是一个童话，却胜似一篇时评、政论。黑塞既不会冷嘲热讽的话术，也不会分析政治和军事局势，他的所谓政论，仅仅是呼吁个体不要去追逐当下的最新消息，而是掉过头来进入自己的内心，进入完全属于个体的良知空间里，那里，有某些区域，是一切源于政治和带着政治印记的因素达不到的地方。他的议论无关任何专业，而都是基于他眼里最简单明了的事情：哀号的伤兵，倒塌的城市，飞来飞去觅食的秃鹫和乌鸦。

　　那时，他带着全家住在瑞士，在首都伯尔尼的郊外，一个风景如画的地方，血肉横飞的战场似乎远在天边；瑞士保持中立，但也因此成了战争的周边市场——形形色色的各国人物，像什么外交官，军人，政治掮客，间谍，新闻记者，豪商富贾，无数的投机分子，都来到这里，谋划各种政治交易，做私人的买卖。黑塞自己，作为拥有一定社会地位的作家，也曾很多次地被盯梢、被排查、被摸底。当他事后得知了这一切时，他觉得那个消失已久的念头——自杀，又在向他招手了。

　　他想：我是不是成了一个只会写写消闲作品的卖文者呢？苍蝇不叮无缝的蛋，倘若我无懈可击，我又怎么会被怀疑呢？但是清白的人最难自证清白，反而是污浊的人，有各种办法来洗白自己。市场就是为了这种需求而存在的，黑塞却不在其中，因为他供应不了别人需要的东西。

　　做一个未来的作家——这种理想，也让黑塞对当下自己的作为产生了疑虑：他参与了一些人道主义活动，但是，他不知

　　　　　　　　　　　　　　　　　　　　　　赫尔曼·黑塞

该怎样看待他的个人成就。一个人的名声和成就，一定会换来别人的附庸——就好比说，一个曾被爸爸送进智障儿童学校的孩子，后来成为诺贝尔文学奖级别的作家兼诗人，这种故事见诸报端，载于课本，必然会激励很多人；但黑塞不想被扣上励志偶像的帽子，他会为此愤恨无比。他会感到，自己在为一个毫无精神追求可言的社会站台。成为这样的偶像，足以让他继续寻求一把用来自尽的手枪。

当战争在 1919 年暂时告一段落，黑塞又想起了那尊印度小神像。在战火中觉醒的西方人，似乎正在看向东方，黑塞也一样，但他并不考虑拿东方的思想宝藏来周济一代欧洲人的空虚和崩溃感。他已经成熟了，他知道，只有他自己，会去倾听那神像述说的神秘的语言，而对其他人来说，神像，作为一个可以买来放在家里、增添文化气息和异域风情的漂亮摆设，充其量只是一个精神寄托。

西方人的觉醒是有限的，充其量，他们只是明白了战争是真的会死人的；而和平，则是能让各国，让更多掌握着政治经济文化要津的人，都有利可图的，至少，他们可以用对下一次战争的夸夸其谈的预测，来给自己找到存在感。战后是一个传媒大爆炸的年代，在黑塞的观察中，对下一场战争的谈论，不仅没有让读者心惊胆战，反而使得那些政论家、演讲家、专栏作家们一个个爆得大名，他们的话语，随着成千家报纸、杂志，成千次讲演传播开去，读者和公众被煽动得，仿佛都已迫不及待地想要迎接世界末日了一样。

在《荒原狼》这本小说中，黑塞让他笔下最有名的人物——荒原狼哈利·哈勒，说出了这一番观察。不出所料，别人回应他：你一个人无论怎样伤心，怎样反对，也没有用呀，反对战争，就好像反抗死亡，再崇高再美好，也不过是徒劳的呀！

听完这话，哈利·哈勒激烈地问：那么，我们就应该放弃一切追求，一切人道的东西，而让虚荣心和金钱继续发号施令，喝着啤酒，坐等下一次战争动员吗？

理解哈利·哈勒的人说，他这么讲话，只是因为他还是个孩子。的确是这样。孩子可以抵达问题的核心，但成人却有各种各样的理由，或敷衍塞责，或指鹿为马，或保持缄默。报纸占据了公共空间，作为渠道，它们决定了人们所看到的世界是什么样子的，那是一个让人亢奋的世界，光怪陆离，繁荣和毁灭具有同等的魅力。人们围拢过去，到那些在人群中脱颖而出的人的周边，去争着听他们讲什么，去看他们的脸，品头论足，啧啧连声。这里面，有没有可能出现一个反其道而行的人，一个凭着一心寻求内在的最高境界，而唤醒公众的人呢？

黑塞怀疑这不可能，不过他还是动手写下"悉达多"的故事。1919 年，1920 年，这样一个故事，带着它所描绘的、来自东方的异国情调，是会大大吸引人的；他一开始也写得非常顺利：一个名叫悉达多的婆罗门，放弃优渥的生活，去寻找灵修导师，以苦修、挣扎、受难、流浪的方式，来探索一种纯净、简单、高级的心灵境界。逐渐地，他认识到了导师们都在要求他否定事物，也否定自己；然而在否定之前，他应该首先去认识世上的事物那真实的样子。于是他又选择进入了尘世，去体验一个结婚生子、经商赚钱、实现世俗抱负的世俗人的生活。

这是一条黑塞很熟悉的道路：他一直在做灵魂的探索，同时，他也体验过事业的起步和上升，婚姻的甜美，以及感情破裂和家庭拖累，灵与肉之间的激烈摩擦，对他来说就是个人修为和探索的主要部分。但是，在小说过半以后，他下笔艰难，因为悉达多的形象越来越高大，他在事业的巅峰退下来，在同行的仰慕中，在女人的恋恋不舍之下，离开了城市，走向了他曾经到过的一条河流边。

不管这条河流，以及渡口等待他的渔夫，蕴含了黑塞的多少思考，他还是担心，自己笔下的悉达多，在读者眼里是个超凡脱俗的智者，是个精神领袖。大多数人都是参不透，或者不愿意参得太透的，他们只求从一本书中获得一个答案或一个钟爱的偶像，而《悉达多》这本书，它的大意，它的出版信息，也会理所当然地出现在报纸副刊里。无论如何，人们最喜欢传颂的，是黑塞的优美的、诗意的句子，他们说，优美和诗意，还有异国风光下的甜美与哀愁，那是黑塞的卖点。

可是我眼中的黑塞，他身上却没有任何一个点是可以卖的；他也不愿因为自己的书而被人追随，这太违反他的本心了。他说，我是个困惑至深的人，我除了希望人人都去走向内在的探索，还能带领你们做什么呢？但在一个一切以卖出为目的的社会里，人只有在沦为周边产品的时候，才感到安心。信徒是导师的周边产品；学生是课堂的周边产品；儿女是父母的周边产品；人是手机的周边产品，那些从手机上抬起的胆怯的眼睛，是看不见黑塞的。他们顶多能看见，像是"1946年诺贝尔文学奖获得者"这样一个头衔，或是"浪漫主义最后的骑士"，这样一个可以在跟人谈论文学的时候，拿出来显摆一下的短语。

1946年的诺奖给了黑塞，仿佛是一种公开的忏悔。仿佛是在代表世界向黑塞道歉：是的，我们又经历了一次大战的摧残，对不起，我们没有听从你的忠告。黑塞一点都不晦涩，他说的话，和他那些干净的风景水彩画一样都那么明白，那么简单，只要愿意听他讲话，就不可能误解和曲解他，但正因为这一点，人们避开他，不愿意面对他的质问和困惑。只有那些真正的大男孩、大少年，能听进去这些话，并在其中认出自己的样子；他们不是拒绝长大，相反，他们比谁都成熟，所以才能在万千凡夫俗子汇成的无知的大海面前，捍卫一条人迹罕至的河流。

今天的酒馆营业时间已到，我们下次见。

赫尔曼·黑塞

Isaac Babel

伊萨克·巴别尔

伊萨克·巴别尔（1894—1940），苏联小说家、
记者。出身敖德萨犹太社会的巴别尔一生在探触
从春情到自毁的各种极端体验。在《骑兵军》系
列小说，以及《敖德萨故事》里，他挑衅性地描
绘了战争和种种人事中的血色浪漫。

正因为看多了死人、无情的人、毫不留恋人世的人，
我才那么需要和眷恋活人的温暖。

逃离是一种懦弱吗？

你好，这里是作家酒馆。

我请来的这个人，脸上有两个最大的特征，一个是发际线非常不给力，脑门秃得很早，但耳朵上边又顽强地长着头发，不得不经常去剃掉。另一个就是嘴唇，这是一个情欲旺盛的人才会有的嘴唇，十分的厚，和圆眼镜后边的眼睛配合得相得益彰。因为情欲旺盛，所以他得有一种能力，就是能平衡好和各位情人的关系，善于舍弃，敢于逃离。

幸好，他生活在一个适合他生活的年代——没有哪个情人能真正掌握他的行踪，她们只能收到他寄来的钱和写来的信。他是个被放飞的人，起先是被革命任务放飞，然后，在途中，他就自己放飞自己。起先，他发现自己落到了一群残忍的人

　　　　　　　　　　　　　　　　伊萨克·巴别尔

的队伍里，他们有一个统称——哥萨克，他们是乌克兰和俄罗斯南部大草原上的游牧民，有着历史悠久的剽悍的作风，对战马有着狂热的爱，对人命却非同一般地藐视。他们曾经为沙皇服役，现在则为新生的苏维埃政权效劳，习惯于带着自己的装备、马匹去战斗，该杀人的时候，毫不手软。他被哥萨克所震惊，可是，时间长了，他又看到在残忍杀戮的行为之后，有一种十分单纯的人类本能。哥萨克凭着本能行事，无所顾忌，很少思考和权衡后果，这种直截了当的行事作风又吸引他，让他深受触动。

他跟一些哥萨克交了朋友。哥萨克都叫他基里尔·柳托夫，只是他自己知道，他叫伊萨克·巴别尔——Isaac Babel。Babel，这个姓氏，在犹太人的《圣经》里，就是著名的"巴别塔"的名字。

巴别尔就是个犹太人，他在 1920 年的夏季，和这支由哥萨克组成的部队一起，被派往苏军和波兰作战的前线。为什么要和波兰作战？因为那时的俄罗斯[1]，刚刚从帝国混战的世界大战的泥潭中拔出身子，急于要擦干净脚上的泥，确定边界，而波兰也想在战后的混乱中多保留一些领土。巴别尔被派到了由名将布琼尼率领的哥萨克兵团中，去担任随军记者。

1　1917 年 11 月 7 日十月革命后，俄罗斯建立世界上第一个社会主义国家政权——俄罗斯苏维埃联邦社会主义共和国。1922 年 12 月 30 日，成立苏维埃社会主义共和国联盟，简称"苏联"。——编者注

这个行当很适合犹太人，因为他们传统上就不善武而善文，他们有很好的阅读习惯，擅长言辞以及摇笔杆子，而在一战之后，在欧洲的主要国家，报纸、杂志，又是遍地开花，犹太人涌入这个行当，去当记者，去写报道。不过，对巴别尔这位秀才来说，哥萨克的军团，那是一种极端的环境，那里都是一些天生的兵，他们的行为方式，每一天，每一刻，都在刺激他。

巴别尔能和他们交朋友，这表明他有一种能力。他讲过一个故事，一个很短，但是很惊人的故事。

哥萨克的部队因为总是习惯自己行动，有时深入陌生的地方，缺少补给时，就去当地的乡村寻找，总是跟当地人发生冲突。巴别尔说，有一次，他所在的第六师来到一个村子，驻扎在一户人家家里。因为他初来乍到，又戴着个眼镜，其他哥萨克都瞧不起他，粗俗地侮辱他，把他的包扔掉，嘲笑他的文弱，炫耀自己的粗暴和对女人的放荡，他被气得心烦，忽然站了起来，走到了门廊下面。

门廊下，是房子的房东，那是个已经半瞎的老婆子。他走过去，问老太太有没有什么吃的，得到否定的答复后，他当胸捶了老太太一拳，然后，看到院子里走进来一只鹅，他忽然一个箭步蹿上去，一脚踩住了鹅的脖子，鹅脑袋立刻碎了。他又叫老太太去把鹅烤一烤，给所有哥萨克分了吃。做完这件事，他只听身后的哥萨克们互相说：这小子，看来跟咱们还合得来。

持续的战争，连天的杀戮，早就让哥萨克们对生命的感受变迟钝了。可是巴别尔，或者说柳托夫，他又怎样？这只鹅的故事，是柳托夫融入哥萨克集体的开始，当哥萨克们开始吃饭的时候，他们看到柳托夫还站在一边，就叫他过来，和他们一起，一个排长还拿出一把勺子让他自己攮肉汤，后来，又让他读报纸给他们听。哥萨克是不识字的，柳托夫不由自主地大着嗓门念出了《真理报》上的文章，就好像是在给一些聋子，而不是文盲念报纸一样。他是亢奋的，这亢奋，源于那只瞬间毙命的鹅，鹅的血从他的脚下渗进了东欧平原的黑色土壤里，换来了哥萨克对他的认可和接纳；亢奋也源于报上的文章，其中描绘了革命成功之后的大好生活。

你本来是个文明人，你懂得，杀人是不好的，相比之下，强夺一个与你无冤无仇的人的财产，更是不公道的。可是当你真的这么做了，你却觉得有种快感。一些原始的力量，原本是被约束住的，但是在特殊的时刻，特殊的场合下，它被解放了，它使人陷入一种迷狂，它让人随时准备着扑向一切。起初，你是因为饥饿，想要向别人讨吃的，被拒绝之后你才发怒。后来因果就颠倒了：你只要看到别人的食物就会饥渴，你学会了毫无理由地抢东西；再后来，只要看到女人，你就会爆发性欲和占有欲。

巴别尔被问起：你认识的那些哥萨克，他们抢夺钱财，强奸女人，烧毁村子，做下那么多恶事，你在目击的时候到底是欣喜呢，还是恐慌，还是已经麻木，以至于只能迷恋那些场景？而我所知道的是，他已经越过了欣喜，或者惊慌，或者厌恶和同情，这样一些阶段——他只是感觉自己的心在一次次揪紧。

巴别尔说："在我身边，那么多人，比我粗鲁但也比我坚毅，让我厌恶也让我崇拜。当我在描写师长胸前挂满的勋章时，我真的觉得它们十分漂亮，可我又忍不住要写下这样的描述：师长的两条修长的胳膊，活像两个被套在锃光瓦亮的高筒马靴里的姑娘。"

他写得如此诡异，难道可以不冒风险？他是个随军记者，本该有鲜明的立场，本该担负着用写作来鼓舞人心的责任。他所供职的那份报纸，叫《红色骑兵军报》，当然，需要刊发战况和那些可歌可泣的战斗和牺牲故事。巴别尔发表过的报道之一，是写一名哥萨克军官的牺牲。他是这样写的：

他，第三十四哥萨克团团长，康斯坦丁·特隆诺夫，是 8 月 3 日在 K 城附近的战斗中牺牲的。他的名字应该列入英雄的名单……他最后的生命历程，同伟大的红军战争紧密相连，他饱尝了人生的快乐和痛苦……在过去饱尝饥饿、困苦、伤病的一年，他冲锋在前，与第一军战士并肩鏖战；而最后，贵族军官的子弹，打死了他这位来自远方草原的斯塔夫罗波尔农民，这位把解放的消息传给异域人民的农民。

按照新闻报道的标准来衡量，这已经是文采飞扬。可是，巴别尔另外写了好几则故事，貌似在那些故事里，藏了一个不一样的特隆诺夫，更具体，更惊人。特隆诺夫是个勇猛的人，轻伤不下火线，同时，残忍无情，抓到俘虏后，任性地用刀枪来虐杀，而不顾任何军事纪律和规定。他在一场杀红了眼的战斗中彻底丧失了理智，最后并不是被波兰贵族军官打死的，而是在美国人的轰炸机赶来助阵时，特隆诺夫狂妄地暴露在阵地上，被机枪瞄准，就这样被轻松解决掉的。

按理说，巴别尔不应该写这样的作品。他能有今天已经很不容易。当一战还打得如火如荼之时，当十月革命还未爆发，22岁的巴别尔，曾经揣着伪造的证件，来到严寒中的彼得堡。他是从南方黑海之滨的敖德萨过来的，纯粹是来冒险的：他信心的来源，就是自己已经写出的几个短篇小说，他想凭此争取获得一些文学杂志的青睐，或者文学界某个大人物的赏识。

他十分幸运地得到了高尔基的接待。高尔基看出他是个勇于涉险的人，他欣赏他，因为高尔基自己也曾是巴别尔那种恃才傲物的样子，愿意挑衅永远占据绝对优势的保守的力量，甘心拥抱任何一种哪怕可能葬送自己的遭遇。他喜欢巴别尔的自负，看出他对自己寄予了多么高的期待，以至于可以在隆冬季节，在陌生的城市里游逛，不穿大衣，还不觉得冷。

巴别尔被犹太人的一种幸存者意识所灼烧。犹太人生在俄罗斯，这本身就是一个"上帝安排的错误"，但巴别尔偏偏相信自己是安全的。他也对革命后的苏联寄予了厚望：不论它的初期会如何震荡，一个新的开端，毕竟好过一个延续了太长时间的旧时代。1920年6月，当他接到调令，要去哥萨克的军队里当记者时，他是很乐观的，一方面，他喜欢全新的体验，另一方面，他当时已经和妻子叶甫盖尼娅关系破裂，他正想借机逃离烦人的婚姻。

然而这三个月的随军生涯，却给了他一次打击。1920年9月，他用一种沮丧的口吻给《红色骑兵军报》的编辑部写去一封信，信中说：

我们生活在十分艰苦的环境中：不停地转移，无休止地行军，反复进攻和撤退，与所谓"文化生活"完全脱节。最近一个月来我们一份报纸都没读过，天下发生了什么事情，我们全然不知，我们就像生活在与世隔绝的森林里……我已对此心灰意冷，不再抱任何希望……战士们中间开始流传起各种毫无根据的、匪夷所思的消息和传说……我的工作根本无法正常进行，我们整日累得疲惫不堪，常常一周也抽不出半个小时来写上几个字。

幸存者的感觉，是巴别尔的最后一道防线。他总是相信情况不会比这更坏了；同时，他也相信自己能够通过和那些最粗鲁无文的哥萨克的相处，来捕获真正珍贵的写作灵感。他必须相信这种信念，相信它会在将来给予自己报偿。

　　　　　　　　　　　伊萨克·巴别尔

越是在最危险的境地，写作者就越是能托庇于他的写作。当敌机俯冲轰炸，当敌军反攻、扫射，当敌方的平民设下各种地雷、陷阱，给苏联军队布下天罗地网，那些手持刀枪的战斗人员都死光了，记者和作家，或者说艺术家，却能够活下来，仿佛子弹和刀枪都会知趣地避开他。这就是巴别尔的信念——他把巨大的激情投入到探索人类的创造力上面。高尔基对他说过：无论如何，我们要不懈地增加世界上有益的、美好的东西。作为对这句话的回应，巴别尔在一次惨烈的战役后写道：我为蜜蜂伤心落泪，在沃伦地区连蜜蜂都绝迹了……他在描写另一次惨烈的战役时写：我周围有五个战士，都在和敌人捉对肉搏，互相搂得那个紧呀，就像神甫搂着老婆。

我在我的酒馆里挂满了一些大幅的图画，那是凡·高的向日葵和星空，那是蒙克的太阳和呐喊。那向日葵和星空，还有金色和蓝色流淌出的小酒馆，时常让我事后诸葛地捉摸到，凡·高性格里的极端，这将使他不能长命。而巴别尔，他几乎是个拿钢笔的凡·高。血，从他的笔头滴下来，迅速在稿纸上凝固成颜料，铸成大地的伤疤。

巴别尔就像凡·高一样看世界：当他看到村中的环形的道路时，觉得那东西黄不楞登的像南瓜；他抬头看天，天上，奄奄一息的太阳正在吐出粉红色的气息。夜里，他们在草棚里入睡，房顶上的窟窿任由星星钻进来。他说："夜晚用它苍茫的被单将我裹在提神醒脑的湿润中，夜晚把它慈母的手掌按在我发烫的额头上。"

他的天空中布满了各式各样的太阳：有时奄奄一息，有时在血红的烟尘下往西边坠去，有时懒洋洋地放射着致人双目失明的光，有时像是为了呼应地上撒欢的马匹那样破云而出，有时曝晒着地上肮脏的绷带，有时浮游在空中，活像一颗被砍下的头颅……巴别尔像触探一个心爱的女人一样，伸出手去触探太阳；在能摸到血的时候，他绝不会缩手。他写过一个电话兵，名叫多尔古绍夫，受了致命伤，当柳托夫经过时，多尔古绍夫请求他开枪打死他。这完全可以写成一篇感人肺腑的报告文学，但巴别尔却是这样写的：

多尔古绍夫靠着一棵树坐在那里。靴子东一只，西一只。他目不转睛地盯着我，小心翼翼地解开衬衫。他的肚子给开了膛，肠子掉到了膝盖上，连心脏的跳动都能看得见。

柳托夫不忍动手，要跑开，多尔古绍夫顿时恼怒，挣扎要去追他……这时，另一个哥萨克过来将他一枪打死，然后唾骂柳托夫："滚！我毙了你，你们这些四眼狗！可怜我们兄弟就像猫可怜耗子……"

这些故事，是在巴别尔离开了部队之后慢慢写出来的。这些年里，他没有什么可以依赖的东西：钱，房子，健康，他一样都没有。他跟太太分离，到处租房子住，家里老人的身体每

伊萨克·巴别尔

况愈下，为了挣钱，他不得不经常在报纸上发一些他自己根本不看重的单篇作品。

1923 年初，他回到了故乡敖德萨，那个城市，19 世纪以来因成为港口，又因犹太居民很多，一度非常繁荣且拥有一种浓厚的文化气息。可是现在，在俄国革命成功后的第五个年头，巴别尔觉得它已大踏步地倒退，不再是他离开时的样子了。他在军队里和最粗鲁、头脑最幼稚的一群人相处；在敖德萨，他所见到的熟人和生人，身上都散发出外省的俗气之感，在极其匮乏的精神生活中慢慢地变胖，变得油腻、庸俗；男人女人，都变得大腹便便，拖着孩子走路，像拖着一群沉重的镣铐。巴别尔在军队里尚且能和哥萨克交朋友，但在敖德萨，他根本不想融入乡亲们的生活。

他把一笔很大的赌注押给了自己手头的创作，它们未来将要结成一个集子，取名为《红色骑兵军》。但在这两三年的时间里，唯有幸存者的意识在保护他——他相信这本书有幸能出版，而他也将能够从他赢得的名声中幸存下来。

这真的是一场豪赌。当《红色骑兵军》里的故事，在1924 年陆续在杂志上刊发时，巴别尔曾给那本杂志写信解释说"我是一个苏维埃文艺工作者"，我的小说都是"艺术创造"。他是紧张不安的，他也知道自己是在试探一些人的底线，那些人有可能震怒。

而名声，就是在一种白热化的气氛中，若无其事地向巴别尔走来，就如同星星在人的睡梦中穿透了房顶，变成无声落下的雨点。

在《红色骑兵军》出名之后，巴别尔想朝前走一步。他去国内更多的地方寻找写作素材。在莫斯科，1925 年，他终于忍不住了，结交了自己的第一个情人，一个莫斯科的女演员塔玛拉·卡西里娜。之后，他每到一个地方，就写信给塔玛拉，动不动就说"我已身无分文"，"我手里没有钱"，有时候，他让塔玛拉去为他向某人讨一笔钱，有时则相反，让她代自己去还钱给某人。

1926 年 7 月，当他和塔玛拉的孩子出生后，巴别尔也没能回去看一眼，他想看看孩子照片，连连道歉，说自己未能尽父亲之责。他们的争吵越来越多，终于在 1928 年分手。巴别尔在 2 月的一封信中说：我知道，我们两人之间的一切不幸和灾难，始作俑者还是我。

他回到原配妻子身边，又生下一个女儿。三四年以后，他又有了新的情人和更多的争吵。他短短的一辈子，却要处理那么多的事情：结婚生子，养家糊口，借钱，还钱，搬家，换工作，还要治病，还一次次地找情人，还要参加战争，还要写作，写故事、写剧本、写信和写日记。他本来可以规规矩矩一点，规规矩矩地写战地报道，规规矩矩地居家过日子。

巴别尔，他能怎么回答呢？他不知道自己只能活到 1940 年。在他不到 45 年的生命里，他始终不愿做一个胆小懦弱的人，他宁愿获得的是危险的，而非稳妥的名声，在伸手去索要

　　　　　　　　　　　　伊萨克·巴别尔

女人的温暖时，他总是不计后果的。他总是相信自己能幸存，无非为此忍受煎熬——被妻子和情人责难的煎熬，被拖欠稿费和被催债的煎熬，被各种遭他冒犯的人声讨的煎熬。无非就是这些。1939 年 5 月他遭到逮捕，几个月后，之前因为《红色骑兵军》而引发的怨恨，终于凝固成了一颗要他性命的子弹；但是在被带走的时候，他仍然是微笑着的，嘴唇散发出春情，心中似乎荡漾着对再一次幸存的信心。

因为《红色骑兵军》，我总是错估了巴别尔，我以为他是个能在死人的世界里享受血色浪漫的人，恰恰相反，正因为他看多了死人，无情的人，毫不恋惜在人世这一遭的人，他才那么需要，并且那么眷恋活人的温暖。

在《红色骑兵军》里，我总是低估了最后一篇故事《吻》。在这篇故事里，之前和其他哥萨克一样经常欺辱女性的柳托夫，却对一个在战争中失去丈夫的波兰女子动了真感情。他向那女子的一家做出了战后安排的许诺，他们接吻了，但随后，柳托夫的骑兵旅又接到了任务，要开拔了，他无法承诺何时来带走她，匆匆告别后上路。哥萨克还是那些哥萨克，可是柳托夫比以前更加坚定了，也许，还更善良一些。全旅开拔的那一天，太阳热烘烘的，一个热天再度到来。早晨，骑兵旅越过了波兰王国的旧的国境线，有一个人，跨过了旧的自我和新生之间的边界。

今天酒馆营业时间到此结束，我们下次见。

Milan Kundera

米兰·昆德拉

米兰·昆德拉，生于 1929 年，"布拉格之春"后
不久从捷克斯洛伐克移居法国。他的主要小说作
品有《不能承受的生命之轻》《生活在别处》等，
以及文论《小说的意义》《被背叛的遗嘱》等，
作为意识形态斗争最激烈的时代孕育的杰出作家，
他为世界即将迎来一个彻底虚无、彻底琐碎的时
代而心酸不已。

玩笑，是不让命运有任何的机会安排自己，
是对自己的生活给出的一个不在场证明。

你好，这里是作家酒馆。

我再一次陷入了疑虑：我不知道今晚来的人，是不是他本
人。这个人最擅长的就是隐身。很多年前，他在完成生命中的
一件大事——结婚的时候就曾经隐身。在宾客的众目睽睽下，
从里边走出来的两个人，一个是新娘，另一个不是新郎，而是
一位伴郎。在场的人一片骚动，不知道发生了什么，不过，他
们很快就发现，新郎就站在伴郎的位置上，正在鼓掌，似笑
非笑。

虽然他只是开个玩笑，虽然这个玩笑是为他当年写的一
本名叫《玩笑》的书做的彩排，虽然他夫人薇拉并没有假戏真
做，之后一直跟他在一起，可是玩笑背后，有着他对真实内心

的一种坚持。他有一位长期合作的精神分析师，他告诉对方，我怀疑我并不是真的想要和薇拉结婚，我担心，这段婚姻会不完美；他安排了婚礼上的玩笑，而私下里承认说之所以如此，是因为我担心自己不完美。

必须追求完美——Milan Kundera，米兰·昆德拉，对于这一点是没齿难忘的。他是一个常年受着严格要求的人，他的智力经过严苛的训练；他父亲，是一个顶级的音乐审美家，对完美有着极致的认识。在二战期间，因为不能像以往那样去参加音乐会表演，他父亲写了一些文章来谈自己理想中的音乐会的样子：完美的音乐会，首先要有完美的音乐，然后有完美的环境，灯光应该是十分弱的，最好是一片黑暗；或者，表演者应该躲在屏风后边，为了把观众彻底变成听众，排除任何的视觉干扰，让注意力全部涌到耳朵里。

他还说，来听音乐会的观众必须都是懂行的，对要演出的作品有完美的掌握，能够听出不同的演绎者对作品的不同诠释。他终其一生，就没能等来这样一场音乐会。他的独子，米兰·昆德拉，像吸收母乳一样，全盘吸收了完美主义的倾向，也把父亲的遗憾继承了下来，变成对自己的鞭策——无法达到完美，会让他纠结、犹豫、难熬，他的眼里揉不得沙子，对别人对自己，都是如此。

因此今天，我播放了雅纳切克的唱片。1854 年出生的雅纳切克，在昆德拉看来，是捷克斯洛伐克史上最伟大的作曲家，他的音乐是完美的，但是，雅纳切克大半生都不被人理解，这种遭遇，好像正是他的完美的一种证明。雅纳切克最杰出的散文体歌剧作品《耶努发》，1904 年就问世了，但是直到1916 年前，捷克最权威的剧院——布拉格国家剧院，都拒绝排演这部作品，因为主流音乐界，只认斯美塔那的音乐，认为那代表了捷克民族的民族性。

在《耶努发》中，女主角耶努发在分娩时，患上了产褥热，过了几天才能下床，然后她得知新生儿已经死了。耶努发的反应是："好吧，他死了。那么，他成了一个小天使。"

在舞台上，她的脸容是惊愕的，但唱词是平静的，没有尖叫也没有任何动作。这部歌剧上演后，当时另一位著名的捷克作曲家，叫诺瓦克，嘲笑了这场戏，他说，这个女人好像只是在叹息她养的一只鹦鹉死了一样。言下之意，他认为这个反应是失真的，是荒诞的。

昆德拉说，这个诺瓦克才是蠢货。他以为一个丧子的女人就应该尖叫、放声痛哭，可是实际上才不是这么回事。昆德拉说这就是自以为是的抒情癖；而雅纳切克，他才是深入体会过真实世界中的人是怎样表达的。雅纳切克的乐谱，当年，哪怕有一位指挥家接受，这个指挥家也会随意地用红笔修改。作为对比，柴可夫斯基，勃拉姆斯，他们的音乐广受人们喜爱，昆德拉却最厌恶这两个人，他说，他们在表现烦恼和痛苦的时候，是拎着我的耳朵，把它们灌输进来的。

他说:"他们的音乐,是在设法取悦最大多数的人,他们知道众人爱感受伤感的情绪,于是就拼命制造它们,用美丽的、激动的音乐语言来表达;而听众一听就感动了,他们被自己涌起的血液和掉下的泪水所感动。"

各种艺术形式,不管是小说、诗歌、音乐、舞蹈还是绘画,其中一切的抒情都被昆德拉所警惕和否定,就冲这一点,他也不会甘心去服从一场婚礼的道貌岸然的摆布。他追求独一无二,他说贝多芬就是完美的,贝多芬超越了之前的交响乐大家(比如海顿、莫扎特)的地方就在于,他没有在现成的结构里填上自己的内容,而是自己发明了乐曲的结构,使得作者的所有个性都能起作用。他说贝多芬的所有奏鸣曲都有前所未有的结构,和独一无二的表达。

昆德拉的生活里,有过一个重要的人。他是个犹太人,当时因为欧洲反犹反得厉害,这个人失业了,昆德拉父亲想要帮他一把,就让他教昆德拉学音乐。这位老师不得不经常搬家,所以昆德拉上课的地方也经常换来换去。他跟着老师学习弹奏和弦,弹奏复调练习曲,但是每次的环境越来越差,房间一个比一个小,旁边走来走去的陌生人一次比一次多。

这是欧洲最黯淡的时局里发生的一个悲摧的故事。犹太老师东躲西藏,无处安身,而一个十三四岁的少年对老师的窘迫、恐惧是有所感知的,至少事后是如此。老师和其他难民群居,每个人都朝不保夕。不过,他仍然会有个把时刻,可以沉

米兰·昆德拉

醉、忘我。有一次下课后，老师陪昆德拉出门，走到门边时突然停住脚步，说：对了，在贝多芬的音乐里有很多乐段，非常薄弱，弱得吓人，但正是有这些薄弱的地方，那些强有力的乐段才大放光彩。这些薄弱的地方就像，就像一块草坪，要是没有草坪，我们看到地里长出的漂亮的大树，也不会太兴奋呢。

如果那个学生是我，我会在事后这样回顾：我的老师太脆弱了，音乐是他唯一的谋生手段，他每次搬家都带着自己的小钢琴，让我可以继续学习。他对自己的结局早有预感；不过，他永远能从贝多芬的奏鸣曲里获得力量和安慰，我想他到死都是平静的，他的这种弱，正是他的强大的一部分，犹如大树周围环绕着草坪。

但是，昆德拉没有这么说。他只是说：我感到荣幸，因为我只是一个初学者，一个孩子，而他吐露的却是一个非常深刻的关于艺术的秘密。这个思想，这个秘密，伴随了我一生。而他，后来进了特雷津集中营。

特雷津集中营在布拉格北边 30 英里（约 48 千米）的地方，那个集中营在解放后，因为在其中发现了四千多幅儿童画，一时间震动很大。难道说，昆德拉只想到自己有幸领受了老师的金玉之言，而对其他事实并没有什么感想吗？我问他：你是有多么害怕直接说出忧郁、痛苦、悲伤，你是不是认为，最小限度的抒情也是滥情？

昆德拉说：我跟这个老师学音乐，老师说了那样一番话，而他又落到那样一个结果。这一切都只是偶然的组合。我不能把一件事同另一件事关联起来。老师的一切信息，他的全部人生的来龙去脉，都在他随身携带的箱子里。

所以，我们就不该从凡·高的星空和麦田中看出他疯狂的孤独人生了；所以，我们就不该从贝多芬的交响曲中听出他对命运的喝问。或者，是不是应该这么讲：人应该有丰沛的情感，但在表达时要克制、要谨慎？

昆德拉拒绝把生活变成命运。命运是拴在人脚上的一个铁球，他要把它踢开，但越踢，就越觉得步履蹒跚。人们正是因此而开始相信有命运这样一种东西的，也正是因此，人们变得愿意相信叙事，接受其中夹带的情感……可是昆德拉讲，他们被打动的东西通常都来自套路，就像柴可夫斯基和勃拉姆斯的音乐，它们是一些包装好了之后交付给听众耳朵的悲怆和忧伤。

音乐本来应该是最没有立场的艺术形式，它只应该体现音乐家个人的审美和天才，可是人们却总是认为，音乐应该抒发一个民族的共同的情感，或者，甚至应该承载对一个时代而言，某些极为重大的使命。这太严肃了，而严肃，会被转化为一种喜欢抒情的习惯。什么样的人乐于看到抒情呢？昆德拉说，在我那个年代，上了台的刽子手，都最需要艺术家的帮助，他们希望诗歌和音乐能给人民打鸡血，让人民乖乖地服从自己的各种指令。

米兰·昆德拉

昆德拉就是凭着这种认识，开始写小说的。小说是安静的，他用小说来表达他对一切来自抒情的诱惑的抵制。他在自己和别人之间立下一道墙垣：别人在那边，他在这边，独自一人，深深地渴望获得清醒的、觉悟的目光，最终在小说里面找到了它。成为小说家，对他来说不仅仅是实践一种文学体裁，而且还是表达一种态度和立场——睿智的立场，睿智，是一个他不拒绝的词。

持有任何宗教信仰、任何意识形态、任何伦理道德或者任何集体立场的人来接近和询问他的时候，他都可以说"我是小说家"，意思就是，我和你不是一类。

但是昆德拉这个小说家，也不是跟别的小说家轻易归为一类的。他是个调情的小说家——因为严肃必然导致抒情，从而被当权者利用，所以不能严肃。调情，就是看到谁一本正经，它就奚落谁，谁被感动得泪流满面，它就冷静地写下"他泪流满面"这五个字，在一定的背景下来看，这五个字是会显得好笑的。在昆德拉面前，艺术打开了一扇名叫"现代"的大门，迎接那些善于调情，也是能保持清醒的人。凭着调情，"现代"轻松打败了它那个名叫"传统"的敌人。

在《玩笑》这本书里，昆德拉写了一个现代派的画家，叫切内克，他在军营里服役的时候，指挥官要求他在上政治教育课的教室里画一些画，要他表现我军和我们工人阶级的聪明才智，要表现在 1948 年 2 月捷克斯洛伐克的社会主义革命胜利中，苏联士军所起的作用。结果，切内克画了一幅五英尺高、二十五英尺长的画，画中央站着一个精神抖擞、穿得很暖和、肩扛冲锋枪的苏联士兵，他周围簇拥着八九个裸女，他两手各搂着一个，女人甜蜜地朝他看，而士兵则咧嘴大笑。

画完之后，切内克开始跟其他几个人吹嘘他所拥有过的女人，他说这画中的这个那个女人，都是有真实原型的。正当他说得口沫横飞的时候，指挥官进来了，他勃然大怒，要切内克解释一下这幅画是什么含义。切内克不慌不忙地说，这位苏联士兵就代表我军，他身边这两位女性代表工人阶级和革命的二月，其他这几位，依次代表自由、胜利、平等，还有这个女人，正要往房间里走，她代表着资本主义正要走下历史舞台。

这就叫调情，就叫玩笑——用不严肃的方式来对待严肃的要求，让人预期获得的感动、振奋、激励，彻底落空了。人会震惊，然后不知所措。昆德拉从这样一种玩笑中，获得了一个像制高点一样的特殊位置，作为一个调情的人，他总是可以从容不迫地，把其他人和他们的思维、感受和表达的方式断定为愚蠢。

但是，昆德拉并不是一直安心地去做这样一个杀戮大众的智者。他会怀疑，他怀疑统治者是否会改变策略，他也怀疑，调情的艺术家有朝一日将不被需要了——他们如果一直在神坛上，那证明大众毫无进步；而一旦大众进步了，不再蒙昧了，那么艺术家自己也就彻底失去了力量。

昆德拉坦率地告诉我：他也担心，他会被自己的成功所感动。他知道，调情永远是次要的，只是因为完美的艺术太难得，他才转而去选择调情。他说："我的父亲追求音乐的完美，演出效果的完美，可是完美需要过于苛刻的条件，除了自己得足够专注，有才华，还需要别人配合。当我发现，我的才能不足以支持我孜孜以求完美时，我还能做什么？什么也做不了，最后，我只能去揭露那些伪装的完美，自以为是的完美，让它们所激发的严肃的感情显得可笑。"

但就算如此，保持这种揭露的敏感，也是很累的。揭露各种东西的无意义，这本身到底有多大的意义，这是不是必须导致人通向玩世不恭？昆德拉一方面鄙视必须程式化的婚礼，另一方面，他又总写那些到处留情的男人，于是别人觉得，他一定也是这么个浪荡子。实际上并不是。他不是告诉我们，你们对一切严肃都要拒绝、要冷眼相对，以至于可以不对任何人、任何事负责任，他是要求我们去警觉和避开所有假装的、生硬的，因此也是无意义的严肃。这类严肃，总是浮现在一些使劲营造出来的气氛，一些用心良苦的仪式，一些耗费了大量人力物力的作品里面。当一个高音喇叭里传出音乐的时候，一位垂垂老矣的父亲突然精神一振，他的儿子赶紧过去听他要说什么，只听他说：好傻的音乐。

这是《笑忘录》里的情节，是昆德拉眼里，活在这个时代，一个人可以期待的高光时刻。但是，从这种看破无意义的故事里，我又能够看出多少意义？还是说，一旦我看出了意义，昆德拉就要无情地嘲笑我呢？或许我就不应该使用"意义"这个词，不过问题是，他到底还有没有足够的心智余额，可以支持自己的睿智。

他说：其实我知道，我误伤了很多认真的人——他们并不是盲目地被感动，而是出于真心地寻找意义，也认为自己找到了意义。曾经有一个法国大夫，读了昆德拉的一本小说《告别圆舞曲》之后，就找到了昆德拉，说很喜欢这本书，因为书里写了一个医生叫斯科雷塔，他在医治一些不孕不育的女性的时候，偷偷把自己的精液注射了进去。他说："这个情节太棒了，太有预见性了。"他邀请昆德拉参加一个关于人工授精的学术研讨会，在会上，他要提出这样的论点：捐赠精液应该匿名而且无偿，这个捐赠者心里应该是出于三种爱，第一，他得爱一个渴望完成其使命的陌生卵子；第二，他要爱自己的基因，这些基因将因为他提供精液而延续下去；第三，他还要爱一对痛苦的、没能获得生理满足的夫妇。

说完后，这位法国大夫满怀期待地看着昆德拉，他觉得，这个故事虽然写得好，但是昆德拉应该说明白，供精行为具有怎样的道德之美。昆德拉说：唉，小说是喜剧啊。这位医生立刻不满了：这么说来，我们不应该把您的小说当真了？

的确，严肃的人在他们的严肃遭到嘲笑时会很尴尬，但是反过来，幽默的人在他们的幽默遭到认真的回应时，难道不也

米兰·昆德拉

是尴尬的吗？的确，他们应该继续幽默下去，把那些认真回应的人，把他们的激动和疑问，继续写入一个更大的幽默的文本里；他们的笑声应该比之前更响亮一些，再响亮一些，直到那些蒙在鼓里、不解风情的大众如梦初醒。但是，又有几个人，像昆德拉一样不需要参加任何学术会议，不需要投入到任何一种集体性的热情之中，就可以获得自我的价值感呢？又有几个人，可以像昆德拉一样成为婚姻中的隐形人，并且斩钉截铁地拒绝生育一个孩子？

生活和命运之间，多多少少是有关联的。当我过上一种生活，当我进入一种遭遇的时候，我多多少少会觉得，这是命运的安排。通过生活，我确认了自己在命运中的某种位置。而玩笑是什么？玩笑，可以算是一种戳破幻觉的手段，甚至一种反抗的武器；但从个人的角度来说，玩笑，是不让命运有任何的机会安排自己，是对自己的生活给出一个不在场的证明：我不在我的生活里面，我在我自己的婚礼上成为伴郎。

如果昆德拉对所见所闻的一切都不当真，如果他要求人们，不要把他所写的那些表现不当真的故事当真，那会发生什么？

那将意味着，渐渐地将没有人有心去靠近他、了解他了。所以我看到的是，他拥有的仅仅是孤独，跳出三界外、不在五行中的人的孤独。在这场走向孤独的长旅之前，1967年，他还曾是捷克斯洛伐克作家联合会的一员，还主持了第七届大会的开幕式——那几乎是他最后的公众亮相。之后，他就活在他的小说里了，在那个世界里，各种人物都在被他们的欲望推着走。他们的热情，无论是接受还是违抗统治者统治的热情，都遭到了嘲笑，那些热情，都在向一个无意义的深渊滑落。

　　绝大多数的人活在世上，都被那些用来取悦绝大多数的人的东西所取悦。被取悦是人们的活法，不假思索地接受一种观念，一些观念，并且在传播工具超级便利的时候传播它们，转发出去，全是人们在无意识之下的选择。人们很容易就适应大喇叭里传出的音乐，同时，又很理直气壮地对大便表示出嫌弃和愤怒，希望专业处理大便的人第一时间赶到现场；人们歌颂生命和生育，是以回避那些自己不想看到的东西为前提的，比如母亲的哺乳和婴儿的胞衣。这就是 kitsch——媚俗。在一个靠着媚俗来调动热情的世界里，昆德拉始终潜行于它的隔壁，如果他要彻底兑现他自己的美学理想，那么他将不可能属于任何一个时代，尤其是，如今这个时代。

　　送走昆德拉，我们的营业时间也到了，下次见。

米兰·昆德拉

Adeline Virginia Woolf

艾德琳·弗吉尼亚·伍尔夫

艾德琳·弗吉尼亚·伍尔夫（1882—1941），英国
小说家、随笔作家，意识流写作最杰出的开路者
之一，1922 年后，她以《雅各布之屋》《达洛卫
夫人》《到灯塔去》等作品将小说美学上升到一
个新的高度。她一生在疾病和死神的威胁下度过，
却写下了无数睿智灵动、元气十足的散文随笔。

人的理智，应该是失去约束、到处游荡的，
这将使我们恢复孩子的眼睛。

疾病的意义是什么？

你好，这里是作家酒馆，我是云也退。

黄昏时分，一只疾飞的昆虫出现了，那是一种灰色的大飞蛾，它们总是在晚间出现，在报春花的黄花上方盘旋。一群年轻人，拎着毒药罐子，手持捕蝶网，走进树林，他们的靴子在硬硬的路上擦得嘎嘎直响。这是最后一条真正的路，离开它后，他们就踏入了黑暗的未知世界。有一位女子走在其中，她的眼睛上仿佛装着显微镜，灯笼的火光改变了树林的景象，乔木和灌木纷纷披上了淡绿色的晚礼服，她顺着领头的队长的指导看向草丛，只见提灯周围活动着许多昆虫，他们用一块蘸着糖浆和甜酒的法兰绒引来了众多的飞蛾，它们心醉神迷地吸吮糖汁，哪怕被灯光彻底罩住，依然不肯离去，翅膀似乎有点不

　　　　　　　　　　　艾德琳·弗吉尼亚·伍尔夫

安地抖动着。

　　最后，那只最大的飞蛾出现了，它让周围所有贪婪的昆虫都相形见绌，它长着猩红色的内翼，威风凛凛，凌驾于一切之上，但刚刚降落时，它就仿佛猜到了人们的意图，扑扑翅膀、漫不经心地又飞走了。提灯的灯光追逐着它，然后又放弃了。当他们一行人离开这里，走向树丛边缘时，他们在一棵最遥远的树的树干上赫然看到了那只大飞蛾。它立刻被抓住了，毒药罐子把它扣了进去。当它临死的时候，那个女子听到了一阵响声，那是黑暗中，一棵大树倒下了。

　　你问她，这都是真事吗，一只俊美而脆弱的大飞蛾，一闪而过，吸引着一群人去森林里寻找，然后，像晚会上的巨星一样压轴登场，又飘然消失，最后又意外出现并束手就擒，仿佛是在完成一种预定好的命运。飞蛾死去了，这个追求甜蜜和光明的牺牲者，无法解释它死时大树的砰然倒地，唯一能够说明的，是这位女士曾经许多次地与飞蛾相遇，熟悉它们的不顾一切和被捕获时的安然，于是，她的情绪能超过事实——她看到的不是客观现实，而是自己的意识认为自己看到的东西。

　　Virginia Woolf, 弗吉尼亚·伍尔夫，今晚她是我的嘉宾。当她在幼年，凭着追随飞蛾来探索和潜入未知世界的时候，她并不知道若干年后，她也要成为那个被追逐的对象，将被不知名的敌对力量所摧毁。在家里，她身边就有一只蝴蝶，她姐姐 Vanesa，这个名字，就跟一种蝴蝶的名字一样，我们中文翻译成"苎蝶"。她们姐妹两个一直很友好，她们都在父亲莱斯利·斯蒂芬的严格管教下长大，对父亲的权威怀有共同的抵触，她们彼此商定，姐姐以画画为业，妹妹则专事文学；但她们两个之间也有竞争，弗吉尼亚看到 Vanesa 站在画架前画画，就找人打造了一张书桌，让她得以在书桌前站着写作。

于是，总有一天，弗吉尼亚会让自己和她记忆或者想象中的大飞蛾合二为一：相对于阳光下的蝴蝶，飞蛾就是一张底片，在夜间出没，凭着意识的触角觅食，来到森林的深处。这个森林，可以叫作"潜意识"，这里面储存着那些早已发生过的事情、很久以前听到的响动、看到的图景。

弗吉尼亚的身体是很差的。从 1895 年，她 13 岁开始，到她 40 岁出版长篇小说《雅各布之屋》，数十年间，她曾经五次出现精神崩溃的情况。其间的各种生病，各种卧床不起，那更是数不胜数。生病是必需的。每次感到身体疼痛，头脑中就有什么东西涌了出来。好像有一双翅膀在那里面扑打，发出呼呼的声音。因此，每次开始卧床，她就明白自己又有新的作品可以写出来了，她觉得自己又回到了一只蛹的状态，在蛰伏，在酝酿起飞。

1922 年出版了《雅各布之屋》后，弗吉尼亚的朋友，或者一些认识她的人，都说她到此为止了。因为一方面，这本小说里连一个鲜明的人物形象都没有，这很诡异，很难想象这种没有人物支撑的小说，弗吉尼亚还能继续写出多少；另一方面，

艾德琳·弗吉尼亚·伍尔夫

弗吉尼亚的精神状态十分可疑，书出版的前后，她陷入了一种着迷的状态，很显然，写作直接影响到了她的健康和理智。可是，过了五年，她在日记里面说：别人当初都说我到此为止了，说我走到了一条死胡同里，可是我看到这条胡同延伸得很长很长，在胡同的远处，站着一个老人。

这是个什么样的老人？他是一个威严的家长，用自己的胡子，和胡子上方威严的目光来控制人——控制他的女儿。他就是弗吉尼亚的父亲，莱斯利·斯蒂芬，或者说，是一个死去的上帝。莱斯利生于1832年，逝世于1904年。在1928年12月28日，弗吉尼亚写下了一则日记，她说：

今天是父亲的生日。如果他不死，他应该是96岁了。是的，今天他本来应该是96岁了。像我们所知道的其他人一样，他本来可以活到96岁；但上帝大发慈悲，没有让他活到那么老。他的寿命会把我的生命全都给毁了。如果他长寿，那么会发生什么情况呢？我什么也写不成，书也出不了——真是不可想象。

正是在这种对父亲的思忖中，弗吉尼亚开始写她的《到灯塔去》。事实上，不管父亲是活着还是已经去世，一个女儿都是很难推翻他的，她要么就是被管束得一声不吭，唯唯诺诺，要么就得采取一些必要的措施——比如写作。父亲的形象在她个人的生活中，以及在她想象的生活中，何其鲜明而强硬。如果父亲一直活着，那么弗吉尼亚的创作只能终止，因为他是一个维多利亚时代的男性家长。英国的 19 世纪，被称为维多利亚时代，它的特点就是社会秩序和观念的极度稳定——在把女儿培养成一个贤明乖顺的主妇这一点上，弗吉尼亚的父亲莱斯利·斯蒂芬，认为自己责无旁贷。

弗吉尼亚后来写了一篇文章，叫《一间自己的屋子》，她在说到英国所出产的最伟大的作家——威廉·莎士比亚的时候，说莎士比亚还有一个不为人知的妹妹，而我是她的后辈。这位女莎士比亚写诗，水平不亚于她那位天才哥哥，然而社会习俗不允许女性公开创作，也因为她没有经济独立的可能，她的诗被人冷落，她被人羞辱。

实际上，并不存在这个女莎士比亚，弗吉尼亚想象出了这么一个人，以此举例，说在文学的历史脉络中，女性是一条被压抑的潜流，因为缺乏经济和社会的独立，女性没有声音。而在《到灯塔去》这部小说里，她也写了一个名叫詹姆斯的男孩，如何同父亲争夺母亲。有一天，詹姆斯的妈妈跟他保证说，如果天气好的话，他可以到灯塔去。听了这话，詹姆斯就觉得，灯塔这么一个奇观，好像已经很近了，只要经过一个漆黑的夜晚和一个白昼的航行，就能看到它，而航行途中的任何耽搁、考验和折磨，都会把航行变成一次出色的远征，让目的地的景色更加瑰奇壮丽。

　　　　　　　　　　　　艾德琳·弗吉尼亚·伍尔夫

但是，在妈妈给出保证之后，父亲突然开口说了一句话：但是天气是不会好的。

这就是弗吉尼亚自己眼中的父亲，一个惯于以自己的知识和经验来驳斥孩子的梦想的人。他是一个老人，一个揭露者和反对者。詹姆斯的梦幻被他戳破了，他说，假如自己当时手边有把斧子，或者有把火钳，或者任何可以在父亲的胸口戳个窟窿并且杀掉他的凶器，他都会马上抓到手里……

很多年以后，詹姆斯已经去过灯塔许多次了，但是，当他最后一次出航去灯塔时，他仍然以为自己像以往一样想起父亲，父亲正坐在他的面前，随时可能站起来责骂他；而他，詹姆斯，就准备要抄起一把刀子刺向父亲。但是实际上，这一次，他的眼前却出现了一个小孩，正坐在童车里，看见一辆车在不知不觉中压坏了某人的一只脚。这只脚变成了紫色。这一番景象，表明詹姆斯知道，在他意识到父亲给他带来的伤害的时候，这伤害早已产生了，他那个本该幸福的童年世界已经凋零、枯萎了。"但是天气是不会好的。"父亲的这句话压在了他人生中，迫使他睁开眼，去看向大海的前方，看向那一座影影绰绰的灯塔：那是他消失已久的母亲，是一个女性长辈，也是弗吉尼亚本人所想象的，那个被压抑住的文学前辈——女莎士比亚。

但是，《到灯塔去》的主人公詹姆斯，是一个男孩，而不是女孩。弗吉尼亚，她并没有兴趣去复活一个真实的莎士比亚的妹妹，从而为我们所谓的女性主义提供什么激励。在她这里，现实世界，远不只是一个女人被男人压迫、必须与男人争斗的世界。相反，她认为只要是有创作才能的人，不论是男是女，都会在这个世界里面对同样的处境——都需要一间自己的屋子。

对她来说，这间屋子，可以说就是布鲁姆斯伯里。这是伦敦戈登广场的一所宅第，在那里，从 1905 年开始，弗吉尼亚姐妹，和她们两个兄弟索比、阿德里安，每个星期都举办友人聚会。从晚上十点开始，一直到凌晨两三点钟，一群人喝着威士忌，吃着小面包，侃侃而谈。没错，这是一些精神贵族，生活阅历狭窄、活动的范围十分有限，文学对他们来说，是高雅的消遣。重点在于精妙地赏析各种作品，摈弃无聊平庸的东西，传播幽默感，而不是像雨果、狄更斯、托尔斯泰这几位巨匠所认为的那样，以改变世道、提升社会的道德水平为己任。

这个小团体广受批评，他们以艺术为宗教，相信神秘主义，好像是逆历史潮流而动的。可是弗吉尼亚和她喜欢的那些兄弟、朋友，却反过来还要社会称赞他们，称赞他们顶级的审美趣味和清高的、蔑视一切的作风。这个小团体，也是在 1904 年，弗吉尼亚的父亲莱斯利逝世后才形成的。父亲逝世的时候，弗吉尼亚没有显得多么伤心，相反，她忙于对前来吊唁的人各种挑剔：她读那些吊唁信，那些讣告，觉得信中用的词句都十分庸俗，很不准确；有一个女人前来看望他们，她说

　　　　　　　　　　艾德琳·弗吉尼亚·伍尔夫

话特别快，弗吉尼亚立刻就听不下去了，她做出了一副十分疲惫的样子，让那个女人早点走人。

权威赫赫的男性家长，在弗吉尼亚的眼前让开了位置——她得以拥有一间自己的屋子。可是这间屋子里，她喜欢的那些人却无法久住。疾病，是那么容易通往绝症，在那些年里，和战争一样，是萦绕在所有人头顶的阴云。就在父亲去世后两年，弗吉尼亚挚爱的哥哥索比，竟然因为伤寒而早逝，年仅26 岁。这件事带来的悲伤，和对这种悲伤的反复咀嚼，让弗吉尼亚更加不屑于为自己那种冷视世俗的眼光辩解。她知道，她所拥有的绝不只是世人眼里的安逸生活，她拥有的是一种心理活动，它远远高于生活本身。

她在之后几年里写了一些小说，看得出来，她是在适应哥哥去世的事实。在这些小说里，断断续续地，出现了飞蛾。有时候，飞蛾出现在一个人坠入爱河的时候；有时候，又出现在人死去之后。飞蛾总是神秘的，别人不知道它为什么出现，因为它属于夜晚，本该是看不见的；当它越过了白昼和黑夜的界线，出现在人们眼前的时候，它或许就带着另一个世界的信息。

弗吉尼亚有一则散文，叫《读书》，既然叫"读书"，那么就好好地写自己的阅读经历，可是，在这篇文章进入高潮的地方，她写到了一行人走进森林深处，诱捕飞蛾的那段经历。黑暗中的一盏灯，召唤飞蛾从黑暗中浮现，纷至沓来，在草丛里发光，带着翅膀上的各种磨损，各种在尘世间沾染的污垢，各种透露着遗传基因的色彩和斑点。

对一个普通人来说，对生命中的挚爱献上缅怀的方式，就是把下雨看作天空的泪滴，把变化的光线看作故人目光的闪烁，在树叶和花朵中找到各种思念的载体。但对弗吉尼亚·伍尔夫来说，这还不够。飞蛾，也许起初，一度是她哥哥索比在天之灵的化身，但后来，当活人留给她的印象越来越淡漠，她就把飞蛾看作了她自己感受中的各种词语，词语和飞蛾翅膀一样，围绕着一点光亮，若隐若现，只有随时专注而聪慧的头脑才可以捕获。

当她在 1926 年 9 月，写《到灯塔去》的时候，她忽然在一则日记中说："每个早晨，我在准备写作之前，总是用自己的触角在空中四处探索。"——这时，她已经和她四处寻找的词汇合二为一了，也和她的哥哥索比，和她生命中最重要的一段时光——布鲁姆斯伯里时光——不分彼此了。为此，她付出了五次精神崩溃，以及常年病痛缠身的代价，但是，她也必须在对阵疾病和崩溃之中，实现这样一种转化。

健康对弗吉尼亚的意义，和对我们所有人的都不同。在疾病面前，所谓的正视和超越疾病，对她没有任何意义。她在发烧中感受体温的变化；她在疲惫不堪的时候，就能感受到生物的自然凋谢、蛰伏；她的精神活动，有时候不得不停顿下来，于是她又回归了蛹的状态。她在一篇日记里说，即使是轻微的

　　　　　　　　　　　艾德琳·弗吉尼亚·伍尔夫

感冒，打几个喷嚏，也是对人有利的，因为：

当健康的光焰微弱时，那未曾发现的国度就显露了出来，那灵魂中的荒原和沙漠……那古老的、根深蒂固的橡树，被疾病连根拔起，它带来的精神变化何等巨大，何等惊人。在疾病中，人的思想，仿佛经历了一场使沙漠变成沃土、让野蛮人得到教化的世界大战，思想渴望健全，从而让感官恢复平衡。人的理智，应该是失去约束、到处游荡的，这将使我们恢复孩子的眼睛。

为了表达思想，头脑要做永无休止的努力，为此，弗吉尼亚总是在一部作品接近完成的时候，开始构思下一个作品。在《到灯塔去》写完之前，她决定，把自己的下一部小说，就命名为《飞蛾》。

这本书，将没有连贯的情节，只有思想意识的流动，它们就像飞蛾，这种最最捉摸不定的昆虫。"印象"这个词，我们都会用，但画家想要逼近它、呈现它，作家想要用文字记录它、描绘它，是需要天才的。欧洲的印象派画家做到了，他们描绘出的图像，完全不同于客观事物却超越于事物之上。而弗吉尼亚说，我要去书写的那种东西，像是一种用神经纤维探触到褶皱一般的薄膜。意识造就了印象，而文字要书写它，近乎知其不可为而为之。

后来这本书真的问世了，它不叫《飞蛾》，而叫《海浪》。海浪是一重重涌起又落下的能量，是任性流动、无法用物理工具丈量和推算的东西，它取代了飞蛾，来代表弗吉尼亚心目中人的意识和无意识的无穷的创造。没有几个人能够读进去这本书，因为书中的六个人物，从人生开始产生意识，到一个个离开人世，他们生活的全部经历都是深藏在内的，他们都属于那座幽暗的森林。

弗吉尼亚毫不在乎《海浪》能赢得几个读者。她是一个点灯的人，吸引着人物像飞蛾一样聚集，可是她不会就此转而描绘那些飞蛾的样子——因为她忠实于自己的眼睛，眼睛并没有看清，只是感觉翅膀在亮光周围忽闪；这时，头脑在设法从混沌中提炼形态，不顾一切地将它们形诸文字，有时候，这文字让人豁然开朗，有时候则让人继续困惑，继而沉迷。

她在另一篇散文里，写了她观察到的一只飞蛾的死去。她说这只飞蛾，是生命活力极为细微、极为简单的形式之一，仿佛是有人拿起一颗小小的、纯洁的生命之珠，尽可能轻柔地，给它缀上羽绒和羽毛，让它跳起舞来，揭示生命的真谛。

她不由得想到，要是这只飞蛾生而为其他的生命，那它的生活将会如何？当她为此而内心充满怜悯的时候，飞蛾开始笨拙地撞击窗玻璃，它横着竖着撞过去，朝着窗外的光亮，而一次次地失败，最后落到了窗台上。这不是晚上，而是正午，飞蛾不应该出来，但它的细腿和即将到来的灭顶之灾艰苦地搏斗。和死神较量，绝无获胜的希望；我们所能欣赏和赞美的，不过是那种徒劳的抗议，绝望和疯狂的挣扎。在弗吉尼亚的眼前，这只飞蛾终于翻过身来，这是一个赢得了尊严和同情的动作，但接下去，它的身体就变得僵硬了，在微不足道的胜利之后，是永久安宁的到来。

我在今晚的房间里，挂上了歌德的遗言："把第二扇窗打开，让更多的光进来。"在弗吉尼亚心中，窗户并不是飞蛾的敌人，它和飞蛾一样，和自己的房间一样，都在要求更多的光明。它们都是在向往真实的，哪怕为了这种美学原则，弗吉尼亚进入了癫狂状态。在她的小房间之外，是秩序井然的英国社会，人们活在虚荣和确信之中，认为自己懂得一切，而一切都正确。他们与外部世界的和谐，会因为一只飞蛾的翅膀而遭到破坏吗？弗吉尼亚说：会的。

今天的作家酒馆到此结束，我们下次见。

Heinrich Böll

海因里希·伯尔

海因里希·伯尔（1917—1985），联邦德国小说家，1972 年诺贝尔文学奖得主。在第二次世界大战结束后，海因里希·伯尔的小说最准确鲜明地传达出了"废墟"的气味，而在《小丑之见》《女士与众生相》等长篇小说里，他对联邦德国经济腾飞的事实表达了深刻的矛盾态度。

从战场归来我一无所有，除了口袋里的两只手。

可
以
质
疑
信
仰
吗
？

你好，这里是作家酒馆。

在欧洲西海岸，一个港口停泊着一条渔船，渔船里迷迷糊糊地睡着个渔民。他穿得很简陋，毫不起眼，但是有个外国游客路过，立刻就拿出相机拍照，照相的声音把渔民弄醒了。他刚刚要去摸香烟，游客马上递过去了一根香烟，然后就跟渔民攀谈起来。游客说：今天天气这么好，您怎么还不出海捕鱼呢？您生病了吗？

渔民说：我没病，我从来没有像今天这样健康，不过我早晨已经捕过鱼了，抓到4只龙虾，30多条鲭鱼，这三天都够用了。游客说：恕我冒昧，请您听我一言。如果您今天能够两次三次甚至四次出海，那么您也许可以捕到上百条鲭鱼，您要是连续很多天都有这样的勤奋和效率，那么要不了一年，您就可以买一条摩托艇，两年可以买第二条船，三四年里您可以换大船，捕更多的鱼；再然后，您会盖起一个小冷藏库，也许还能开一家熏鱼作坊，之后是鱼类食品加工厂，您可以坐着直升机寻找鱼群，可以通过无线电指挥您的船队，还可以申请执照捕捉名贵的斑鳟鱼，开一家豪华餐馆。您想过这些吗？我一想到这些，我都替您激动。

渔民听完这话问：那么，然后怎样呢？

游客说：然后，您不就可以安然地坐在这个港湾里，望着美丽的大海，在阳光下优哉游哉打瞌睡了吗？

渔民说：可是我现在已经在这样做了。我刚才都快要睡着了，被您的相机声音吵醒了。

听完这话，外国游客好一阵子不言语了，他一开始很看不起眼前这个渔民，现在却对他有点羡慕。在说完这个故事的时候，我也掏出一根烟，塞到我对面的这个人的手指头之间。这个老爷子，看起来也有点不在状态，他的两根手指叉在他那个长下巴上，叉了很久了，手指间永远在等待着下一根烟。像他这个岁数的德国人，不仅离不开烟，还需要别人给他送烟，因为他们的手总是没空的。更确切地说，他们的手的功能，往往不完整了。

我讲的这个故事，就是这位老爷子写的。这故事很显他的个性，它反映出的是一种冷眼的、怀疑的、愤恨的态度，它

　　　　　　　　　　　　　　海因里希·伯尔

怀疑，通过这种一轮一轮的资本投资、扩大再生产的套路所获得的经济增长，到底是不是有必要的。这种怀疑，本身也很招人怀疑，因为谁不希望经济好一些，谁不想看到手头有更多的钱？他是在1963年写出这个故事的，那个时候，联邦德国已经享受了超过十年的经济腾飞时光，一般四肢健全、能够劳动的人，都相当勤奋，并且体验过日子一天好过一天的感觉。就在那一年，为联邦德国的经济复兴做出贡献的阿登纳总理，以87岁高龄，在人民的掌声中光荣退休，人们说，是他和他率领的基督教民主同盟，带领我们走出了艰苦的战后岁月。

然而，今晚来做客的这位老爷子，他绝不愿意站在齐声感谢的人们之中。他坚持认为，那些国家的功臣其实并不是什么楷模人物，而是一些真正的机会主义者。机会主义，就是说他们在各种不同的政治和社会环境下，总是加入安全的、对自己有利的一边，在他们这里，没有什么公义原则是要捍卫的，没有对错是非，只有利益高低、风险大小需要去考虑；机会主义者，总是能够做出明智的选择，他们顺风时如鱼得水，在风向变化的时候能够将损害降到最低。

他就是Heinrich Böll，海因里希·伯尔。他啐出嘴里的烟头，嘴角挂上了一缕有点讽刺的笑容，一张苍老的长脸仿佛从来就没有期待过任何人的爱。爱，在他的眼里，往往并不是我们理解和想象的爱，而是一种出于对别人和对自己的可怜的互相按摩；这是属于他那一代上过战场、为纳粹德国战斗过，然后幸存下来的德国人的爱。他们幸存，往往是因为受了伤，提前退出了战斗，在躺上担架的那一刻，他们凭着尚存的意识感受到炮火纷飞时的兄弟之爱——有人给他们送上了清凉的水，有人在他们嘴里塞进了香烟。

报纸和书刊里，这样讲述兄弟情谊的故事多了起来。伯尔说：这是一些摇篮曲，妈妈唱给婴儿听，让他们快点睡着就是了。伯尔自己写了一个故事，在故事里，一个告别了战场的士兵感受到了同胞的气息：首先是烟草的味道，在战地的每一个人都需要烟草；然后，他看到了救助伤员的人穿着消防员的衣服，脸上有着衰老和疲惫的神情，显然是个跟他共患难的人。这个人给他送来了水，同时用苍老的声音，在他耳边轻轻地说：喝吧，兄弟。

每一口水下去，这位士兵就多了一分幸福感。然后他吸上了烟，开始看清周围的场景，慢慢地辨认出来，那好像是他曾经读过七年书的学校，这是学校的美术教室，黑板上还有着粉笔的笔迹……他把烟头啐掉。

这个故事的名字，叫《流浪人，你若到斯巴……》，这个篇名来自一句著名的铭文。那是公元前480年，在希腊—波斯战争中，三百个斯巴达战士在温泉关阻击波斯入侵者，最终全部阵亡。事后，希腊人在那里立了一块碑，碑上刻着这样的文字：流浪人，你若到家乡，请告知斯巴达的公民，我们阵亡此地，至死恪守命令。在纳粹德国时代，中学老师用这个故事和这句话来激励学生要为国战斗到底，如同当年的斯巴达人一样。

这个故事，以及纳粹时代对这个故事的讲述方式，伯尔太了解了。当他自己也从战场上退下来，他就在想，一个受了重伤的士兵，回到自己曾经上过课的教室里，再一次看到这句话的时候，他会是什么心情……医生过来为这个士兵打了麻药。当他再度醒来的时候，发现自己的两只手和一条腿都没了。他的眼睛睁得更大了，他要认全所有熟悉的东西，而他嘴里说出的，却仅仅是梦话一般："我要牛奶……"

伯尔知道自己不是一个合格的战士，他曾在法国、苏联的前线作战，也多次受伤，最后他落到了美军的战俘营里。在战俘营，他亲眼看见一个德国军官在身边被枪杀。他随身带着三个很小的年历本，用来记下一些碎片思路。当他被送进军医院治伤的时候，他总是先活动一下自己的手，发现没有问题，就问身边的人讨一支笔，在年历本上潦潦草草地写下几分钟前的印象。

当他从战俘营被释放回德国，他写下了一句后来成为名言的话：从战场归来我一无所有，除了口袋里的两只手。他把手带回来了，所以有幸还能写东西。可是他那张嘴已经习惯了狠狠地啐出烟头，就如同那些手已经废了的人一样。

联邦德国在战后的废墟里重建，重建人与人之间的感情，重建人们对国家的信心。这就需要经济繁荣。战后刚刚过了四五年，德国就开始复兴，迎接一个后来被称为"经济奇迹"的时期。但是，伯尔总是能够看到那些没有人乐意去看的东西，比如，那些落下永久残疾的伤兵，他们很难得到国家的抚恤，因为这个国家，已经跟纳粹德国划清了界线，其他德国人看到他们时，顶多只能生出一些同病相怜之感。在物资供应短缺的那几年里，每个家庭所分到的食物都是定量的，黑市交易猖獗，盗窃频发，有的人丢了自家的食物配给卡，绝望之下，自杀身亡。

越是暴露在光天化日之下的东西，人们越是拒绝去看，而转身去听电台和报纸上描绘的梦想，并且为了这个梦想投身工作，争取能够忙碌到没时间想别的。

伯尔写了好多无家可归的人的故事，他们饿着肚子，到处找吃的；他们回到那些侥幸没有被炸的建筑物里，那里还挂着一些当年的纳粹宣传品，还有元首和其他纳粹党要人的画像。让伯尔耿耿于怀的一件事，是当他还是孩子的时候，他的头上就没遮没挡，暴露在了纳粹党的国家主义狂热的宣传之中；他是满含着怨恨被征召入伍、去打仗的，他怨恨的不只是纳粹党，他更怨恨那些有能力保护，却没有保护德国平民大众的社会组织。

这些社会组织里，最突出的一个就是天主教会。伯尔出生在科隆，那里有着雄伟辉煌、无与伦比的天主教大教堂。天主教在科隆有着很大的势力，伯尔全家都是天主教徒。宗教应该

　　　　　　　　　　　　　　海因里希·伯尔

让人灵魂安宁，抵制蛊惑和利诱，可是当纳粹兴起、在全德国逐渐发动迫害和战争动员的时候，天主教会对此却一声不吭。在伯尔的记忆里，在那种社会空气里，神甫们就如同一些纳粹党外聘的灵魂按摩师，他们满嘴空话和套话，无比地懦弱、虚伪。

1936 年，当战争的阴云开始在头顶聚集，伯尔还不到 20 岁，他就尝试去写一个愤恨而无助的少年的心理。这个少年耳边回响着他听过的天主教神甫的话。神甫说：人子耶稣在人群中贫困孤独，连门徒都离他而去……为了上帝，他要忍受可怕的折磨和难忍的痛苦。尽管如此，人子却爱所有的人。

而这位少年对自己说：这样的痛苦，我不能忍受；这样的上帝的恩惠和慈爱，我不接受。

即使被纳粹德国征召上了战场，伯尔也不肯放松对天主教会的那种憎恶，它在纳粹势力兴起的时候充当了帮凶。他也没有忘记，在 1933 年春天纳粹党正式执政前夕，科隆的市长是哪一位——阿登纳，和伯尔一样，阿登纳也是土生土长的科隆人。伯尔相信，他当市长的时候，一直代表科隆支持希特勒上台，不过，希特勒掌权后，因为要安插自己人，把阿登纳给撤职了。就因为这样一个变故，阿登纳在战后得到了其他西方国家的信任，他组建了基督教民主同盟这样一个政党（前身是天主教中央党），领导德国的复兴，然而他昔日的污点就没人提了。

在战后出现的第一代联邦德国作家中，伯尔并不是最年
轻的。可是人们总是能一下子认出他的文字，因为他所书写的
人的困境和绝望，和其他经历过战争的人写出来的不一样。别
人是疲惫的，感伤的，有意无意地试图还原和清算纳粹对德
国社会和人心的摧残；而伯尔却有一种别人不具备的东西——
愤恨。

愤恨让他年轻，愤恨让他对于市面上那种急于摆脱过去，
或急于把罪责归在少数人头上的做法十分警觉。德国人对战争
的反思、忏悔，简直都成了一段世人皆知的佳话，可是伯尔质
问的是：谁有资格代表人民来忏悔？那些跑来跑去做报告、做
演讲，发动大家反思的人，他们是一些什么人？

就在阿登纳功成身退的 1963 年，伯尔在他的一本最新的
小说里，写到一位经历了战争的德国女士。她是一个社会活动
家，当上了种族差异调和协会执行委员会的主席。纳粹德国时
期的种族屠杀，骇人听闻，既然如此，建立一个调和种族差
异的机构，当然是对昔日罪行的弥补。这位女士曾经特地前往
阿姆斯特丹，去那里探访了著名的安妮·弗兰克的故居，安妮
是大屠杀受害者中最知名的一位，她的《安妮日记》在死后出
版，披露了自己在阿姆斯特丹和家人、邻居一起躲避纳粹迫害
的日常细节。后来，这位女士还出访美国，到一些女子俱乐部
发表演讲，专门介绍德国的年轻人现在是如何为德国发动战争
的罪孽而悔恨的。

海因里希·伯尔

但是，这位女士遭到了一个人的鄙视。

这个人就是她的亲生儿子——27岁的汉斯。汉斯说，1945年，我的妈妈就是用同样动听的口吻，跟我的姐姐说：你应该去上战场，为我们光荣的德意志帝国消灭美国人。他的姐姐名叫亨利埃塔，风华正茂，有一头迷人的金发，却被母亲送进了德国国防军的高射炮营里，然后就再也没回来，连尸骨都找不到了。不仅是天主教会，就连家庭都不能保护它的儿女。而更令汉斯鄙视的是，他的父母亲并不是无知的、被煽动的人，他们家族靠着开采煤炭发家，在1933年之后，与纳粹党积极合作，扩大家产，以至于富甲一方。母亲把大女儿送去战场，就相当于是对帝国的一份报答。

在战后领导联邦德国经济复兴的，就是这样的一些机会主义者——他们在国内和国际上都有着良好的形象，他们使得德国回归了西方集团，被北约所接纳。在国内，有两股力量，也一直在着手揭露这样一些主流精英的虚伪，一股是新纳粹分子，他们认为德国人不应该忏悔，叫嚣着要坚守初心，恢复纳粹帝国时代的光荣；另一股是亲苏联的势力，他们认为联邦德国应该脱离资本主义阵营。这两股人一度都以为海因里希·伯尔是自己人，但之后又都放弃了他，因为伯尔的愤恨和戒备，是针对每一种政治投机行为的。

凭着文学的名义，他对每一种信仰、宗旨、承诺都怀有戒心。文学让他独立，也让他仅仅受到读者的喜欢，而被所有的政治人物以及他们的追随者所憎恶。那些人想告诉读者大众：我们是战败国，我们自己受的伤，只能我们自己互相舔来舔去，得不到外人的同情。所以最明智的选择，就是不再计较过去的事情，埋头工作，让国家赶快富强起来。

他们嫌弃伯尔总在描写那些一瘸一拐的伤兵，描写无处安身的退伍军人，或者在黑市买卖里受骗上当的平民；他描写那些为了保住一个饭碗没日没夜工作的人，他描写那些为了中标而设法走门路、拉关系的人，描写那些通过发明和利用新的金融工具，在经济奇迹中切走了最大的一块蛋糕的人。

那些受到了真实的伤害的人，能不能让那些金融、政治、宗教界里的体面人士难堪？

当伯尔出版了他的长篇小说《女士及众生相》的时候，联邦德国最重要的日报之一《法兰克福汇报》刊登文章，说海因里希·伯尔是一个"洗衣房臭味的田园诗人"，是"我们国家光荣的讨厌鬼"。他被说成是一个专门拿民间日常那些肮脏丑恶的细节写成小说的人，是一个在经济繁荣的社会里专门揭开阴沟盖子的作家。伯尔从来就没有进过洗衣房，他的小说里，也从来没有出现过洗衣房，但写那则报道的人，却认为伯尔就是在那种味道中产生灵感的——认为他对所有别人不愿提及的恶心的场景都甘之如饴。

1980 年，有一位德国教授，将伯尔写的渔夫和外国游客的对话带到了中国一所大学的课堂里。他讲完这个故事，想听听学生有什么想法，只听学生众口一词，说这个渔夫是错的，他小富则安，只满足于眼下的温饱；还有人说，要是没有让自己更富裕、更强大的志向，人连当下的安乐都是保不住的。

这些回答，让这位德国老师非常吃惊。他没有想到，1980年后的中国人，同联邦德国人是一样的想法：赶紧富强起来，忘记过去。

愤恨，不妥协，让伯尔始终像是一股孤单的逆流。愤恨不是他刻意保持的"人设"，在他那个年代，还没有那么简便的、沽名钓誉的手段；所以伯尔对他的愤恨有一种悲哀的认识，它藏得很深，以至于人们一看到汉斯这个软硬不吃的主角，就觉得伯尔又要写一个看破人间虚伪的少年了：他坚决同那些顺势而为、跟随国家一起上升的人撇清关系；他自己甘愿做一名小丑，靠着惟妙惟肖地模仿政治经济界的大人物来博取观众的笑声。当他穷困潦倒、拿起电话借钱时，也依然不曾放下半点高傲的自我。他身边唯一的伴侣是一个叫玛丽的姑娘，她跟随了汉斯五年，她爱汉斯，可是，当她想要同汉斯结婚，并且让将来的孩子上天主教学校的时候，汉斯拒绝了。

伯尔的这本小说，就是《小丑之见》。半个多世纪之后，我们会把汉斯的愤世嫉俗，简单地概括为情商太低。但我们未免会低估伯尔对自己的批评。在小说中，他有这么一段描写，是汉斯的父亲来看望他的场景。他父亲，一个名闻遐迩的工业资本家，也是一个和纳粹合作过的人，可是汉斯看见父亲时，他不得不承认，他是个慈祥，甚至可以说是善良的老人；而父亲，他本来以为这个叛逆的儿子有一种流浪艺术家的气质，可是发现汉斯的房间不但简陋，而且陈设没什么品味时，他也是真正地伤了心。父亲对汉斯说：我理解你这样的年轻人的情绪，你可能向往社会正义，你厌恶教会和资本家的虚伪。但是，你需要一种能力让你从男孩变成男人，这种能力就是，接受现实。

父亲给了汉斯一些钱。汉斯依然拒绝接受，不过事后他有些后悔，因为他太想买一瓶白兰地，抽一根烟。汉斯的结局，是海因里希·伯尔本人为他的精神刻画的一个归宿，那就是流落街头，弹琴卖唱，靠着路人扔来的几个硬币过活。依然有人认出他：你不就是那个小丑吗？你这个小丑到底是干什么的？汉斯回答说：我是一面镜子，我照出每一个人。当你从我身上认出你藏在面具之下的真面目的时候，你就会笑了。

今天的作家酒馆到此结束，我们下次见。

　　　　　　　　　　　　　　　　　　　　海因里希·伯尔

Isaac Bashevis Singer

I.B. 辛格

艾萨克·巴什维斯·辛格（1904—1991），生
于波兰的美国犹太裔小说家，以意第绪语写作，
1978 年诺贝尔文学奖得主。凌乱的两性经验、
宗教戒律的折磨、移民的孤独、籍籍无名的困扰，
在他五花八门的故事中涌现。《卢布林的魔术师》
《傻瓜吉姆佩尔》《市场街的斯宾诺莎》等描绘出
一个业已消失的古老的东欧犹太人世界，它与现
代经验彼此交融，互为镜鉴。

所谓的现实仅仅存在于我的头脑里，
而我的身外却全都是虚幻。

如何
面对诱惑
？

你好，这里是作家酒馆。

　　街角上，有一座砖头砌的小房子，没有门，只开了一个窗洞。房子里坐着一个人，每天，他只是通过窗户从妻子手中取走饭食。当初，这个人就平静地坐在椅子里，念着祈祷词，旁边放着几本犹太教的圣书，一个烛台，一个水壶，一件用来盖的皮大衣。泥瓦匠在他周围一层一层地砌砖，把他一点点封在这个活人坟墓里，外边有好几百个人围着看，他妻子哭着劝他不要这样，其他很多人也来劝他，无论是痛哭，还是警告，都没有用。房子砌好之后，还是有很多人涌来，直到雨季开始，人才慢慢减少。一年过去了，两年过去了。无论寒暑，无论是冻得瑟瑟发抖还是夜不能寐，他都没有出过这个囚牢。

　　　　　　　　　　　　　　　　　　I.B. 辛格

他要杜绝外界的一切，一切诱惑，一切让他犯罪的可能，就连他太太哭着想要吻他一下，他都拒不动心。因为他意识到自己罪孽满身。他是一个野心勃勃的魔术师，想凭着杂技和魔术成为世界巨星，他是一个喜欢淫乱的人，同时把三个女人当作玩物并导致了其中一个女人之死，他也是一个随意挥霍、逢人就开口借贷的浪荡子，然后，为了高攀一个比较有身份的女人，不惜利用自己飞檐走壁的本领，撬门盗窃。

这是个罪人，但如今他悔悟了，把自己关了禁闭。他想起20年前的自己，刚刚迈进新婚，如何同妻子在青春掀起的浪花中恣情嬉戏；他想起更早的时候，跟随父亲的启蒙，读那些经典的犹太书籍，懂得了上帝如何创造世界，并把万物交给人类管理。他对世界展开了好奇心以及敏锐的感官；他能注意到流星运行的轨迹，能听到鼹鼠、田鼠在地下打洞的声响，他会被鸡窝里小鸡的叽喳吸引，在夏夜，他出门去寻找放声齐鸣的蝈蝈，然后，在泥土地里，他会想到地球相比众多星辰来说实在是小得可怜，只要往下挖一条数千英里深的沟，大概就能从波兰挖到美国……

今天来到我酒馆的这位先生，就曾是这么一位浪荡子。年轻时，他一度是个寻花问柳的老手，但1935年，他从波兰去到了美国，当然不是挖沟过去的，他是坐船过去的。在这段前往美国的海上之旅中，他回望欧洲，那里阴云密布，他所熟悉的华沙和卢布林，以及各个有犹太人居住的小村镇，连同他爱过和抱过的女人，正在危机之中。

他就是艾萨克，他姓辛格，全名叫 Isaac Bashevis Singer。他的哥哥伊斯雷尔正在纽约等待他。伊斯雷尔早几年到达了纽约，在这几年里，他逐渐成长为一位著名的小说家，他用东欧犹太人的语言——意第绪语写的小说，被翻译成英语后，和《乱世佳人》一起登上了《纽约时报》畅销书榜的榜首，他征服了美国读者，一时间，伊斯雷尔被誉为"东欧犹太人中的托尔斯泰"。

艾萨克比哥哥小 11 岁，刚到美国时也已经写了一些小说。但是哥哥蒸蒸日上的名声让他感到了压力。美国人心目中的"辛格"，是指伊斯雷尔，而不是艾萨克，艾萨克的小说无人翻译，他只能靠着给意第绪语报纸自由撰稿谋生。报纸要求他语言通俗，他厌恶自己写的报纸文章，感到自己就仿佛是一个有天才的画家，却被迫去给人刷墙。晚上，艾萨克常常一个人坐在房间里，先是从柜子里拿出一本意第绪语的书，读了几页就放下；翻开自己的笔记本，他看到，那里面记下了各种短篇小说的主题，他却一个都写不了，就觉得自己被一阵深深的阴霾所笼罩。

艾萨克在布鲁克林孤独地住了五年，这五年就相当于一场一个人的禁闭。在欧洲，他的亲属朋友四处离散，他的姐姐被一场包办婚姻嫁到了英国，母亲和妹妹仍然留在了波兰，而 1939 年战争爆发后她们逃到苏联，不久都死在那里。他有

　　　　　　　　　　　　　　　　I.B. 辛格

过一位正式女友，在 1929 年，她拒绝堕胎，生下了他俩的孩子，艾萨克为之大动肝火，而女友却建议艾萨克和她一起投奔苏联，去建设一个人人平等的新社会。他们闹掰了。到了美国后，艾萨克得知那姑娘带着孩子去了巴勒斯坦。而他自己身边再无女人。

艾萨克和他哥哥都受过严格的犹太教的教育，后来却双双脱离，但是艾萨克苦笑着说，他经历过的事情，把他又变回了一个彻底的唯心主义者，他说：

我知道我和过去的路彻底告别，华沙，波兰，我的妈妈，我的兄弟，那些和我亲近的女人，都已经进入了记忆的范畴里。事实上，即使在我还和他们在一起的时候，他们就已经是幽灵了；我觉得，所谓的现实仅仅存在于我的头脑里，而我的身外却全都是虚幻。

当他想写的小说一个个在半途受阻，艾萨克觉得自己变得苍老了。东欧传统中的犹太人是要留长胡子和长鬓角的，艾萨克早早地把这些东西都给剃掉，但现在，在纽约，他的胡子又长了起来，而且有些发白，可他才不到 40 岁……有一天，他忽然觉得自己又回到了华沙的犹太人区，回到了一条他早年熟悉的街道上。那是窃贼、妓女、赌徒、黑市商人和小贩的天堂，他们在广场上晃来晃去，小伙子粗鲁地大笑，姑娘在尖叫，卖柠檬水的小贩撕心裂肺地叫喊，卖西瓜的人，长刀的刀口淌下了血一样的西瓜汁，一会儿是马拉的救火车奔驰而过，一会儿又是救护车。时至深夜，一群亡命之徒在街头械斗，一个被抢劫的人在呼救；到了清晨，按规定必须关闭的商店偷偷接进了第一批客人……这一片十足的烟火气，却与艾萨克本人无关，他住在一座公寓顶层的阁楼里，日日夜夜埋头在研究一部 17 世纪的哲学著作——斯宾诺莎的《伦理学》。

斯宾诺莎是史上伟大的犹太哲学家之一，而做学问，则是传统的犹太社会里最受人尊敬的职业。艾萨克梦见，他过着一种与他实际上度过的截然相反的生活：他从瑞士苏黎世学成归来回到华沙，就几乎足不出户，一直在研读《伦理学》，想要完成一篇杰出的论文。为此，他推辞了一些进入名利场的邀约，也回避了娶妻生子的选择，而全身心扑进他热爱的学问之中。对《伦理学》这部书，他熟悉得仿佛那是《圣经》一样，每一条命题，每一个论证，每一个注解，他都背得下来，也能在书中一翻就找到相关的段落。他瘦骨嶙峋的手拿着放大镜，读到自己理解和同意的地方，他就频频点头，读到费解的段落，他就加上批注。

他研究了整整三十年，积累了满满几个抽屉的笔记和草稿；他始终走在求真的道路上，感到充实，从不觉得无聊、寂寞，他那马不停蹄的头脑，使他在夜里阖上书卷之后，都能面对星空和万物继续展开想象：月球上的环形山是如何出现的？

　　　　　　　　　　　　　　　　　I.B. 辛格

流星的那条火红的尾巴是用什么做的？一颗陨星进入了地球的大气层，它最终会落到哪里，是沙漠里，还是海洋，还是有人烟的地方？……宇宙无限延伸，而上帝也是一样，他欣慰地想到，自己作为宇宙的一部分，也一定是具有神性的。

艾萨克写下了这个老学者的故事，并给这个人取名为费歇尔森。费歇尔森是清白而崇高的，人畜无害，不爱好功名利禄，他和他研究的斯宾诺莎一样，从来没有踏入过婚姻的河流，也不曾屈服于女色的诱惑。可是，30年了，费歇尔森却始终没能写出他的论文；当他发现自己身上开始出现患病的征象时，他紧张了，他开始怀疑，自己选择的这一条一心求真的人生道路，是否是有问题的。

这则故事，日后将成为艾萨克最著名的作品之一——《市场街的斯宾诺莎》。但在一开始他只写了一半，并不知道接下去，应该为费歇尔森博士，这个事实上自我禁闭的人，安排怎样的结局。

他的哥哥伊斯雷尔很不理解他的写作。伊斯雷尔认为，现在已经是20世纪了，可是艾萨克却还是心心念念那些三百年前、两百年前，发生在那些犹太小村镇里的怪事奇谈，他写的那些人，早就死绝了，他们的信仰早就成了迷信，而他们的后代也已经被启蒙了，被开化了，在弱肉强食的资本主义社会里爬升又跌落，或者参加各种革命和冒险，到苏联这样的新社会里去闯荡一番。"艾萨克，有谁会去读你这样的小说？"

在伊斯雷尔功成名就的时刻，艾萨克不仅深陷创作的难产，而且之前出版的小说也鲜为人知。可是天有不测风云，1944年，伊斯雷尔心脏病突发，才50岁出头就撒手人寰。哥哥一死，艾萨克彻底举目无亲，与此同时，欧洲战场上传来消息，告诉他说他的家乡已经遭到大屠杀，犹太人都被送进了灭绝营。艾萨克昔日所认识的一切事物和几乎所有的人，如今都消失了，这强烈地刺激了他，他要去重新创造那个他所来自的世界。

而他在1944年也已不是孤身一人了。情况在慢慢好转：他终于又有了一个女人。那是一个来自德国的犹太难民，她为了与艾萨克结婚，不惜离婚以脱离前夫，还抛下了孩子，她就像一道微光，穿透了艾萨克头上的阴霾。她用在百货商店当营业员挣来的钱，给了艾萨克稍许的稳定和创作自由，使艾萨克逛得起咖啡馆。在那里，东欧的难民正在一点点聚集，他们眯缝着茫然的眼睛讲话，互相将残破的记忆拼补完整——而艾萨克也得以续写他那则短短的故事：《市场街的斯宾诺莎》。

就在费歇尔森博士卧床不起、发着高烧的时候，他的邻居，一个外号叫"黑多比"的卖面包的女人碰巧敲门进来，用一盆水唤醒了他。黑多比是个老姑娘，两次订婚，两次被退婚，而在认识费歇尔森之后，她就一直来照顾他，为他拂拭书架上的灰尘，跟他聊天，谈论往事和各自的信仰，等等。黑多比是个黑瘦的女人，鼻梁断了，嘴唇上还长着胡子，然而有一

　　　　　　　　　　　　I.B. 辛格

天，她来到费歇尔森家里，主动地展示一些衣服：外衣，内衣，鞋子，袜子——那是她一直没有送出去的嫁妆。

费歇尔森这些天身体明显好转，仿佛回春了一样，但是，他看到黑多比略显羞涩的求婚，他那没有牙的嘴边浮起了一丝苦笑。今天来到酒馆的艾萨克·巴什维斯·辛格老先生，也是这样笑的，他额头一层层的皱纹仿佛拼写出了一个他眼里的真理，一个伟大的哲学著作不会讲出来的真理，那就是，只有女人能让男人回春。

但是这条真理只能引起发苦的笑容。费歇尔森博士，是在一个个讽刺的时刻中，走完他在小说里的历程的：他在婚礼上站不稳，几乎要倒在黑多比身上；他度过了一个甜美的初夜，他的书卷掉在了地上，显然成了过去时，黎明时分，他被一阵耳边的气息弄醒，原来那是新婚妻子在打呼噜。他诧异地走向了窗边，看向了天空，看向了上帝给他递来的新的信息：当一个男人被复苏的时刻，也意味着诱惑之门，犯罪的众多可能，再度向他打开。

一端是做浪荡子，享受债多不压身和混迹浊世的刺激，直到灵魂堕入深渊，另一端则是保持安贫乐道的灵魂，默默地追求真理和个人的完美，直到这追求瓦解成为虚无——人似乎总是在朝两端走，不是朝这一端，就是朝那一端，于是失衡在所难免。但艾萨克说，他是找到了一个神秘的平衡点的：那就是1940年，他的婚姻。

婚姻给了他一个家，之后 50 多年，他一直拥有这种平衡。可是，当他在 1953 年后开始拥有了可以和他哥哥当年相比的名气，他就不得不面对一个越来越响亮的质疑：你平衡吗？

很多人相信艾萨克在现实生活中是无法得到平衡的，因为他的趣味往往有些变态。在小说里如此多地刻画那些变态的女人：在《市场街的斯宾诺莎》里，为什么黑多比长了这么一副尊容，断鼻梁，黑胡子，居然还恋老，当着一个衰老之人的面，拿出自己的内衣裤来勾引他，这难道不是变态吗？男主角倒是满足了，而且还落下了一个好名气，收容了一个无处安放的、骚动的女人的灵魂。艾萨克另有一部小说，叫《血》，其中一个已婚妇女迷恋上了一名屠夫屠宰的动作，他们两个很快搞到了一起，然后，在一种情趣游戏中，这个女人要求屠夫用刀为她割喉……

艾萨克是个完全丧失了过去的人——家乡和亲人被战争、迫害和屠杀所碾碎。可是艾萨克从头脑中重塑的家乡的风土生态，不仅和"美好"二字浑不沾边，而且充斥着混乱、丑陋和不幸，这里面也有滑稽古怪的东西，但无论是谁读艾萨克的故事，都不会觉得，这个被纳粹德国以及其他反犹运动毁灭的犹太世界，是一个值得珍爱和保护的世界。这个世界光怪陆离，其中生活着一些被迷信、陋俗和家长制安排得明明白白的犹太人；而女人尤其是承受悲剧的角色，她们的婚姻悉听父母之命，假如她们出于动物一般的本能追求婚恋和性自由，往往以被骗

456　　　　　　　　　　　　　　　　　　I.B. 辛格

告终，即使丧命都要背负骂名。

艾萨克也背负了骂名。他最好的朋友之一，曾经帮助他一举成名的索尔·贝娄，也讽刺艾萨克是个投机分子，靠着向美国人兜售上古的异域风情来成名；但是贝娄是生在北美的，他没有在那个东欧的旧世界待过，没有承受过那样的丧失。那些生存了几百年的波兰犹太人，一直心怀着对上帝的虔诚和生活的希望，却最终被他们所乞食的土地和家园所掀翻。欧洲没有一个民族会欣然接纳他们，而只会报以歧视的目光和砍杀的斧钺，特别是柏林，这个犹太人心目中一向如此的宽容和启蒙之城，竟然也在 20 世纪，变成了种族迫害和灭绝的策源地。

艾萨克绝不想属于那个旧世界，成为那些虔诚而迷信的人的一分子，可是当他以浪荡的姿态叛逃而出的时候，这个世界却被毁灭了，连同其中所有的冥顽不化的父辈和乡亲。于是艾萨克重新回望它，在想象中描绘它：它的气氛里总是存在着某种希望，在一次次遭到屠杀之后，人们会反思自己犯下的罪孽，再继续存活。人们都是有主心骨的，都相信上帝创世，并且赐予他们经书，这经书，给每个人都指出了一条生活的道路，无论生死、荣辱，都属于这条道路的。人要么做善举，要么犯恶行，善举意味着奉行神的命令，恶行就一定是违反教规的。善与恶被公认为世界的组成部分。这里有狂热的谋害和无端的愤恨，有愚昧的庸众在到处造孽，有无尽的逆来顺受，有通奸、杀生和纵欲，但只要犹太教堂里继续传出祷告的声音，世上就不会缺少浪子回头。

别人说，艾萨克出卖了他的故乡和自己的青少年岁月；他竟然还靠着他那些阴暗的故事，获得了美国国家图书奖和1978年的诺贝尔文学奖。他就像他写过的一个故事里的人，那个人，自称是魔鬼，把阴间的各种情景说得神乎其神，成功地诱骗了一个孤独而胆怯的女子。

而那位被封锁在砖头房子的浪子，就仿佛是一块芯片，记录着艾萨克自己荒淫的个人经历。这个魔术师的故事，是艾萨克来到美国20年之后开始写的。这位出身贫寒的犹太魔术师，在名利心和色欲的催动下各种造孽，还害得一个忠实于他的女人自杀；只是当如此惨事发生，而他也犯下盗窃罪，再无法重回演艺界的时候，他才在宗教的召唤下，走进了另一个极端：自我禁闭。

以上的理解是不是准确？艾萨克说：你可以尽情地从魔术师的身上解读我，不必原谅我，更不必欣赏我。但我希望你注意到一点，这个禁闭中的人，依然在受到诱惑。性欲仍然在纠缠他；他的妻子想要他出来；而且，美名也找上了他，远近的人都听说这里住着一位终日忏悔的圣徒，他们聚集到房子周围，排成长队，想要听他说话，求他开解——不管是怎样一种积极的向善，其中都潜藏着堕落的因子，正直的人会发现自己走在了沽名的道路上，而有心守住纯粹的人，却为自己的纯粹遭到误解而尴尬万分。

　　　　　　　　　　　　　　　　I.B. 辛格

这是艾萨克在美国的切身体验：在美国，不管是喜欢他还是讨厌他的人，都拿他当一个来自欧洲旧世界的杂耍艺人来看。旧世界的人拘束而虔诚，从一切之中看到上帝的信息，美国人却相反，他们以自由的名义，也以打发无聊的名义，把一切都当作可以买到的消费品。艾萨克对自己的成功报以苦笑：他说，也许骂我的人是对的，我的获奖，证明我故事中所写的那种宇宙的黑暗力量，还没有收手的意思。

　　在《卢布林的魔术师》这部小说的尾声，有一个昔日的朋友来到了禁闭的房子外边，他是一个婚礼上助兴的演奏员，他说，我对什么都腻了，我不想演奏，不想赚钱，不想听婚礼司仪的套话，也不想听小丑们翻来覆去说的那几个笑话；而我认识的旧人也太多了，常常有人死去，让我伤心。

　　他说：我想走了，我可能去美国。美国当然也会死人，但至少我认识的人很少，不用为别人的死而焦心了。

　　听完这话，昔日的魔术师和浪荡子，透过房子的小窗户回答他：死去了的只是肉体。灵魂一直活下去。肉体就像一件衣服。衣服一旦穿脏，或者穿旧了，就丢在一旁。

　　今天的作家酒馆到此结束，我们下次见。

Jean-Paul Sartre

让-保尔·萨特

让-保尔·萨特（1905—1980），法国小说家、
戏剧家、哲人、公共知识分子，他的思考和写作，
几乎以一己的智力穷尽他的时代所有最重要的主
题。长篇小说《恶心》刻骨地揭露人之存在的基
本事实，1964年，他拒绝诺贝尔文学奖的那份声
明是诺奖史上最伟大的时刻。

一个人永远不能一下子就离开一个女人、一个朋友或者一座城市。

名
声
是
什
么
？

你好，这里是作家酒馆。

今晚，一个客人裹在一团汽车尾气一样的烟雾里走进了我的酒馆，坐下之后，他才收了神通，把烟斗放到桌上，这时我就看清了他那种稍有不满的样子。他认为我这里太安静了，好像是为他一个人清了场，这样的特权待遇，他不想要。酒馆应该更热闹，应该是烟雾缭绕的，人的声音在烟雾和酒气中反复折射，即便有慕名而来的记者，有崇拜者，他们单调偏执的热情也会消散在气氛里。酒馆应该是一个去中心化的地方。

我的客人经常被人画成一只蛤蟆的模样，他有一副大圆眼镜，眼眶里白多黑少。他个子很矮，但是自有一番气魄，在任何一个地方，只要坐下，拿起笔，打开手里的本子写作，他就成了一座风雨不透的冷静的堡垒。他的两只眼睛里只有一只好使，这使他反而更专注。他经常去的一家酒吧里，桌子是用陈年的木桶做的，在那上面写字很不方便，但是酒吧的地方很小，相对安静，他觉得在这里写作，既不会脱离人群，又不会受到认识他的人的干扰。只要往外走两分钟，他就能进入巴黎左岸的那些真正嘈杂、拥挤的地方，喇叭里吹出清亮的爵士乐声，而他烟斗里的烟在奋力地上升，超越把他淹没的人群。

在1964年，他获得了一个写作者所能获得的最高荣誉。瑞典皇家学院宣布，把当年的诺贝尔文学奖授予 Jean-Paul Sartre，让-保尔·萨特。事情是这样的：《费加罗文学报》在那年的早些时候，率先公布了获奖候选人的名单，萨特看到其中有他的名字，他立刻写信去瑞典，请他们把自己的名字拿出来；可是，瑞典方面有自己的原则，他们从不理睬这类声明，到了10月，就宣布把奖颁给萨特。

萨特意识到，这个周折可能会落下一个话柄，可能会有人怀疑他是故意玩这么一出来自我炒作的，哪怕以他的名声，根本没有炒作的必要。所以，在10月22日，他委托瑞典的出版方在斯德哥尔摩宣读了一份声明，在其中，他用他精湛、雄辩的辞藻和一番让人无可置疑的真诚，讲述了他拒绝奖项的理由。

他说：就个人而言，我并不针对瑞典，也不针对诺贝尔奖本身，我拒绝，是因为我一向谢绝来自官方的荣誉，不管这是哪一个官方。我认为一个作家，一个对政治、社会、文学表明其态度、采取其立场的作家，都只有运用写下来的文字来行动，它所能获得的一切荣誉，都会使其读者产生一种不可取的压力，日后，他们将在我的书的封面上，看到"诺贝尔文学奖获得者让 - 保尔·萨特"的字样，而不仅仅是"让 - 保尔·萨特"，这两者绝不是一回事。

此外，还有客观原因。在当年东西方冷战的大格局下，萨特委婉地说，我担心这个奖是专门给西方作家或者东方的叛徒准备的。他说，我生在一个资产阶级之家，可我却无限同情社会主义阵营，我身上的这种矛盾，使得我不能接受来自两个方面的任何一项荣誉，一旦接受了，我就会成为那一方的代言人，就成了一个品牌，一个只能为一种声音和一种立场服务的机构；如果我去了斯德哥尔摩，哪怕我在那里发表一通蛮横无理的演讲，我也将被制度回收，从此就会有一些人说：你们看，别看萨特激进，他到底还是我们的一分子啊。

这份声明，萨特自己审定过的法语版本，由法新社播送，被《世界报》等刊载。但是，萨特的示范效应却很有限。琳琅满目的奖项和媒体的榜单，继续在回收一个个作家，不管奖金多少，起码让那些写了书的人都能戴两分钟光环。赞助商把它们的 logo 复制粘贴了满墙，让作家把书皮压在胸前，面对镜头，得体地微笑，哪怕你写的是一个走投无路的难民报复社会的故事，或者是一群被毒品或瘟疫折磨的人的故事，你只要来领奖，就要像个懂得感恩的成功人士一样，让所有人都从你嘴里听到他们想听的话语，并摘出能上媒体头条的金句箴言。

早在 1945 年，萨特就拒绝过一个很显眼的荣誉。他的一些在政府里工作的朋友，想要发给他一个荣誉勋章，因为当时萨特是法国第一号的文化名人，几乎就是文化英雄，可是他做了什么？

1945 年秋天，法国刚刚从德国的手中解放出来不久，纳粹德国在 1940 年击溃了法国军队，法国投降，并接受了德国的占领，还被扶植成立了一个亲德的傀儡政权。在这样一个沦陷中的国家，一部分法国人成立了地下抵抗组织，鼓舞人民的爱国热情；但绝大多数的人都只是在过着相对太平，或者说苟且偷安的日子。出版倒是迎来一段黄金年代，法国人在压抑中对读书爆发出很高的热情。尽管纸张紧张，但出版商在四年里，一共出了两万六千多种书，这些书全都经过审查，作者都经过德国人的核准，确认不是什么反德人士。

在这些作者中，就有让 - 保尔·萨特的名字。萨特也曾是战败的法军中的一员，他从战俘营被释放回巴黎后，也曾想要参加抵抗。可是他能干什么？他连手榴弹都不会扔，连枪都不会放。他想着，倒是可以拉几个要好的文人朋友一起，在塞纳河左岸他最熟悉的那些地方，那些咖啡馆和酒吧里蹲点，搜集点情报，再出版一些地下宣传品。

他确实找了几个人，一起成立一个组织，叫"社会主义与自由",他们聊自己可以写点什么。说来说去,萨特就明白了,能写的也就是那种所谓的战斗檄文。檄文可以鼓励法国人振作起来,共克时艰,可以警告人们,说我们不能放任德国继续统治下去,否则一旦德国打赢了战争,法国就彻底完蛋了——要做一个爱国主义的宣传家,他的能力是绰绰有余的。

可是萨特似乎不甘心用这种方式来兑现他那似有似无的天赋。他在1941年去寻访了一些有名望的法国作家,那些人都躲着不出来,没有一个情绪激昂地说要为法国做点什么。萨特开始考虑写点剧本,想让观众从中感受到一种针对当下的强力的呼唤,但是,剧本的故事不能设定在当前屈辱投降的法国,否则将被视为反德,很难公演。于是他写了一个用古希腊悲剧改编的剧本,叫《苍蝇》。同时,他在思考一个关键的问题:到底什么是抵抗?在一个沦陷的国家,一个被警察和特务控制的国家,有哪个抵抗的人是真心愿意冒个人的生命风险的?要是一个人是在确保个人安全的情况下行动,那这还能不能算是抵抗呢?

当时,谁也不知道战争要持续多久,法国是否能翻身;但是,萨特仿佛已经预见法国解放的一天,到那时,会有许多法国人站出来表态说,自己在之前的几年里是如何参与到抵抗和支持抵抗的行动之中的。将会有一个全民抵抗的神话诞生,一些人作为抵抗者被捧上神坛,成为一张张挂在墙上的宣传画里的主角。

在这样一个时刻到来之前，萨特又可以做点什么？

1938 年，在萨特出版的第一本长篇小说《恶心》中，有一个叫洛根丹的人，来到他所在的城市的肖像博物馆里，那里面展出的，都是城里历史上的各种名人要人的画像，面容精美，表情从容。洛根丹感到，这些人中的每一个都在向他提出要求，要求他来确认他们；这只是一些画像，却企图依靠他的注目而继续像个真人那样活着；他们无休止地存活，有赖于观看他们的人不思考，有赖于世人不假思索地接受已经存在的一切，而洛根丹却偏不如此，他从不把活着这回事看作理所当然。

洛根丹对一切事物的存在，都有一种恶心的感觉。他的目光与灵魂像一条骚动不安的狗，冲着日常所见的一切不停地吠叫。洛根丹一直在研究一位 18 世纪的法国侯爵，想为他写本传记，可是他最终发现，侯爵自己当年的陈述，仿佛就是为了引起后人的注意而留下的，而他，只要一落笔，就在不由自主地为这位侯爵编造种种故事。他越来越不相信自己写下的语言，他也始终无法完成这本书。

像洛根丹一样，萨特很清楚自己是把全部存在的意义都押在了写作上。他借着洛根丹之口，说出了让他焦虑的事情，那就是，人的表达，总是为了获得他人的确认，为此，表达总是免不了要夸张、要不自然，他要把握和传达的那些东西，一经传达就显得失真和过分；一个人想要表达哪怕刚刚发生的事情，他都免不了要编故事。事情一旦成为历史，就彻底消失。

那些积极的抵抗分子，是真正在敌人眼皮底下搜集情报、印刷报纸和传单的。而萨特，结果什么也没有做，只是继续坐在他一向熟悉的左岸的咖啡馆里，继续抽着烟斗，用他那只没有失明的眼睛观察他观察了无数次的、无比熟悉的景象——一个咖啡馆的侍应生，就是典型的为他人而活的人。他们一直是过分的：过分敏捷、过分准确，他们迈着过分灵活的脚步来到顾客身边，过分殷勤地鞠躬，用他的嗓音、他的眼睛，以过分关心的态度来回应顾客的要求。他在行动中，尽量地模仿一种只属于自动机械的准确和严格，当他托着盘子走出来的时候，他的动作过分地接近一个走钢丝的演员，一直在破坏盘子的平衡，又随时灵巧地把盘子从滑落的边缘收回到平衡状态之下。他专心地把他的各种动作、手势和嗓音圆润地连接起来，他明明是人，却仿佛物一样，有着一种无情的敏捷和快速。

这正是一种角色表演，而表演总是过分的。人在表演中实现自己的身份，但人对他的身体、他的活动来说，却是不在场的。萨特把这些观察原原本本地写进了一个名叫《论自我欺骗》的章节里，而这个章节，则收在他的哲学书《存在与虚无》里。这本书，让他在 1943 年成了名人。法国人都在谈论他，赞叹他。萨特并没有让巴黎人纷纷行动起来，恰恰相反，萨特告诉他们，一个人不必为了求取他人的确认而行动。他说：也许一个人在什么都不做的情况下，他才是自由的。因为情况往往是这样：什么都不做的人，才是为自己而活的人。

　　萨特的第一部戏剧《苍蝇》在 1943 年 6 月 2 日首演，在萨拉·伯恩哈德剧院的后台，他听到了观众的热烈掌声。这部戏成功了，观众从剧中收获了一种对集体屈辱感的暗示，听到了对暴力复仇的呼唤，抵抗组织的机关报都对这部戏发表了热情的评论。可是，这部戏事先是通过了当局的批准而上演的，也就是说，当局认为这只是个历史题材的戏，并不是反对德国人的。

　　于是，萨特从那时起就看穿了，对一个作家来说，名声的本质是什么。名声，那只是在无意之中，由于人们的各种误解，甚至可以说是歪打正着而得到的。就在戏上演的前一天，一个巴黎的地下抵抗组织暗杀了一名德国军官。有组织的暴力抵抗正在渐渐兴起，这客观上又助长了人们对萨特的好感。可是他比谁都明白，戏剧是夸张地运用文字的游戏；作家本人不仅不必亲身担负暴力反抗的任务，而且还要同入侵者保持相安无事，来保证作品继续发表，戏剧继续演出。

　　在沦陷期间的法国，萨特可能会突然被抓住，关进监狱，可能会被当局宣布流放，也可能会被出版商基于自身安全的考虑而冷落。在那些和萨特同时活跃的作家中，有的人因为涉嫌参与抵抗运动而被逮捕，甚至枪杀，有的人则相反，与德国人和法国的傀儡政府走得太近，从而在法国解放后被人扣上了"法奸"的恶名，遭到审判和处死。但是萨特却一直没有被人动过。他既谈不上清白，也算不上有污点；他是一个超越了这一切是非纠缠的观察家。人们重新打开他的小说《恶心》，书中的每一页都在传达一种昏暗地看待一切的眼光，但正是这种极端消极的哲理性思考，让人得以超脱了国耻带来的心理压力，而感到轻松，不再有负罪感。洛根丹曾说过这样一段话：

在生活中，什么事情都不会发生。只不过背景经常变换。有人上场，有人下场，如此而已。在生活中无所谓开始。日子毫无意义地累积起来，这是一种永无休止的、单调的增加。人只是时不时地做个计算：人说，我已经旅行了三个年头，或者，我在这座城市里已经待了三年。三年里的事情，统统已经消失。在生活中也无所谓结尾：一个人永远不能一下子就离开一个女人、一个朋友或者一座城市。

在 1944 年 8 月下旬，巴黎的年轻人发动了起义，当时德国人无心恋战，一周之后就退出了巴黎。萨特和波伏瓦用了一天的时间，走遍了旌旗招展的巴黎城，看着盛装的女士们向持枪的士兵献吻。当时，大画家毕加索也在巴黎，他正在创作一幅名叫《酒神祭》的油画；萨特写了一系列的见闻，发表在报纸上，标题是《巴黎起义中的漫步者》。他住过的老房子仍然在炮声中不住地颤抖。文人和艺术家，在这样的时刻什么都做不了。光荣属于那些敢于拿起枪、痛打落水狗的行动者。

然而一周过去后，萨特在即将解放的法国，地位不仅没有下降，反而还上升了。无数的人涌向了左岸，去拜访这位始终游离在抵抗运动之外的文人，他和他的朋友组成的那个松散的小团体，他们各自写的书，出版的简报，他们最微不足道的活动，突然间成了人们热衷关心的事情。萨特搬到了波拿巴公寓，他和波伏瓦不敢去他们通常去的那几间咖啡馆了，生怕来找他们的人太多，他们只是偶尔在公寓的窗口俯瞰楼下，看看圣日耳曼德普雷热闹的交叉路口。

宵禁已经解除，夜生活重新恢复，穿着卡其布服装的美国士兵，嚼着口香糖，和法国人一起大声说笑，四海皆兄弟，自由重回人间。酒店的歌舞厅，开在地下室的爵士俱乐部，重新恢复了生机，这里面充满了各种文人知识分子，有的俱乐部的出资经营者，自己就是文化人。他们一点都不怀疑自由将被传播到世界各地。而要说到带来自由的使者，萨特当仁不让。1946 年，海明威在巴黎第一次见到萨特，他一杯接一杯地灌酒，然后用他粗壮的胳膊抱住了矮小的萨特，说：我只是一个上尉，而你是将军！

连萨特自己都不曾总结自己变成英雄的根本原因，因为他深知言语的不可靠。他对自己在战俘营里做了什么也一直讳莫如深。在他的小说和戏剧里，多次出现这样的情节：一个人因为涉嫌抵抗而被抓住，被严刑拷打，他认为自己死到临头，于是胡乱吐出一条口供，结果反而被释放了，因为那条口供歪打正着地成了有用的情报。这种荒诞的情节，把人揪着的心一下子松开了，萨特的叙述是多么酷啊，让人感到自己在看到了世界真实的恐怖和真实的荒诞的时候，保持了笑的能力以及人的尊严。倒是波伏瓦说过一句话：法国在战后是一个二流强国，为了恢复它的尊严，法国需要像推销它的时尚品牌那样，把萨特推销给世界。

而自由从来就不是让世界均沾的雨露。一场热战结束，只是另一场战争——冷战的前兆，而萨特，作为思想和文学的名人，一个从沦陷中的法国走出的文化英雄，有太多的机会被树立为某种政治标杆：他只要表现出政治立场，立刻就能聚拢一支队伍。萨特不想要这种结果。他的书和思想的精华所在，从来就不是鼓动人们去行动，而只是让人看到他们自己真实的样子。

就在1964年，萨特在他的新书《词语》中回顾了童年，回顾了自己是如何歪打正着地成为一个作家的：在他的外祖父凌乱不堪的书房里，在歌德、席勒、高乃依、拉辛、海涅、雨果、莫泊桑、福楼拜等大作家的书的包围中，他一面产生了写书的宏愿，一面看到了在出名之后，一群衣冠楚楚的人每年为他举杯，祝他健健康康地继续写书的场景。萨特太知道词语的生意是如何运作的了，也太清楚人为了得到他人的确认，要活在怎样的自我欺骗之中。但他自己又是这个生意的一部分，当他交出又一部书稿的时候，他必须选择对此视而不见。

他在《词语》这本回忆录的末尾写道：

写作是我的习惯，也是我的职业。长期以来，我一直把笔看作我的剑，现在我才认识到了我的无能。我今天写书，明天还将写书，书总是需要的，它也多少有些用处。文化并不拯救任何什么，也不拯救任何人，它并不证实什么。可它是人的产物，人把自己投射到其中，又在其中认出自己，只有这面好挑剔的镜子向他反映出他的尊容。

今天我准备了一款鸡尾酒给萨特；他能从这酒杯中，回想起 1933 年的一个晚上，在蒙帕纳斯大街的一家饭店里，他的突然的兴奋。那天，他和波伏瓦，以及他的同学雷蒙·阿隆在一起，阿隆是个精通德国哲学的人，他指着这杯酒，告诉萨特，如果你懂得德国的现象学，你就能从这杯酒中谈出哲学。

这一晚过后，萨特立刻申请到柏林的法兰西学院进修。那时候，他完全没有注意到纳粹党刚刚上台，风暴正在刮起，知识分子正大批地从德国出逃，他只想要一个机会去学习，去研究思想；这个在思想世界里旁若无人的逆行者，也根本不知道三十年后，他会得到一个机会，来拒绝举世瞩目的诺贝尔文学奖。

今天的作家酒馆到此营业结束，我们下次见。

　　　　　　　　　　　　让 - 保尔·萨特

Dylan Thomas

狄兰·托马斯

狄兰·托马斯（1914—1953），威尔士诗人，以
一颗不愿长大的心灵殁于酒精的世界。托马斯是
最早录制个人诵读唱片的诗人之一，他的诗句与
声音至今动人心魄。

473

驱动流水穿透岩石的力，驱动我殷红的血。

喝
酒
是
一
种
深
度
精
神
行
为
吗
？

你好，这里是作家酒馆。

我们在城市里，而任何城市都如你想不到的那样危险。比起地势广阔的郊外和乡村，城市的风力总是要小很多，雨水再怎样激烈，也不会那么肆无忌惮地砸下来；但正是当人无意识地陷入安全感的时候，城市悄然变成了如旋风一样——让你不知不觉，去主动寻找各种过度的感觉。

1953年接近年底的一天，纽约的一家酒馆里，坐着一个金黄头发的男人。谁都看得出他神志不清，他面前已经丢了十几个空酒杯，而他还在喝一杯威士忌。作为城市的纽约，还算是他的新欢，每次来到这里，他带着总是消不掉的残酒，一步一摇地走上讲台，然后用他带着威尔士口音的英语开始讲话和

　　　　　　　　　　　　　　狄兰·托马斯

朗诵。他就这样走遍了一个又一个校园，形形色色的人物都以认识他为荣。但他的口袋从来就存不住赚来的钱，钞票急不可耐地要飞出去，换来一瓶又一瓶的啤酒。

他，Dylan Thomas，狄兰·托马斯，知道自己有肝硬化，自幼还落下了支气管炎，可是一种孩童精神导致他蔑视这类风险。过多地考虑风险，他就写不出那些让他持续火热的诗句来了。在旋风般的纽约，没有人在乎他外貌透出的症状，那明显的浮肿，人们却觉得这不过是他标志性的婴儿肥，是一个人名利加身的副作用；老天会包容一个已经有了三个孩子，却仍然拒绝长大的诗人，让他仍然活在自己创造的幻象之中。

中国人的传说中，说大海里有一种神蛤，叫蜃，当它在海边呼吸的时候，从两片壳之间吐出的气息会幻化成精美的楼阁，这就是"蜃楼"。蜃楼是虚幻的，一走近就消散开去，狄兰·托马斯在他20岁左右的时候就已经像蜃一样，能够凭空创造一片在现实中肉眼不可见的、鲜明生动的景象了：他好像亲眼看见能量在植株的经络脉管之间如何流动，让花朵成长、盛开、凋谢，他能看到河床上的水，不仅流动不休，并在一些岩石之间冲出狭小的道路，还会在某一个不为人注意的时刻忽然干涸，有一根常年吞噬水流的喉咙，此刻打出一个饱嗝。

他这样写道：

穿过绿色茎管催动花朵的力

催动我绿色的年华；摧毁树根的力
摧毁我的一切。

我无言相告伛偻的玫瑰
一样的寒冬热病压弯了我的青春。

驱动流水穿透岩石的力
驱动我殷红的血；驱使溪口干涸的力
驱使我的血流枯荣。

我无言相告我的血脉
同是这张嘴怎样吮吸山涧的清泉。

　　这时候的他，并没有同时间和有限的生命赛跑的紧迫感。他完全是出于一种青春的豪情，在言说生命残酷的真相。他正处于如花朵般开放的时节，有充足的余额可以用来承受对枯萎的想象。对世界规律和生命规律的洞察，被他以最为形象的方式描写出来；也正因为蜃景随时会消散，人们才会在注目之后，用转身离去来永久地带走它。

　　这时候的他，并不属于大城市。他距离纽约，这个让他真正算得上扬名立万的地方还很遥远，在他的家乡威尔士和纽约之间，还隔着一个伦敦。狄兰·托马斯在 1934 年来到伦敦，

狄兰·托马斯

那时他像个会满天飘的天使，目光闪亮；和其他同样眼中有神的诗人相比，他又有着运动员的体魄，是个出色的跑步家，绿色的青春覆盖了他先天性的支气管病。

他可以和朋友睡在地板上。每一次聚会都是永恒，可是，每一次聚会他都不能尽兴，因为他想讲话，但结果总是被酒劲给击倒。酒是可以带节奏的，驱使他保持一个男孩的那种缺少理性自控力的本来面目，又让他产生了犹如女性一样频繁出现的生理现象。他一边说着话，一边把啤酒瓶子排在桌上，像一个有强迫症的将军那样，将他的队伍一丝不苟地排列整齐，然后拿起其中一瓶，一口气喝完。

把杯瓶摆整齐，然后一饮而尽。狄兰的疯狂就在于他会在两极之间做这样的震颤。那些来到他身边的女人，被他比喻成《圣经》里夏娃一样的角色，她们并不是邪恶的、堕落的，而是让他猛然间醒悟到肉身的本质的人。狄兰刚到伦敦不久就写下了一首诗，他说如果爱的抚摸会让他心醉，假如肢体的接触、皮肤的感觉，会像母牛下崽一样，从他的肺中挠出一丝欢笑，那么他就不惧怕知善恶树上的那只苹果，也不惧怕上帝将会发动的持续四十天、毁灭世界的洪水。

他脑中盘旋着这些《圣经》的典故，他生在宗教虔敬的家庭，经文中大起大落的故事灌满了他的脑袋。他知道，从一个人的爱到他的死之间，从一支人脉繁衍壮大到天地毁灭之间，只隔开了区区几个章节，一些段落，若干文字。

假如我被情人的抚摸撩得心醉，

却抹不平额上乌鸦的足迹，

也抹不去患病老人颌下的垂锁，

时光、性病和求欢的床榻

留给我寒冷，如同黄油留给飞蝇，

沉渣泛起的大海就会将我淹没，

海浪拍打情人的脚趾。

就是这样一种大起大落，一边是黄油，一边是苍蝇，一边是情人的手，一边是老年人的下颌。有什么理由不和狄兰·托马斯一起痛饮？中国古代的帝王故事留下了千年长生的梦想，然而狄兰的野心却在于主动吞噬时间，仿佛想看清流水干涸之后，露出的泉眼的样子。

狄兰选择饮酒，并不是偶然。他的太太凯特琳跟他相识于酒吧，并在那里，接受了他用醉醺醺的口吻发出的求婚。婚后不久的 1938 年，他们回到威尔士，住到卡马森海湾的拉恩小镇上，那里濒临大海，还有一条年深日久的塔夫河。这河水虽然美丽至极，却太安静了，只能让狄兰意识到，他那在斯旺西的童年，已经如同被封闭在一块水晶中一样。

这是他的天国，他把生在威尔士称为"迈向天国"，在其中度过的时刻，日后将在一些格外精致的时刻回想起来，就像亲眼见过的屋景，只能在特定的场合告诉特定的人，以免谬托知己。不管是多么昏乱的酒精之夜，那座长满了羊齿草的山都会从他的嗓音里耸立出来：

现在我在玲珑小屋旁的苹果树下
年轻、坦荡，幸福似青翠的芳草
幽谷的上空群星璀璨
时光令我欢呼，雀跃
眼中的盛世金光灿烂
享誉马车群中，我是苹果镇的王子
在时光之下，我像君王享有树木和绿叶……

到了晚上：

夜空中的星星那么天真
我骑马回家睡觉时，猫头鹰正将农场背走，
整夜月光皎洁，我在马厩中聆听欧夜鹰
衔着干草飞走，而一匹匹骏马飞奔进黑夜里。

山下是他家的农场，他还不需要考虑家里的生计，也不用像后来那样，为了不被理解的婚姻而和父母争吵。像木偶戏里的场景那样，黑夜降临，仅仅意味着舞台上的种种东西被搬走，当白天出现，孩子成了王子，接受牲畜、狐狸和果树、果园的致敬。在这里，时光是牵着他——狄兰的手的影子；他说尽管时间总是相继带来青春和死亡，但他将它们都视为赐予，他在镣铐之中像海一样歌唱。

他把诗歌撕开时，种种技艺，有关写诗的技艺，就和他童年的记忆一起，像一块精致的机械表里的元件一样叮叮当当地掉落出来。技艺加载了记忆，叮当作响的元件导致了嘀嗒作响的手表——我必须在语言充分的巧合之间去回应狄兰，在他的诗句里这种巧合让我目不暇接，诗歌之外的东西钻了进来，在其中爬行、闪光、轰鸣，一只软体动物的呼吸产生的奇景。

之后，他就要和时间反目了。时光变成了一座座奔跑的坟墓，它迫害生命，迫使生命去逃离它，逃无可逃的时候，生命就在寻求关于它自身的新的解释，比如生死循环，比如青春包含衰老而衰老也伴随青春，比如快乐与哀伤一刻也不能分离。这种解释和思想既让人更好地面对死，也保持一定的哀矜，进而逐渐去寻求深度的狂喜，而抛弃所有肤浅的感官刺激。

那么饮酒算不算是一种深度的精神行为呢？招待狄兰是最容易的，只需要啤酒。他说，他无法自控地喝，不是为了浇什么愁，而是因为在每一个生命的阶段，他都想把握得更多一些，超出这个阶段里他应该得到的部分：驱动流水穿透岩石的力/驱动我殷红的血；驱使溪口干涸的力/驱使我的血流枯荣。在他的家乡，太多的树木繁茂得不像在人间，但任何一条翘

　　　　　　　　　　　　　　　　　　狄兰·托马斯

起来的树根，又都在述说树走完了在世上的全部历程。——狄兰·托马斯太早就知道得太多了，这样的知道，这样的表述，像从天上盗火一样是危险的。

让枯萎的树根、佝偻的玫瑰、干涸的山泉的形象，都伴随着酒精的持续摄入，而出现在自己身上的时候，他是无视的。也许，在体内黑暗的泉流中，他感觉到与大化流行的节奏最为深刻的共鸣。

在1941年到1942年间，当英国的许多大城市不断遭到德军轰炸的时候，狄兰也在伦敦。他的样子已经完全变了。他像个皮球一样鼓了起来，衬衫的纽扣几乎扣不住肚子了，在他越来越多肉的脸上，那双眼睛就像被洪水包围的房顶，有一种不甘心沦陷的恐惧。他曾经说：情人的抚摸也抹不平我额上乌鸦的足迹。现在，那些不祥的足迹更加明显——额肉堆积出了明显的沟壑，在我们的眼里，这就是油腻的表征。

但他在外貌上的损失，被他的阅历和智慧所弥补。他一开口，那嗓音，还是昔日那个狄兰的嗓音，而且更加浑厚，有点迷人的颤抖，因为他在生命的深渊里多了酣醉的体验，缺少英国人引以为习惯的那种自我克制。

他说伦敦是个疯狂的城市，他对伦敦充满恐惧，同时又在其间体会各种酗酒和滥交。一个陆续有了三个孩子的诗人，该靠什么来养活家人呢？他顶着很高的声望，却总是身无分文，不得不在夜里的朗读会上，物色所有可能的恩主。有些来听他读诗的人才华平常，写不出什么上乘的作品，但很有钱，狄兰就注意邀请他们多喝两杯，看着那些富二代走到面前的时候，他都能听见他们兜里银行支票摩擦肋骨的声音。

他想让这些人花钱来请他去读诗，但这谈何容易。幸好，他得到了世界级大诗人 T.S. 艾略特的一笔慷慨资助。1941 年，英国广播电台也给了狄兰一份工作，让他来写广播剧本，当播音员。狄兰拿到第一笔收入后，赶快去把钱还给了艾略特。他忘不了艾略特的这份恩情。

喝酒只会消耗他的健康和收入，但对他来说，他总能在酒精的作用下感到喝酒这件事的神奇，连带着，当他变胖，以及出现各种病况的时候，他也仅仅觉得，这是生命历程中的神奇现象。酒吧老板喜欢他，因为，他们可以和第一次来的酒客说：你知道吗？狄兰·托马斯经常过来，他在那张桌子底下躺过，最后是他太太把他拖回家的，每次都是这样。

狄兰在正常工作的时候从不喝酒；他在伦敦住过的每一个地方，都不曾杯盘狼藉。他写广告文案，写电影剧本，写短篇小说，写电台的播音稿，也会去当广播节目的点评嘉宾。这些工作都需要他清醒。但他日常不得不清醒的样子，并不能让那些嫉妒他才华的人满意。

他们希望看到一个天才人物和自己一样不胜酒力，然后在不胜酒力的情况下显出失败者的样子。狄兰满足他们，他在他们眼里从未无聊过，从未成为一支碾压一切、让任何对手面对

　　　　　　　　　　　狄兰·托马斯

他时都拱手投降的球队。他们被狄兰的各种衰退和肮脏的细节所吸引，在品味狄兰的诗歌时，他们忍不住要谈起他那可怜的酒量，和他不顾一切的狂饮的冲动，他们嘲笑狄兰，期待着有更多的事情发生，哪怕他们知道这种期待是病态的。一个人如果过于卓越，他的神志就不应该正常，而世人也才会一边谈论着他所受的神圣力量的启发，一边长舒一口气，喜笑颜开。

当战争结束，狄兰再一次开始寻找一份稳定的收入。凯特琳比他成熟，她私下里管狄兰叫"职业婴儿"，一个即便身为人父，依然下决心不再长大的孩子；当狄兰提议去喝酒的时候，凯特琳总是跟他一起去，并且带着他——腆着一个膨胀的啤酒肚回家。但家中的一应开销还是要靠狄兰来支撑。他有幸又找到了一个恩主，那就是泰勒夫人。他先住在牛津大学的一所别墅里，三年后，泰勒夫人又安排他住回威尔士的拉恩镇，在那里他又有了一个小住所，那个名字很浪漫，叫"船屋"。

虽然两个人的关系频繁破裂，但凯特琳仍然是狄兰酒瘾上来的时候第一个想到的人。当他们住到船屋后不久，就接到了来自国外的邀请。原来世上还有这么一个既为诗人的才华而疯狂，又为诗人的堕落而欢呼的地方——纽约。他的诗，能触动无论哪个地方的读者的集体无意识；而纽约的人，似乎比其他地方的读者，更不情愿去保护那些点燃了他们的天才。

1939 年，为了应对生娃带来的经济压力，狄兰出版了一本诗文集《我呼吸的世界》，这是他的第一本在美国出版的诗集，当时得到了 40 美元的预付款。十年以后，他在经纪人的安排下，去纽约做诗歌朗诵会，第一场的出场费就是 500 美元。即便如此，用不了几天，这点钱也都在他和经纪人出席的各种活动中消耗殆尽了。纽约就是这么一个不拿任何外人当外人的地方。台前的种种山呼海啸，旋风一样地来，又飘然而逝。

他更加明白，人生的奋斗是怎么一回事情：那不就是为了赢得更多一些人的崇拜，营造一个幻觉，来抵御岁月强加的越来越可怕的感觉吗？狄兰在 20 岁的时候就能编织出精美的幻象，他站在自己的墓床边，看蛆虫的爬动；可他在逼近不惑之年的时候，他感到真正的疲惫，这是任何荣光都无法缓解的；当他结束了一天的社交，步履蹒跚地走进客房，他就连一点点及时行乐的热情都积累不起来。

但是美国给他布置了太多可以做的事情。1952 年，凯德蒙录音公司问世，第一个受邀为它录音的诗人就是狄兰，他是为口语录音确立标准的人。这是一个重大的文化事件；同时，狄兰的巡演也开启了之后各种诗歌巡演活动的序幕，"垮掉的一代"、西海岸诗人、圣马克诗歌计划等等，诗人的明星气质越来越浓厚，一个名叫鲍勃·齐默尔曼的雄心勃勃的歌手，根据狄兰的名字，给自己改名为 Bob Dylan。

总是有人提起狄兰：诗人在获奖时喜欢谈到狄兰当年的风采，儿童在过节时会背诵狄兰的诗歌。在一次次追悼会上，人

狄兰·托马斯

们都会自觉地念起狄兰的诗——这首诗原本是 1953 年狄兰为自己病重的父亲写的，于是，这首诗把所有正在送别长辈的人纳入同样的一条行列里，每一场葬礼上都汇聚了所有的悼亡：

不要温顺地走进那个良宵，
老年在日暮之时应当燃烧与咆哮；
怒斥，怒斥光明的消亡。

虽然智者临终方悟得黑暗公道，
但因所立之言已迸不出丝毫电光，
不要温顺地走进那个良宵。

善良的人，翻腾最后一浪，高呼着辉煌，
他们脆弱的善行本该在绿色的港湾跳荡，
怒斥，怒斥光明的消亡。

狂野的人，抓住并诵唱飞翔的太阳，
尽管为时已晚，却明了途中的哀伤，
不要温顺地走进那个良宵。

肃穆的人，濒临死亡，透过刺目的视线，
失明的双眸可像流星一样欢欣闪耀，

怒斥，怒斥光明的消亡。

在凯特琳眼里，狄兰是膨胀的，他把自己看得过于重要，以至于他的成功必须伴随着更高程度的自我摧残；这种摧残以诗歌的名义进行，表现为对他自己的怒斥，对他自己的嫌弃和淘汰。他被自己的病容所包围，他沉浸其中，仿佛这是一条还愿的道路：他所多次说过的"天国"正一点点地靠近，在他无可摧毁的孩童的表情里，人们可以看出他嫌弃躯壳的肮脏和不体面，并且对自己不得不回到这个躯壳之中已经无法忍耐。

当狄兰·托马斯从他神话般的居所来到作家酒馆，我就懂得，他为何会成为神话一样的人。任何一个天才，一旦成功就难免要学会计算，学会分配自己的时间、才华和体力，为此渐渐变成俗物；而狄兰在成功后却持续地浪费。他用他不可救药的恶习，用他拒绝改变的面貌和嗓音，捍卫了诗在商业社会里的本色。那迷醉的本色，随着光明的消亡统治了他，天才诗人必须统治他自己，不管这统治是否等同于自甘堕落。

我用狄兰·托马斯壮丽的《十月献诗》里的结尾，来送别这位迈向天国的诗人：

这是我迈向天国的
第三十个春秋，一个夏日的正午
山下小镇的叶子，沾染十月的血色。

狄兰·托马斯

噢，愿我的真情

依然歌唱

这翻转时节高高的山岗。

这里是作家酒馆，我们下次见。

Saul Bellow

索尔·贝娄

索尔·贝娄（1915—2005），美国犹太裔小说家，1976 年诺贝尔文学奖得主，《雨王亨德森》《赫索格》《洪堡的礼物》等长篇小说为他在 20 世纪后半期的美国文坛奠定了不可动摇的大师地位。贝娄以高级知识分子的博学和尖刻书写高级知识分子的生活，他的浪漫情怀与幽默自嘲都是独一无二的。

每一个人都像退潮时海滩上的小螃蟹一样，
拖曳着一团团的海草奋力向前。

一个人能承担多少次心碎？

你好，这里是作家酒馆。

　　一个男人下了汽车，走进一条街道上的一条小巷里。小巷位于一座大房子的背后，这房子是他的目的地，水泥地上散落着沙砾、碎玻璃和灰尘，他的脚下发出声响，看到灌木和藤蔓从院子的栅栏上高高地生长出来。他悄悄地溜进院子，他的裤兜里塞着一些俄国发行的旧卢布纸币，这些卢布早就没用了，但用卢布包着的东西——一把手枪——是有用的，镀镍的枪膛里有两颗子弹。这把枪是他的父辈传下来的，今天，他要用这把枪来办一件大事。

　　他是一个丈夫也是一个父亲。他踩在一块水泥砖上，透过厨房的窗户看到了他的妻子玛德琳，院子里还晾着他熟悉的玛德琳的内衣裤。他的妻子正在洗碗，而在厨房和餐厅的隔壁，在浴室的窗外，能听到他的女儿的笑声，还有水花的声音。他的宝贝女儿琼尼在洗澡，可是琼尼如今不属于他了，她被她妈妈玛德琳带到了这里，带到了另一个男人的屋子里。这个男人有着一副卑鄙狠毒的心肠，还装了一条假腿，可是玛德琳却带着女儿，明目张胆地跟他跑了。

他会不会虐待小女孩？

这位又羞又恼、放心不下的父亲，一气之下找到这里，想把他的仇敌一枪结果掉。可是他看到的，却是那个残废男人在给琼尼洗澡，他用一个花洒，花洒里细细的水流让小女孩咯咯直笑。琼尼的基因都是他和他的家族给的，现在，她躺在浴巾上，耳朵、脸蛋、嘴巴、鼻孔，挨个被毛巾擦干；残废男人艰难地跪在地上操办着这一切，办完之后又费了好大劲才站起来，用一只粉扑给她全身扑上爽身粉，最后给她穿上睡衣裤。琼尼跑出去了，跑到了厨房里，跟她妈妈玛德琳说话去了。

窗外偷窥的人不声不响地走了，他的那把枪没有用上。

但是今天，我请来的客人 Saul Bellow，索尔·贝娄，他也有一把枪是要派上用场的。这把枪就是他的笔，他要用它完成一部小说《赫索格》，来报复背叛他的朋友和他的前妻。1950年代末，索尔·贝娄是一位初露头角的美国小说家，同时在高等学府任教。他有一个最亲密的同事，叫杰克·路德维格。路德维格从小就患有一种怪病，一条腿走路总是有点瘸，但这个

　　　　　　　　　　　　　　　　　　　索尔·贝娄

人有一种格外强势的气质，永远骄傲地抬起宽阔的下巴。路德维格跟贝娄说，你是我的偶像，你是我最想成为的人。

那时的贝娄四十五六岁，在 1954 年，他出版的一部长篇小说《奥吉·马奇历险记》赢得了广泛的赞誉。这部小说很厚，写一个半大男孩在美国的流浪，不断地有女人喜欢他，给他支持，教他健全地成长，不断地有传奇的经历找上他。即使是根本读不完这本书的人，也很难说自己不喜欢它，因为这样说，就仿佛是承认自己已经衰退了，无法欣赏故事中那澎湃的青春气息。

贝娄的成就还在于他的帅气。不帅的人也许不知道自己不帅，但帅的人通常都清楚自己很帅。1948 年贝娄拿到了古根海姆基金会的一笔奖学金，当时他携妻带儿到巴黎待了一年；虽然有孩子，但他们夫妇两个过着一种——用委婉的说法，叫吉卜赛人的生活。他们的一位朋友后来说，"城里（巴黎）到处都藏着索尔·贝娄的女人"。但当他们从欧洲回到芝加哥，他俩就闹翻了，离婚在所难免，而贝娄当时还不知道，这还只是离婚这台碎钞机在他人生里的第一次开动。

因为离婚，因为要承担孩子的抚养费，他所赚的钱很快就所剩无几。但他给出了对自己最有利的回应，他不但继续写作，而且把他在离婚过程中败坏的心情和积累的体验写到了小说里。在小说里，当奥吉·马奇觉得自己被一个女人束缚住了，他就用另一个女人来割断这种束缚。这种潇洒的劲头继续在为贝娄本人加分。在他收获的崇拜者中，就有杰克·路德维格，这个人像贝娄一样是犹太人，也像他一样，浑身散发着高强度的自我中心主义，而且嗓音比贝娄更加洪亮，十足的阳刚。

1958年，贝娄应聘到明尼苏达大学教书，他坚持要求大学也把他的好朋友路德维格聘用过来。他比路德维格大7岁，但贝娄从不嫉妒。他觉得嫉妒是一种低级的情感，年轻没有什么招他羡慕的，反倒是在路德维格对自己的亲近中，他越发看到了自己的魅力：自信，随和，头脑发达，反应机敏，才高八斗，世事洞明，还有很好的女人缘。贝娄和他的第二任妻子萨莎办婚礼时邀请的客人，除了他自己的出版商外，就只有路德维格夫妇，他们两对夫妇亲密无间，直到他和萨莎之间出现了裂痕。

萨莎有情况了。贝娄低估了路德维格的野心，他在他和萨莎之间插了一脚，而且表现得非常张扬。就像贝娄一样，路德维格也认为自己做的一切都是对的；他自信他有才华以及超越伦理道德的特权，为了有朝一日兑现才华，他可以不受任何平常人所受的道德上的约束。

而实际上，路德维格高估了自己，他写的小说始终没什么名气。但认识他们的人都感到奇怪，贝娄这么聪明绝顶的人，为什么好像对路德维格和自己太太明目张胆的私通一直疏忽大意，简直到了蓄意放任的地步：他好像存心想让路德维格暴露出真实面目，好像是他自己在怂恿路德维格，把他对自己的崇拜发展到变态和邪恶的程度。或许，贝娄真的想过，他必须得把自己活成一个被人欺诈的受虐狂，才能写出他心目中最想写的小说。那是一部喜剧小说，主人公是一个郁郁寡欢的学者，他才华横溢，渊博到了牙齿却又被丑闻缠身。

不管怎么讲，当贝娄终于得知这段仅仅瞒着他一个人的私情时，他一度杀气腾腾，想要找路德维格算账。然而他那强大的理智很快占了上风：他不需要为了写一部悬念迭起的犯罪小说而积累第一手素材，他最应该做的，是利用任何一种恶心的挫折来磨炼自己的智力。他写了一封信给路德维格，大部分内容好像在讲别的事情，只是到了结尾，他才这样写道：

把事情看得一清二楚，这并没有什么好处。即使拥有世界上最敏锐的眼睛，我也只能看到谎言的臭雾。而我也并没有世界上最敏锐的眼睛；我不是超人，而是超级白痴。只有白痴中的巨人才会娶萨莎，并且把友谊提供给你。

这几句话是对路德维格说的，但好像首先是讲给他自己听的。这是贝娄的标志性的做法，对任何事情，他第一位考虑的，都是如何给出一个独属于他自己的反应，这种反应一定是独特而有趣的，用绵延不绝的思想坐镇，用曲折雄辩的文字来传达。这也就是为什么，当贝娄在《赫索格》这部小说中，让他可怜的主人公摩西·赫索格，在看到格斯贝奇给他女儿洗澡的场景后，放下了手枪，走出了这片街区，陷入了一阵阵思绪之中。思考使他自由，让他放松。在回到自己的住处后，赫索格开始做一件他已经做了无数次的事情：写信。这些信，有的写给格斯贝奇，有的写给玛德琳，有的写给其他家人和朋友，有的写给总统艾森豪威尔，有的写给《纽约时报》，还有的写给那些早已收不到信的人，比如哲学家尼采和海德格尔。

当他蒙受了莫大的羞辱时，他却在书房里写下了这样一些思考："人的灵魂是什么？那是一个两栖动物，它生存在比我所知的更多的元素之中。我设想，在那些遥远的星球上，物质正在形成更为奇怪的东西。"

他用想象行星、想象外太空、想象宇宙来获得超然的态度，从而把他个人的困境淡化为一场值得观摩和体验的戏剧。他就这样给自己解愁，为自己分心来淡化当下的焦虑。尽管这其实有点可笑，但贝娄自己也依赖这种自我超脱。他在开始写《赫索格》的时候，似乎已经预感到自己将要经历婚变，而当婚变真的发生时，他顺势而为，把自己的经历注入赫索格的身上，让他躲进那一封封信所承载的无尽的思考之中。赫索格认识到人都是卑鄙的，人性无可救药，但他不愿仅仅停留于这种大而化之的认识上，他不肯仅仅从自己的经验里得出这样肤浅和厌世的结论。

而贝娄也没有用小说的手段尽情地报复现实中的仇人。赫索格在拿着枪的时候期待自己两眼冒出凶光，可他从未达到过这种自我预期；他的怒气，一直是被痛苦所压制住的。痛苦驱使他反复思考，那个只有一条腿的格斯贝奇，到底拥有怎样的能量和魅力来征服玛德琳。他开始回想，在操持家务的时候，这个可恶的格斯贝奇表现出了多么温暖而尽职的居家气质，相比之下，赫索格自己作为丈夫和父亲，这些年的表现，可实在是不怎么样啊。他对女儿，并没有尽到陪伴的义务，"我没有分享过她的生活，我又怎么要求琼尼和我亲近，而拒绝格斯贝奇这么一个温柔的恶棍呢？"

另一方面，赫索格也是一个以寻花问柳来弥补自己一直事业无成的遗憾的人，他精心保持自己年轻的样貌，洗澡、修面、搽粉，换上上衣，为了出发去接受自己情人的嘴唇。他还用他独创的理论，用他颠扑不破的逻辑话术，来为自己的风流开脱。他说，我是一个在精神上有着崇高要求的人，所以才寻花问柳，因为我无力拒绝美国这个巨大的工业文明对我这种精神要求所开的一个享乐主义的玩笑。

贝娄照着自己的样子描绘了赫索格的形象，他寻花问柳的时候那么得意，后院起火的时候又那么可怜。他对仇人的恨，实在无法跟他对亲骨肉的眷恋相比。1962 年 9 月底，贝娄写了一封信给萨莎，那时他们已经离婚了，但是他们唯一的孩子亚当被法院判给了萨莎。贝娄在信中问：这个周末，我想让亚当来和我一起过，请你告诉我，10 月 5 日我可以到哪里去接他，我希望我的探访能够形成常规。所有的假期，圣诞节、复活节和一部分暑假，我都要和亚当一起过。我们两个吵架，打官司，对他都没有好处。你要是不同意做出合理的安排，我也只好诉诸法律来争取我的权利。

我有心想问贝娄，你是怎么承受得了那么多事情的；换一个人大概早就垮掉了。1962 年是贝娄的关键时期，为了前妻和孩子的事情，他焦头烂额，亚当牢牢拴着贝娄的心，假如失去了他，这段婚姻便等于什么都没剩下。贝娄不愿意如此，所以，他咬紧牙关，对自己加倍地严格，要完成《赫索格》这样一部大作，他说：这本书，会是我从这段失败婚姻中能挽救下来的唯一的果实，我必须勤奋，超出必要地勤奋，我当然相信我能写好这本书，可我也忧心，摩西·赫索格这个可怜的人能否承受得了我投在他身上的精力。

赫索格的信，有的长有的短，有的写完了，有的没写完，但一律都没有装进信封寄出。他觉得，生活是自己屁股底下的一张正发出恶臭的沙发，为了不陷进其中，为了站起来，他必须持续不断地思考和书写：我需要解释，需要说清楚事情，需要补偿，需要证明自己还没来到绝境，还可以活过来。内心的声音敦促他运转头脑，并告诉他说，痛苦是一个坏习惯，悲伤是一种懒惰。

但是赫索格的自我激励，又总是被他自己所奚落。他很清楚，自己所熟读，并且为此而自豪的西方经典，是无助于把他解救出精神困境的。"现在你的妻子有了个情人，你打算怎么做？"他自问自答，"要不，把斯宾诺莎从书架上拿下来，查一查他对通奸是怎么说的？看一看，他是怎么讲人与人之间的纽带的？不，这没用。现在你发现了吧，你所受的高等教育原来根本用不上，让你花了这么多功夫去习得的文化是荒谬的……"

《赫索格》在 1964 年出版后，人们忽然发现，整个美国似乎都在等待这本书的问世。文学观察家、批评家和热心读者，迫切地想通过这本书为一些问题找到答案，这些问题就是：小说究竟是死了还是没死？小说，这种在 19 世纪奠定了形态的体裁，是不是已经无力捕捉现代人的命运了？而美国，一个工业文明和消费主义的首善之区，在近十年里所积累下的经验到底有几分价值，都取决于人们对贝娄的评价：如果贝娄是不值一提的，那么美国也跟着出丑，如果《赫索格》证明贝娄已经成长为伟大的小说家，那么美国的 60 年代就值得度过。

很快，答案就出现了。《赫索格》在畅销书排行榜上停留了将近一年的时间，光是精装本就卖出了 14 万册。他之前的所有的小说的版权，都因为《赫索格》而被出版商高价收购，再次出版。到这时，年近半百的贝娄，也才算是真正财务自由了。他在纽约州北部拥有了一座自己的房子；更重要的是，他终于能够承受接下来跟前妻的诉讼了。

当他因为这本书而领取美国国家图书奖的时候，他身边陪伴的是又一个女人，她叫苏珊·格拉斯曼，她曾经是贝娄的晚辈——另一位美国犹太小说家菲利普·罗斯的女友，现在移情别恋，嫁给了贝娄。正像赫索格所说的，思想和学问有什么用呢？还不如坐拥一个深爱自己的女人。

苏珊使贝娄得以从婚变后的一团乱麻和对儿子的挂念中走出来。可是当《赫索格》一举成功，荣誉和光环从四面八方向贝娄飞来的时候，他又离婚了。苏珊也不是省油的灯，这一次离婚带来了一场几乎拖垮贝娄的官司，单单是律师费，他一度都要支付十多万美元。直到1981年，苏珊还把贝娄告上法庭。他们两人也有个孩子，叫丹尼尔，贝娄对他的感情，要比对亚当的感情淡漠得多。他也确实累了，每一次婚变都把他的脊柱又压弯下去一点。这个深通世故和风月的人，毕竟不如别人想象的那么精明。

但是，他依然想要从碎片满地的垃圾堆里挽救出一些东西。他又开始写书了，只有写书，才能为自己的磨难做个交代。这一次，他把第三段婚姻里的太太和他的岳父一起写进了一本新的小说，那就是《更多的人死于心碎》。在这个故事里，这父女二人心思如同深海，想要靠着婚姻来榨取利益。

贝娄写的欺诈都是高规格的欺诈，它们总是伴随着受害者自己的配合。很不幸的是，这位受害者，既有良好的容颜，又有执拗的浪荡气质，还有着为了爱情而低估风险的天真。当然，他还有才华。这些条件集中在一个人的身上，可能性微乎其微，但是每个贝娄的读者都会希望认识他。他多多少少都是相信书中自有颜如玉的，他也有资格相信和追求这一点，所以，他们所遭遇的背叛，多多少少都是自讨苦吃。

不管在他的哪一个作品里，我都能看到一个高谈阔论的赫索格。他尽量地显得轻松自在，用他百折不挠的独特的视角，灵活的措辞，来消解被现实中的琐事纠缠的痛苦。他说："我们人类应当在上帝面前嬉戏，游戏的格调越高，上帝越高兴。我敢说上帝没有多大兴趣观看人类游戏中的糟粕……'我的快乐将与人类的儿童同在。'"他说："我知道苔藓在需要时可以从空气中摄取养料——跟那些以空气为生的神秘的生灵一样。犹太人才为此愿意接受上帝安排的极为艰难的任务。"提到爱的时候，他说，爱是"心灵中不能勉强的东西之一"。上帝视角，宇宙视角，是他屡试不爽的精神胜利法的武器——他说人通常树立的目标都是卑微的，肤浅的，而实际上，这些目标吸引了那么多"聪明绝顶的人"，因而不再显得卑劣而褊狭。

他这是在说他自己：他聪明绝顶，却为了孩子的抚养权，为了少出一点律师费，为了一处房产到底归在谁的名下，为了争论一段关系里孰是孰非，而浪费了时间和精力。但他说，他并没有资格去抱怨为什么他这样的人物要受此折磨："我的心目中似乎看到，每一个人（遗憾的是每一个人！）都像退潮时海滩上的小螃蟹一样，拖曳着一团团的海草奋力向前。"

有一次，赫索格终于偷偷地把女儿接了出去。只有一点点时间可以陪伴，他带着女儿去了动物园。当他们来到爬行动物区的时候，琼尼叫起来：乌龟在那儿！只见乌龟从水池的深处浮到水面上来了，露出角质的腹甲，尖尖的头懒洋洋的，眼睛里浮现着永世的冷漠。它四只脚掌慢慢地移动着，拍按着玻璃。大片的鳞甲呈略带粉红的黄色，而背部则为黑色弯曲的甲壳，上面有美丽的纹路，极像水面的波纹。它的身上拖着寄生的绿色苔毛。

贝娄没有写，但我看到了赫索格含泪的微笑，他微笑地望着毫无觉察的女儿。琼尼再也不可能属于他了，属于他的，他可以张开双手拥抱的，只能是用冷漠来记住的乌龟的表情。

今天的作家酒馆到此结束，我们下次见。

索尔·贝娄

Fernando Antonio Nogueira De Seabra Pessoa

费尔南多·佩索阿

费尔南多·安东尼奥·诺格伊拉·佩索阿（1888—
1935），葡萄牙诗人，以多个"分身"写作，是
20世纪现代诗风最重要的开创者之一，精准把握
了海陆交角处游荡的葡萄牙人的灵魂。

推迟一切吧，今天不要做你可以留到明天的事情。

诗人如何持久地活着？

你好，这里是作家酒馆。

寒来暑往，兔走乌飞，作家酒馆在去年 10 月下旬的一个冷雨不断的夜里开业，8 个月之后，我这里的门外已是蝉声阵阵。要是还有印象，你会记得我这里的第一位客人，那个腆着肚子，背着行李箱，在凌晨三点坐公司班车前往机场的安东尼·圣-埃克苏佩里，他的个人飞行冒险从法国开始，在地中海两边来回，后来又到了南美洲。就如同他之后写的《小王子》一样，他每次飞行，都准备着离开地面，一去不返。

他对地面上的每一点点人类的灯光，都抱有一种清高的俯视。他说那是大地上安于温饱的人，他们用温暖的村庄吸引我，我却从不停留。不过，在圣-埃克苏佩里的生平中，有过

费尔南多·佩索阿

一次例外，那是在 1940 年底，当战争爆发，他要前往大西洋对岸的美国避难的时候，在离开欧洲前的最后一站——最后一座城市里，他逗留了几天。

在那里的灯火之中，他在找一个人。他就是 Fernando Pessoa，费尔南多·佩索阿。

那个里斯本的冬天，没有一样东西是干的，就连那些 19 世纪还曾经是皇宫的地方，地上也到处是水坑。衣服湿漉漉地挂了几天后，就放弃了那种摆脱水分的努力，而跟卧室、餐厅、咖啡馆以及地上铺的毯子一起发出潮湿的霉味。蓝花楹树在冬天偃旗息鼓，在春风吹开壮丽的紫色花束之前，普通居民就要忙着处理衣柜里受潮发霉的衣服。空中的云层，让人相信在它的上方一定有一个操纵天体的神灵，只有凭借这种相信，人们才能期待云有散开的一天，因为人力实在是做不到这些，人力只能承担起在码头、机场上的沉重的货物。人们依赖青铜铸就的心脏，来度过漫长而富足的人生。

佩索阿就是这城市的人。每一年，每个月，每一周，每一天，都有其他欧洲国家的人经由里斯本离开欧洲。这里是个迎来送往的地方，整个城市就是一个站点，人们不会去体会它作为城市的整体的存在，而只是记住那些道路、广场、港湾的名字：自由大街，丰塞卡大街，奥利维拉大街，卡尔莫广场，索德雷湾，卡蒙斯大街……汹涌而冰冷的大西洋，一直在严峻地叩击海岸，蜿蜒的小路在起伏的山地里延伸，在人心里增添不可渗透的压抑感。黑白相间的鹅卵石，在雨水中湿滑不堪，它们布满了让人摸不着方向的小巷。当人们忙于走路这一艰巨的任务，他们更无暇去想，自己所在的是一个城市。

如果城市可以虚化，那么人也可以如此。费尔南多·佩索阿就说，我不是任何一个个体的人。在我想成为的那个人，和别人把我造就成的那个人之间，有一段距离，我就是这段距离。我是不安的，我一直被一场发生在我深处的战斗所震撼，参战者是那些无形的未知力量，我的存在是战场。

寻找佩索阿，对于圣-埃克苏佩里来说，就像是在寻找一个自己的反义词。他和佩索阿完全相反，他对自己作为个体的存在是那么确信，他的眼睛极其善于注意到一座城、一座村落或一座教堂的存在。他把十年的青春都付予了飞行，由此成为一个旅行者，随时准备出发。面对任何绝境，他相信只要立刻行动，不管做什么，哪怕只是写几行字，都是无比正确的。反过来，里斯本的佩索阿，他反复赞美的是无为。"推迟一切吧，"他说，"今天不要做你可以留到明天的事情。事实上，你根本不需要做任何事，无论是明天还是今天。"

他的建议是无所作为，他说我们不如做梦。"做梦是为了找到我们自己，你要成为你灵魂的哥伦布。你要出发去发现你自己的风景。"

佩索阿轻易不露面，但里斯本到处都有他的声音。人们的行为举止，像是被他附体了一样，有一种缓慢而迟钝的气息。

　　　　　　　　　　　费尔南多·佩索阿

有时候，这种迟钝近乎一个阴谋，像是要把准备出发的人和刚刚到来的人，都挽留在这里，让他们改变行动计划。在那些刚刚造好不久就吱嘎作响的有轨电车里，你可以看到低效率和无所作为的魅力，它们在陡峭弯曲的路上行驶，遇到障碍物，或者发生故障，就得停下一阵，于是乘客进入心不在焉的状态。扒手则开始紧张，想在车子一声咆哮、重新出发之前，完成一次行动。

想和佩索阿相遇，需要靠寻找。你不可能期待路上的邂逅，只有通过寻找和识别。他长得像所有人，但所有人都不像他。里斯本因为他的存在而升级。当年，圣‑埃克苏佩里对于地面上的人的想象，因为里斯本而发生了变化：他本以为，这种偏僻的城市，人一定是极端务实和保守的，干着无聊的工作而小富即安。可实际上，并非如此，里斯本人活得像诗人，驻留在梦境和现实的交界线上，在抵达和离去之间悬浮。

我的酒馆貌似一个诱捕佩索阿的好地方。他虽然神出鬼没，却离不开酒；不过，他虽然离不开酒，却又不需要酒伴。

他走路的时候，两只脚仿佛是离开地面的。他的衣领挂在一个看不见的钩子上，被那只钩子带着前进。他披挂着他最经常披挂的伪装——深色的西服，脸被猫头鹰一样的眼镜和浓厚的胡子所掩盖，由于过于缺少表情，而在身边形成一种冷淡的气场。在里斯本，他常去的一个酒馆，门口就挂着金丝雀鸟笼，除非下雨让它心情沮丧，否则金丝雀在看到熟悉的酒客时，就会喋喋不休。佩索阿很少搭理这只鸟，但鸟还是会坚持用叫声打扰他。

他不理不睬，以免有一天，会有人好奇地调查他所到过的地方，调查他在那些地方如何表现。他离不开酒，但是他尽量在餐厅里不做出任何会引人注意的举动。比如说，他使用刀叉没有固定的左右手之分，拿到什么就用什么；他喝酒前不会擦嘴唇，吃完饭不会用很多牙签；他不会在用餐时脱外衣，拿到账单后，他简单地看一下就去付账，也不会一遍遍核对。在临走的时候，他只是简单地向侍应生说声"晚安"。

可是他又怎能不引起别人的注意呢？他有一个独一无二的习惯。他一个人饮酒或吃饭，当侍应生想把他对面的那副餐具撤走时，总是被他阻止。他说：留着吧，我想这样的餐桌看着有意思。不但如此，他还要侍应生把他和对面的那个酒杯都斟满，他自己，一点点喝干了自己那一份，然后闭上眼睛，把对面那杯无主的酒举到嘴边，一饮而尽。

就像一块糖，化开来才能有味道，佩索阿把自己化成了好几个人，好几十个人，他为这些不存在的人取名字，与他们对坐，把盏，在别人想来，他大概是在和某位不能到场的朋友聊天对饮；他是多么在乎这位朋友。可是有谁知道，他这缺席的朋友次次都不一样，乃至于与其说是他在邀请朋友，不如说是那些人在邀约他。不存在的人，满足了一个有真身的人的自我消失的向往，就像那些不能代表任何城市的街道，组成了一个不被人体会为城市的地方。

他还给这些分身设定了各自的生日，各自的性格特点。除了陪酒，这些分身还有更重的任务，那就是写诗。这些诗各有各的风格，他们的作者躲在诗的背后，而佩索阿躲在这些作者的背后。他很满意这样的安排，因为这些诗，读到的人就算是喜欢，也无法准确地找到它们的真实作者，但他们又会不懈地去找这个人。他相信，诗人纵有再大的天才，在暴露了肉体凡胎之后就会衰退，相反，隐藏在文字背后的诗人，却能持久地活着而且无所不在。

他有一个分身，名叫里卡尔多·雷耶斯，这个名字写过很多从自然景物产生哲思和发出咏叹的诗，他最欣赏精简，写诗也很简短；另一个分身，名叫阿尔瓦罗·德·坎波斯，他观察市井万象，再反观一个正在阁楼里思考、想象和写作中的自己，当他说"我是天才"的时候，就想到天下还有千千万万的人也在想"我是天才"，他全力拥抱虚无，说"不做我自己是多么的幸福"，说"在我和我的梦对面的房间，永远都是快乐的"——他很悲观。

还有一个名叫阿尔贝托·卡埃罗的分身，他的立足点总是离不开对自身的感觉。他写过一首题为《如果我死后》的诗：

如果，我死后他们要给我写传记，
那太好办了。

我只有两个日期——生日和死日。
其间的所有日子构成了我。

我是很好描绘的。
我活得像疯子。
我热爱事物，没有一点感伤。
我从未有过不能满足的欲望，
因为我从不趋于盲目。
对我来说，听见永远比不上同时也看见。
我明白事物是真实的，一切都彼此相异；
我用眼睛明白这一点，从来不靠思想。
用思想去理解最终必然发现它们毫无分别。

有一天我像个孩子那样犯困。
我就闭眼睡着了。
顺便说一句，我是仅有的本性诗人。

　　任何人都不能主宰自己出生，可是除了费尔南多·佩索阿，
我不知道还有谁会如此彻底地跟自己出生的时刻较劲。一方
面，他觉得自己是继 16 世纪的诗人路易斯·卡蒙斯以来，葡
萄牙诞生的最伟大的诗人，理应被葡萄牙语读者传颂和尊崇；
另一方面，他又总是防备着后人的好奇心：他们会来调查和记

　　　　　　　　　　　　　　　　　费尔南多·佩索阿

录他的生平。

他也并没有什么见不得人的身世。他的父母，当年都是里斯本的名人，所以，佩索阿呱呱坠地的那天，里斯本报纸的头版都刊登了相关的消息。这就相当于一份法律公证，这个孩子将来想要修改或否认自己的身份，是不可能了，任何人都能指出，你看，你就是那天被那样一对夫妇生下来的。

可是佩索阿希望，每一个已经过去的时刻，都该真正地离开现实的领域。过去无法重现，产床上爆发的第一声啼哭，并没有被一篇有案可稽的报道所保存，可是人们总是不肯承认这一点，而是要让每个人都清晰地画出自己的生命线。这里面不能有悬而未决的东西，也不能有反常识、非现实的东西。每一个人都要把他自己的生命变成一部原著，他自己就是唯一的著作人，他必须把一个不能修改的版本提供给别人看，别人从中引用信息。

可佩索阿拒绝这样做。他没有埋怨过父母生下了他，哪怕他的父亲在他仍然幼小的时候就死于肺结核，哪怕他的母亲改嫁，又带他去了南非，哪怕他发现自己对异性没有兴趣……他也从未觉得，活着是种耻辱；可是，他所焦虑的是，当这些事情一一发生后，他就无法将自己撤回了。所有人都是如此，随着成长，人要求职，要出行，要买卖房子、搬家，每种行为都需要填写姓名、出生日期，经常的，人得用一百多个字讲清楚"我是谁"，"我经历过什么"。这些在我们眼里再正常不过的流程，佩索阿却无法忍受，因为他不想主动地去确定自己。他渴望从所有发生的事情里抽身而出；他无比地渴望。

他说他热爱事物，不怀一点感伤。他用眼睛去看事物，世上没有两片相同的叶子，没有两粒一模一样的沙。但是，他喜欢看，是因为他想把自己的存在掩埋在他看到的事物里面。用他的话说，他想要被流放。

他有一首诗叫《烟草店》，是他用阿尔瓦罗·德·坎波斯的名字写的，其中说道：

我生活过，钻研过，爱慕过，还信仰过，
而今，没有一个乞丐不被我所羡慕，就因为他不是我。
我观察着每个人的褴褛衣衫和溃疡以及虚伪，
于是我想：也许你们从未活过，钻研过，爱慕过，也没有
　　信仰过
因为什么都没做就等于做了一切，也是有可能的；
也许你们几乎没有存在过，就像一条被斩断了尾巴的蜥蜴
就像一条失去了蜥蜴的尾巴，抽动着。

他颂扬一种没有存在过的存在。对于个人私密，他是超级地敏感，有超强的自尊。正因此，佩索阿在1905年从南非回到里斯本后，竟再也不曾离开这座城市一步。他一直付房租。其实他得到的遗产，足够买一座舒适的房子，可是他拿这笔钱

去办杂志，用来刊登自己的诗歌。钱就这样花掉了，而他办得最成功的一本杂志，一共出了两期。

虽然从未离开里斯本，他却在文字里到处神游。他在南非德班的时候学会了英语，后来学会了希腊语，可以自如地出入于欧洲的文学经典内外。他把他的诗歌翻译成英语，交给了英国的杂志发表。他也喜欢德班这个城市，可是基于他那种不求存在的信念，他很少把德班写进他的诗歌里。

当他在德班度过自己的 11 岁生日时，南非正在经历布尔战争，通过这场三年的战争，大英确立了自己日不落帝国的世界地位，但是佩索阿对这个帝国的态度是矛盾的。帝国，意味着同一种文化可以覆盖多个民族和地域。通过帝国，人们可以顺利地体会更宽广的世界，但是帝国又要建立在暴力和强权的基础上，它的文化需要借助强权的手段来推广和殖民。

尽管他可以写出很出色的英语诗歌，可是，佩索阿没有考虑过成为大英帝国的一位诗人。在 1905 年回到葡萄牙后，他就没再出国。葡萄牙也是个帝国，但是，这个帝国更像是个探索者，是个不情愿的过客，他发现了新世界，并且打开了所有的港口，如同一个闯入者，一一打开那些沉睡中的房子的窗户，却做不到更多，只能卷走一些东西，回老家去了。帝国的接力棒被大英一把夺走，它在南部非洲打败了葡萄牙人和其他对手。

1925 年，佩索阿用英语写了一本小书，专门讲述葡萄牙如何从欧洲第一的位置上滑落，降格为一个存在感不强的农业国家。在他看来，葡萄牙始终没有缺席帝国之间的游戏，但在同英国、法国、俄国、意大利的较量中，它不可能攫取什么领土，也无法打造最强的军事武装——它只在一个方面达到顶尖，那就是精神方面，或者说，在做梦的方面。

做梦者取消了所有的行动，推迟了一切的计划。做梦这件事，所需要的仅仅是闭上两眼的人。佩索阿这个姓氏，葡萄牙语的意思就是"人"，他就是所有的人。在葡萄牙，每个人都可以学会让生活仅仅在自己的想象中展开，只把说出来和写下来的东西看作真正的现实，以至于人上街行走，从一个地方到另一个地方，都是为了给他们头顶的诗歌的天空增添新的隐喻，为书本增加许多比真实的男男女女更为鲜明的生活的形象。

如果生命的真实，仅仅在于书写下来的声音，在于用心智和头脑描绘的图像，那会怎样？如果除此之外的一切，我们所感知到的现实中的一切，都因此被降格，那又会怎样？佩索阿促使我们去回想一个场景：地上有一块大石头，你搬开它，发现底下有众多的虫子在惊慌地躁动；他说，想象我们自己就是这些虫子，一直把头上的这块大石头当作天空，我们一直把真实当作虚幻，而把虚幻当作真实。

人们知道，只有在文字里，才能发现费尔南多·佩索阿。但哪一个才是真正的他？不管是谁，如果收集了一批他的作品，编出一个册子，立刻就会遭到别人的质疑，说你错了，你是按照你的理解来编的，你曲解了他。在《不安之书》这本别人为他编的集子里，我们看到一个总在谈论厌倦、仿佛厌弃了一切成就的虚无的佩索阿。

时间送给我的花已经枯萎。现在我只能慢慢剥掉它们的花瓣……最细微的动作，对我都具有英雄行为一样的压力。做一种姿势的念头已经使我疲倦……我不追求什么。生活弄痛我。我在这里不舒服，又想不出什么地方可以过日子。

最理想的是没有活动，除了喷泉那种虚假的活动……上升，然后在同一个地点落下，无意识地在太阳下闪亮，在静寂的晚上发出声音，让做梦的人想起河水而在忘怀里微笑。

但有时他似乎又在尽力地抵抗虚无。他说，是思想在使我厌倦，我用梦境抵御思想，但我作为一个高级的做梦者，也只能偶尔达到梦里目睹不可思议的视象的伟大的境界。比如，我梦见自己是同时地、分别地、各自地在河边散步的一男一女。我看见自己，在同一时间、以同样的方式，同样精确而不重叠，相等地分别组合成为两种东西：南方海洋上一艘有意识的船，和一本旧书中的一页。

佩索阿写下了梦境的所在地，描绘并许诺了梦的无限，从而庇护和安慰了所有什么都不想干的人，他就像葡萄牙史上的头号英雄人物——瓦斯柯·达伽马那样，为那些在大陆上待不下去的人指出了一片新的陆地。他总在说："我什么都不做，什么行动都让我难受，我从所有的行为中撤出。"这些话，像大爆炸一样，在一切皆无的起点悄悄地创造出一种宇宙。他只凭着很少的一点条件就做到了这些：一个对他说来平凡至极的工作，一间容得下他一个人写作和睡觉的阁楼，还有酒精。

1935 年 11 月 30 日，佩索阿在 47 岁的年纪因肝硬化而死。之后，他所创造的那些分身继续活着，他们看到人们为佩索阿做了一座又一座的雕像，并相信他会在夜间，在不被人认出的情况下，来和自己的雕像小坐片刻。

今晚的作家酒馆不关门。我们下次见。

费尔南多·佩索阿

Anne Frank

安妮·弗兰克

安妮·弗兰克（1929—1945），生于德国法兰克
福的犹太女孩，当纳粹开始搜捕犹太人，她随家
人躲避在荷兰，后被送入卑尔根 - 贝尔森集中营
并死于那里。安妮的日记在二战后出版，它不仅
仅是一份有关大屠杀真相的证词，还是一部有关
成长、关怀、爱和希望的文学杰作。

我们被带到这个世界，
是来感受快乐的，
也是来实现某种潜能的。

如何探索自己的潜能？

你好，这里是作家酒馆。

我们被带来这个世界，是来感受快乐的，也是来实现某种潜能的。我们也许将长期活在压抑和暴力之下，感受被剥夺和失去时的痛，以至于哪怕风浪过去后很久，依然心神不宁；然而我们会有这样的机会，能看到困苦的体会里，若隐若现的潜能。有时候，写字的人会早一些发现这两者间的关系：写字是对不快乐的承担，也是对个人潜能的一种主动试探。

来过作家酒馆的人，大多数都经历过这样的试探。我把今天的座位，也是作家酒馆本季的最后一个座位，留给了一位特殊的客人。

她是个对自己的潜能很有信心的人。我只说一件事来证明：她曾经发起过一个俱乐部，名字叫"小熊座减二"。听着

　　　　　　　　　　　　　　　　　安妮·弗兰克

很怪，她一解释你就明白了：她们是五个彼此要好的女孩子，喜欢一起打乒乓球，一起吃冰激凌，于是相约结成一个小团体，名字呢，就叫"小熊星座"。她们以为小熊星座是五颗星组成的。但是，我这位客人一翻书，告诉其他四个人：我们搞错了，大熊星座是五颗星，小熊星座是七颗星。那怎么办呢？改名叫"大熊星座"吗？不，这个女孩说，七减二不是等于五吗？我们干脆叫"小熊座减二"吧。

在任何一个时代，能玩这种字谜的人都是稀有人群，他们同时拥有两种内在的财富：聪明与自由。这个女孩叫 Anne Frank，安妮·弗兰克，拥有着光天化日之下的聪明，但当她带着一分小小的得意，写下"小熊座减二"的来历的时候，她实际上已经失去了自由。她再也见不到另外四个女孩，更不用说同她们打球了。现在的她，只有手中的日记本这一个伙伴了。

这日记本是她 13 岁生日时收到的一份礼物。当安妮被迫与之前的自由少女的岁月作别，日记本为她打开了一道探索个人潜能的机会。让我的聪明延续吧——她想，于是，她给这个本子也取了名字，叫 Kitty。她把本子打开，在里面写：你好，从今天起你就叫 Kitty 了，过去我从未对一个人无所不谈，现在，我希望我能对你这样做，但愿将来，你能成为我的主心骨。

安妮是犹太人，这是她失去自由的原因。在 1940 年，她随她的家人一起住在荷兰的阿姆斯特丹，她父亲在这里开有一家公司。一天天过去，他们听到了德国人的军队入侵荷兰的消息，他们本来就是从德国逃过来的，可是纳粹党徒现在追了过来，他们看来决心要让这个民族，他们的肉身连同他们的书本、他们的宗教、他们的文化习俗，从欧洲大陆上彻底消失。

1942 年 6 月 12 日，13 岁的安妮度过了她的最后一个自由状态下的生日。玩具、书籍、衣服、食品、鲜花、钱，各种礼物堆到面前，而她一把拿到手中的，是这个日记本。

虽然肉身面对威胁，但犹太人通常不觉得肉身可以做多少事情。他们更相信无形之物的力量，书写的力量，叙述的力量——更相信那发源于大脑和心灵的不可见的潜能。所有不快乐的经验都可以转化为叙述，就像不见天日的地下水，蒸腾到空气里继续留存。就在给日记本取名字的时候，安妮还写下了一句犹太人的谚语："纸比人有耐心。"

7 月初的一天，父亲告诉安妮，我们要收拾家当，躲藏起来了。安妮第一个装进背包的东西就是日记本。在路上，安妮看到别人投来的目光里充满了同情：荷兰人一般对犹太人比较友好，但是他们也不敢让犹太人搭车。他们一家步行来到父亲的公司，藏进了楼上的一个密室里。安妮告诉我们，她和姐姐一下子就被这里别有洞天的环境给迷住了，她们把电影海报贴了卧室的满墙，新鲜感冲淡了恐惧。

他们也有患难之交：另一户犹太人，一家三口，和他们住

安妮·弗兰克

在一起。安妮之前对"小熊座减二"投入了多大的热情，她就用同等的热情来迎接这些陌生的同胞，她发现了那位名叫范丹的太太很幽默，她像变戏法一样，从帽子里拿出了一个便壶。她说，那是她的生命。

可是在狭窄的空间里，相处哪有那么容易？我认识多少优秀的人物，他们在自由的状态下，都无法忍受和一个最爱的人稍微长时间的相处，更何况这些空间局促的人。范丹太太，有一次拿走了妈妈的床单，妈妈很不痛快，可是范丹太太满不在乎地说，啊，我以为床单可以共用啊。作为报复，妈妈也在吃饭的时候故意拿了范丹家里的餐具。两家人开始了暗斗。安妮有时候非常厌恶范丹太太，可是她也注意到，范丹两口子和他们的儿子——进入青春期的彼得之间，关系一直很冷淡。

让安妮厌恶的东西，只会越来越多。在自己家里，安妮跟姐姐玛戈关系一般，跟母亲很对立。母亲经常责骂她，相反，父亲对安妮很温和，给她布置作业，让她学法语。虽然法语很难，但安妮喜欢。没事的时候，她就在心里给家人排序：爸爸最好，姐姐其次，妈妈最坏。

真不幸，安妮那种一眼看穿人的本领，是被两个家庭的女主人给磨砺出来的。母亲是冷漠的，而范丹太太是虚荣的。她们让安妮的感知力随着愤怒而敏锐起来。她在向 Kitty 吐露心事的时候，则变得越来越自信和大方。她听说，荷兰政府已经下达了一项倡议，希望在荷兰生活的人们多多写日记，日后这些作品会被征集为历史资料；她明白，自己写日记已经是一种真正的"写作"了，但这没有让她尴尬，反而更在意准确地说出自己的想法、感受和意义——她要为未来的读者负责。

安妮知道，要善待她的知心闺蜜——Kitty，所以不要总是跟她倒苦水——而我是聪明的，再压抑的日子里，我都能凭我的本事找到风趣的时刻。有一次她告诉Kitty：你知道吗，范丹先生请我吃了一种特别的饼干，叫"樟脑饼干"，他把饼干盒和樟脑丸放到一块，串味了。又有一次，她说，父亲公司里的几个男同事过来了，给我们家置备了一些新东西：我们现在已经组建了一个"密室避难委员会"，这群男人都是委员会的"避难委员"。

但是，这些时刻总会暴露他们强作欢颜的本质。1942年10月20日，也就是他们躲进密室三个月之后的一天，他们的房门突然被人擂响。没有人敢出声。安妮几乎吓昏了，她在头脑中勾画出一个盖世太保的模样，他蛮横、威武，会不由分说地破门而入。如果真的如此，那么他们的躲避似乎就不是为了逃生，而是为了选择一个地点，一个合适的舞台，迎接末日的戏剧正式上演。

实际上，那只是一个上门来灌制灭火器的人。可是一起误会就足以让安妮看到他们生存的真相。之后，密室里又住进来第八个人，他是一个名叫杜塞尔的牙医，他给安妮带来了无穷的烦恼：他是一个难以相处的人，似乎很少考虑别人的感受。

安妮·弗兰克

比如说，他居然会在如此狭小的空间里，在星期天的早晨，不顾别人的休息，开着灯锻炼身体。在洗漱的时候，杜塞尔邋里邋遢，声音特别大，进进出出，磕磕碰碰的噪音让人心烦。杜塞尔的到来打破了房间的承受限度，突破了每个人心中忍受的临界点。安妮一再地向她的日记抱怨这个人；连父亲都不愿听她的投诉了，唯有 Kitty 能把她的苦水照单全收。

但杜塞尔只是一根导火索。当时间的脚步迈过了他们无法庆祝的 1943 年新年之后，这个房子里的人，就因为恶劣情绪的逐日堆积而变得越来越易爆易燃。

安妮和家里人想尽了办法找事干，他们猜谜，猜完了谜做体操，做完了体操练习法语和英语，练完了语言，又互相评论白天读过的书。这些事情常常是摸着黑做的，因为一方面他们要尽量省电，另一方面也是为了防范空袭。正因此，这些游戏和活动，带来的寂寞感要大于充实感；当没有空袭的夜晚，安妮的房间仍然无法开灯时，她只能用望远镜偷看对面亮着灯的民居，她想象着那里面的人在做什么，想象着能够透过镜片抓取一些多余的光，涂满全身。

她那 13 岁的身体，从外而内地发出了信号，让她面对一个开始变得陌生的自己；她告诉 Kitty，自己多么渴望找个人说说她身上发生的变化。可是就连她一贯信任的父亲，现在也不可信了。长期幽闭带来的诸多症状，不仅侵害了安妮，更让那些大人变得可怕，而可怕的集中体现，就是他们养成了迁怒的习惯；他们不再能够就事论事，而是一旦事情发生，就任由自己在比自己弱小的人身上撒气。安妮就这样成了出气筒。马桶堵塞了，她要挨骂；有盗贼来过了，她也要挨骂。

在1月30日那天，她在日记里，把房间里的人挨个都数落了一遍：

我只要说一句话，他们就说我夸大其词；我只要不说话，他们就说我故作深沉；我只要接了他们的一句话，他们就说我没有礼貌；我只要想出一个主意，他们就说我自作聪明；我只要稍微表现出疲倦，他们就说我好逸恶劳；我只要多盛一勺饭，他们就说我自私自利；还有愚昧无知、胆小怯懦、吝啬等等。面对这一切，我置之一笑，好像不在乎，但其实我心里是很介意的。……我想对妈妈、玛戈、杜塞尔先生、范丹夫妇，甚至还有爸爸大喊："请你们不要再说我了，让我清静一会儿，难道你们想要我每天晚上都哭着睡觉吗？让我走，让我死。"但我又不能这样做，我不能让他们知道他们对我的伤害有多大，那是博他们的怜悯，这会让我更伤心。

那天她把所有人都给骂了，除了一个人，就是范丹家的孩子——彼得。

彼得本来是害羞和古怪的，甚至连他父母都冷淡他，有些看不起他。不过现在，安妮觉得当所有人，包括她自己都在

　　　　　　　　　　　　　　安妮·弗兰克

恶化的时候，彼得却保持了最初的样子，他更平和，更善于与人相处，甚至还有些调节紧张气氛的本领。彼得的腼腆，会让大人们约束自己的暴躁和紧张，彼得还负责照顾他带来的一只猫，这只猫虽然引来了跳蚤，有时却也能转移人的注意力，增加话题。

他是一面镜子。当安妮度过了最初勉为其难的乐观阶段，而在青春期症候和幽闭的夹攻之下，进入一条漫长而阴暗的心灵隧道时，她通过以彼得为对照，意识到了自己不能这样下去。除了跟一个日记本倾诉所有，她还需要重新认识和感受身边的人。

一个作家在破土。1943 年 6 月 12 日，安妮度过了 14 岁生日，在生日会上，父亲给她写了一首诗，她也照样得到了很多礼物，其中有一本厚厚的书，讲的是希腊和罗马神话故事；此外，她还得到了不少糖果。但是，这已经是大家最后的存货了。安妮写道："作为这个避难家庭中最小的孩子，我得到的的确大大超出了我该有的。"这是她半年多以来，第一次说出类似感恩的话，而这种感恩，其实源于她跳出自身之外来观察自己。作家都有这种分身的能力。之前，安妮总是从自己的角度出发，评价谁谁谁的行为，而现在，在评价之后她会立刻接上一句"唉，我又在抱怨了"，或者，"我又变得情绪化了"。在第 n 次表达对范丹夫妇的忍无可忍之后，她很快就冷静下来，说："我们所有人的情绪都是不稳定的，我们被生存环境所决定。"

她甚至反省了自己对杜塞尔的态度。她说，是我压力太大，才对杜塞尔缺乏信任，冷嘲热讽。一个人是可以拿出更大的善意的，前提是她的安全感更强，压力减轻。在目前，她是做不到的，她会继续和杜塞尔争吵，然而，她可以把争吵中的自己变成一个用笔来描摹的对象。

潜能，从一种近乎窒息的生存体验里，倔强地钻了出来。13岁时写日记，她还只是简单地用"我寂寞""我害怕""我压抑""我伤心"来表达自己的情绪，但到了14岁，她就不一样了。在1943年10月29日那一天，长期封闭的房间里空气混浊，安妮情绪低落，精神恍惚，她在日记本里写：

"我从一个房间出来，又进入另一个房间，从楼上下来，又走回楼上……我觉得自己像是一只被剪去翅膀、失去自由的鸟儿，正在用自己的额头拼命地撞击着笼子上的栏杆。"

又过了十天，她再次描写他们八个人的生活环境，说它好比一座"烟雾缭绕的空中楼阁"：

我们的天地暂时还是安全的，但黑烟越来越紧地缠绕着我们，很快就要将我们吞没。我们想要找到一个通道逃出去，但结果只是挤来挤去。往下看，下面战事频繁；往上看，上面一片祥和安宁。但浓浓的烟雾将我们与这个理想中的世界隔开了，我们入不得天堂，也下不了地狱。

安妮·弗兰克

她需要服用缬草来对抗焦虑和抑郁，尽管她知道，服用之后她只会更加痛苦。她只能用这样的文字来分析这种体验："一次酣畅淋漓的大笑比十滴缬草更有帮助，但我们几乎忘记了如何笑。"有时候她给自己鼓劲，说："我很年轻，很强壮，正在经历一场大冒险。"她有时候会揣想，以后世人会如何评价这几年里的荷兰人，她说：人们会惊讶的，因为有那么多荷兰人乐于帮助犹太人；她想象着自己参与到一个回顾和感激的运动之中，她将拿出她的日记，来证明人们依然可以对世界心存善意，来证明人是可以在幽闭的恐惧中获得成长的。

　　在 1944 年初的一天，安妮再一次和彼得说起了话。她像是主动挑起话头的，一方面，她是被内心萌动的情愫所驱使；另一方面，她是希望进入一个故事，以便把它书写下来。书本里的每一个人物，都是要进入故事的——他的出现就是一个故事的开端，不管这个开端是出生、恋爱还是失业、离婚，哪怕是作为生命终结的死亡，当它落到主角头上的时候，也是一个开端。正因为相信纸的耐性，一个决定书写的人，才有本事更加沉着地活着。

　　那天安妮说起了猫，她说，她不知道这只猫是公的还是母的。彼得回答了她。到了第二天下午，他们再次遇到，彼得让安妮去看猫的下体，告诉她哪里是生殖器，哪里是猫的屁股；安妮有些吃惊，她发现彼得看上去羞答答，却不仅懂得这些，而且说得坦然。过了半个月，在 2 月 13 日，安妮又说彼得总是不住地盯着她看，那是一种特殊的看，她模模糊糊地有了一点感觉。她在日记中写："我的心里是甜滋滋的"，但说不清是为什么。

他们就这样开始说话。他们交流着对其他人的看法，交流着对彼此的印象。安妮发现，自己从搬进密室以来，第一次这么有耐心、这么感同身受地去听另一个人诉说他自己的事情。她说，那个主导了"小熊座减二"的自己，那个打乒乓球、吃冰激凌、放肆地和男同学眉来眼去的自己，隐约间又回来了。

她说：我感到非常地满足。我发现自己是真正被一个异性伙伴所吸引，在试图与他建立更深的关系，而不只是像小女孩那样，只知道崇拜或讨厌一个男人。在与彼得的互相注视中，安妮甚至暂时放下了对外部世界的恐惧，而开始期待未来了；她产生了一种上岸的感觉，决心在战争过去后尽力去帮助那些受尽折磨的人，挽救他们对世界和他人丧失殆尽的善意。

有一周多的时间，安妮连续写日记，每次都提到了彼得。自进入密室躲藏以来，她迎来最好的一段时间，幸福与感恩充满了她的话语。彼得这个男孩，缺少安妮那样的自信，但是他长得健壮，在 2 月 23 日那天，安妮观察彼得爬到楼上去砍木头，十几分钟的时间，他们没有说话，她观察他的每一个动作，顺着彼得的身影，她的视线越过阿姆斯特丹的一座座房顶，投向远处的地平线。

她说:"只要一切还存在,只要我还有一丝生命气息,能够看到这些景象,享受这温暖的阳光,这飘着白云的天空,只要所有这一切都还在延续,我就应该感到幸福。"

我们这一季的作家酒馆,最后的一位来客,就是安妮·弗兰克。如果她能够在 1944 年 8 月 3 日那天幸免于难,她所在的密室没有被盖世太保发现,她可能会成长为一个真正的作家,而不只是停留在刚刚流露出潜能的阶段。

我们被带来人世,是来体会快乐的——每当恶意和厌世感在心中升起,安妮都会这样告诉自己;这当然是一种近乎绝望的告白,她相信善意的普遍存在,相信天空、阳光、城市能够延续,都是因为她需要相信这些;通过大人的谈话,通过电台里送来的消息,她完全清楚,人类正在证明他们的恶意可以达到何种程度。她是最没有理由相信未来的人,可是当她拿起笔的时候,她就可以确认刚刚获得的一点点幸福感——就可以确认自己仍然有相信的理由。

1945 年 3 月之后,安妮·弗兰克就从这个世界上消失了。她最后的居住地,是卑尔根-贝尔森集中营。不过,正如犹太人大屠杀改变了历史,有过安妮的世界,和未曾有过安妮的世界,也是不一样的。我们所说的文学,不是什么专业人士主导的专业领域,更无须与人为安排的集体活动和节日关联,我们可以把文学看作一些像安妮一样的人,出于内心的各种迫切性而写下的所有的东西。它是一种所有人都有的潜能,随着人有

如何探索自己的潜能？

意识地成长破土而出，因此能够长久地健朗，也因此而有机会走向美，走向高级。

作家酒馆今天营业时间已到。感谢这几十个星期以来的期待和陪伴。你还会听到下一次开门的声音，只要你相信，灵魂确实是在回应生存的困境中变得伟大的。

安妮·弗兰克